# 분단의 힘,
## 경계가 지배하는 한반도

# 분단의 힘,
## 경계가 지배하는 한반도

**초판 1쇄 발행** 2022년 8월 31일
**초판 2쇄 발행** 2023년 2월 28일

**저 자** 한기호

**발행인** 윤관백
**발행처** 선인

**디자인** 박애리
**편 집** 이경남 · 박애리 · 임현지 · 김민정 · 염성운 · 장유진
**영 업** 김현주

**등 록** 제5-77호(1998. 11. 4)
**주 소** 서울시 양천구 남부순환로48길 1, 1-2층
**전 화** 02)718-6252/6257
**팩 스** 02)718-6253
**E-mail** sunin72@chol.com

**정 가 25,000원**
ISBN 979-11-6068-741-5 93300

이 책은 분단사회를 살아온 저자의 고민이 담긴 주요 논문과 칼럼, 에세이를 분단, 북한, 통일에 대한 세 가지 시선으로 재구성하여 엮은 것임.

# THE POWER

# 분단의 힘

## 경계가 지배하는 한반도

한기호

# OF DIVISION

선인

# 들어가며

**1998년 8월 7일**

그날은 1998년 프랑스월드컵에서 프랑스가 우승한 지 채 한 달이 되지 않은 날이었다. 알카에다(연계세력)에 의해 발생한 주 케냐·탄자니아 미국 대사관 차량 폭탄테러 사건은 당시 전 세계인을 충격에 빠뜨렸다. 현지 대사관 직원을 포함한 224명이 사망하고 5천여 명이 부상에 신음했던, 외교공관을 대상으로 자행된 역사상 유례없는 참사였다.

2001년 1월 공개된 미 회계 감사국(GAO, United States General Accounting Office)의 보고서 〈EMBASSY CONSTRUCTION Better Long-Term Planning Will Enhance Program Decision-making〉에 따르면, 사건 이후 미 국무부는 취약한 해외시설을 대체하려는 목적으로 새롭고 안전한 대사관 및 영사관을 위해 건설해야 하는 10개의 우선순위 프로젝트를 수립했다.

1998년 8월 7일의 사건 이후 추진한 해당 프로젝트는 전 세계에 운영 중인 180개 이상의 미국 공관 등을 대상으로 기획되었다. 추진 동기가 명확했던 이 대형 프로젝트에는 10~15년이 소요되고 150억 달러 이상의 비용이 투입되는 방대하고 구체적인 구상이 담겼다. 뿐만 아니라 2000년 5월부터 회계년도 기준 2001년까지 해외 공관 운영에 대한 테러위협에 대비하여 강제출입 및 방탄창문과 같은 고유 보안재료 가용성 등을 포함한 연구를 완료하는 내용도 포함되었다.[1]

〈그림 1〉폭파된 주 케냐 미 대사관의 재건

| 1998.8 폭파된<br>주 케냐 미 대사관 | 2003.3 재건된 주 케냐 前 미<br>대사관 부지의 추모공원 | 2003.3 재건된 주 케냐<br>나이로비 외곽의 미 대사관 |

\* 자료: 나무위키 웹사이트

미국의 새로운 해외 공관 건설 프로젝트가 닻을 내린 지 얼마 지나지 않아 2001년 9월 11일 뉴욕의 세계무역센터가 무너져 내렸다. 전 세계는 비극적인 테러 현장을 다시금 바라만 볼 수밖에 없었다. 이번에도 테러주체로 알카에다가 지목되었고 이튿날 미국은 '테러와의 전쟁'을 선포하였다. 그 후 1년 6개월이 흘렀다. 여전히 케냐의 치안 형편이 가시적으로 개선되지 않았음에도 나이로비 외곽지역으로 옮겨진 새로운 미국 대사관은 국무부 프로젝트 상의 당초 계획대로 2003년 3월, 준공되었다. 존경할만한 추진력이다.

미국 대사관 테러 이후 각별히 안전을 기한 공관 재건에 최소 4~5년이 소요되었고, 폭파된 부지에는 파괴된 건물 잔해로 만든 조각품, 희생자명이 각인된 벽 그리고 기념공원 조성이 들어섰다.

기실, 세계 현대사에서 해외에 설치된 공관이 폭파되는 일은 대단히 드문 사례다. 유감스럽게도 남북이 상호 합의하에 개성 지역에 설치했던 남북공동연락사무소가 훼손된 사건을 떠올리지 않을 수 없다. 1998년 미국 공관이 폭파된 사건은 남북공동연락사무소의 사례와 여러 면(가해주체, 수교관계, 근무형태, 물적·인적피해 유무, 가해자 손배·처벌가능성 등)에서 결을 달리 하지만, 남북간 공관 개설에 대한 논의가 재개될 즈음 이 문제가 다시 쟁점화될 여지가 있으므로 해외사례에서 일면 시사점을 얻을 필요가 있다.

미국의 사례는 현재 다른 측면에서 우리 금융권과 쟁송관계에 놓여있기도 하다. 국내 언론보도(아시아경제, 2021.11.10) 내용을 인용하면, 미국 대사관 테러 사건 피해자들은 2021년 1월, 이란에 진출한 기업은행을 상대로 55억 2,109만달러(약 6조 5,011억원) 규모의 소를 제기하였고 이 배상청구금액은 기업은행 자기자본금의 25.26%에 달한다. 2021년 7월, 미 법원은 이란 정부의 테러에 대한 책임과 피해자들에 대한 손해배상을 인정했지만, 기업은행의 이란 중앙은행 명의 계좌에 있는 자산을 배상금으로 지급하는 소에 대해서는 '불편한 법정지(forum non conveniens)' 원칙에 근거해 각하하며 한국에서 소송을 진행할 것을 명령했다. 현재 미국이 2018년 이란 중앙은행을 제재 명단에 올리면서 기업은행의 이란 계좌는 동결된 상태다. 한국·미국·이란 간 외교문제로 비화될 수 있는 복잡한 성질의 본 다툼이 어떻게 결론지어질지 주목받고 있다.

결국 24년 전 케냐·탄자니아 테러사건의 나비효과가 예상치 못한 방식으로 여진을 남기고 있는 셈이다. 우리에게 시사하는 바는 무엇일까? 우선 해외주재 대사관 테러 사건에 대한 미 국무부의 결연한 대응과 긴 호흡에서의 플랜을 참고하되, 공동연락사무소 폭파 문제가 장기간에 걸쳐 남북문제에 야기할 나비효과를 여러 각도에서 들여다 보아야 한다. 또한 향후 남북간 협의 환경이 조성되면, 북한과의 공동기구 설치·운영에 대해 비관론으로 일관하기보다 국제 불가침 조약(조약법에 관한 비엔나협약내 당사국간 합의조건) 준용 등 공관과 상주직원의 안전 측면에서 개선방안을 적극 모색해야 한다. 동시에 물적 손해에 대한 해법 및 남북연락·협의기구의 재건시 국민여론을 충분히 수렴한 후속조치로 불필요한 국민적 갈등을 상쇄할 필요가 있다.

2020년 6월 15일, 개성과 맞닿은 파주 탄현면 오두산통일전망대에서는 남북공동선언 20주년 기념공연이 펼쳐지고 있었다. 윤도현밴드는 '두손 마주잡고 녹슨 철조망을 걷어버리자' 목놓아 외쳤다. 이튿날 오후 2시 49분, 군사분계선 맞은편에서 폭음이 들려왔다.

6개월 뒤 우리정부는 대북 저자세 논란 속에서도 [남북관계 발전에 관한 법률]을 일부개정하여 북측이 폭파행위의 명분으로 주장했던 군사분계선 일대의 대북전단 살포행위 금지에 대한 제도화를 완결했다. 이제 북측이 행동할 차례다. 30년 전 남과 북 사이에 체결된 남북기본합의서 '제1장 제3조. 남과 북은 상호 비방, 중상을 하지 아니한다'라는 약속의 준수로부터 남북은 다시 출발선에 서야 한다.

『분단의 힘, 경계가 지배하는 한반도』는 저자의 주요 논문과 칼럼, 에세이 등에 최근까지의 남북관계 동향을 반영하여 엮은 책이다. 또한 전문학술서의 지식 전달 기능을 넘어 일반인들 누구나 부담없이 읽을 수 있도록 대중교양서의 전개방식으로 분단사회의 자화상을 다루고 있다. 현장과 이론의 조화를 중시하는 저자의 일상적이고 실존적인 고민들을 분단과 북한, 통일이라는 세 가지 시선에 담았다. 분단이 있기에 '북한'이 있고 통일이 있다. 도드라지진 않지만 내용 중 일부는 자전적 흐름을 띠기도 하며, 롤러코스터와 같은 한반도 열차에 직접 탑승한 분단시민들에게 열차의 출구는 어디인지, 서로의 이름은 무엇인지를 담담히 묻고 있다. 이 책의 전반을 관통하며 지정학적 차원의 '두 개의 한국'을 규정짓는 개념은 경계이다. 남과 북이 상대를 신뢰하지 못하게 하는 그 힘은 1945년 8월 남과 북 사이에 경계가 그어지던 순간부터 시작되었다.

제1부는 분단에 대한 경계적 시선을 다루고 있다. 먼저 저자가 통일부 서기관 시절 상주대표로 근무했고 임기 후에는 학자로서 미완의 숙제로 받아든 개성 남북공동연락사무소 문제로 시작하여 오래된 남북한 숙적관계의 특질을 다루고 있으며, 한반도에 숙적관계가 종식되지 못하는 구조적 요인 중의 하나로 동맹관계를 조명하고 있다. 제2부는 북한에 대한 규범적 시선이다. 언론 등에 피상적으로 비추어진 북한이 아닌 '조선민주주의인민공화국'의 체제적 강고함과 시장화 현상에서부터 최근 북한이 중시하는 UN의 SDGs(지속가능발전목표) 현황과 북한 개발협력 연구를 위한 제언에 이르기까지 분단과 통일의 대상인 북한에 대한 관심을 정치, 경제 그리고 국제사회의 규범적 관점에서 환기시키고 있다. 마지막 제3부는 통일에 대한 대안적 시선이다. 갈등이 아닌 공존적 관점에서 MZ세대에게 '우리의 소원'이 아닌 통일과 마주할 용기를 강조한다. 평화적 공존이 생략된 기존 통일 담론의 실효성에 문제를 제기하면서 독일사례와 역대 정부의 대북정책 검토를 통해 점진적 남북통합모델을 도출하고 중남미 사례를 통해 남북통합과정에서 제기될 수 있는 민주주의 이행기 정의(Transitional Justice)의 과제, 그리고 제도적 관점에서의 지속가능한 인도주의 협력의 중요성을 역설하고 있다.

우리가 호흡하는 한 분단은 생물이다. 사람마다 시대마다 마주하는 분단은 그 모양도 색도 제 각각이다. <분단의 힘, 경계가 지배하는 한반도>는 여러분의 마음 속에 기생하고 있는 '분단'의 안부를 묻고 있다. 무엇보다 이미 분단에 익숙해져버린 분단시민들이 저자와 책의 내용에 대해 제기하는 치열한 토론과 질정(質正)의 순간을 기대한다. 본 서가 맡겨진 소임을 다하는 순간일 것이다. 마지막으로 책의 기획의도에 공감해주시고 출간에 이를 수 있게 도움주신 도서출판 선인의 관계자분들께 감사드리며, 연구를 진행할 때마다 조언과 격려를 아끼지 않으신 선배·동료 박사님들, 그리고 후학의 발간 소식에 기꺼이 추천사를 허락하신, 이종석 前 장관님, 신현윤 명예교수님, 양문수 부총장님, 이준모 대표님과 특별히 부족한 사람을 변함없이 지지해주는 아내 김현영과 아들 한주완에게 감사의 말씀을 드린다.

# CONTENTS

# 제 1 부

# 분단을 바라보다
# : 경계를 긋다

# 1장
## 2020년 6월 16일

    1953년 7월 정전협정 체결 이후, 북한 당국은 분단 상대국인 남한², 적대국인 미국과의 분쟁 관계를 개선하기 위한 주요 협상 국면에서 자국의 이익을 관철시키기 위한 전략(연락기구 설치 등)을 수립·이행해왔다. 역사적으로 적대적 관계의 국가들이 수교 혹은 평화체제 구축 과정에서 대사관 이전 단계의 상설 무역(이익)대표부 및 연락사무소 그리고 상주대표부 등의 과도적 협의기구를 설치·운영해왔으나 여전히 체계적인 연구는 부족하다. 분단국의 경우, 동서독은 외교공관 형태의 상주대표부를 운영했으며, 중국은 대만과 반민반관 형태의 상주사무소 설치에 합의한 사례가 있다. 미국의 경우, 중국, 베트남, 리비아 등과의 사례에서, 우리의 경우 헝가리, 구소련, 중국 등과의 사례에서 이질적 상대국가와의 국교 수립에 앞서 한시적 기구를 운영한 바 있다. 한반도의 경우, 남북·북미 간 관계정상화를 모색하는 과정에서 연락협의기구를 추진·운영했던 사례가 있다. 다만 북미는 1994년 10월 21일, 제네

바 합의 당시 북미연락사무소 교환 설치에 합의했으나 실무협상 끝에 개설에 이르지 못하였고, 남북한의 경우 상술하였듯 2018년 4월 27일 판문점 선언 합의에 따라 동년 9월 14일, 개성 남북공동연락사무소를 개소하였으나, 2020년 6월 16일 남한의 대북전단 살포가 '최고존엄'을 모독하였다는 명분으로 북한이 폭파하면서 개소 약 21개월 만에 공동근무체제는 막을 내렸다.

이처럼 북한은 과거 전쟁 상대였던 남한·미국과의 관계 정상화 차원에서 고위급·정상간 상설 연락협의기구 추진·운영에 합의한 바 있다. 그러나 이러한 합의의 추진 배경은 1차 북핵위기 해결('94 제네바합의)과 한반도 비핵화 협상('18 판문점선언)에 따른 부산물, 즉 거래적(bargaining) 차원이었다고 봄이 바람직하다. 그간 연락협의기구 문제를 주도적으로 협상의제화 및 제안하였던 측은 남한과 미국이었으나, 결과적으로 상설 연락협의기구의 추진·운영은 북측의 일방적 의사에 의해 중단되었다. 이와 같은 상호 거래의 결렬 원인은 무엇일까? 최고지도자의 의사결정이 수렴된 북한 당국의 상대국에 대한 오래된 불신과 적개심에서 비롯되었다고 볼 여지는 없을까? 적대국·분단국간 연락사무소, 상주대표부 등의 연락협의기구는 단순히 적대관계 해소의 한시적 절차적 과정이 아니다. 과도적일지라도 남·북·미 국교정상화의 바로미터로서 제도적 토대 위에 안정적인 공관 운영이 갖는 상징성은 상당하다. 따라서 북한 최고지도자의 지각적 범주에 영향을 미치는 복합적 환경요인을 분석하는 작업은 한반도 평화구축의 제도화 과정에서 작금의 실패를 반복하지 않기 위한 긴요한 과제라 할 수 있다.

이러한 배경에서 적대적 국가관계를 분석하기 위한 심리·사회적 모델은 정부 및 최고지도자의 인식의 준거점에 대한 엄밀성, 객관성에 대한 한계에도 불구하고 군사적 충돌 빈도라는 계량적인 데이터를 통한 숙적관계 주기(생성, 지속, 소멸) 연구의 공백을[3] 보완해주는 대안적 분석 도구로 평가된다.

본 장에서는 이 모델을 북한의 대미, 대남 연락협의기구 인식에 적용하여 시사점을 찾아보고, 구체적인 숙적관계 이론가들의 이야기는 다음 2장에서 후술하기로 한다.

2020년 6월 16일로 돌아가보자. 북한 당국은 김여정 노동당 제1부부장의 담화(조선중앙통신 2020.6.13.) 이후 사흘 만에 개성 남북공동연락사무소를 폭파하였다. 당일, 북한군 총참모부는 관영매체의 '공개보도'를 통해 "당 중앙위원회 통일전선부와 대적관계 부서들로부터 … 대남 군사적 경계를 더욱 강화하기 위한 조치를 취할 수 있게 행동방안을 연구할 데 대한 의견을 접수했다"(2020.6.16. 노동신문)며 해당 조치가 대남 대적 차원의 조치임을 분명히 하였다. 이로써 1982년 전두환 정부시절부터 우리정부가 북한에 제안⁴한 지 36년 만에 결실을 맺었던 남북간 첫 상설 연락·협의 기구의 외형은 통일부 내 사무처와 통신선만 남겨둔 채 역사 속으로 사라지게 되었다. 왜 북한은 최고지도자의 합의사항이며, 개소식에서 남북을 잇는 혈맥(2018.9.14. 리선권 당시 조국평화통일위원회 위원장 축사)으로까지 치켜세웠던 '북남공동련락사무소'를 비정하게 폭파했을까? 국제사회에서 국가간 혹은 체제간 상호 합의로 설치한 공관시설에 대한 어느 일방의 훼손·파괴 행위는 그 유례를 찾아보기 어렵다. 북한 당국의 이러한 적대 행위의 이면에는 연락협의기구에 대한 기존의 태도와 인식, 나아가 전쟁 당사국이었던 한미에 대한 적대적 인식이 복합적으로 자리잡고 있다고 보는 것이 타당하다.

먼저 북한의 외교공관에 관한 기본인식은 광범위한 수교국 현황 대비 자국에 유치 중인 공관 현황을 통해 확인할 수 있다. 현재 북한은 총 161개국과 수교관계를 수립(南 191개국), 남한과 비중복 단독 수교국은 3개국에 불과하며 평양 주재 총 34개 공관 -대사관(25), 총영사관(2), 국제기구 사무소(7)- 및 개발협력청(1), 협력사무소(1), 유럽NPO(3)를 유치하고 있다.⁵ 따라서 북한의 해외공관에 대한 기본 인식을 동구권이 아닌 체제 이질성을 지닌 민주주의 국가·국제기구에 한정한다면, 개발협력 등 이들 국가 및 기구에 대한 북한 당국의 수요 상관성을 살펴볼 필요가 있다. 한미가 북한에게 일관성있게 제기해왔던 상설 연락협의기구(韓 1982~, 美 1994~) 현안은 '93년 1차 북핵위기를 전후로 절차적 행정적 성격이 아닌 안보문제 해결을 위한 거래적 성질로 변모했음도 검증대상이다.

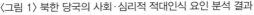
〈그림 1〉 북한 당국의 사회·심리적 적대인식 요인 분석 결과

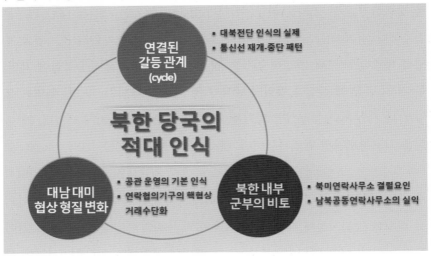

과거 북한의 연락협의기구 인식을 분석한 결과 중 남북 연락협의기구 협상 및 운영 사례에서 나타난 패턴을 소략하면 다음과 같다. 그간 판문점 연락사무소(1971~2018) 및 공동연락사무소(2018~2020)의 통신선 중단·재개는 북한의 일방적인 결정이었고 이는 담화형식과 무관하게 최고지도자의 지시 및 승인 하에 실행된 조치로 보는 것이 합리적이다. 1976년 8월 판문점 도끼사건을 계기로 통신선(직통전화)을 중단한 이후 2021년 8월 남북공동연락사무소 통신선을 중단(2021.10.4 재개)하기까지 총 8차례 중단과 재개를 반복

하였다. 북한의 1차 자료 분석결과, 중단 발표는 한미의 군사적 위협 또는 대북제재, 전단살포 등에 대한 조치로 적대적 내용을 담은 북적, 조평통, 통전부, 최고지도자 위임 등의 담화 방식을 채택, 대외적으로 중단 사유를 명확히 밝혔다. 다만 최근 북한이 공동연락사무소 폭파의 명분으로 주장했던 대북전단 문제는 조금 더 들여다볼 필요가 있다. 남북이 상호비방을 중단하기로 합의한 판문점 선언이 발표되었던 2018년부터 약 2년 간 남한에서 북한으로 10개 탈북민·종교단체(불상 단체 미포함)를 비롯하여 161차례 체제 비방물이 살포(2018~2020, PET병·전단)되었고 북한은 남한에 2014~2020년까지 총 12차례 대내외 매체(조평통, 중통, 노동신문, 우리민족끼리, 국토환경보호성 등)를 통해 보복·위협이 담긴 경고 성명을 발표하였다. 따라서 北 '최고존엄'에 대한 비방이 담긴 대북 전단 살포 문제는 북한에게 단순히 적대행위의 '빌미'가 아니라 '명분'으로 작동했을 개연성이 있으며 남북간 연결된 갈등 관계에 기여한 것으로 판단된다. 또한 군사지역이었던 개성공단 내 남북협의기구 관련 잠재적 비토(veto)세력인 북한 군부(총참모부)가 전면에 등장, 폭파행위를 전담함으로써 국내정치적인 영향력을 과시한 것으로 평가된다.

북한의 남북통신선 재개 패턴은 북한 최고지도자의 신년사(시정연설), 정전협정일, 10.4선언 등 기념일, 조문단 방문, 친서 교환, 물자지원·고위급 회담을 위한 실무회담 제의를 계기로 대내외 매체(조평통, 중통, 노동신문, 조선중앙TV, 북적 전통문) 등 다양한 형식을 빌리는 것으로 나타났다. 한편 북미 연락 협의기구 협상 및 운영 사례 관련, 뉴욕 주재 북한 유엔대표부(1990~)의 존재는 1994년 제네바 합의 이행 차원의 평양·워싱턴 상호 연락사무소 추진(1994~)에 유용한 실무채널로 기능하였으나 협상 결렬요인으로도(북미간 기본 소통채널) 기여한 것으로 평가된다. 또한 북한은 미국과의 상호 연락사무소 개설을 상대에게 주는 혜택으로 인식하며 관계정상화보다도 자신들의 이익

(식량·농업 원조 및 재정지원)을 관철시키려는 노력을 기울인 점이 협상의 저해요인이 되었다. 또한 당시 美 협상대표였던 Lynn Turk는 북한군부는 미국의 평양연락사무소가 북미간 주요 소통창구가 될 시 군사문제까지 외교채널이 관장하는 등[6] 체제보안 등 기술적 문제를 이유로 협상과정에서 거부권을 행사[7]했음을 회고한 바 있다.

　사회·심리적 과정 모델은 상술한 바와 같이 분쟁 상황에 놓인 국가 간 물리적 충돌 못지 않게 최고지도자에게 미치는 인지적 요인의 중요성을 강조하는 이론이다. 본 장에서 북한의 대미, 대남 연락사무소 인식요인에 적용해 본 결과, 연결된 갈등관계, 대남대미 협상의 형질 변화, 북한 내부 비토 부문에서 북한 당국(최고지도자)의 적대 인식에 영향을 미치는 기본 요인임이 확인되었다. 그러나 북한 당국의 결정에 최고지도자의 심리적 지각이 어떻게 변수로서 기능하게 되는가에 대한 해석은 제 복합성을 조명하기 위해 교차 검증을 필요로 한다. 숙적이론의 사회·심리적 분석가들은 숙적관계를 미래의 영토, 힘, 위치, 이데올로기 등에 관한 분쟁을 야기하는 원인으로 보면서도 양측 사이의 분쟁에서 문화, 인종, 언어나 동일한 중대 가치를 공유하는 관계가 설정되어 있다면 보다 협력관계로 나아갈 수 있다고 해석한다. 따라서 한반도 역사를 공유하는 남북한의 경우, 평화체제 구축 및 남북연합 과정에서의 시사점을 도출하는 것은 중요하다. 남·북·미 사례에서 나타난 북한 당국의 적대인식 요인 연구는 향후 평화체제 구축과정에서 국내요인(대북정책의 일관성, 남북간 상호 신뢰환경 先조성), 미국요인(비핵화진전 및 북미 연락사무소 의제화시, 우리정부의 운영경험 공조), 북한요인(국제사회 신뢰회복, 군부요인 관리, 공관 불가침 등 비엔나협약 수용), 그밖의 해외 공관 훼손 대응 사례[8]와 주변국과의 공조 환경 등을 면밀히 대비할 때, 남북 연락협의기구 또는 상주대표부로의 제도화로 한걸음 나아갈 수 있다는 정책적 교훈을 제공한다.

# 2장
## 남과 북은 숙적(宿敵, rivalry) 인가?[9]

### 한반도 숙적관계의 배경과 특질

1816년, 근대 민족국가 체제가 시작된 이후 숙적관계(rivalry)를 형성하는 국가들의 사례가 증가함에 따라 이에 관한 연구도 꾸준히 진행되어왔다. 군사적 분쟁을 중심으로 나타나던 서구유럽의 숙적관계는 2차 세계대전 이후 사실상 종식되었다. 그러나 냉전을 경험한 제3세계의 숙적관계는 여전히 진행형의 모습을 띠고 있다. 냉전 시대를 대표하던 미국과 구소련, 동독과 서독의 숙적관계는 종식되었다. 그러나 같은 시기 이념과 영토에 기반한 남북한 간의 적대적 관계는 국제정치사에서도 유례를 찾아보기 힘든, 70년이라는 질곡의 세월을 통과하고 있다. 민족 간 분쟁은 아니었으나, 장기화된 숙적관계의 표본 사례인 독일과 프랑스 간 약 150여 년(1806년 10월, 나폴레옹의 베를린 점령~1963년 1월, 엘리제 조약 체결)의 분쟁史와도 견줄 만하다.

한반도 적대관계의 시작은 분단이다. 분단의 배경에서 남북한의 경계선은 현재 한반도 주민들의 삶과 의식을 규정하는 매우 중요한 환경 변수이다. 이 경계선은 매우 냉엄한 제도적 틀을 지녔다는 점을 인식할 필요가 있다. DMZ를 에워싼 철조망, 군사적 대치, 왕래의 통제, 이 다양한 단절의 전제가 되는 정전협정 조항들, 남북의 법제와 문화 등 어느 것 하나 무시하거나 간단히 바꿀 수 있는 것이 아니다. 그만큼 남북을 분할하는 경계선은 제도적으로 공고해지고 구조화되어 있으며 각종 법률과 관행으로 재생산되어 왔다. 동시에 이 경계선이 한반도의 다양한 모순을 생산하는 시작점이며, 불안정한 것임도 인식해야 한다. 남북의 분할선은 '국경'으로 인정받지 못할 뿐 아니라 정전협정 그 자체도 '잠정적' 속성을 벗어나지 못한다.[10] 제도적 힘의 강고함과 경계선이 갖는 모순은 역사적으로 가변성을 갖는다. 분단국 간의 숙적관계 연구들은 이러한 가변성을 전제로 하고 있다.

무엇보다 한반도 적대관계의 배경에서 간과해서는 안될 것은 한국전쟁과 민족주의이다. 38선은 애당초 미·소 간의 군사적 편의에 따라 책정된 것으로 알려져 있으나, 이 경계선은 결과적으로 한국전쟁 발발의 도화선으로 기능하면서 현재까지 영토적·민족적 분단의 근본 환경을 제공하고 있다. 크고 작은 국지전 끝에 북한의 남침으로 본격화된 한국전쟁, 약 3년간의 전쟁을 치르던 당시의 남과 북은 민족주의적 견지에서 일종의 '지남철'에 비견되기도 한다. 이데올로기 전쟁의 외피를 썼지만 어떤 희생을 감내하고서라도 외세적 분단과 식민지 35년 간의 굴욕을 종식시키고자 했던 분노와 열망이 뒤섞인 동족상잔의 비극이었다는 것이다.[11]

분단 이후의 민족주의는 현대사회에서 그 개념이 약화되고 다문화 시대로 접어들면서, 대안의 필요성도 제기되고 있으나 여전히 통일의 당위성으로 기능하는 동시에 통일을 지향하는 '과도적 숙적관계'의 유지에 기여하고 있다. 관계의 종식이나 정상화를 어렵게 하는 한민족 복원의 딜레마라고 볼 수 있다. 이러한 한반도 분단의 특질은 탈냉전이라는 국제체제의 변화에도 불구하고 구조화된 갈등 속에서 표면적으로는 군사분쟁의 형식으로 나타기도 한다. 전쟁이 다른 방식으로 지속되는 휴전 상황에서 남북한의 '임시 국가'로서의 성격은 남북한이 영토 내 주민에 대한 책임감보다는 적대하는 정치세력을 무력으로 제거하는 데 일차적인 목적을 두고 있다.[12] 따라서 정책결정자의 상호 적대적 인식 정도와 무력 분쟁 양상은 한반도 숙적관계 연구에서 중요한 지위를 차지한다.

## 숙적관계 이론의 일반 인식

숙적관계 연구는 국제관계이론에서 보편적이지도 않지만, 그렇다고 새로운 연구 분야도 아니다. 전쟁과 평화의 관점에서 확장된 영역으로, 지속적인 숙적관계의 원인분석과 이의 종식에 관한 문제를 다룬다.[13] 기존의 숙적관계 연구는 적대적인 국가 간 사이에 발생하는 분쟁의 특성을 어떻게 설명할 것이냐에 초점이 맞춰져왔다. 일반적으로 숙적관계에 따라 막대한 비용 지출이나 무역, 협력의 제약으로 놓치는 기회비용의 불이익이 발생하더라도 숙적관계는 유지된다. 이와 같은 숙적관계는 어느 일방의 승리를 쟁취하기 위한 현실주의자가 취하는 강압적 정책의 실패로 인해 발현되기도 하며, 분쟁관리의 실패로 나타나기도 한다.

Gary Goertz Bradford Jones, Paul F. Diehl(2005)는 기존 학자들의 연구를 다음의 세 가지 측면을 중심으로 정리한 바 있다.

첫째, 상호 의존성의 측면이다. 먼저 Gartzke 와 Simon(1999)은 군사적 분쟁은 상호간 의존성을 지니고 숙적관계는 동일한 결과를 초래하는 동일한 조건이 반복되는 행태라고 설명한다.[14] 그리고 Beck, Katz, Tucker(1998)는 분쟁의 연계성에 대한 확인 작업이 필요함을 강조한다.[15] 또한 Colaresi, Thompson(2002)는 선행하는 숙적관계의 위기들이 미래의 위기를 야기할 가능성이 크다는 논리 관계를 통해, 이전 갈등이 다음 갈등의 원인으로 작동한다고 주장한다.

둘째, 기간 의존성의 측면이다. Bennett(1988)은 숙적관계가 일정기간 지속되면 종결되는 경향을 지닌다고 말한다.[16] 한편, Cioffi-Revilla(1998)는 숙적관계의 최종 단계는 종결을 지향하는 불안정한 상태를 유지한다고 한다.[17] Box-Steffensmeier, Jones(2004)는 숙적관계의 기간 의존성은 이론화된 특성임을 강조한 바 있다.[18]

셋째, 반복되는 대립의 측면이다. Gelpi(2003)는 이미 발생한 위기 또는 대립이 성격을 달리한 유사 분쟁을 유도하는 지에 관한 연구를 진행하였다.[19] 다른 측면에서 Werner(1999), Senese, Quackenbush(2003)는 군사적 대립 이후에 평화가 지속되는 기간을 연구하였다.[20] 반복되는 대립에 관해 Gelpi(2003)는 미래의 분쟁에 대해 단기간 영향을 미치는 타협 효과에 관한 연구를 진행하였다.[21] 한편, Maos, Mor(2002)는 일방 국가가 불만족하는 경우 숙적관계는 유지된다는 점을 역설하였다.[22]

이와 같은 연구들은 분쟁 국가들의 일반적 특성을 다루고 있으나, 특정 사건만을 부각시켜, 숙적관계 전후 사정을 고려하지 않거나 초기 적대감이 발생한 후 상대적으로 먼 미래에 재발한 분쟁과의 관계를 증빙하기 위해 노력한다는 문제가 있다.[23] 결과적으로 반복된 분쟁의 연구는 분쟁의 제한된 형식을 인지할 뿐 연관성 전부를 이해하거나 주요 형태를 파악하기 어려운 문제를 지닌다.[24]

이에 따라, Goertz와 Diehl(2005)는 데이터셋(dataset)을 보완하여 숙적

관계의 전후 상황적 요소로 분쟁의 연령(age)과 함께 국가의 역량과 정치 형태를 포함하여 분석 작업을 진행하였다. Gary Goertz, Paul F. Diehl(1995)은 숙적관계를 '양자가 모두, 다소 규칙적으로, 군사적 위협과 무력을 사용하고 또한 군사적 차원에서 외교정책을 형성하는 두 국가 사이의 관계'라고 정의한다.[25] Bennett(1996)은 국가 간 숙적관계(interstate rivalry)를 주장하며 양 진영 간의 복합적인 사안을 고려한다.[26] 구체적으로 장기간 특정 이슈에 관한 의견 대립으로 인하여 상호 방어에 필요한 외교, 군사, 경제 자원을 소모하는 두 국가 간 관계로 정의한다. 숙적관계 연구자들은 분쟁들 간의 상호 의존적 측면이 존재하고 교착상태의 경우 다음 군사적 대립까지의 대기 기간은 단축된다는 점, 그리고 선행 분쟁의 가혹성(severity)이 다음 분쟁의 재발가능성을 높인다는 사실을 확인하였다. 아울러 숙적관계 초기에는 영토분쟁이 강한 영향력을 미치며, 민주주의가 분쟁억제에 효과적인 한편, 일방의 승리가 힘의 불균형을 초래하여 분쟁 발생을 억제한다는 점은 유의할 만하다. 이들은 기존 연구의 결과로 숙적관계를 인생으로 보면 청년기에는 교착상태에 진입하여 영토분쟁이 분쟁상황을 악화시킨다고 주장한다. 성숙기에는 민주주의가 분쟁억제에 미치는 영향이 제한적이면서도 영토분쟁의 영향력은 보다 높아진다고 분석한 바 있다.[27]

한편, Thompson(2001)은 숙적관계를 사회-심리적 과정으로 설명하는 모델을 제시하였다. 군사분쟁의 밀도에 의존하기보다 외교사와 정책결정자의 상호 인식에 기초하여 위협적인 경쟁자를 숙적으로 정의한다.[28] 따라서 가장 중요한 변수는 서로를 숙적으로 생각하는지에 대한 사회-심리학적 요소이다.[29] 기술한 바와 같이 숙적관계의 생애주기(life cycle)에서 나타나는 분쟁의 시기적 특성과 사회심리적 과정에 영향을 미치는 복합적 환경 변수의 고려는 사례 연구에서 매우 중요하다.[30]

### 국내의 숙적관계 연구

숙적관계 이론을 남북한 사례에 적용하기 위한 국내 연구도 꾸준히 진행되어 왔다. 기본적인 문제의식은 왜 남북한 숙적관계가 유지되며 군사 분쟁이 반복되는가를 규명하기 위함에 있다. 우승지(2008)(2012)는 진화기대이론과 세력전이론으로 데탕트 전후의 남북한 분쟁 관계 설명을 시도했다. 먼저 진화기대이론을 활용하여 데탕트 시기 남북화해의 동학을 이해하고자 했다. 진화기대이론은 전략, 기대, 충격, 정책결정자, 제3자의 압력 등을 기본 구성요소로 갖고 있다. 숙적관계 긴장완화의 진화기대이론은 정책결정자의 기대 변화를 축으로 구성되어 있는데 기존의 기대를 바꾸기 위해서는 외부로부터 외적 위협의 변화, 레짐 성향 또는 전략의 변화, 경쟁 능력의 변화, 국내자원의 위기와 같은 커다란 충격이 필요하다는 Thomson, William R(2005)의 연구를 근거로 한다.[31] 연구 결과 남북대화 사례에서 일부 충격 변수와 상호성의 존재가 확인되었고 남북대화 중단 이후 숙적관계가 공고해지는 경향을 보이면서 정책결정자들의 상대방의 위협에 대한 기대의 변화가 동반되지 않았음을 확정하고 있다.[32]

세력전이론을 남북관계의 추이에 적용한 연구를 보면, 세력균형론에 대한 비판적 입장에서 출발한 A.F.K Organski 가 주도한 세력전이론을 전이평화론으로 변형하여 60, 70년대 남북관계를 설명하고자 하였다. 세력전이론은 본래 지배국, 강대국, 중간국, 약소국이라는 권력의 피라미드 형태로 세계 체제를 설정하고 지배국과 도전국 간의 분쟁관계를 도식화하고 있다. 세력전이 현상에 착안하여 1960년대와 1970년대 남북관계의 세력균형의 변화에 기초하여 양자 사이의 관계 변화를 설명하려는 노력이 전이평화론이다. 전이 평화란 두 숙적이 세력전이를 경험하는 동안 긴장을 완화하고 신뢰를 구축하기 위한 회담, 제안, 협정과 사람, 상품, 금융, 정보의 거래를 통한 협력과 화해를 위한 노력의 증가를 의미한다.[33]

또한 전이평화론은 세력전이에 대한 기존 논의에 반기를 들고 전이가 단순히 전쟁의 부재를 넘어서 협력의 증가로 이어질 수 있다는 가능성을 찾기 위한 시도라고 밝히고 있으나 남북관계의 적용에 있어서는 화해의 단발성으로 인해 그 빛을 잃게 되었다고 자평한다. 결과적으로 세력전이의 존재, 평화 발생 여부, 세력전이 영향의 정도 등이 어떻게 평가받을 수 있느냐의 문제제기에 직면할 가능성을 인정하고 있다.[34] 다만 남북한 사례가 다른 일반 숙적관계의 속성에 더하여 분단된 민족 사이의 성격을 내포하고 있다면서도 통일 지향이라는 남북관계의 특수성은 숙적관계의 일반적 범주 내에서의 변수이기 때문이 숙적이론 일반의 적용은 여전히 유효하다고 본다.[35]

문인철(2015)은 인지 심리학적 접근이론인 전망이론을 활용하여 행위자의 비합리적 특수성이 아니라 합리적 행위자의 비합리적 행동 경향성으로 남북한 숙적관계에서 북한의 행위를 설명하고 있다. 북한의 대남 적대적 군사 행위의 원인을 규명하기 위해 손실 인식 문제에 집중하고 있다. 그는 전망 이론으로 주류 국제정치이론의 구조 일탈적 사례들을 설명하는 데 유용한 함의를 제공한다고 밝히고 있다. 또한 남북관계에서 북한의 손실 인식의 민감성은 생존을 전제로 한 국가안보적 맥락에서 극대화되었다고 주장한다. 북한의 핵은 대내외적 손실 인식이 증대될수록 그 소유효과가 고조될 것이며 남북대화도 일시적 현상에 머무를 것으로 예상했다.[36] 그러나 손실 인식의 준거점에 대해 사실상 엄밀한 객관적 증거를 제시하기 어려운 한계를 갖고 있다.

다른 연구로 김욱성(2010)은 국력의 비대칭성 완화 노력이 남북한 숙적관계에 어떠한 영향을 미치는지 분석했다. 그는 남북한 숙적관계는 세력균형론이나 세련전이론에서 주장하는 것보다 훨씬 복잡한 사례라는 근거로 남한의 국력이 우위에 있음에도 불구하고 군사적 충돌과 위기상황이 반복되고 있음을 지적한다. 또한 이스라엘-팔레스타인, 인도-파키스탄 사례와 다르게 북한의 군사화된 국내 정치구조의 중요성이 두드러지며, 북·중·러 동맹관계 유지와 비대칭전략 무기 개발이 분쟁의 지속성을 담보한다고 설명한다.[37] 그렇다면 이렇게 복잡성을 지닌 남북한 숙적관계의 구조적 배경이 된 세력 균형의 기원은 무엇일까? 기본적으로 남북한의 거대후원국을 위시로 한 양대진영의 군비경쟁사를 중심으로 한 군사동맹의 역사적 배경을 살펴볼 필요가 있다.

## 한반도 숙적관계의 구조적 배경: 한미·북중(러) 간 경쟁적 군사동맹 체제 구축

### 미국의 對韓 군사원조 史

1954년부터 1984년까지 미국의 한국에 대한 군사원조는 56억4,000만 달러에 이른다.[38] 1956년부터 1961년까지 한국은 1954년과 1955년도에 이루어진 직접군원의 액수를 제외한 연평균 2억 3,000만 달러의 군사원조를 받게 되었다. 따라서 1954년부터 1961년까지 국군이 미국으로부터 받은 군사원조는 13억 8,000만 달러에 달했다. 1957년 5월 15일 덜레스(John F. Dulles) 미 국무장관이 한국군 현대화에 관한 성명을 발표하였고 1958년 2월 11일 주한 미군의 현대화 방침에 따라 주일 미군의 병력 일부가 한국에 증파되는 등 육군의 장비 현대화와 국내 안보체계의 질적 향상이 이루어진 것은 사실이다. 그러나 1958년부터 자국의 국제수지를 개선하기 위해 미국이 한국에 대한 무상군사원조를 축소하기 시작하였고 미국측의 제의로

1959년 군원 이관계획이 수립된 것은 1960년대 한국군의 팽창전략에는 역행하는 일이었다. 이에 수적 증강이 아닌 군비 유지 하에 질적 향상을 도모하는 기조로 선회한 한국정부의 대미외교가 이루어졌다.[39] 1970년 3월 18일 황병태 경제기획원 운영차관보와 레빌(Revelle) 한미 원조사절단 부대표는 1971년부터 3년간 6,250만 달러를 이관하기로 합의했으며, 3월 25일에는 한미 군사실무자 합동회의에서 이관품목에 관한 합의가 이루어졌다.[40]

1970년 12월 22일 미 의회는 1억 5천만 달러 상당의 대한(對韓) 추가 군사원조안을 승인했다.[41] 1970년 7월 11일 처음으로 한·미 군사실무회담이 열린지 7개월만에 한·미 양국 정부는 1971년 2월 6일 주한미군 감축문제 및 감군 보완책인 한국군 현대화 계획 등에 완전히 합의했다. 당시 최규하 외무부장관과 포터(William J. Poter) 주한 미국대사는 외무부장관실에서 캐시디 주한 미8군사령관이 배석한 가운데 합의문서에 서명하고 한·미 정부간 공동성명을 발표했다. 미국은 한국군현대화계획을 지원하기 위해 약 15억 달러의 군사원조와 군사차관 등을 제공한다.[42] 미국은 1억 4천만 달러 상당의 대한 군사원조 금액을 확정했다(1970.4.10. 미 회계연도 기준).

## 중국의 對北 군사원조 史

1958년 10월, 북한 내 중국군의 철수 이후 중국의 대북 군사원조는 급증하였다. 1958년 2월 저우언라이의 평양방문과 1958년 11월과 12월 두 차례 김일성의 방중 이후 중국은 중국군 철수로 인한 북한 군사력 약화를 보완하기 위해 3억 달러 상당의 무상원조 및 각종 무기장비를 지원하였다.[43] 1958~1964년 사이 중국이 소련의 지도와 지원으로 자체 무기를 생산하기 시작하면서 베이징은 평양에 Mig-15, Mig-17, Mig-19 제트 전투기, Il-28 폭격기, Shenyang F-4(MIG-15 개량형)와 yak-18 및 기타 무기 등 추정가치 4

억 3,200만 달러 상당을 제공하기에 이르렀다.[44][45] 대량의 항공기 지원은 북한의 강력한 공군력 유지가 (미국 등) 중국 본토의 제1차 공중방어선이 된다는 인식하에 이루어졌다. 중국의 지원으로 북한은 1개 전투, 폭격사단, 6개 전투기 연대를 창설하고 북한 공군을 중국식 패턴으로 조직, 편성하였다.[46] 1961년 7월 6일 모스크바에서 조중우호협력 및 상호원조조약 체결 후, 1971년 조중 동맹조약 10주년 기념일이었던 9월 6일 오진우와 중국인민해방군 총참모장 황융성은 조선에 대한 중국의 무상군사원조 제공 협정을 체결하였다.

1972년 중국 정부는 소련제 MIG-19 초음속 전투기(중국 모델)와 중국 33형 잠수정을 북한에 제공하였고[47] 1979~1981년 중국은 1979년 3천 9백만 달러, 1980년 2천 4백만 달러, 1981년 1천 9백만 달러를 대북 군사지원으로 지출하였다.[48] 1980년대초, 중국은 한국이 미국으로부터 F-16 팰컨(Falcon) 전투기를 구매한 것에 대한 조치로 MIG-19기 중국 개량버전인 공군 주력기 A-5 전투기를 북에 지원하였으나,[49] 1972년 미중 관계 정상화 이후 중국은 북한에 대한 군사지원을 서서히 줄여나갔다.

## 소련의 對北 군사원조 史

흐루시초프가 집권하던 1953년부터 1964년까지, 북한에 대한 군사원조는 1957년까지 MiG-15, MiG-17 IL-28 등 주로 전투기와 폭격기에 집중되었으나 1958년 7월 제트기 622대와 총 870대의 공군전력이 보충되었다.[50] 1965년부터 1983년까지 브레즈네프 집권기에는 1965년 5월 21일 북한과 1억5천만 루블의 무기와 군사장비를 무상제공하는 군사원조협정을 체결[51], 군사원조를 재개하였고, 1967년말까지 잠수함, T-54/55 탱크, Mig-21기 등을 제공(북한군 재무장)하는 한편, 북한 보유 14개 지대공 미사일 기지는 35개로 증대, 총 210개의 미사일 발사기 보유에 기여하였다.[52] 1965~1966년 소련의 대북 군사원조도 1억 2천만 루블(1억 3천 2백만 달러) 상당의 차관과 무역을 통한 상환 조건 6천만 루블(6천 6백만 달러)을 지원하였다.[53] 1967년 군사원조용 차관은 2억~2억 5천만 루블(2억 2천만~2억 7천 5백만 달러) 수준이었다.[54][55] 1983년부터 1991년까지 고르바쵸프 집권기, 스톡홀름 국제평화연구소(SIRPI)의 데이터(1985~1991)에 의하면 소련은 50여 대의 Mig-23기, 25대 가량의 Mig-29기와 20여 대의 Su-25기, 240기의 Scud-B 미사일, 첨단 대공 방어시스템 등을 북한에 제공한 것으로 추정된다.[56] 한편, 1964~1994년 근 30년 간의 중소 대북지원의 무기 및 예비품에 대한 군사원조는 소련(112억 달러)이 중국(15억 4천만 달러)보다 7.3배 많았던 것으로 평가된다.[57]

## MID(Militarized Interstate Dispute) 모델

근대 민족 국가 수립 이후 숙적관계는 290개 사례에서 발견되고 있다. 군사적 분쟁 관계를 다루는 대표적인 연구자인 Diel & Goertz는 '주어진 기간, 지속적으로 상호 간 군사적 위협과 무력을 사용하고 군사적 차원의 외교정책을 형성하는 양자적 관계'를 숙적관계로 정의하고 있다.[58] 앞서 살펴본 바와 같이 남과 북은 미국과 중국(소련)이라는 거대 후원국(Great Power)이 배경이 된 군사원조의 토대 하에 분단 이후 막대한 국방비와 군 인력에 대한 비용을 경쟁적으로 지출해 왔다. 군사적 자원의 사용은 Diel & Goertz를 비롯한 숙적관계 이론의 선구자들에게 매우 중요한 참고가 되어 왔다. 이들은 주요 연구에서 MID 데이터셋(dataset)을 기반으로 하여 일정 기간 내 양자 사이의 군사적 분쟁 발생의 빈도를 중시하는 분쟁 밀도 접근법을 취하고 있다.

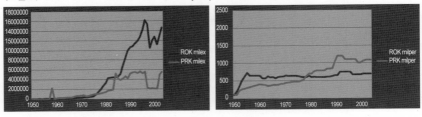

〈그림 2〉 1950-2003 남북한 국방비(Military Expenditures) 및 군 인력(Military Personnel) 추이

* Source: Correlates of War (COW) National Material Capabilities (v. 4.0)[59]
** thousands of current year US Dollars / thousands

MID 연구자들은 숙적관계에서 네 가지 구성요소를 강조한다. 첫째, 공간적 일관성(Spatial Consistency), 둘째, 시간적 지속성(Duration), 셋째, 군사적 대치상황(Militarized Competition), 넷째, 연결된 갈등(Linked Conflict)이다.[60] 한기호(2016)는 한반도내 대치 상황이 MID 학자들이 제시한 숙적관계의 네 가지 구성요소를 수렴한다고 주장하면서 남북한 간의 군사적 대치 상황은 분단의 기원인 한국전쟁의 부산물임을 강조한다. 구체적으로 한반도 영토 단위의 공간적 일관성과 분단이후 간헐적으로 지속되는 군사적 분쟁의 지속성, 그리고 군사적 대치상황의 상시성, 마지막으로 앞선 갈등과 이후 갈등 간의 응보적 연결성이라는 측면을 근거로 제시한다.[61]

상술한 이론적 검토를 토대로 한반도 군사 분쟁을 조망할 때, 분쟁 상황에 관해 MID 연구자들이 제시한 수준별 특성을 참고할 필요가 있다. 이들은 숙적 국가의 갈등관계를 MID(군사 간 분쟁) 0부터 5까지 수준별로 구분하고 있으며, 이는 분쟁의 위험 정도를 가늠하는 준거로 숙적관계 국가별 분쟁 사례에 활용하고 있다. 0은 분쟁이 없는 상황이며, 1은 일방적인 도발, 2는 군사적 위협이 쌍방으로 오가는 상황, 3은 군사적 대치상황, 4는 제한전, 5는 전면전을 의미한다. 그러나 MID 5는 상호간 전쟁의 충격 뿐 아니라 내전이나 체제 구조적인 충격, 민주화를 포함하는 강한 충격(shocks)으로 숙적

관계가 종식(termination)될 수 있다고 본다. 마지막 MID 이후 10년에서 15년 사이 군사적 분쟁이 없다면 갈등은 종료된 것으로 간주한다. 일반적으로 숙적관계 국가는 1에서 4까지의 군사적 분쟁을 지속하는데 일련의 군사적 충돌은 잠복기를 거쳤다가 다음 충돌의 원인으로 작용하기도 한다. 이러한 패턴의 반복 행태를 숙적관계의 덫, 즉 '감옥효과(prison effect)'라고 한다. 사회과학적으로는 상대 진영 전체를 적으로 보는 경향을 의미하기도 한다.[62] 과거 대표적 숙적관계였던 미·소 냉전체제는 소비에트 사회주의 경제의 몰락으로 힘의 균형의 붕괴를 야기하였고 이로 인해 소비에트 진영에 편승해 온 적지 않은 국가 간 숙적 관계가 청산되는 결말을 맞이하였다. 이론가들은 MID 5 수준의 충격으로 숙적관계의 4분의 3이 단기간에 소멸되지만 고착화(lock-in) 상태로 진입하는 경우 남북한 사례와 같이 40년 이상 지속되는데 이를 단속적 균형(punctuated equilibrium) 모델로 설명하고 있다.[63]

〈그림 3〉 점진주의 모델(incrementalist model)과 단속적 균형 모델(punctuated equilibrium)

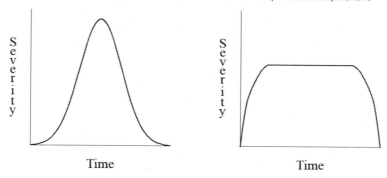

Paul F. Diehl and Gary Goertz(2001), p 138.

〈그림 3〉은 숙적국가 간 분쟁의 격렬함과 시간에 따른 함수를 나타내고 있다. Diehl & Goertz(2001)는 대부분의 점진주의 모델과 대조되는 단속적 균형 모델은 숙적관계 초기에 전쟁 상황을 맞으며, 오랜 기간 정체를 겪

은 직후에 급격한 변화를 거쳐 발생과 유사한 형태로 신속한 종식에 직면하게 된다고 주장한다. 이들은 숙적 관계의 패턴을 정체(flat), 증가(increasing), 감소(decreasing), 볼록(convex), 오목(concave), 물결(wavy) 으로 6가지 경향으로 분류하고 있다.[64]

국제정치학 분야에서 전쟁, 군사분쟁에 관해 폭넓게 사용되는 데이터인 COW(Correlates of war Project) COW Wars v.4.0(1816~2007)에 의하면 한반도에서의 5단계로 볼 수 있는 공식 전쟁은 1950~1953년(Inter-State War #151)이 유일하다.[65] Diel & Goertz 가 63개의 숙적국가의 관계를 연구한 기본 숙적 레벨 패턴(Basic Rivalry level, BRL pattern)에서도 남북한 숙적관계는 1에서 3 사이의 군사적 충돌이 지속적으로 발생하는 정체 즉, 평면상태(flat, right-censored case)로 분류되며 이는 곧 남북한 숙적관계가 단속적 균형 모델이라는 근거가 된다.[66]

〈표 1〉 남북한 숙적관계 지속의 패턴[67]

| Rivalry | Mean(SD) | Beg.[a] | End[b] | $R^2$ | DW | Pattern |
|---|---|---|---|---|---|---|
| N. Korea–S. Korea | 125(39) | 1 | 2 | .45* | 2.04 | flat* |

Paul F. Diehl and Gary Goertz(2001). p 183.

다만 이러한 평면적 분쟁의 균형 자체가 양 측의 힘의 평행을 의미하는 것은 아니다. 경제 혹은 군사적 측면에서 완전한 양 체제의 힘의 균형(symmetric power)이나 패턴을 설명하는 것은 비현실적인 해석이기 때문이다.[68] 〈그림 4〉는 일반적으로 힘의 비대칭 관계하에서도 군사분쟁 빈도는 13년 이상이 경과하면 급격히 감소함을 보여준다. 그러나 13년 이상 숙적관계를 지속하는 국가들이 존재한다는 것 또한 엄연한 현실이다.

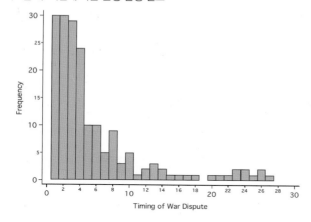

〈그림 4〉 시간에 따른 분쟁 발생 빈도

James P.Klein et al.(2006), p 343.

다만 반복되는 분쟁의 연구는 숙적관계의 전후 사정을 고려하지 않는다는 단점이 있다. 초기 분쟁과 장기간 이후 발생한 분쟁 사이의 관계를 연결하기 어렵다는 것이다.[69] 단속적 균형 모델에서 단기간에 발생한 급격한 충격은 장기간 예측 불가한 일련의 사건들을 발생시키는 단초가 되기도 하므로 개별 현상에 대한 맥락화(contextualization)에는 면밀한 주의가 필요하다.

### 사회-심리적 과정(social-psychological process) 모델

Thompson(2001)은 지도자나 의사결정자의 '적' 인식에 기초를 두고 있는 사회심리적 과정으로 숙적관계를 조명하고자 하였다. Thompson 이 MID 분석에 대한 비판론적 시각을 견지하고 있으나, 숙적관계 설정에 있어 군사적 요인 자체를 부정하는 것은 아니다. 그는 숙적관계를 구분하는 기준으로서 경쟁자(competitors) 관계, 군사적 갈등이 발생할 실제적이고 잠재적인 위협의 원천, 그리고 적대국(enemies) 관계를 제시한 바 있다.[70] 그는 영토를 둘러싼 국가 대 국가의 관계, 혹은 분단을 근원으로 대치관계에 놓여 있는 관계도 실상은 복합적 환경에 의해 행위가 발생되고 피아(彼我)의 경계가 혼재되어 있는 사회심리적인 과정(social-psychological process)이라고 주장한다.

분쟁 요소들은 이전의 행동들과 다른 요소들의 미래의 행동에 대한 예측에 근거하여 해석되고 이러한 의도의 해석은 물리적인 공격으로 확정되면서 분쟁의 가능성을 생성해 가게 된다. 양 측은 서로 적대적인 행동을 할 것을 예상하면서 적대감을 갖고 이 적대감은 미래의 적대감을 강화시키는 주기(cycle)을 만들어냄으로써 적대적인 행동은 보다 공고화된다는 것이다. 숙적국가는 신비화된 영역이 아니라 지극히 인지적 편견에 따른 대적관을 형성하고 있으며 그것을 정당화하고 유지함으로써 국내 정치적 상황을 이끌어가려는 세력이 발생한다. 이는 정부의 집권 여당 혹은 거부권자(veto player)일 수도 있다. 이와 같은 순환과정은 연속적이며 분쟁의 확산을 유도하므로 숙적관계 하에서의 긴장완화 또는 종식은 어려운 작업이 된다. 국내 정치적 상황에 기인한 전략적 숙적관계는 국제 정치 지형에 강력한 힘으로 작동하기도 한다.[71] 한편으로 이들은 숙적관계를 미래의 영토, 힘, 위치, 이데올로기 등에 관한 분쟁을 야기하는 원인으로 보면서도 양측 사이의 분쟁에서 문화, 인종, 언어나 동일한 중대 가치를 공유하는 관계가 설정되어 있다면 보다 협력관계로 나아갈 수 있다고 해석한다.[72]

사회심리적인 과정으로 숙적관계를 조명하는 이들은 MID 반발 빈도라는 계량적인 데이터를 통한 숙적관계의 생성, 지속, 소멸의 과정만으로 이러한 관계를 전체적으로 조망하는 데 한계를 지닌다고 본다.[73] 따라서 지각적인 범주화 과정으로서 숙적관계를 정의내릴 것을 역설하면서 상대방을 적으로 인식하느냐의 여부를 강조한다. 이에 따라 군사적 분쟁 못지않게 역사적, 시간적 해석이 중요하며 숙적관계는 현재와 과거의 관계에 따라 규정됨과 동시에 이는 미래에도 영향을 끼친다고 주장한다. Diehl & Goertz 연구의 도식화된 분쟁 밀도만으로는 일반 분쟁과 군사적 분쟁을 구분하기 어렵고, 특히 단속적 균형 모델의 마지막 MID 이후 10~15년이라는 분쟁 종식 기간 설정도 비판적으로 평가한다. 다만 국가 간 숙적관계를 규정하면서 첫째, 적으로 분류된 위협적인 경쟁자에 대한 인지, 둘째, 일정 시간 동안 지속된 국가 간의 최소한의 군사분쟁의 숫자라는 척도를 제시하는데 전자는 리더중심적 접근이라는 제약을 지니며, 후자는 Diehl & Goertz의 MID 빈도 분석의 개념과 크게 다르지 않다는 특징이 있다.[74]

그럼에도 이들의 접근 방식은 일련의 한계를 노정하고 있다. 이들은 숙적 관계에서 최고지도자들에 대한 분석은 실질적인 접근에 가까운 분석이라고 주장하면서도 개인의 심리적 지각에 관련된 문제이므로 해석의 어려움이 있음을 인정한다. 이어 174개의 숙적국가들에 대한 경쟁자, 위협, 적으로 받아들이는 역사적인 인식을 체계화해야 한다고 주장하면서도 다른 분석 도구로써 Diehl & Goertz 의 분쟁 밀도 접근과 동일한 방법을 채택하고 있다. 또한 숙적 국가 간 힘의 불균형은 분쟁을 지속시키기 어렵다고 하나, 절대적으로 균형적인 힘의 대칭(symmetric power) 관계는 형성되기 어려울 뿐더러 정확한 측정 또한 불가하다는 비판도 존재한다.

## MID 모델이 남북한 관계에 주는 시사점

남북한 간의 대치 상황은 Diel & Goertz의 연구에서 제시된 숙적관계의 네 가지 특성을 수렴하는 것으로 볼 수 있다. 국가 단위의 공간적 일관성(Spatial Consistency)과 분단 이후 현재까지 이어져 오는 지속성, 그리고 영토 위에 발생하는 군사적 대치상황, 마지막으로 앞선 갈등과 다음 갈등 간의 응보적 연결성의 존재라는 측면에서 부합한다. 다만 Samuel(2011)이 언급한 IKR(inter korea rivalry) 개념을 참고할 필요는 있다.[75] 숙적관계 일반이론은 분단을 경험하고 있는 한반도 두 체제의 숙적관계는 민족이라는 개념으로 보완될 여지가 있기 때문이다. 다시 말해 체제 경쟁과 군사안보, 경제적 측면에 있어 상호 독립적이면서도 통일 지향의 잠정적 특수관계 하에서 초래되는 손실비용이 발생하는 적대적 의존관계, 즉 국가 간의 문제이기도 하며 민족 내부의 문제라는 점을 유념할 필요가 있다.[76]

　　MID 모델 적용의 경우 남북한 간 진행되었던 군사분쟁의 밀도의 경향를 분석하고자 할 시 분석 과정에서 유의할 부분은 다음과 같다. 먼저 군사분쟁의 개념 정의 문제이다. 학문적으로는 군사분쟁은 전쟁 수준에 미치지 못하는 상호 군사력 사용의 위협이나 실제 사용을 의미하는데, 실제 군사분쟁의 의미는 낮은 수준의 적대적 의지의 외교 수사적 표시와 높은 수준의 전쟁 선포, 생화학무기·핵무기의 사용을 모두 아우르는 폭넓은 개념이다. 국제정치학자들은 군사분쟁이 확대되어 최소 1,000명이라는 임계값의 군인이 사망할 경우 전쟁으로 개념화하기도 한다.[77] 두 번째, MID 빈도의 해석 문제이다. 남북한 간의 군사분쟁은 북한의 무력도발 행위로 대표되어 왔으나, 이는 실제 여러 가지 변수와 전략적 판단에 의해 행해지는 군사행동이다. 북한의 무력도발 행위는 남한 통수권자의 대적관 또는 북한 당국이 국내외 정세의 유불리에 조응하는 행위로 고려되어야 한다. 따라서 연례 훈련적 성격의 군사행위를 제외하면, 남북한간 MID 양상은 북한의 직접적 무력도발과 장거리 미사일 발사, 핵실험으로 구분할 수 있다. 마지막으로 남북한 MID 모델에서 직접적 무력 도발 행위의 주체는 대부분 북한이다. 북한 군사도발 행위를 분석하기 위해서는 대내, 대남 변수 외에도 주변 관계국을 포함한 국제적 수준의 변수를 고려해야 한다. 대내적으로는 김정은 체제의 공고화 과정에 수반되는 경제, 정치적 변수와 대외적으로는 핵실험을 둘러싼 국제사회의 대북 제재를 비롯한 대외 환경 변화를 주요 변수로 상정할 필요가 있다.

구체적으로 MID 발생 빈도 추이의 변화가 예상되는 화해협력 진입기에서 남북관계 조정기로 명명되는 1998년부터 2013년까지의 남북한 간 MID 밀도 추이를 살펴보자.

〈그림 5〉 남북한 간 MID 빈도(1998~2013)

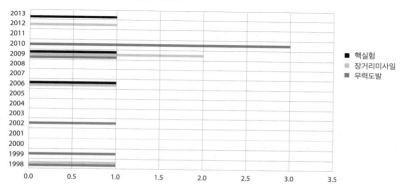

〈그림 5〉를 보면 북한은 대북 포용정책을 실시하던 김대중 정부 집권 시에도, 그 정책의 기조를 계승하였던 노무현 정부 당시에도 군사도발을 지속적으로 감행했던 것으로 판단된다. 총 6차례의 중 무력도발 3회, 장거리 미사일 실험 2회 핵실험 1회가 발생되었다. 상호 간 가장 큰 피해를 발생시킨 것은 1, 2차 연평해전이었다. 1999년 1차 연평해전은 북방한계선(Northern Limit Line, NLL) 무실화와 분쟁수역화 라는 북한의 표면적 의도 외에 김대중 정부의 대북 포용정책을 시험하고 대미 협상력을 제고하며 경제난 심화에 따른 체제결속을 강화하기 위한 2차 의도가 있는 것으로 분석된다.[78] 2차 연평해전은 기습공격의 유형으로, 1차 연평해전의 피해에 따른 북한의 보복

성격이 가미된 것으로 해석된다. 한편 2006년 장거리 미사일과 핵실험의 잇따른 군사적 도발은 표면적으로 김정일 건강이상설로 인한 체제 불안정 타개, 핵보유국의 지위 확보 등의 의도가 관측되나 배경적으로는 대미 협상력 강화와 강성대국 건설의 명분용이라는 해석도 가능하다.[79]

남북한 간 분쟁 밀도의 현저한 변화가 있다면 전후 맥락을 살펴보아야 한다. 1990년대 후반 이후부터 2000년대 중반까지의 북한의 무력도발 행위는 1990년대 무장간첩의 증가와 귀순자 및 정부요인의 암살 시도가 빈번했던 것과도 대조를 이룬다.[80] 다만, 이러한 패턴을 남한 최고지도자의 유화적 대북정책 기조에 북한의 최고지도자가 조응한 결과로 해석하기에는 일련의 한계가 따른다. 이는 김정일 정권의 도발 행태 변화로 설명된다. 첫째, 선군정치를 표방하는 김정일 정권에서 군이 대남도발의 주체로 부상했다는 것이다. 이는 면밀히 조율되지 않은 충돌 상황에서의 위험성을 가중시킬 위험성을 내포한다. 둘째, 도발 강도의 변화이다. 2차례의 연평해전은 기존에도 있어왔던 서해 NLL 상에서의 남북 간 충돌양상에 비해 수위가 향상된 중강도 분쟁양상을 보였다. 본격적인 핵실험 등 비대칭 전략무기 개발로의 군사전략 전환이 대남도발의 패턴 이완으로 연결되었을 가능성도 고려해야 한다. 셋째, 목적의 변화이다. 대남도발의 사안별 분쟁 강도가 높아졌음에도 전면전이나 확전은 철저히 조절하고 기피하는 현상이다. 이는 대남 도발의 필요성이 북한 내부의 체제 결속이나 국제적 문제 해결에 있어 더욱 중요해졌음을 방증하는 것으로 볼 수 있다.[81]

〈표 2〉 남북한 간 군사분쟁 연표 (1998~2021)

| 일시 | 주요내용 | 비고 |
|---|---|---|
| 1998년 7월12일 | 남한, 강원도 동해시 묵호 앞바다에서 잠수복 차림의 무장공비 시체 1구와 수중추진기 한대 발견됨 (안내조 2인은 끝까지 발견되지 않음)[82] | [직접적 무력도발] |
| 1998년 8월31일 | 함북 화대군 무수단리에서 광명서 1호(대포동 1호) | [장거리 미사일 시험] 안보리 성명 채택 |
| 1999년 6월15일 | [연평해전] 01차<br>06월15일 북한 경비정 등산곶 684호의선제 공격으로 제1 연평해전 발생, 북한 30명, 남한 9명 사망 | [직접적 무력도발] |
| 2002년 6월29일 | [연평해전] 02차<br>북한경비정 등산곶 684호,서해북방 한계선(NLL) 침범, 25분간 남북 교전발생(남한측 해군고속정 1척 침몰과 6명 사망, 1명 실종, 그리고 18명 부상) | [직접적 무력도발] |
| 2006년 7월5일 | 대포동 2호 1기를 비롯하여 노동 및 스커드급 등 총 7발 발사<br>[유엔 안보리 대북 결의 제 1695호](2006.07.16.) | [장거리 미사일 시험] |
| 2006년 10월09일 | [핵실험-북한]01차(2006.10.09)<br>10월03일 북한 핵실험 계획 발표<br>10월06일 유엔안보리, 북한 핵실험 포기 촉구<br>10월09일 북한, 함경북도 화대에서 제1차 핵실험 실시(조선중앙방송), 함북 화대에서 진도 3.58의 지진파 탐지 | [제1차 북핵실험] |
| 2009년 4월5일 | 4월 5일 북한, 인공위성 광명성 2호 발사 성공(발사시간 미국에 사전통지) | [장거리 미사일 시험] |
| 2009년 4년5일 | 광명성 2호 - 북한, 장거리로켓 시험발사 | [장거리 미사일 시험] |
| 2009년 5월25일 | 북한, 제2차 핵실험 실시(함경북도 길주군) | [제2차 북핵실험] |
| 2009년 11월10일 | [무력도발 - 대청해전]<br>11월10일 대청해전 발발, 국군 함선에 15발 의탄흔 남음, 북한군 함선 반파되고 사상자 4명으로 추정 | [직접적 무력도발] |
| 2010년 1월27일 | [무력도발 - 서해 항해 금지구역]<br>북한, 오전과 오후 두차례에 걸쳐 서해북방 한계선 인근 해상에 해안포 90여발 발사, 국군은 벌컨포로 대응 | [직접적 무력도발] |
| 2010년 3월26일 | [천안함 침몰사건]<br>서해백령도 - 대청도 사이 순찰 중이던 해군 초계함 772 천안함, 함미에서 폭발음 발생, 침몰, 남한 해군 40명 사망 6명 실종. | [직접적 무력도발] 남측, 북측소행 발표 (북측, 주인정) |

| 일시 | 주요내용 | 비고 |
|---|---|---|
| 2010년<br>11월23일 | 북한, 연평도 포격 도발<br>– 정전협정 후 북한에 의한 공격으로 남한 영토 민간인이 사망한 최초의 사건<br>– 해병대원 전사자 2명, 군인 중경상 16명, 민간인 사망자 2명, 민간인 중경상 3명 발생 | [직접적 무력도발] |
| 2012년<br>4월13일 | 광명성 3호, 평북 철산군 동창리 | [장거리 미사일 시험] |
| 2013년<br>2월12일 | 북한, 제3차 핵실험 실시(함경북도 길주군) | [제3차 북핵실험] |
| 2015년<br>8월4일 | 북한, 육군 제1사단 수색대대 부사관 2명이 비무장지대의 아군 추진철책 통로에서 북한군의 목함지뢰 밟아 중상 | [직접적 무력도발] |
| 2016년<br>1월6일 | 북한, 제4차 핵실험 실시(함경북도 길주군) | [제4차 북핵실험] |
| 2016년<br>9월9일 | 북한, 제5차 핵실험 실시(함경북도 길주군) | [제5차 북핵실험] |
| 2017년<br>9월3일 | 북한, 제6차 핵실험 실시(함경북도 길주군), 핵무기연구소 "ICBM 장착용 수소탄 시험 완전 성공" 발표 | [제6차 북핵실험] |
| 2017년<br>11월29일 | 북한, 화성-15형 발사 | [장거리 미사일 시험] |
| 2021년<br>3월24일 | 북한, 화성포-17형 발사 | [장거리 미사일 시험] |

\* 『연합뉴스』(2009)와 남북관계 연표(필자 정리)를 중심으로 재구성

한편, 북한의 1차 핵실험 이후 대북정책이 엄격한 상호주의로 전환되었던 이명박 정부에서의 남북한 무력충돌 사례는 총 9차례 발생하였다. 3차례의 장거리 미사일 실험과 4차례 무력도발, 2차례 핵실험이 진행되었다. 특히 2009년 5월 25일 북한이 제 2차 핵실험을 실시한 결과로 남한이 국제사회와 함께 대량살상무기 확산방지구상(Proliferation Security Initiative, PSI)에 전면 참여하면서 남북 간의 관계는 이전보다 더욱 악화되었다.[83] 3일 후 한미연합사는 대북정보 감시태세를 워치콘 2단계로 한 등급 격상하면서 북한의 도발위협을 심각한 상황으로 받아들였다.[84] 2009년 11월 10일 대청해전으로 명명되는 남북 간 직접적 군사적 충돌이 발생했고, 2010년 3월 26일

해군초계함이던 천안함이 침몰되는 사건이 발생, 합동조사단은 두 달 후 5월 20일 북한의 어뢰공격으로 인한 침몰이라고 발표하였다. 이어 11월 23일 연평도 포격 도발로 분단 이후 처음 군사적 공격으로 인해 민간인이 사망하는 사고가 발생하였다. 2013년 2월 12일, 북한은 3차 핵실험을 감행하였고 2023년 2월 현재까지 세 차례의 핵실험을 추가 실시하면서 '핵 소유효과'에 대한 기대치를 높여가는 모습을 보여주고 있다.

북한의 핵실험은 남한의 대북 정책이 북한의 비대칭 전략무기 개발을 억제하기에는 뚜렷한 한계가 있음을 보여주는 것이기도 하다. 결과적으로 북한의 핵실험은 국제사회의 대북 강경입장을 고조시켰고, 한국과 중국 등 온건 노선지지 세력의 입지를 급격히 축소시켰다. 또한 중국의 대북 연루(entrapment) 우려를 증대시킴으로써 북한 스스로 안보적 공백을 초래시켰다. 같은 맥락에서 북핵 실험은 한·미·일 군사동맹 강화 등 동북아 군사 균형을 재편하게 만듦으로써 북한의 안보적 취약성을 증대시켰다. 실제로 일본은 핵실험을 계기로 미사일 방어 시스템의 연구 제작과 배치를 가속화했다.[85]

2008년 남한의 보수정권의 등장 이후, 북한의 대남전략은 주로 군사위협 및 무력도발 등의 '대결전략'에 초점이 맞춰져 있었다. 그리고 '대화전략' 역시도 교류협력을 위한 대화 제의라기보다는 군사도발로 인한 국제사회의 비난을 회피하기 위한 위장 평화공세의 성격이 강했다. 북한의 대남전략은 '대화전략'이나 '관망전략'보다는 '대결전략'과 '병행전략'을 더 많이 구사했다는 것이 특징이다. 북한의 대결전략은 단순한 대남 비방에서부터 군사 위협, 그리고 직접적 군사행동에 이르기까지 매우 다양해졌다. 그리고 그 수준 역시도 해안포 사격, 잠수함 침투, 민간인 지역 포격에 이르기까지 심화되었다는 것이 특징이다.[86] 이러한 특징은 앞선 두 정부와 마찬가지로 북미관계라는 변수를 고려하지 않을 수 없으나 서해상에서 일어난 무력도발의 경우, 남북경색 국면에서 상대적으로 짧은 기간, 전후 사건의 연계성을 띠고 일어난 MID 라는 점을 고려하였을 때, 대북 강경정책으로의 회귀가 북한의 대남 도발 패턴에 일정 부분 원인으로 작용하였을 가능성을 전혀 배제할 수는 없다.[87]

남북한 간의 군사분쟁은 대외적 변수의 고려 없이 상호 대내적 변수만으로 밀도를 측정하기에도 다소 어려움이 따른다. 물리적 충돌의 기준은 우발적이냐 고의적이냐의 여부가 중요하며, 통상적 군사훈련의 여부도 구분이 되어야 한다. 북한의 단거리 미사일 발사의 경우 일련의 시위용 실험의 의도로 판단할 수도 있다. 언론 보도마다 남한에 관한 북한의 무력도발을 정의 내리는 기준이 매우 상이하므로 논란의 여지가 남는다. 따라서 남한에게 직접적 위협으로 간주되는 북한의 핵실험과 장거리 미사일 시험발사, 남북한 간 직접적 군사충돌로 인한 교전 및 사상자 발생 건으로 물리적 충돌에 대한 조작적 개념을 명확하게 설정할 필요가 있다.

MID 이론의 단속적 균형 모델 중에서 국가간 군사적 분쟁 사례의 종결되지 않는 4분의 1은 '고착(Lock in)' 상태에 진입한다고 설명하였다. 남북한 관계는 시기별 분쟁의 정도 차이는 있으나 위의 자료들을 근거로 본다면, 적어도 MID 수준의 1에서 3까지 즉, 일방적인 도발에서 군사적 대치상황까지의 교착 상태가 반복, 유지되고 있음을 확인할 수 있다. 결국 반복되는 군사분쟁은 남북한 숙적관계의 이른바 '감옥효과(prison effect)' 유지에 절대적으로 기여하고 있다는 의미로 해석할 수 있다.

## 사회-심리적 과정 모델이 남북한 관계에 주는 시사점

MID 모델의 대안적 모델로 등장한 사회-심리적 과정 모델의 핵심은 최고지도자의 심리적 자각 요인을 분석하여 군사적 분쟁 모델을 한계를 보완할 수 있다는 점이다. 분석단위가 상대국을 바라보는 지도자 개인적 성향의 문제에 머무는 것이 아니라 최고지도자의 인지와 판단, 정책결정의 연속성에 영향을 미치는 국내외 요인까지를 아우른다.

숙적관계에 있는 국가의 모든 상호 인식 작용은 대상국과의 외적인 대립뿐만 아니라 내적인 대립도 동시에 발생시킨다는 점에서, 인식의 양극성 또한 명확히 드러낸다. 이는 남북한 숙적관계에서 발생하는 '국가 간 인식의 민감성'에 해당하며, 동시에 숙적 국가 간의 태도와 관련된다. 때문에 숙적 국가 간에 발생하는 갈등과 같은 행위들이 한층 더 과장되고, 따라서 협력과 화해도 어렵게 된다. 게다가 숙적관계 속 국가 간 인식의 민감성은 정책적 오인과 오판의 전제가 된다. 국가 차원에서 형성된 상대국에 대한 인식이 정책이라는 국가 행위로 나타난다는 점에서 오인은 국가의 합리성 전제에 문제를 제기하게 만든다. 국가의 합리성 개념이 행위 주체를 둘러싼 선택(선호)의 일관성과 효용의 극대화를 의미한다면, 오인으로 인한 선택(선호)의 비일관성과 비효용성 결과 발생은, 결국 국가 합리성 개념에 한계를 노출시킨다. 따라서 불확실성과 오인이 발생할 수 있는 상황에서 결정된 국가의 선택 행위(행위자의 자율성 문제)를 보편적 차원에서 이해하려면 사회-심리학적 개념에서 접근하는 것이 필요하며 남북한 숙적관계 역시 예외는 아니다.[88]

남북한 숙적 관계에서 지도자 또는 의사결정자의 인식에 관한 직접 연구를 진행하는 것은 한계가 뚜렷하다. 특히 북한 최고 정책결정권자에 관한 자료 접근의 경직성이 그러하다. 사회-심리적 과정으로서의 숙적모델을 남북관계에 적용하기 위해서는 최고 정책결정권자의 대적관에 관한 공식 문건의 변화에 초점을 맞출 수 있다. 북한의 경우 신년사를 통해 지도자의 대남 숙적 인식을 제한적이나마 분석할 수 있다.[89] 반면 남한의 경우 공식적으로 국방부에서 발간하는 국방백서를 통해 정권별 정책결정자의 대북 숙적 인식을 파악할 수 있을 것이다.

1946년부터 북한은 매년 1월 1일이 되면 신년사를 발표한다. 신년사는 북한의 대내외적 정책방향을 가늠하게 해주는 중요한 자료이자 남북관계나 북미관계에 대한 북한 당국의 의도를 살펴볼 수 있는 토대가 되는 자료이다. 특히 최고지도자의 의중이 정책결정과정에서 중요한 위치를 점하고 있는 북한정권의 특성상, 최고지도자의 교시의 성격을 갖는 신년 공동사설은 북한 연구자들에게 매우 귀중한 연구자료라고 할 수 있다.[90]

기본적으로 북한은 남한에 대한 인식을 신년사를 통해 상징조작하고 이를 북한주민들에게 탐독하게 하여 대남 부정적인 인식을 고취시킴으로써 내부 통치체제를 유지하고 있다. 또한 북한의 대남 인식은 정책결정자의 국가 행위에 영향을 미쳐 실제 남북관계에 반영된다. 이를테면 부정적인 대남(對南) 인식은 공세 지향의 대남정책으로 추진되며 시대 변화와 내부적인 요인에 의해 인식이 바뀌면 우호적인 관계를 형성하기도 하는 것이다. 또한 국제적인 정세도 북한 지도자의 대남 인식의 형성에 적지 않은 영향을 주게 된다. 북한은 부정적인 입장 인식을 견지하다가도 이처럼 정책결정자의 사고 형성과 국가 행위 패턴은 신년사의 용어 선택이라는 '말'과 실제 남북관계 반영이라는 '행동'으로 귀결된다. 따라서 정책결정자의 사고가 기호화된 북한 신년사의 용어선택과 실제 남북관계는 상호 관련성을 유지하며 둘 중 어느 일방을 분석하면 다른 한쪽의 결과를 예측할 수 있다.[91]

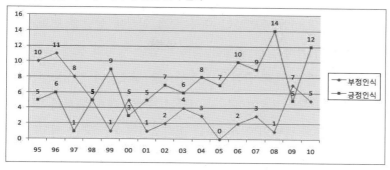

이준희(2011), p.59.

북한의 신년사에서 나타나는 한 가지 특징은 남북 화해 국면에서 '남조
선' 용어가 증가한다는 것이다. 박종희 외(2015)에 따르면 1970년대 초반에
다시 '남조선'이 신년사의 전면에 배치되기 시작하고 등장 횟수도 증가함이
발견된다. 이는 데탕트 국면에서 진행된 남북대화를 반영한 것으로 추정된
다.[92] 1980년대 중후반과 1990년대 중반 그리고 2000년대 이후의 북한 신
년사는 '남조선'이 전면에 배치되면서 언급 회차 또한 증가한 바 있다. 처음
두 시기는 1980년대 북한의 비핵화 공세와 1990년대 1차 북핵 위기 시, 화
전양면 전술의 대상이 한국이었던 것을 반영한 것으로 보인다. 반면, 2000
년대 이후 북한 신년사에서 한국 관련 단어가 전면에 등장하는 것은 국제
사회로부터 고립된 북한이 한국으로부터 느끼는 안보위협을 반영한다고 추
론된다. 북한이 주적으로 설정한 미국에 관해서는 2차 북핵 위기가 진행되
던 2003년 이후 북한 신년사의 앞부분에 집중적으로 언급되고 있다. 이는
한반도의 비핵화가 남북문제가 아니라 북·미 간에 해결해야 할 문제라는 북
한의 시각이 반영된 것이다. 또한, 북한 정권의 존립이 이제 체제 경쟁의 문
제가 아니라 미국의 압박과 위협과 관련된 문제라는 절박한 상황인식을 반

영하는 것으로 보인다.[93]

남한의 경우, 1990년대 후반부터 대북 숙적 인식에 상당한 변화가 있었다. 헌정사상 첫 수평적 정권 교체를 통하여 남한 정치의 헤게모니를 장악했던 김대중·노무현 정권과 엄격한 상호주의를 강조하며 강경노선을 선택한 이명박 정부의 '적'인식 변화는 장기화된 숙적관계 내에서의 역동성(dynamics)을 보여준다. 남한의 경우, 최고 정책결정권자는 국군 최고 통수권자인 대통령이다. 대통령은 최고 정책결정자로서, 이러한 행위자의 숙적인식변화는 공식 문건인 국방백서에 표기된 주적개념의 변천사로 분석해볼 수 있다.[94]

국방백서의 발행부처는 국방부이다.[95] 그러나 국방백서는 비단 '적'과 관련하여 국방업무를 총괄하는 부처의 입장을 표명하는 것 이상의 의미를 지닌다. 백서는 국민정서와 부처 협의, 관련 전문가들의 입장의 조율과정을 거쳐 결정되지만, 지금까지 남한의 대통령은 국군 통수권자로서 주적 개념 자체에 직접적으로 영향을 끼쳐 왔음이 사실이다.[96]

〈표 3〉을 보면 햇볕정책으로 알려진 김대중 정부 시기, 2000년 국방백서에서도 대북 주적 규정은 유지되었다. 북한의 현실적 위협이 상존하였던 까닭에 표현은 유지했지만 당시 6·15남북정상회담 등의 상황을 반영해 '무장간첩 침투 지속', '통미봉남 정책' 등의 용어는 삭제했다. 이후 김대중 정부 시기 백서는 더 이상 발간되지 않았다. 그러다 노무현 정부 들어 발간된 2004년 백서에서 10년 만에 처음으로 주적 개념이 삭제됐다. 그 대신 북한에 대해 '직접적 군사위협'이라고 명기했다. 구체적으로는 '북한의 재래식 군사력, 대량살상무기, 군사력의 전방 배치 등 직접적 군사위협'으로 지칭한 바 있다. 2006년 백서에서는 표현이 보다 완화되어 '현존하는 북한의 군사적 위협'이라는 표현이 등장했다. 2006년 백서는 북한 군사력에 대해 '우리 안

보에 대한 심각한 위협'이라고 규정하고 '현존하는 북한의 군사적 위협에 최우선적으로 대비한다'는 문구를 새로이 추가했다. 이명박 정부 초기에 발간된 2008년 백서에서도 주적이라는 표현은 사용하지 않았다. 2008년 백서는 북한이 '직접적이고 심각한 위협'이라고 표기했다. 이는 2004년 백서와 2006년 백서를 모두 감안한 표현이었다. 당시 국방부는 "2006년 북한의 미사일 발사와 핵실험 등 안보상황의 급변과 북한의 재래식 전력이 여전히 위협이 되는 상황을 고려했다"라고 설명한 바 있다.[97]

〈표 3〉 국방백서에 나타난 '적' 개념 변화

| 발행일 | 발행명 | 비고 |
|---|---|---|
| | | 1967년 최초 발행 후 1968년까지 발간 후 중단 |
| [국방백서-남한] (1989.10) | 국방백서 1989 발간 | 북괴를 북한으로 첫 표기, 군 내부의 거센 반발 야기 |
| [국방백서-남한] (1996) | 국방백서 1995 발간 | 북한은 우리의 '주적' 개념 처음 등장 |
| [국방백서-남한] (2000.12) | 국방백서 2000 발간 | '주적' 개념 그대로 사용 – 다만, 6·15남북정상회담 등의 상황을 반영해 '무장간첩 침투 지속', '통미봉남 정책' 등의 용어는 삭제 – 2001~2004년 기간 발간되지 않음. |
| [국방백서-남한] (2005.01.26) | 국방백서 2004 발간 (2년에 1회 발간 시작) | 북한은 '직접적이고 실체적인 군사 위협'으로 수정 |
| [국방백서-남한] (2006.12.29) | 국방백서 2006 발간 | 보다 완화된 '현존하는 북한의 군사적 위협' 으로 수정 |
| [국방백서-남한] (2009.2.20) | 국방백서 2008 발간 | 북한을 '주적'으로 표현하지 않았으나 '직접적이고 심각한 위협'으로 강경한 개념으로 수정 |
| [국방백서-남한] (2010.12.31) | 국방백서 2010 발간 | "북한은 대규모 재래식 군사력, 핵·미사일 등 대량살상무기의 개발과 증강, 천안함 공격, 연평도 포격과 같은 지속적인 무력도발 등을 통해 우리 안보에 심각한 위협을 가하고 있다. 이러한 위협이 지속되는 한, 그 수행 주체인 북한정권과 북한군은 우리의 적이다" 북한 지칭하는 조건부'적'개념 부활 |
| [국방백서-남한] (2012.12.21) | 국방백서 2012 발간 | 상동 |

| 발행일 | 발행명 | 비고 |
|---|---|---|
| [국방백서-남한]<br>(2017.1.11) | 국방백서 2016 발간 | 상동 |
| [국방백서-남한]<br>(2019.1.15) | 국방백서 2018 발간 | "우리 군은 대한민국의 주권, 국토, 국민, 재산을 위협하고 침해하는 세력을 우리의 적으로 간주한다."<br>북한 지칭하는 '적'개념 삭제 |
| [국방백서-남한]<br>(2021.2.2) | 국방백서 2020 발간 | 상동 |
| [국방백서-남한]<br>(2023.2.16) | 국방백서 2022 발간 | "북한은 2021년 개정된 노동당규약 전문에 한반도 전역의 공산주의화를 명시하고, 2022년 12월 당 중앙위 전원회의에서 우리를 '명백한 적'으로 규정하였으며 핵을 포기하지 않고 지속적으로 군사적 위협을 가해오고 있기 때문에, 그 수행 주체인 북한 정권과 북한군은 우리의 적이다"<br>북한 지칭하는 '적'개념 부활 |

\* 국방백서(2000, 2004, 2006, 2008, 2010, 2012, 2014, 2016, 2018, 2020, 2022)와 필자가 정리한 남북관계 연표를 중심으로 재구성

　　정권이 교체되었다고 해서 주적개념에 즉각적인 수정이 가해지는 것은 아니었다. 김대중 정부 당시 남북정상회담 이후에도 국방백서 상에 주적개념을 일정 기간 유지한 것이 그러한 측면을 반영한다. 노무현 정부의 국방백서 상의 '적'개념이 삭제될 당시에는 남북화해 기조 하에서 대화의 대상에 주적개념의 존치는 부적절하며 변화된 안보환경에 따라 삭제해야 한다는 입장은 설득력이 있었다.[98] 대북정책의 철학으로 실용·강경노선을 고수한 것으로 평가받는 이명박 정부 역시 2008년 백서에는 '적'개념의 직접적 부활 대신 '직접적이고 심각한 위협'으로 표기하다가 2010년 백서에 이르러, '적'개념을 다시 명기하였다. 이후 2022년 윤석열 정부에서 발행한 백서에서도 이와 같은 패턴은 반복되었다. 최고지도자의 대적관은 이전 정권의 대적관을 일정 기간 반영하면서 숙적관계를 상호 탐색하는 시기를 거쳤다는 것이다. 이렇게 국가의 공식출판물에 대적관을 명시하는 작업은 숙적관계에 있어 매우 상징적인 행위로 인식되어 왔다. 따라서 현재 고착화된 남북 관계라

할지라도 예전의 '주적'이란 표현으로 회귀하는 것은 남북관계와 국내 여론을 면밀히 고려한 뒤 정무적, 정책적인 견지에서 신중히 판단해야 할 문제임에 분명하다.

상호 경제적·군사적 능력과 별개로 최고의사결정자들이 상대를 적으로 간주하면 숙적관계는 성사될 수 있다는 점은 현재의 남북한 간의 종합적 국력의 차이를 고려했을 때 유의미한 대목이다.[99] 물론 한국 전쟁과 분단, 한민족(동포)이라는 특정요소 또한 국력 차이와 상관없이 숙적 관계를 규정하는 과정에 역사적, 인지적 요인의 변수로 기능할 수 있다. 달리 말해, 남북한의 경우 상대적으로 오랜 기간 숙적 관계를 유지하고 있으므로 따라서 일반국민들이 지니고 있는 적대적 인식이 최고권력자의 숙적 인식에 영향을 줄 여지가 있다는 것이다. 이는 상대적으로 남한의 경우에 민감성이 높을 것으로 예상된다.

살펴본 바와 같이 남북한 숙적관계에 있어서 사회심리적 과정 모델의 적용은 몇 가지 시사점을 갖는다. 첫째, 국방백서의 '적' 개념의 삭제와 부활의 주기로 보아 피아의 경계는 항시적이지 않다는 것이다. 둘째, 남북한 숙적관계 역시 상대에 관한 최고지도자의 인지적 편견과 예상되는 행위에 영향을 받게 된다는 것이다. 첫째와 둘째 모두 지각적인 범주화 과정에 해당한다. 최고지도자가 상대를 어떤 수준의 '적'으로 인식하는 여부가 남북한 숙적관계 유지의 관건이 된다. 셋째, 남북한 간의 MID 발생 빈도는 대적관의 변화과정과 긴밀한 상호작용을 유지하며 경우에 따라, 적대감을 강화, 재생산하는 역할을 해왔다. 넷째, 인종, 언어 등을 공유하는 한민족이라 할지라도 교류가 단절되어 동일한 중대가치를 공유하지 못하는 상황에서 상호 분쟁은 연속성을 갖는다는 점이다.

## 전통적 '적' 개념 변형의 필요성

한반도 사례는 숙적관계 일반 이론의 기본 특성 -적대적 상호 의존성의 측면과 반복되는 대립의 측면, 그리고 기간 의존성의 측면이라는-에 부합하는 것으로 보이나, 기간 의존성을 설명하기 위해서는 남북한 숙적관계에서 '적'은 통일을 지향하는 잠정적 특수관계라는 틀 내에서 전통적 '적'개념의 변형을 필요로 한다.[100] 즉 남북한 양자에게 상대는 '동포'의 개념이 혼재된 '적'이며 그 반대이기도 하다. 결국 기간 의존성의 완전한 종식은 한반도 사례에서 통일의 형태로 귀결될 가능성이 크다.

이처럼 전쟁과 분단을 통해 공식화된 양 체제는 서로를 적이자 통일의 대상으로 여기는 과도적이면서 양가적인 성격을 지닌다. 따라서 경제적, 군사적 능력과는 별개로 최고의사결정자들이 상대를 적으로 인식하는 정도에 따라 숙적관계가 심화 또는 완화될 수 있다는 것은 이러한 과도기적 특성에 조응하는 것으로 볼 수 있다. 정책결정자 뿐 아니라 개개인 단위에 이르기까지 뿌리내리고 있는 인식의 이중적 잣대 또한 숙적관계 유지와 상당 부분 관련이 있다.[101] 현대에 와서 정교화되고 있는 북한의 핵개발은 남한으로 하여금 북한을 '제재의 대상'으로, 남한의 경제발전은 북한을 과거의 '경쟁관계'가 아닌 '지원의 대상'으로 인식하게 한다. 이러한 적 인식의 복합적 측면은 한반도에 전통적 숙적관계 이론을 적용할 때 논리적 전개의 어려움을 유발할 가능성이 있으므로 변형된 '적'개념의 상정은 불가피할 것이다.

숙적 관계의 유지에는 상호 경제력 차이, 비대칭 군사전력, 그리고 주변국과의 동맹 관계가 주요 상수로 기능한다. 그러나 앞서 선행연구에서 세력전이 현상에도 남북한 군사적 분쟁은 지속된다는 사실을 확인한 바 있다. 이는 달리 말해 단일 변수로 남북한의 숙적 형국에 균열을 내기에는 국제정세라는 환경적 요인 등 지정학적 차원에서 고려해야 할 변수가 다양함을 의미한다. 예를 들면, 남북한이 미·중과 유지하고 있는 동맹관계는 개별 안보에 도움이 되지만 숙적관계를 공고히 하는 요소로도 기능하게 된다는 것이다.[102] 남북한 숙적 관계의 기원이 미소 냉전의 배경 하에 국제전 양상으로 진행되었다는 역사적 배경 역시 간과할 수 없다.

## 숙적관계 이론이 분단된 한반도에 주는 함의

숙적 국가들의 적대적 관계가 생성한 상호의존성과 기간의존성 그리고 반복되는 군사분쟁은 남북한 숙적관계에서도 유효한 보편적인 특성으로 판단된다. 결과적으로 두 모델은 한반도 숙적 관계 분석 도구로서 독립적이면서도 상호 보완적 측면을 지닌다고 볼 수 있다.

첫 번째, MID 군사적 분쟁 모델의 경우 남북한 숙적관계는 단속적 균형 모델에 해당되며 종결되지 않는 4분의 1이 고착(Lock in) 상태에 진입한 것으로 해석된다. 비대칭 전략무기 개발의 가속화가 남한의 화해협력 기조를 가로막는 근본 원인이라는 분석도 가능할 것이다. 또한 같은 기간 비대칭전략무기 개발의 무력도발의 패턴 변화는 빈도수 자체보다는 사안별 심각성과 상징성으로 판단될 필요가 있기에 해석은 제한적이고 엄격하게 접근되어야 할 것이다. 결국 MID 척도를 기준으로 남북한 군사분쟁은 시기별 밀도의 차이는 보였으나 1단계에서 3단계까지 즉, 일방적인 도발에서 군사적 대치상황까지의 이르는 분쟁 상황의 반복이 남북한 숙적관계의 교착 상황에 절대적인 기여를 하고 있다는 의미이다. 5단계는 상호간 전쟁의 충격 뿐 아니라 내전이나 구조적인 충격, 민주화와 같은 강한 충격(shocks)으로 종결될 수 있음을 의미하지만, 상호 체제 유지에 상당한 문제를 야기함으로 가까운 미래에 예측 가능한 시나리오는 아닌 것으로 판단된다. 또한 5단계로 불가피하게 진행되는 경우를 위한 대비와 위기관리 능력이 무엇보다 중요할 것으로 판단된다.

　두 번째, 사회-심리적 과정 모델의 경우 지도자나 의사결정자의 인식에 기초를 두고 숙적 관계 개념을 정의하였다. 가장 중요한 변수는 상대를 어느 수준의 '적'으로 인지하는지에 대한 여부였다. 국가의 공식출판물에 대적관을 명시하는 작업은 숙적관계에도 영향을 미치게 된다. 북한의 경우, 신년사를 통해 상호 인식의 변화 양상을 파악할 수 있었다. 남한 역시 최고권력자의 통치성향과 환경 변수에 따라 대적관의 변동이 있었다. 문헌 상 '적'의 명시 여부가 정책결정자의 숙적의식 전체를 반영할 수 있느냐의 문제는 동포의 개념이 혼재된 한반도 숙적 개념의 특수성을 감안할 때 제한적으로 해석될 필요가 있을 것이다.

　탈냉전 이후 얼마간 한반도 상황은 1972년 데탕트 시기와 달리 남북한이 주도적으로 화해무드를 조성하고 공존을 모색할 수 있는 시기였다. 최초의 정상회담이 성사되었고 피아의 경계가 항시적이지 않을 수 있다는 것을 목도했다. 북한의 비대칭 전략무기 개발은 체제유지에 관한 대외적 위기감의 발로였을 것이나, 숙적 상대에게는 화해 협력 기조를 지속하기 어려운 유인이 되었고 이는 남한 정책결정자의 대북 숙적 인식과 정책으로 나타났다. 정책결정자의 인지적 편견에 따라 MID는 또 다른 MID를 양산하고 상호 대적관을 견고히 하게 될 것이며 '숙적관계의 덫'에 깊이를 더해줄 것이다. 통일을 추구하는 잠정적 특수관계인 한민족이라 하더라도 교류가 단절되어 동일한 중대가치를 공유하지 못하는 상황에서 상호 분쟁은 연속성을 갖게 될 가능성이 농후하다.

　숙적관계 이론은 장기화된 갈등 모델인 남북한 관계에 여러 가지로 유의미한 분석도구임과 동시에 적지 않은 과제를 제공한다. 먼저 다양한 변수를 고려할 필요가 있다. 남북한 MID 모델에서 발발하는 무력 행위의 주체는 대부분 북한이라는 점에서, 북한 정책결정자의 비합리적 군사도발 행위를 분석하기 위해서는 대내적 변수 뿐 아니라 미·중·일·러 등 주변국 관계와 국제사회의 대북 제재를 비롯한 대외 환경 변화를 주요 변수로 상정할 필요가 있다. 일정한 영토 내 장기화된 분쟁 관계에서는 교착 상태에 충격을 줄 수 있는 외부요인의 영향이 증대되기 때문이다. 둘째 정책결정자의 인지적 측면을 분석하기 위한 다면적 분석 자료의 확보이다. 자료 접근이 제한된 북한의 경우, 신년사 뿐 아니라 북한중앙방송, 당·군·청년보의 공동사설, 노동신문, 회고록, 탈북자 인터뷰를 통한 교차연구로 데이터 수집이 보완되고 남한의 경우, 국방백서 뿐 아니라 대통령의 신년연설, 국방정책을 통한 숙적의식 연구가 이루어져야 할 것이다. 마지막으로 정책결정자의 정책결정 과정에 영향을 끼치는 심리적 요인에 관해서는 학제 간 연구를 통한 정밀한 연구가 이루어진다면 남북한 숙적관계 종식에 한발 더 다가갈 수 있을 것이다. 이와 같은 시도가 남북한 숙적관계에서 장기화된 교착상태에서 벗어나 평화 지향의 '탈분단'으로 가는 길목에 단초를 제공할 수 있기를 기대한다.

# 3장
## 질주하는 분단: 동맹과의 공생[103]

1953년 7월, 한국전쟁의 휴전 협정 이후에도 남북간 군사분계선(MDL)을 경계로 물리적 충돌은 반복되고 있다. 이러한 현상의 이면에는 당사국 간의 직접변수 외에도 변화하는 국제질서에 따른 다층적·다면적 환경요인이 존재한다. 분단 이후 남과 북은 막대한 국방비 지출과 인적 자원의 충원을 통해 불안전한 대치 관계로부터 야기되는 안보위기를 억지하기 위해 노력해 왔다. 분단 환경 하에서 남한이 이룩한 대내외적 성과는 동유럽 사회주의권 붕괴라는 대외적 환경 변화와 맞물려 노태우 정권의 7.7선언(1988)과 북방정책, 김영삼 정부의 체제 경쟁 종식 선언(1994.8)으로 이어졌다. 이는 당시 북한이 처했던 수세적 외교여건 및 경제적 고립도에 비추어 명징한 대조를 이루는 사건이었다. 그러나 남과 북의 뚜렷한 국력 차이에도 불구하고 한반도 지도상에는 여전히 이질성 짙은 두 체제가 적대적 지위(status)를 유지하고 있다. 양측이 한민족 복원을 명분으로 추진해온 통일정책은 시기에 따라 평화정착을 위한 부분적 이행으로 결실을 맺기도 했으나, 양자간 숙적관계 종식에 대해 근본적인 균열을 야기하지는 못하였다.

　냉전이 해체되고 세계사적으로 생성된 적대적 국가관계들이 대부분 소멸해가는 과정 하에서도 남북한 숙적관계는 유독 끈질긴 생명력을 과시하고 있다. 한반도내 힘의 균형은 한·미(일), 북·중(러) 동맹으로 양분되어 있고 한미 대 북중 간의 대립구도가 한반도 지형의 절대적 상수로 기능하고 있다. 이처럼 남북한의 거대 후원국들은 당사국들의 안보이익에 최적화된 방식으로 한반도 분쟁상황에 관여해왔다. 이들에게 관여 혹은 개입(engagement)이란, 약소 동맹국 역내에서 자국의 포괄적 안보이익의 침해 상황, 달리 말해 사활적 이익(vital interest)의 훼손을 예방 또는 최소화하는 조치를 의미한다. 국제정치적 관점에서 국력의 차이가 있는 비대칭 동맹국가 간 의사결정 과정을 보면, 강대국의 안보이익이 약소국의 자율성을 제한하고 약소국은 외교적 자율성 대신 안보이익을 취한다는 면에서 일련의 거래가 성사된다.

　본 장에서는 단속적 균형 모델, 즉 장기화된 갈등 사례인 한반도 숙적관계의 유지의 동인과 종결의 가능성을 검토할 것이다. 남북한 간 숙적관계 종식의 장애요인은 일반적으로 다음의 근거를 전제로 한다. 첫째, 양 진영이 상이한 목표를 갖고 접근하는 이른바 자기주도형 통일정책 - 숙적관계의 종식을 내포 -이 분단 상황을 보다 연장시킨다는 것이며, 둘째, 협력안보 개념의 동북아의 다자안보 담론과 전통적 동맹관계의 공존과 갈등, 즉 미·중을 위시로 한 한반도 세력 균형체제 또한 남북한 라이벌리 종식의 장애물로 기능하게 된다. 본론에서는 후자에 관심을 두면서, Vasquez, John A(1993)가 정의한 '숙적관계, 즉 균등한 세력 간의 지속적인 적대성(persistent hostility)을 지닌 관계 중 균등한 세력의 기능을 살펴보고자 한다.[104] 동맹관계는 숙적관계에 관여하는 주요 변수이며 동맹관계의 동학을 밝혀내는 것은 숙적

관계 유지와 종결 과정에 필요한 시사점을 제공할 수 있다.

　다만 이번 장에서는 상대적으로 사료접근이 제약된 북중 동맹관계 대신 한미 동맹관계에 한정하여 남북간 분단환경의 특질과 우리가 당면한 외교정책적 과제를 고찰하고자 한다. 첫째는 1948년 한미주둔군 지위 협정(Status of Forces Agreement) 체결 이후 당사자인 미국의 한반도 관여정책이 한·미동맹의 비대칭적 자율성-안보 거래(autonomy-security trade type) 패턴에 미치는 영향이며, 둘째는 한미동맹이 장기화된 갈등 모델인 남북한 숙적관계 유지에 기여하는 행태에 관한 것이다. 한미 상호 이익에 관한 절충을 모색해야 했던 남북한 간 주요 군사적 분쟁 사례(MID)(1960년대~2000년대)에서 우리가 얻을 수 있는 교훈은 무엇일까? 미국의 한반도내 '확전을 예방하고 현상을 유지하기 위한' 강대국의 관여정책이 분단상황에 의미하는 바는 무엇일까? 한·미 동맹 패턴과 남북한 숙적관계의 교착상태와의 상관관계를 분석하기 위해 앞 절에서 설명했던 숙적관계 이론을 더불어 동맹 이론은 유용한 상호 보완적 도구가 될 수 있다.[105]

　일각에서는 서구학자들이 일컫는 숙적에서의 라이벌리(rivalry), 즉 경쟁 개념이 남북한 관계에 적용하는 것이 적절한가에 대한 문제를 제기한다. 이는 20세기 후반을 지나며 현재에 이르기까지 남한과 북한이 완전한 양 체제의 힘의 균형(symmetric power)을 이루고 있는가에 대한 의문과 연결된다.

　1988년 노태우 대통령의 7.7 선언과 1994년 김일성 주석의 사망에 이어 발표된 김영삼 대통령의 8.15 경축사는 동유럽 붕괴와 남한의 경제성장에 기인한 자신감의 발로였다. 이처럼 북한을 경쟁과 대결의 대상이 아닌 오롯이 민족공동체의 일원으로 보고자 하는 경향성, 그리고 체제경쟁의 종식과 수차례의 정상회담 등의 역사적 사건에 방점을 두는 이들은 남북 관계를 숙적 관계로 설정하는 것을 안보 중심적이고 이분법적인 접근방식이라며 비판하기도 한다.[106] 그러나 숙적 이론은 남북관계의 대치적 성격을 분석하고 구조적 해제의 방향을 모색하기 위한 학술적 도구로서, 국내 학자들은 라이벌리 개념을 경쟁관계가 아닌 숙적(宿敵, enemy)관계로 풀이한다. '여러 해 전부터의 적수' 즉, 군사 분쟁이 현존하는 주권 국가 간의 대치 상황에 보다 본질적 의미를 부여한다.[107] 특히 1990년대 이후 북한의 본격적인 핵 개발 착수는 군사적 측면의 숙적 양상을 심화시키고 있다. 이는 반세기 이상 적대성의 고리를 끊어내지 못한 북미관계와 남북관계 그리고 북한체제의 생존과 관련되어 있다. 특히 남북간, 북미간 국력의 비대칭성(truncated power asymmetry)은 안보적 관점에서 북한이 경제건설과 핵개발을 병진 추구하는 전략적 배경이 되는데 이는 '동맹이론'을 통해 검토하기로 한다.

## 동맹이론(alliance theory)의 검토

기존의 숙적관계 이론의 한반도 적용 연구 사례는 초보적인 단계에 머물러 있다. 더욱이 한반도 특수성 및 복잡성이 갖고 있는 통일지향성 또는 동맹간 세력 균형, 상이한 체제 및 상호 내부 정치적 요인 등을 설명하기 위해서는 국제정치 이론 간 융합 혹은 새로운 이론 개발의 접근이 필요하다. 본 장의 주된 소재는 비대칭성이다. 한반도에는 숙적관계를 둘러싼 두 가지 비대칭성이 상존하는데 첫째는 남북한 간 비대칭성이며 둘째는 한·미동맹 간 비대칭성이다. 전자는 북한의 비대칭 대량살상무기 개발의 전제가 되기도 한다.[108] 이는 다시 남북 간 군비 경쟁을 촉진하고 상호 협상을 저해하여 숙적관계에 기여한다. 후자는 세력균형 기능을 수행하는 반면, 남한의 국력 신장에 따른 관계 재고에 대한 한·미 상호 간 기대가 존재한다.[109] 그러나 현재까지 전자에 비해 한·미 동맹 간 비대칭성이 남북한 숙적관계에 어떤 변인으로 기능하는지에 대한 체계적 연구는 미흡한 실정이다. 따라서 본 장에서 동맹이론의 검토는 한반도 환경의 복합적 특질을 규명하기 위해 숙적 이론의 보완적 측면에서 활용되어야 할 것이다.

Vasquez, John A(1993)는 숙적관계 정의에서 '균등한 세력'은 지속적인 적대성(persistent hostility)을 야기하는 주체이자 중심축이라고 설명한다. 국력의 비대칭성을 갖는 남북한 숙적 관계에서 동맹이 비단 완전한 힘의 균형은 아닐지라도 '사실상의 균등'의 기능을 수행하기 때문이다. Stephen M. Walt(1987)는 동맹의 형성 목적을 균형 유지(balancing)와 우세한 세력으로의 편승(bandwagoning)으로 구분한 바 있으나, 대부분 균형 유지를 위한 동맹에 해당하는 것으로 본다.[110] 비슷한 맥락에서 Morgenthau, Hans J(1959)는 동맹은 국가체제에서 세력균형이 작동하기 위해서 필요한 기능으로 간주한다.[111]

한·미동맹의 지위는 한반도 분쟁 관리 상황과 불가분의 관계에 있으므로 군사적 동맹의 관점에서 살펴보는 것이 타당하다. 군사동맹 관계는 동맹이론가들에 의해 국력집합(capability aggregation), 그리고 자율성(혹은 자치)-안보거래(autonomy-security trade-off)의 두 가지 형태로 구분된다. 전자는 국력의 수준이 유사한 국가들의 안보 이해관계에 따라 맺어진 것으로 대칭적(symmetric) 혹은 균형 동맹, 후자는 국력 차이가 상당한 국가들 간 거래이므로 비대칭적(asymmetric) 내지 불균형 동맹으로 지칭된다.[112] 비대칭 동맹의 당사국이 갖는 특징은 두 가지로 요약 가능하다. 첫째, 약소국은 강력한 후원국으로부터 군사적 약속과 함께 자국의 군비 감소와 안보를 보장의 혜택을 입지만, 자국의 군사 주권 내지 외교 정책결정과정이 훼손될 가능성을 지닌다. 둘째, 강력한 후원국은 약소국의 안보를 보장해 주는 대가로 약소국의 정책결정과정에서 영향력을 확보하여 역내 자국의 안보, 외교상 이익을 목적으로 제한적 영향력을 행사할 수 있다는 이점을 갖는다. 결국 비대칭 동맹은 당사국 간 필요에 의해 설정되기 때문에 그 관계는 지속적이며 이는 동맹국 간 비대칭성의 정도에 비례한다고 볼 수 있다.[113] 동맹의 유형은 크게 방위조약(defence pact), 중립조약(neutrality pact) 또는 불가침조약(nonaggression pact), 그리고 우호조약(혹은 협약, entente)으로 구분되는데 방위조약에 해당하는 한·미 군사동맹의 경우 정책결정의 자율성이 가장 낮다고 평가된다.[114]

주지하다시피 남북한은 동북아 세력 균형의 두 축인 미국, 중국과의 공고한 동맹 관계를 유지하고 있다. 그러나 남북한이 동맹을 맺는 성격과 목적, 그리고 동맹 유형에 있어서는 미묘한 차이가 있다. 즉, 한·미 동맹이 안보-자율성 교환 모델로서 주둔형 동맹(stationary alliance)이라면, 북·중 동맹은 국력차이에도 불구하고 기본적으로 국력집합의 정치형 동맹(political alliance)으로 분류되기도 한다. 남북한이 맺고 있는 동맹 유형의 상이한 형태는 기본적으로 동맹 구성국가들, 한반도 남북 관계, 그리고 동북아의 강대국 동맹정치에도 미묘한 차별성을 보이고 있다. 즉, 동맹유형의 형태에 따라 동맹구성 국가들이 보여줄 수 있는 안보정책의 상대적 자율성은 상황에 따른 정도의 차이가 아니라 구조적으로 상이한 종류의 문제인 것이다.[115]

한미동맹은 한국전쟁의 후속조치 성격인 1953년 10월 한·미 상호방위조약이라는 제도적 기반 위에 공식 출범하였다. 미군의 주둔에서 비롯된 각종 군사 원조 및 경제 원조는 전후 복구기 남한의 국력 성장에 밑거름이 되었다. 그러나 북한과의 잦은 대립과 경제적·군사적 열세 극복의 과제, 냉전 지향적 국제체제의 구조적 고착화라는 측면에서, 미국에 대한 한국의 안보 자율성은 극히 낮을 수밖에 없었다. 특히 1978년 한미 연합방위체제가 구축되어 한미동맹이 보다 제도화되는 방향으로 나아감에 따라 동맹의 주된 목적인 대북 억지력은 강화되었지만, 이는 역으로 동맹에 대한 한국의 안보 의존성을 더욱 높이는 결과를 초래하였다. 현재까지도 한미동맹 관계 내에서 한국의 상대적 안보 자율성을 제고하는 문제는 개선해야 할 주요 과제로 남아있다.[116]

### 재교착(re-stalemate) 모델

상술한 숙적관계 이론 및 동맹이론, 그리고 한반도 상황에의 적용을 검토한 바, 본 장은 숙적관계 이론과 동맹 이론을 연계한 〈그림 7〉로 도식화된 다음의 두 가지 가설을 설정·검증하고자 한다. 첫째, 비대칭 동맹은 한반도 군사 분쟁 시 남한의 강경책을 제한하고 미국의 관여정책을 강화할 것이다(동맹 간 안보-자율성 거래 패턴). 둘째, 미국의 관여는 숙적관계가 종식될 수 있는 강한 충격(shock)을 흡수하거나 억지하여 숙적관계 재 교착화(re-stalemate)에 기여하게 될 것이다(감옥효과, prison effect).

〈그림 7〉 남북한 숙적관계 가설 검증 프로세스 - 재교착(re-stalemate) 모델

| 상수 | 독립변인1 | 독립변인2 | 종속변인 |
|---|---|---|---|
| 숙적관계유지<br>→ 남북한 MID 1~3<br>지속 | MID 5(확전)의 계기시<br>→ 한미간 자율성-안보교환 거래 | | 충격 관리<br>(prevented rivalry shock)<br>→ 숙적관계 종결<br>(termination) 여부 |
| 북한의 도발 혹은<br>남북간 우발적 충돌 | 남한의 강경<br>대응 전략 | 미국의 비확전<br>관여정책 | 숙적관계 재교착 귀결 여부<br>(re-stalemate) |

다음 장에서 위 가설 검증을 위한 사례 분석을 진행하기로 한다. 프로세스를 위해 〈표 4〉와 같이 시대별 각기 상이한 환경(사건 구분 참조)에서 발생한 남북한 주요 MID 사례를 축출한 후, 해당 사건과 관련 신뢰성 있는 자료를 수집·활용할 것이다. 상기 기준에 근거하여, 1960년대부터 2000년대

까지 한·미동맹 관계 상, 미국 개입의 여지가 있었던 다섯 차례(단, 1968년의 두 차례 사건은 MID 연속성을 감안, 2002년의 경우 1999년의 제1차 선행 사건의 인과성을 감안하여 분석)의 분쟁 사례를 선정하였다.

〈표 4〉 남북한 간 주요 MID 와 Level

| 발생년도 | MID | 사건 구분 | LEVEL | 검증 | 비고 |
|---|---|---|---|---|---|
| 1968 | 청와대 습격 사건/푸에블로호 나포 사건 | 순차적 대남(상호교전)/대미 일방적 도발 | 1 → 2/1 | 남한대응―미국관여/안보―자율성 거래 패턴 | 교착 여부 |
| 1976 | 판문점 도끼 살해 사건 | JSA 내 대남/대미 일방적 도발 | 1 | | |
| 1983 | 미얀마 양곤(Rangoon) 테러 사건 | 해외 대남 일방적 도발 | 1 | | |
| 1996 | 강릉 무장공비 침투 사건 | 대남(상호교전) 일방적 도발 | 1 → 2 | | |
| 2002 | 제 2차 연평해전 | NLL 내 순차적 제한전 | 4 | | |

* Source: Correlates of War MID data set (v. 2.1); Oberdorfer (2014); Militarized Interstate Dispute Locations (v1.1) ; Dispute Narratives, 2002-2010 Correlates of War Project MID v4.0 Project

사례 검증을 통해 한반도 군사분쟁에 관한 남한 정부의 자율성에 입각한 매파적 강경대응과 미국 정부의 안보이익에 따른 확전 자제 방침이 동맹이론에 따라 어떻게 충돌 내지 타협의 길을 걸어왔는지, 그리고 숙적이론에 근거한 한반도 상호 교착 국면에 어떤 방식으로 기능하게 되는지 살펴보고자 한다.

## 남북한 간 주요 MID 와 미국의 관여 정책: 1960s ~ 2000s

### 〈1960년대〉 청와대 습격 사건과 푸에블로 호 나포 사건

1968년 1월 21일, 고도의 훈련을 받은 무장한 북한 민족보위성 소속 공작원 31명은 기습적이고 은밀하게 청와대에 대한 공격을 위해 작전을 감행했다. 남한의 민간인 8명과 최규식 종로경찰서장을 비롯해 군경 30명이 희생되었고 수많은 시민이 부상당했다. 이로 인한 남한의 대응으로 북한군 29명이 사살되었고 1명을 생포했다. 유엔군 사령부는 즉각적인 항의 조치로 1월 23일로 예정되어 있던 군사 정전위원회 회의 소집을 요구하며 대응했다. 유엔군과 남한군은 북한군과 비무장지대를 사이로 며칠 간 적대적인 대치 상황을 지속했다. 청와대 습격 후 48시간도 채 되지 않아 1월 23일 북한군은 해군초계정을 이용하여 미국 정보 수집선인 푸에블로 호((USS Pueblo, AGER-2)를 나포한 후 82명의 승무원을 체포했다. 승무원 1명은 나포과정에서 사망했다. 북한은 이를 미국의 불법 침략행위로 선전하기 위해 대외내적으로 이용하였다. 미국은 유엔안전보장이사회(UN Security Council)에서 이 사건에 항의하고 판문점의 군사정전위원회에서 북한 측 대표들을 만나 배와 선원들의 석방을 시도했다.[117]

### 〈1960년대〉 남한의 매파(Hawks)적 위기관리

1960년대 한반도는 북한의 도발이 빈번하게 진행되었던 시기였다. 1914년과 1992년 사이에 약 3,693명의 침입자 중 743명의 무장 요원이 1967~1968년 사이에 침투했다.[118] 해당기간 남북간의 교전 횟수는 전보다 10배 이상 늘었으며 1968년은 남북관계 긴장이 최고조에 이른 시점이다. 베트남전이라는 환경변수를 고려할 필요가 있다. 한국은 베트남 파병으로 한반도에 미국을 붙잡아놓으려 한 반면, 북한은 베트남에 지상군을 파병하진 않았지만 남한을 계속 자극하면서 베트남전에 어떤 형태로든 간접적인 형식으로 개입하고자 했다.[119]

1968년 1월 21일 발생한 청와대 피습 미수사건과 그 이틀 후에 터진 푸에블로호 피랍사건에 대한 한미 양국의 대응은 사뭇 달랐다.[120] 1968년 1월

21일 북한의 청와대 습격사건은 한국전쟁 이후 가장 심각하고 직접적인 도발이었다. 당시 체포된 공작원에 의해 그들의 임무가 남한 대통령과 고위 공무원을 암살하는 것이었음이 밝혀졌다.[121] 당시 남한 매체는 1.21사건을 매우 충격적인 사건으로 인지 보도하면서 남한을 제2의 월남전선으로 몰려는 적의 기도로 분석했다. 또한 북한의 도발행위를 중국과 소련 사이에서 외교의 어려움이나 경제계획 실패 등으로 인한 강경파의 게릴라 전술로 묘사하고 있다.[122] 이 사건은 세계인들의 이목을 한반도로 집중시켰으며 분노한 남한인들은 북한에 대한 강력한 보복을 요구했다. 그러나 미국은 응답하지 않았다. 2월 6일 중앙일보는 미국의 굴욕적인 유화 자세를 비판했고 이틀 후 한국일보는 세계 최대 권력이 공산주의 세력의 선동에 춤을 춘다고까지 힐난했다.[123] 당시 남한의 입장에서는 미국의 제스처가 동맹국에 대한 방어권 포기로 비춰질 수도 있는 심각한 상황이었다. 달리 설명하지 않아도 양 행정부 간 불협화음은 자연스러운 것이었다. 남한 정부는 두 사건을 유엔 안전보장이사회에 회부할 것과 한국전쟁 당시 유엔군으로 참전했던 미국을 비롯한 16개 국가들이 1953년 정전협정에 따라 남한에 대한 방위 공약을 확실히 보장해 줄 것을 요구했다.[124] 박정희는 보복에 대한 강한 의지를 갖고 있었다. 그는 포터(William J. Porter) 주한 미국 대사에게 북미 간 푸에블로 호 협상에 실패할 경우, 한·미 동맹군이 북한의 공군력을 무력화 시킨 후 북한 군함을 폭격해야 한다는 구체적 계획까지 거론했다.[125]

## 〈1960년대〉 미국의 관여정책과 위기관리

1월 21일의 사건을 독립적인 사건으로 규정하기 어려웠던 것은 이틀 후인 23일, 미 해군 정보 수집 선박인 푸에블로 호와 83명의 승무원이 탈취되는 사건이 연이어 발생했기 때문이다. 후속 사건이 발생하기 전까지 미국은 당시 베트남과 한반도 아시아의 두 지역에서 전쟁을 감당할 수 없다는 자국 안보 이익에 따라 1억 달러의 특별군사 원조, 당시 최고 전투기 F-4 팬텀기 8대를 남한에 판매키로 결정하는 등 회유책을 썼다. 당시 미국은 반전 여론으로 인해 베트남에서 철수를 고려하고 있던 시기였으므로 한반도의 긴장 상태를 원하지 않았다. 그러나 푸에블로 호 나포 사건이 발생하자 상황이 바뀌었다. 미국은 푸에블로 호 및 승무원의 즉각 송환을 요구하며 핵추진 항공모함과 구축함 2척을 출동시켰다.[126] 강경한 보복조치에 대한 내부 여론도 등장했다. 그러나 미국은 1968년 북한의 도발에 관한 대응을 한반도에서의 확전 방지라는 방어적 프레임으로 접근했다. 미국의 이와 같은 자세는 자국 내 여론과도 관련이 있다.[127] 일련의 사태에 대한 남한의 매파적 보복 기조에 관해 미국정부는 포터 주한 미국 대사에게 가장 강경한 용어(in strongest terms)로 남한정부의 방침에 제동을 걸 것을 지시했다.[128]

제2차 세계대전과 한국전쟁을 경험한 이후, 냉전 기간 동안 남북한 양 진영의 동맹국들은 한반도의 두 번째 전쟁에 강대국의 개입을 억지하는 것을 비공식 목적으로 설정했다. 그러한 차원에서 미국 존슨 행정부의 대남 특사 파견의 목적은 북한에 대한 일방적인 보복을 지지하지 않는 방침을 서울에 알리는 것이었다.[129] 미국은 1968년 2월 사이러스 반스(Cyrus Vance) 전 부총리를 서울에 파견하여 첫째, 남한정부의 독자적 보복행위를 취하지 않을 것, 둘째, 남한의 보복행위에 대한 남한인들의 동요를 진정시키는 것, 셋째, 한·미 상호협의 내용에 동의토록 하는 것을 골자로 강경한 박정희 대통령을 설득했다.[130] 한편, 미국이 확전을 자제하고자 결심한 또 다른 배경에는 1960년대 연속된 북한의 도발, 즉 전복과 테러가 군대를 동원한 전면전의 의도가 없었다고 판단했을 개연성도 있다.[131] 특히 1968년 북한의 도발에 관하여 미국 정부는 이 시기 북한이 다른 공산권 국가들과는 다른 패턴으로, 동맹국들의 승인이나 도움 없이 독립적으로 행동한 것으로 분석하고 소련과의 협력 가능성을 주장하는 미국 내 매파들의 의견을 일축했다. 아울러 존슨 행정부는 북한의 도발을 냉전 시대의 음모에 불과한 것으로 판단했다.[132] 미국의 이러한 한반도 확전 방지에 관한 개입 경향은 린든 존슨(Lyndon Johnson)부터 지미 카터(Jimmy Carter)까지 비교적 일관적으로 나타났다. 예를 들면 북한의 도발을 확전으로 가져가지 않는 것과 군사 원조 등의 약속을 통해 남한의 외면적 안전 보장에 대한 의지를 확인시켜주는 것이었다.[133]

## 〈1960년대〉 안보-자율성 거래와 위기의 종식

1968년 청와대 습격과 푸에블로 호 위기의 초기 단계에서 남한은 북한의 행동이 한·미 동맹의 공동 이익을 위협하고 있다는 점을 강조하면서 두 사건을 연계시켰다. 미국에 확고한 결단을 보여줄 것을 촉구하면서 박정희 대통령은 보복 조치를 취할 용의가 있음을 보여주려 했다. 이는 북한뿐만 아니라 동맹국인 미국에도 강력한 신호를 보내기 위한 것이었다. 동맹국에 대한 확고한 위협임을 강조함과 동시에 남한의 이익을 위한 결과를 유도하기 위함이었다. 실제로 남한은 북한에 대한 보복적 선택을 미국의 군사 원조를 창출하는 수단으로 활용했다. 미국의 존슨 대통령은 푸에블로 호의 승무원 석방을 위한 외교적 해결 방안을 선호했기 때문에 북한의 청와대 습격 사건에 관련해서도 외교 활동과 제한된 군사력 행사라는 별개의 투트랙(two track) 전략을 남한 정부에서도 활용했다.

결국, 남한은 푸에블로 호 승무원 석방을 위한 북한과의 미국 간의 비밀 협상에 대해 동의하는 대가로 미국으로부터 추가적인 군사 원조를 약속받았다.[134] 이후 1970년 3월 18일 황병태 경제기획원 운영차관보와 레빌(Revelle) 한·미 원조사절단 부대표는 1971년부터 3년간 6,250만 달러를 이관하기로 합의했으며, 3월 25일에는 한·미군사실무자합동회의에서 이관품목에 관한 합의가 이루어졌다.[135] 1970년 12월 22일 미 의회는 1억 5천만달러 상당의 대한(對韓) 추가 군사원조(안)을 승인했다.[136] 1970년 7월 11일 처음으로 한·미 군사실무회담이 열린지 7개월 만에 한·미 양국 정부는 1971년 2월 6일 주한·미군 감축문제 및 감군보완책인 '한국군 현대화 계획' 등에 완전히 합의했다. 당시 최규하 외무부장관과 포터(William J. Poter) 주한 미국대사는 외무부장관실에서 캐시디(Patrick F. Cassidy) 주한 미8군부사령관이 배석한 가운데 합의문서에 서명하고 한·미 정부 간 공동성명을 발표했다. 미국은 '한국군 현대화 계획'을 지원하기 위해 약 15억 달러의 군사원조와 군사차관 등을 제공한다는 내용이었다. 미국은 1억 4천만 달러 상당의 대한 군사원조 금액을 확정했다.[137] 이후 1971년 2월, 닉슨은 중국과 수교를 발표하고, 3월, 남한에 처음 들어왔던 제7보병 사단을 남한에서 철수하는 등 동아시아에서 데탕트 분위기는 급물살을 탔다.[138] 결국 시류에 편승한 남북한은 공동성명을 위한 1972년 5월 4일 비밀회담(남한 중앙정보부장 이후락의 평양방문)을 가졌고, 이 자리에서 김일성은 1968년 청와대 습격 사건은 조직 내의 맹렬 분자들이 꾸민 일로 '박대통령께는 대단히 미안한 사건이었다'고 사과의 뜻을 전했다.[139] 한반도 위기상황이 남북한 정상급 차원에서 공식적으로 종료되는 순간이었다. 상술한 바와 같이 북한의 도발로 인해 남한 정부는 강력한 보복 의지를 표명하였다. 그러나 미국의 적극적인 자제 압력은 북한의 도발이 두 번째 한국전쟁으로 확산되는 것을 억지하는 결과를 초래한 것으로 평가된다.[140]

## 〈1970년대〉 판문점 살해 사건

1976년 8월 18일 판문점 공동경비구역에서 남한 측 노무자 5명은 가지 치기를 위해 한·미 양국 경비병 10명과 함께 서쪽 끝에 있는 커다란 미루나 무 근처로 모였다. 가지치기가 한창 진행 중일 때 갑자기 사병 9명을 대동한 두 명의 북한군 장교가 나타나 가지치기를 계속하면 심각한 문제가 발생할 것이라 경고하며 작업 중단을 요구했다. 아서 보니파스(Arthur Bonifas) 대위 는 북한군의 항의를 무시했고, 이에 쇠파이프와 손도끼를 든 북한군 30여 명 전체가 유엔군을 공격하기 시작했다. 현장에서 보니파스 대위와 마크 바 렛(Mark Barrett) 중위는 사망했고 남한의 통역장교와 네 명의 한·미 양국군 병사 모두 심한 부상을 당했다. 한국전쟁 이후 공동경비구역에서 미군 장교 가 사망한 것은 처음이었고 1953년 정전협정 이후 남북한이 이처럼 전면전 의 극한 상황까지 치달은 적은 없었다.[141]

## 〈1970년대〉 남한의 매파(Hawks)적 위기관리

남한의 박정희는 판문점 살해사건에 대해 참는 것에 한계가 있다며 용 납할 수 없는 행위로 간주하고 군사적 대응을 주장했다. 그러나 그는 리차 드 스틸웰(Richard Stilwell) 유엔사 사령관과의 회의를 통해 JSA 내에서 무기 사용의 관례를 깨는 것이 어려움을 인정했다.[142] 1976년 판문점 위기 초반, 남한은 강경하고 위험한 방향으로 해결책을 제시하면서 동맹의 공동 이익 에 대한 심각한 위협에 관하여 미국이 강력한 보복 조치를 취할 것을 촉구 했다. 동시에 남한은 JSA 내에 독립적인 행동으로 무기를 갖추고 북한의 검 문소와 도로 장벽을 파괴했다. 이는 북한의 도발에 대해 남한이 독자적으로 행동할 수 있다고 북한에게 경고하는 것뿐만 아니라 미국에게도 남한 스스로 독립적인 행동을 취할 수 있음을 보여주는 효과가 있었다. 이런 식으로, 남한은 미국에 대한 일련의 협상력(leverage)을 증가시켰다. 동시에 사건 초기 미국이 대규모 군대를 투입한 상황에서 북한이 전쟁의 위험을 감수하지 않을 것이라는 합리적 판단을 내리고 있었다.[143]

남한의 반응은 1968년 북한의 도발에 관한 대응과 유사하다. 박정희 대통령은 남한의 보복조치로 북한에 대한 강한 결의를 보여줄 수 있는 기회로 막대한 군사력과 강압적 외교를 사용하려 했다. 그러나 미국과의 협상에서 이를 자제하고 향후 북한의 공격적인 행동을 억지하기 위한 미군의 원조를 얻는 계기로 삼을 수 있었다.[144] 1960~70년대 북한의 잇따른 도발은 아이러니하게도 정권의 입지 및 국내여론을 의식해야 하는 남한으로 하여금 미군의 확고한 선택지인 확전 억지 방침을 역으로 활용하는 전략을 고민하게 만들었다. 이는 안보 딜레마였다. 사실 한반도에서의 확전을 제일 먼저 경계해야 하는 주체는 미국보다는 남한 정부였기 때문이다.

### 〈1970년대〉 미국의 관여정책과 위기관리

1976년 8월 18일 판문점 도끼 살해 사건이라는 북한의 도발을 더 큰 전쟁으로 발전시키지 않기 위해 미국의 개입이 남북한 숙적관계(IKR) 지형에 어떠한 결과를 가져왔는지 살펴볼 필요가 있다. 북한의 도발이 일어난 직후 CIA는 포드정부의 비상위기 관리기구인 워싱턴특별대책반(Washington Special Action Group, WSAG)에 미국의 대통령 선거 기간에 주한·미군에 대한 미국 국민의 반대여론을 조장하려는 북한 측의 고의적인 의도로 추측된다는 서면 보고서를 제출했다. 그러나 합참을 대표하는 해군참모총장 제임스 할러웨이(James L. Holloway)는 한반도 군사대치상황을 감안할 때 판문점 만행으로 남한이 만반의 경계태세에 돌입한 이상 북한이 대규모 군사공격을 감행하지 않을 것이라고 주장했다.[145] 스틸웰 사령관과 싱글러브(John Singlaub) 유엔사 부사령관은 단계적으로 진행될 확전에 대한 우려를 공유했다. 싱글러브는 "후속 작전으로 전쟁이 시작될 가능성을 50대 50으로 보았다"고 말했다.[146] 할러웨이 제독과 클레멘츠(William Clements) 국방차관 역시 국가안보회의의 하일랜드(G. Hyland) 와의 면담에서 강경조치가 또 하나의 한국전쟁을 불러올 가능성에 우려를 제기했다. 이에 따라 포드는 한반도에서 전면전이 발생할 위험을 고려해 일체의 군사적 보복행위를 포기하기로 결정했다. '미국의 결연한 의지는 적절한 수준에서 병력사용을 자제하는 것으로도 증명할 수 있을 것'이라 믿었다.[147]

사건 초반, 미국 내 많은 의사 결정자들이 이번 사건이 고의적이라고 믿었으나 결과적으로 유엔군 사령관 스틸웰은 김일성의 계획이 반영된 고의가 아닌 우발적인 것으로 보았다. 미국은 헨리 키신저(Henry Kissinger) 국무장관의 주장대로 확전을 피하면서도 적절한 의사표현을 위해 1976년 8월 21일 오전 7시 나무를 베어내는 '폴 번연(Operation Paul Bunyan)' 작전을 진행하기로 결정했다.[148] 이전과는 달리 신속한 조치였다. 해당 작업을 보증하는 것과 동시에 헨리 키신저는 또 다른 제안을 했고, 확전을 막기 위해 포드 대통령은 방위 준비 태세를 높이는 이례적인 조치를 취함으로써 공산주의 진영을 억지했다. 폴 번연 작전은 김일성에게 푸에블로 호의 포획과 EC-121 항공기 격추에 따른 미 해군 및 공군의 작전보다 훨씬 위협적인 수준이었다.[149] 그러나 이는 폴 번연 작전에 대한 북한 측의 방해가 없었기 때문에 위협 차원에서 종료되었다.[150]

### 〈1970년대〉 안보-자율성 거래와 위기의 종식

사건이 일단락 된 후 남한 관료들과 언론은 강경한 조치를 취하지 않은 미국을 강력하게 비난했고 한·미동맹에서 취할 수 있는 실익을 발견한 박정희 대통령은 북한에 대해 이전보다 호전적인 태도를 보였다.[151] 그럼에도 불구하고 이 사건은 한·미 동맹 관계로 남북한 군사분쟁 위기를 극복한 사례로 볼 수 있다. 비록 한·미 동맹의 공동 안보의 이해관계 측면에서 의견 차이를 확인하였고 남한은 북한이 남한과 미국에게 도발의 목표를 이루지 못하도록 미국에게 촉구한 강력한 대응이 관철되지 않았음에도, 한반도 확전방지에 관한 한 미국의 개입 효과는 유효했다.[152]

1976년 8월 21일 김일성은 북한측 군사정전위원회 수석대표 한주경 소장을 통해 미국측 수석대표 마크 프루덴(Mark frudden)를 통해 스틸웰 유엔사 사령관에게 친서를 전달했다. 친서에는 희생당한 미군에 관한 사과가 아닌, 유감(regrettable)을 표명하는 내용이 담겨있었으나 미국은 고민 끝에 친서를 접수했다. 김일성이 유엔군 사령부에게 개인적인 메시지를 전달하는 전례가 거의 없었기에 신속하게 사건을 매듭짓고자 했던 북한 당국의 의지를 엿볼 수 있다.[153] 결과적으로 미국의 관여정책은 확전위기의 한반도 상황에 주효했다. 당시 백악관에서 판문점 살해 사건의 응징책으로 다른 결정을 내렸거나 포드 대통령이 재선에 유리한 방향으로 보복을 감행했다면 한반도에서 대규모 충돌이 야기되어 또 다른 역사를 보게 되었을지 모른다.[154]

### 〈1980년대〉 버마 양곤 테러 사건

1983년 10월 9일 남한은 당시 대통령이었던 전두환씨(이후 '남한 대통령'으로 지칭)의 미얀마 양곤 공식 방문 도중 발생한 아웅산 묘지 폭파사건으로 또 한 차례 극심한 충격에 휩싸였다. 공식 행사는 전 대통령이 미얀마 건국의 영웅들을 기리기 위해 아웅산 국립묘지에 헌화하는 것으로 시작될 예정이었고 엘리트 관리들은 나란히 도열한 채 대통령의 도착을 기다리고 있었다. 헌화식 시작을 착각한 북한군 소좌는 묘소 지붕 위에 설치해 두었던 고성능 폭탄의 스위치를 당겼다. 4명의 각료와 2명의 대통령 보좌관 그리고 마지막 순간 현장에 도착했던 주 미얀마 남한 대사를 위시한 17명의 동량(棟梁)이 치명적인 유산탄과 강철 파편에 산화했다. 북한 공작원 중 2명은 체포되고 1명은 사살되었다. 남한 측 사망한 각료 중에는 1972년 대한적십자자 총재였던 이범석 외무장관, 전 주미 대사인 함병춘 대통령 비서실장, 경제개발 총책인 김재익 경제수석 등이 포함되었다. 당시 남한 대통령은 행사장에 늦게 도착한 덕분에 화를 면했다.[155]

## 〈1980년대〉 남한의 매파(Hawks)적 위기관리

우리 정부는 조사단을 현지에 파견, 버마 측과 합동 조사를 벌였다. 조사 결과 이 테러는 남한 대통령에 대한 암살을 목적으로 김정일의 친필 지령을 받은 북한군 정찰국에서 저지른 테러임이 밝혀졌다. 조사 결과가 나오자 미얀마 정부는 북한과 외교 관계를 단절하고, 북한 대사관 직원들을 추방했다. 같은 해 12월 9일 양곤지구 인민법원 제8특별 재판부는 두 테러범에 대해 사형을 선고했다.[156] 남한 고위 각료들의 갑작스러운 사망으로 남한 사회는 분노와 비탄에 휩싸였다. 당시 남한 대통령은 양곤에서 살아남은 일부 각료들과 함께 급거 귀국한 즉시 청와대로 직행해 안보 관계자를 소집해 긴급회의를 주재했다. 이 자리에서 윤성민 국방장관은 북한에 보복 공습을 가하자고 주장했지만 남한의 대통령은 이를 받아들이지 않았다.[157] 전 대통령은 당시 여러 명의 군 지휘관들이 북한 공격을 주장했다고 회고했다.[158] 이와는 다른 시각으로 참모들의 보복 의지를 만류했다는 사실과 달리 현지 조사결과를 접한 당시 남한의 대통령이 직접 전면적인 응징을 가하려 했다는 복수의 주장도 있다.[159]

### 〈1980년대〉 미국의 관여정책과 위기관리

아웅산 테러 사건으로 미얀마 외 3개국이 북한과 외교를 단절하고 미국과 일본을 비롯한 69개국이 대 북한 규탄성명을 발표했다.[160] 미국 측은 북한에 대한 항의와 경고의 표시로 칼 빈슨 항공모함과 부속전투단을 출항 예정일을 넘겨가며 한반도 해역에 주둔시키고 비무장지대의 경계조치를 강화했다. 리처드 워커(Richard L. Walker) 미 대사는 남한의 대통령을 내방해 미국은 테러 행위의 배후가 북한이라는 사실을 확신하지만 보복 공격에는 절대 반대한다는 의사를 표시했다.[161] 이에 남한의 대통령은 "남한 정부와 군은 본인이 완전히 통제하고 있다는 사실을 귀국의 대통령에게 확실히 해두고 싶다. 우리는 귀국 정부와 충분하게 의견을 조율하기 전에 섣부른 조치를 취할 생각이 없다."고 말했다.[162]

### 〈1980년대〉 안보-자율성 거래와 위기의 종식

실제로 남한 정부는 북한에 대해서 아무런 보복 조치도 취하지 않았다. 본 사건은 북한의 남한 대통령에 대한 암살 시도가 실패함에 따라 보복의 수위 조절이 가능했다고 판단된다. 당시 남한의 대통령이 대내적으로 취약했던 정부의 정당성과 한·미동맹 관계를 확고히 다지는데 북한의 도발을 이용했을 개연성도 있다. 사건 한 달 후 서울을 방문한 레이건 대통령은 비공개 석상에서 전 대통령에게 "미국과 전 세계는 양곤과 사할린 상공에서 벌어진 북한의 도발 행위에도 불구하고 귀하가 놀라운 자제력을 보여준 데 대해 깊은 존경심을 품고 있다"고 말했다. 슐츠 국무장관은 국제사회에서 폭탄 테러를 규탄하고 북한을 고립시키는 데 미국 정부가 앞장설 것을 약속함으로써 위로의 표시를 전했다.[163]

## 〈1990년대〉 강릉 잠수한 침투 사건

1996년 9월 18일, 강릉시 해상에서 좌초한 북한 잠수함이 민간인에 의해 발견되었다. '강릉잠수함침투사건'으로 불리는 이 사건은 11월 5일 잔존한 정찰조 2명을 사살할 때까지 총 49일 간 이어졌다. 양측의 사상자는 무장공비 26명 중 총 13명 사살, 11명 피살(함께 침투한 공비에 의한 처형), 1명 생포, 1명 도주. 북한 무장공비의 내륙 침투, 아군 피해는 전사 11명, 부상 27명에 민간인 피해 4명, 경찰 1명, 예비군 사망 1명이었다. 북한군은 총 25명이 사망했고 남한은 민간인을 포함 12명이 사망했다.

## 〈1990년대〉 남한의 매파(Hawks)적 위기관리

남한은 당시 북한에 대한 강력 응징과 국방장관 사퇴의 목소리를 높였다. 강릉 잠수함 사건이 터지자 김영삼은 북한과 중국을 겨냥한 한·미 공동의 4자 회담 제안에서 다시 극단적 적대정책으로 돌아섰다. 북한 경수로 건설을 위한 KEDO 활동을 중단시키고 남한군 단독으로 북한을 공격할 계획까지 세웠다. 한국전쟁 이래 미국으로부터의 전시작전통제권 환수에 가장 접근했던 상황이라는 분석도 있다.[164] 김영삼 전 대통령이 대북 공격 계획을 수립했다는 것은 당시 국무부 남한 통역관을 통해서도 밝혀진 바 있다.[165]

한편, 국회 국정 감사 첫 날이었던 1996년 9월 30일, 국방부에서 열린 국방위의 국방부에 대한 감사는 강릉 무장 간첩 침투 사건과 관련해 의원들의 따가운 질책이 이어졌다. 이 날 여야 의원들은 구멍 뚫린 경계 태세를 우려하고 이에 대한 철저한 대비책이 세워져야 한다는데 목소리를 같이 했다. 그러나 야당 의원들은 최초 발견자에 대한 허위 보고와 군의 초기 늑장 대응, 그리고 군 조직 개편 문제 등을 집중 거론하며 국방 장관과 합참 의장의 자진 사퇴까지 요구한 반면, 여당 의원들은 상대적으로 이 문제에 대한 언급을 짧게 하면서 국방 예산 증액과 북한에 대한 강력한 응징을 촉구했다.[166]

### 〈1990년대〉 미국의 관여정책과 위기관리

미국 역시 1996년 9월 24일, 클린턴 대통령이 유엔총회 연설에서 북한의 도발을 비난했다. 그러나 강경 기조는 오래 가지 않았다. 우선 비교적 현실주의적인 클린턴 행정부는 한반도 내 김영삼 정부의 극단적 대결 정책을 억지해야 할 필요가 있었다.[167] 10월 24일 미국은 북한과 1차 접촉을 진행하였다.[168] 당시 대북 유화정책을 펴고 있던 클린턴 정부는 클린턴 11월 20일 호주에서 11월 24일 마닐라에서 한·미 정상회담을 갖고 1994년 제네바 합의 실현의 일환으로 김영삼 대통령과 4자 회담 실현을 위해 적극적으로 나설 것을 시사했다.[169] 한편으로 미국과 남한의 대북 경수로 지원 유보에 대한 반응이라는 분석도 있다.[170]

### 〈1990년대〉 안보-자율성 거래와 위기의 종식

1996년 11월 24일, 마닐라 한·미 정상회담을 계기로 양국은 대북 유연책으로 입장을 선회했다. 남한 내 강경 대응 기조는 변화되었고 12월 28일 뉴욕에서 북미 10차 접촉 간, 잠수함 사건 사과 및 4자회담 설명회 등에 합의한 후 12월 29일 북한 외교부 대변인 명의의 잠수함 침투 사건 관련 외교부 대변인 명의의 유감 성명을 조선중앙통신을 통해 발표했다.[171] 당초 남한의 여당 의원들은 사건에 대한 강력한 응징을 주문하였으나 미국의 대북 유화 방침은 남한 내 강경기류를 정상회담의 틀 안에서 잠식시켰다. 이로써 강릉 잠수함 침투 사건으로 인한 한반도 대결 국면은 3개월 만에 종료되었다.

### 〈2000년대〉 제2차 연평해전

2002년 한일 월드컵 대회 기간 중이었던, 6월 29일 해군 함정이 임무 수행 중 연평도 NLL 해상에서 북한 경비정의 선제사격으로 교전이 발생했다. 북한군은 경비정 1척이 대파되고 30여 명의 사상자가 발생하였으며, 남한의 해군도 고속정 1척이 침몰하고 6명이 전사하였다.[172] 1999년 6월 15일에 발생한 제1차 연평해전이 벌어진 지 3년 만에 같은 지역에서 일어난 남북한 함정 사이의 해전이다. 이 사건은 당시 '서해교전'으로 불리다가 사건 후 6년이 지난, 2008년 4월 '제2차 연평해전'으로 격상되었다. COW 데이터셋(dataset) 상으로도 이것은 앞선 1999년 1차 연평해전(MID 4282)의 연장이며, 서해 상의 NLL 지역과 관련한 남북한 간 긴장 국면은 지속되고 있다. 주로 북한에서 NLL 이남인 남한의 해역을 침입하고 돌아가는 패턴이며, 이로 인해 비무장 지대 (DMZ)를 사이로 남북한 간 군사적 방어는 더욱 강화되었다.[173] 적어도 2018년 9월 남북정상간 평양공동선언 이후 DMZ 일부지역에서 GP철수 등 군사적 긴장완화 조치가 취해지기 전까지 군사적 긴장 상황은 지속되었다.

## 〈2000년대〉 남한의 매파(Hawks)적 위기관리

당시는 남한 정부가 적극적인 대북정책을 펼치던 시기였으며 그 배경에는 국력에 대한 자신감이 있었다. 남한의 민주화는 정권의 합리화를 위해 북한이라는 숙적을 내재적으로 필요로 했던 정권이 더 이상 존재하지 않게 된 것을 의미하는 것이었다.[174] 힘의 우위라는 것은 군사분쟁 시 확전 위기에 선제적이고도 침착한 자제력을 끌어내기도 한다.

그럼에도 불구하고 남한의 국방부는 북한의 행위를 명백한 정전협정을 위반한 심각한 무력도발로 규정하고 북한 측의 사과와 책임자 처벌, 그리고 재발 방지를 강하게 요구하였다. 교전 직후 제2차 연평해전에 대해 남한 정부는 서해교전 사태에 대한 사과 없이는 공식적인 남북한 접촉을 일절 하지 않는다는 원칙을 수립했다. 김대중 정부의 햇볕정책 아래 진행 중이던 대북 쌀 지원 역시 유보 조치에 들어갔으며, 한일 두 정상은 사건 3일 뒤인 2002년 7월 1일 제2차 연평해전에 대해 공동 대처하기로 의견을 모았다.[175] 남한 정부와 여당의 당·정 간 협의에서는 교전수칙을 보완하기로 합의하였다.[176] 제2차 연평해전은 제1차 연평해전의 북한 측 피해에 대한 보복의 성격이라는 분석도 존재하지만, 기본적으로는 세계의 이목이 집중된 월드컵 기간, 한반도에서 북미 대화를 끌어내려는 북한의 의도와 관련이 있다. 북한은 부시 행정부가 등장하면서 대북 강경책을 전개하자 본 사건 발생 3개월 전인 2002년 3월, 갑자기 남북간 대화를 중단시켰다. 그리고 책임을 미국의 탓으로 전가하면서 남한정부로 하여금 미국 정부의 온건정책으로의 선회에 일정한 역할을 하는 것을 기대했다는 주장은 일면 설득력이 있다.

## 〈2000년대〉 미국의 관여정책과 위기관리

제2차 연평해전 당시 부시 미 행정부는 콜린 파월(Colin Luther Powell) 국무장관은 이번 사건을 북한 군사력의 '고의적 도발'(deliberate provocation)이라고 규정했다. 도널드 럼즈펠드(Donald Henry Rumsfeld) 국방장관은 "우리는 북한 함정이 남쪽으로 넘어와 도발했다고 믿는 충분한 이유를 갖고 있다"고 말했다. 이는 북한을 '악의 축'(axis of evil)에서 대화상대로 끌어올리려던 미국이 다시 악의 축으로 재규정함을 의미하는 것으로 풀이됐다. 미국은 서해 도발을 이유로 2002년 7월 10일 예정되었던 특사 방북 계획을 철회하였다.[177]

그러나 이와 별개로 이틀 전인 7월 8일, 워싱턴에서 열렸던 리처드 아미티지(Richard Armitage) 미국 국무부 차관과 다나카 히토시(田中均) 일본 외교안보국장 간 회의에서 미국은 서해교전과 관련하여 대화를 위시로 한 위기대응 노선에 합의하였다. 미국은 일본과 함께 서해상에서 벌어진 남북한 간 충돌에 대해 북한이 어떤 반응을 보일지 긴밀히 주시한다는 입장에 따라 북한과 대화를 통해 문제를 해결한다는 정책을 재확인했다.[178]

## 〈2000년대〉 안보-자율성 거래와 위기의 종식

사건 발생 후 약 한 달이 채 안 된 2002년 7월 25일, 북한의 김령성 단장은 남한 측에 보내는 통지문을 통해 "서해상에서 우발적으로 발생한 무력사태에 대해 유감스럽게 생각하고 북남 쌍방은 앞으로 이러한 사건이 재발되지 않도록 공동의 노력을 기울여야 할 것"이라며 제 7차 장관급 회담도 함께 제안했다.[179] 북한은 1996년에도 동해안 잠수함 침투사건에 대해 미국과 접촉, 외무성 대변인 성명을 통해 짧은 유감을 표시한 바 있다. 그러나 이는 당시 대북협상에 적극 나섰던 미 행정부가 온갖 중재 노력을 기울여 얻어낸 것으로 북한이 자발적으로 사과 표시를 한 이번 사례와는 차이가 크다. 또한 구체적으로 남북장관급 회담과 관련 이를 위한 실무접촉을 8월초에 갖자고 제의했다. 북한은 남한과의 관계개선 없이 국제적 이미지를 제고할 수 없고, 미국과의 관계개선도 기대할 수 없으며 그럴 경우 경제개방을 통한 경제난 타개를 이룰 수 없다고 판단했을 가능성도 있다.[180]

남한 정부는 당시 대북 포용정책을 감안하여 북한의 유감표명을 명백한 사과표시로 간주했다.[181] 미국의 대북특사 방북 철회 입장에도 변화의 기류가 흘렀다. 결국 사건 발생 약 석 달 후인 9월 25일, 부시 대통령은 김대중 대통령에게 조속한 시일 내 대북특사 파견을 예고했고 제임스 켈리 미 국무부 차관보가 10월 3일부터 5일까지 북한을 방문하였다. 사건 발생 2년 뒤, 2004년 6월 '제2차 남북장성급 군사회담'에서 남북 군사당국은 서해상 우발적 충돌을 방지하기 위한 국제상선 공통망(공동 주파수) 운영에 합의함으로써 어느 일방의 승리도 아니었던 제2차 연평해전 사태는 공식적으로 일단락되었다.[182]

## 결론

본 장은 장기화된 갈등 모델인 한반도 사례의 숙적관계 유지에 대한 질문으로 시작되었다. 한반도 MID 위기 시 약소국-강대국 간 체결되는 동맹의 유형(type), 즉 안보-자율성 거래 패턴이 분쟁 사안 별로 어떤 속성을 지니는지, 그리고 이러한 속성의 합으로서 한·미동맹은 숙적관계의 교착상황에 기여하는가에 대한 검증을 시도하였다. 한편으로 안보-자율성 거래 패턴상, 자국의 동북아 지역 내 안보, 외교 이익에 따라 미 행정부가 한반도 문제에 관한 남한 행정부의 의사결정과정에 적극적이고 일관성 있게 관여하는가에 대한 의문이 있었다. 이는 한·미상호방위조약 체결 당시에 비해 남한의 국력이 증대함에 따른 균형동맹, 즉 국력집합동맹(capability aggregation type)으로의 지향이 숙적관계에 어떤 변인으로 작동할 지에 대한 물음과 닿아있기도 하다.

〈표 5〉 안보 자율성 거래 패턴 및 한반도 MID의 특성

| | 1960s | | 1970s | 1980s | 1990s | 2000s |
|---|---|---|---|---|---|---|
| | 청와대습격 | 푸에블로호 | 판문점살해 | 양곤테러 | 강릉잠수함 | 연평해전(2) |
| 南 정부 안보-자율성거래 | 매우 강경 → 선회 대미 군사적 보상 요구 | | 매우 강경 → 선회 대미 군사적 보상 요구(학습효과) | 강경·신중 → 선회 (내부정치) 동맹공고 | 매우 강경 → 선회 동맹유지 | 강경·신중 → 선회 남북간 주도적 해결 |
| 美 정부 역내 영향력 (확전억지) | 군사위협 없음 | 자국민 피해 → 군사위협 ↑ | 강력한 억지, 자국민 피해 → 군사위협↑ | 완만한 억지 군사위협↓ | 강력한 억지 | 완만한 억지 남북관계 주시 |
| | 강력한 억지 | | | | | |
| 회담채널 | 한·미, 북미 | | 한·미 | 한·미 | 한·미, 북미 | 남북 |
| 북한반응 | 사과 | 선원 석방 | 유감 | 부인 | 유감 | 유감 |
| MID | stalemate | | stalemate | stalemate | stalemate | stalemate |

검토 결과, 〈표 5〉와 같이 시대별로 상이한 MID 국면에서 한·미 간 안보 자율성 거래 패턴에서 발견된 미국의 관여정책은 결과적으로 남북한 간 숙적관계 유지에 지속적으로 기여하는 것으로 나타났다. 먼저 1968년, MID에서 남한의 박정희 정부는 대북 응징에 매우 강경하며 호전적 태도로 일관한 결과 군사적 보상(북한 도발 억지 목적)이라는 안보상의 실익을 극대화할 수 있었다. 이에 반해 미국의 포드 정부는 한반도 확전 우려의 메시지를 다각적 채널로 남한 정부에 전달하는 등 강력한 개입으로 위기 관리를 진행했고, 자국민의 피해가 있었던 푸에블로호 나포 사건의 경우에도 군사적 억

지력을 전제로, 대북 군사위협의 수위를 높이면서도 적극적인 협상 루트를 통해 선원 석방을 면밀히 주도하는 모습을 확인할 수 있다. 1976년 판문점 살해 사건의 경우, 남한 정부는 강경한 보복 의지 표명을 통해 1968년의 학습 효과를 안보 보장의 관점에서 적절히 활용하고 있다. 미국 정부는 자국민 피해가 발생했기 때문에 특사 파견 등을 통해 대남 의사결정 과정에 적극적으로 관여하며 확전 억지력을 구사하는 한편, 군사위협의 수위를 높이고 폴 번연 작전을 감행함에 따라 북한의 유감 표명을 이끌어냈다. 1983년 양곤 테러 당시 남한 정부는 정통성 문제 등 내부 정치적 상황을 타개하고 미국의 지지를 받는 한미동맹을 공고화할 필요성이 있었다. 따라서 강경하면서도 신중한 입장을 견지하였고, 결국 미국으로부터 안보상의 테러방지 약속을 받았다. 미국 역시 자국민 피해가 없었으나 동맹국의 관료들이 대거 희생된 것에 대해 예상 범위 내의 군사위협을 보여주는 한편, 국제 연대 속에서 주한대사가 참석한 한·미 간 회담을 통해 완만한 억지력을 행사하였다. 1996년 강릉 잠수함 침투 사건에서 남한 정부는 다시 강경한 보복 의지를 표명하였다. 그러나 미국 정부가 한미 정상회담 및 북미 회담을 통한 적극적 관여로 북한의 유감 표명을 받아내면서, 한반도 내 MID는 어느 측의 승리가 아닌 재 교착상태로 귀결되었다. 마지막으로 2002년 제2차 연평해전은 사뭇 다른 양상에서의 접근이 필요하다. NLL 상에서의 두 번째 제한전이었으나 남한은 강경하면서도 신중한 태도로 대북 포용정책으로 확보해놓은 한반도 내 정책적 역량을 활용하여 북한의 유감 표명을 끌어냈다. 미국은 사건 초기, 대북 특사 철회 등 강경한 입장을 취했으나, 전반적으로 남한 주도의 대북정책을 주시하면서 적극적 중재보다는 대화지지 표명 등을 통한 완만한 억지력을 행사한 것으로 평가된다.

종합해 보면, 한·미 간 국력 차이가 현저했던 1960~1970년대 동맹 관계는 전형적인 약소국의 안보-자율성 거래 패턴, 즉 비대칭 동맹 상에서 양국이 보유할 수 있는 이익을 추구했던 것으로 분석된다. 1980년대 이후 경제, 외교, 군사적으로 남한의 지위가 신장됨에 따라 미국의 관여정책에 따른 안보적 관점에서 군사적 보상 요구는 상대적으로 감소한 반면, 한반도 위기관리 측면에서 한·미 동맹 관계의 훼손 방지 내지 국내정치 및 남북관계를 고려한 사항이 확대된 것으로 판단된다. 전반적으로 남한은 미국의 관여정책에 따라 행정부의 대응을 수정하는 기조를 보이지만, 국력신장에 따라 확대되는 위기관리 상의 변수를 동맹관계 상의 충격을 최소화하는 범주 내에서 통제하려는 경향성이 확인된다. 미국 역시 한반도 MID 국면에서 남한과의 이견과 갈등요소의 존재에도 불구하고 일관성 있는 대남 관여정책을 통해 확전 억지력을 과시하는 한편 동북아 역내 영향력 유지에 관한 의지를 대내외적으로 다져왔다고 평가할 수 있다.[183]

결국 한·미 양국의 안보이익과 동맹요인은 관리적 차원에서 한반도 내 전면전(MID 5)을 회피하거나, 연구에서 다루지 않았지만 비군사적 차원에서 완전한 평화체제 구축에 대한 높은 수준의 신뢰를 요구하며 동맹관계에 도전하는 외부적 변수를 통제·관리해나갈 개연성이 존재한다. 이는 남북한 숙적관계 종식의 연장을 의미하는 것이므로 미래 동맹관계의 출구전략에 대한 사고의 전환과 사유가 필요하다. 무엇보다 미·중 양국은 한반도 문제를 국가적 손실을 최소화하기 위한 고도의 '헤징'(hedging) 전략의 일환으로 접근하고 있다. 이 전략은 기본적으로 불안정한 상호작용의 유형으로 세심하게 관리되지 않을 시, 언제든지 전통적인 강대국간 세력균형의 논리로 전환될 수 있는 과도기적이면서도 임시방편적 성격을 내포한다. 또한 정치경제적 균형 요소가 강조되는 미·중간 대립이 한반도 문제 당사자인 남과 북에게 미치는 영향은 상이하게 나타날 수 있다. 특히 동맹 차원에서 우리의 안보 자율성은 북한에 비해 상대적으로 위축될 여지가 있으며 '동맹 딜레마'에 따른 '동맹 갈등'이 주기적으로 표출될 여지도 농후하다.[184] 최근 심화되고 있는 미·중간 무역분쟁 양상은 우리에게 패권국 사이에서의 생존이라는 중대한 화두를 던지고 있다. 따라서 G2 국가에 대한 의존도를 낮추기 위해 한·미간 전시작전통제권 전환, 대북정책 관련 워킹그룹의 재조정, 남북간 협상력 강화 등을 모색하는 동시에 동북아 다자안보체제 구축에 대한 노력도 경주할 필요가 있다. 무엇보다 외교적 역량을 강화하여 미·중의 각 분야별 인사를 대상으로 한 자강(自强) 차원의 공공외교를 전방위적으로 확대해나가는 것이 시급한 과제로 인식된다.

본 장은 몇 가지 보완점과 함께 과제를 지니고 있다. 첫째는 미국의 외교정책에 있어 한반도가 갖는 전략적 가치에 따른 정책적 지위가 단선적으로 해석될 여지가 있다. 동맹국에 대한 미국의 관여정책 검토 시 한반도 사안이 갖는 현실적 무게감을 객관적으로 검증하는 것이 필요하다. 또한 외교정책의 행위자들(actors) 즉 대통령, 국회, 행정부 등이 사안마다 한반도 문제에 어떻게 개입을 하는가를 고려해야 한다. 이것은 행위자별 입장(stance)과 개입속도가 상이하고 남한의 의사결정 과정과도 차이가 있을 것이므로 보다 다양한 변수를 고려한 분석이 필요하다. 둘째, MID 표본의 축출 방식이 다소 임의적이고 한반도 내 다양한 MID의 특성을 보여주기 충분한가에 대한 문제이다. 이론적 프레임워크를 생성할 때 사례 선정 및 패턴에 대한 편견(sample selection bias)을 배제하는 작업이 보다 간명하게 드러날 필요를 갖는다. 마지막으로 국력집합성격이 반영된 균형적 한·미동맹으로의 지향이 장기화된 갈등모델인 남북한 숙적관계에 어떤 변화를 야기할 것인지에 대한 과제를 함의하고 있다.

분쟁국가 간 군사적 갈등의 교착(stalemate) 상태가 반복되면 이를 유지하기 위한 '교착 비용' 역시 상승하게 된다. 한·미 동맹 패턴에서 확인한 바와 같이 우리 정부의 안보-자율성의 제고는 한반도 문제의 당사자로서, 미국, 북한에 관한 협상력(leverage)을 증대시키는 것이다. 또한 종전 및 평화체제를 추진하는 과정에서 동맹관계의 시계추가 당면한 안보 차원의 실익을 넘어 남북한 숙적관계 유지와 종식 사이의 어느 지점을 향하고 있는가를 반문해보아야 한다. 이제는 한반도 숙적관계 종식이 한·미 동맹의 사활적 이익(vital interest)으로 수렴될 수 있는 방안에 대한 고민을 시작할 때이다.

# [보론]
## 떠난 후에 남겨진 것들

### 아빠 북한 갔어?

새벽 4시 30분. 눈이 번쩍 떠졌다. 개성으로 출근하는 첫날이다. 고사리 같은 아들 손을 슬쩍 밀어내기가 못내 아쉬워 새근대는 입가에 잠시 시선을 멈추어본다. "아침에 아빠가 옆에 없어도 울지 않기, 돌아올 때까지 엄마 말 잘 듣고 있기, 약속!"

당시 만 세 살배기 아들은 눈뜨면 어김없이 옆자리를 확인하는 버릇이 있었다. 전날 밤, 신신당부를 해두었지만 역시나 무용지물이었다. 이른 아침 펑펑 울며 온 집안을 헤집고 다녔다는 얘기를 듣고 가슴이 먹먹해졌다. 이후로도 이따금씩 "아빠 어디 갔어? 북한 갔어?"라며 아빠의 부재를 확인하곤 했는데, 그때마다 느껴지는 사람들의 시선에 아내가 몹시 난처했다고 한다. 별다른 편견 없이 북한을 말하는 아이, 저마다의 잣대로 북한을 재고 있는 어른들, 그리고 분단사회의 여러 말 못 할 해프닝들.

온 집안이 아들 녀석의 울음소리로 채워지던 그 시각, 남북공동연락사무소 직원들과 함께 탑승한 차량은 자유로 위를 시원스레 내달리고 있었다. 입 밖으로 내뱉기만 해도 쉬이 사람들의 이목이 쏠리는 바로 그곳으로 말이다.

## 13년 만의 개성, 그리고 풍광들

식목행사 참석차 개성을 찾았던 것이 벌써 13년 전의 일이다. 개성 봉동관에서 북측 관계자들과 들쭉술이 곁들여진 오찬을 마치고 돌아온 뒤 마주한 광화문 풍경이 무척 어색했더랬다. 아무도 모르는 비밀업무를 수행하고 온 사람처럼 도심을 지나며 속으로 생각했다. '조금 전까지 같이 웃고 떠들었던 그들을 다시 볼 수 있을까'

긴 시간을 돌아 상주대표로 다시 찾은 개성, 주말에도 쉴 새 없이 가동되던 개성공단의 활력 넘치던 모습은 온데간데없었다. 공단시설 주변으로 성인키만큼이나 웃자란 풀들은 생경하기 짝이 없었다. 단지 이들보다 내가 심어놓은 수목 한그루가 한 뼘 정도 더 자라있기를 바랄 뿐이었다.

2018년 9월 개소식에서 북측이 '남북을 잇는 혈맥'이라고까지 치켜세웠던 남북공동연락사무소. 대외 정세의 파고를 간신히 뛰어넘어 멈춰섰던 개성공단 내에 유일하게 허락된 작은 공간, 엄격히 제한된 체류인원과 남쪽과의 단절, 서울 발신용 통신실 앞에서 줄지어 대기하던 기시감 어린 모습들, '공동연락사무소 사람들의 어깨가 무겁겠구나, 공단 재개 시까지 잘 버텨보자' 라는 다짐을 하며 개성에서의 근무가 시작되었다.

남북 철도도로연결 착공식이 있었던 개성 판문역 부근에서 개성공단 초입까지 공단을 경유해 오가는 주민들과 마주칠 때면 간단한 인사라도 나누고 싶은 마음이 굴뚝같았다. 공단 밖 외출과 도보 이동이 금지된 근무 환경에서 이런 생각은 무럭무럭 자라갔지만, 문제가 될까 싶어 이내 그만두자 싶었다.

들판의 염소들 주변으로 가을걷이에 여념 없던 주민들, 노을 녘 자전거 뒤편에 땔감을 한아름 실고 귀가를 재촉하던 사람들, 이른 아침 인근 막사에서 피어오르는 연기와 코끝을 찌르던 매캐한 냄새, 공단을 아늑하게 둘러 안았던 송악산 자락도 여전히 기억 속 한 켠에 자리하고 있다. 그뿐이랴, 남북을 자유자재로 넘나들던 노란 종달새 무리들, 군사분계선 넘어 입경을 목전에 둔 대표단 버스를 막아세웠던 도로가의 장끼, 차창 너머 대성동 태극기와 기정동 인공기가 한 앵글에 담길 때서야 내려놓았던 한주간의 긴장감... 그리고 5일 만에 주인 손으로 돌아와 일제히 울려 퍼지던 핸드폰 진동소리, '카톡' 울리는 소리... 청사 폭파라는 대소동을 치렀음에도 모든 것이 어제처럼 생생하다. 그래서 더 애석하다.

## 떠난 후에 남겨진 것들 – 하노이 노딜 이후

서울과 개성을 오가며 근무했지만, 남측 상주대표로서 월요일, 개성 근무를 시작할 때야 비로소 제자리에 있다는 생각이 들었다. 분단 이후 처음으로 남북 당국자들의 공동 근무체제가 적용된 단계적 연락협의기구였기에 제도화가 절실했다. 하지만 이미 2019년 2월말 하노이 북미회담의 결렬 여파는 연락사무소 업무에도 상당한 지장을 초래하고 있었다. 좋은 징조가 아니었다. 3월 북측의 일방적 철수 통보도 단순 해프닝으로 보기에 석연치 않은 구석이 있었다. 이후 국내 민간단체 등에서 어렵사리 북측에 전달을 요청한 제안들은 대부분 미온적인 반응으로 돌아왔다. 지자체와 민간단체들에게 안정적인 대북 협의통로를 제공하고자 했던 취지가 번번이 무색해졌다.

2019년 6월 30일 남·북·미 정상 간의 깜짝 회동과 10월 북미 스톡홀름 실무회담 소식 등 관련 이벤트들에 촉각을 곤두세우며 연락사무소의 활성화를 준비했다. 일상적인 안부만 물어보던 북측 관계자들도 이 시기에는 '이번엔 잘 될 것 같으냐'며 넌지시 우리 측 반응을 떠보곤 했다. 한편, 국내에서는 '이 상태로 공동연락사무소가 언제까지 가겠냐'는 비관적 여론이 늘어갔다. 유일한 남북의 소통창구로서 여전히 주목을 받았지만 연락·협의의 결과물은 우리의 정성과는 거리가 있었다. 개소 1주년을 계기로 조심스레 추진했던 남북공동행사도 결국 남측 단독으로 치러졌다.

개성 상주 직원들은 정세변화와 상관없이 남북공동연락사무소에 허락된 '남북의 시간'에 매일매일 충실하며, 24시간 상시 근무체제를 유지하였다. 개소 이후 2020년 6월까지 공동연락사무소의 운영기간 동안, 9.19 평양선언의 남북간 군사합의가 대부분 준수되었던 것은 눈에 띄지 않는 의미있는 성과였다. 하노이 회담 이후 경색된 남북관계 속에서도 연락사무소가 어느 정도 평화의 안전핀 역할을 수행했던 셈이다.

2019년 7월 중순경에는 한국인이 승선한 러시아 어선이 동해상에서 표류한다는 소식이 접수되었다. 연락대표들이 밤늦게 북측 숙소로 찾아가 우리국민의 신변안전 확인을 요청하는 등 개성에서의 일상은 밤낮의 구별이 없었다. 남북관계는 멈춤 상태에 접어들었지만 공동연락사무소는 보다 빠르게 경색될 수 있는 남북관계와 우발적 충돌 상황에 대한 나름의 완충적 기능을 감당하였다. 일반적인 재외 공관에 비해 어렵고 힘든 근무환경에서도 사명감으로 충만했던 상주대표들은 하루 두 차례 연락대표 접촉과 운영실무회의 그리고 수시로 발생하는 인도주의 사안에 대해 협의하면서 연락사무소의 본분에 최선을 다하였다.

MDL 북방지역에서 '남북의 혈맥을 잇는' 여정에 참여하였던 남북공동연락사무소 사람들, 사랑하는 가족들과의 시간을 잠시 미뤄두고 비무장으로 군사경계선을 넘나들던 이들과 함께 개성에서 일군 노력들이 청사 폭파의 생채기가 아물 즈음엔 넉넉히 평가되고 회자될 수 있기를….

## 〈참고문헌〉

### 국내 문헌

김동춘, 『전쟁과 사회』, 돌베개, 2014.

김우상, 「한·미동맹의 이론적 재고」, 『한국과 국제정치』, 제20권 1호 통권 44호, 경남대학교 극동문제연구소, 2004.

김욱성, 「국력의 비대칭성 완화 노력이 숙적관계에 미치는 영향—남북한 사례」, 『통일문제연구』 제22권 제2호, 2010.

김진무, 「북한의 대남도발 가능성과 유형」, 『한국 정치일정과 북한의 대남도발 전망 학술회의 자료집』, 2012.

김형민, 「군사분쟁의 원인에 대한 고찰」, 『신아세아』 제21권 2호, 신아시아연구소, 2014.

문순보, 『북한의 도발환경 비교분석: 1968년과 2010년의 주요사건을 중심으로』, 세종연구소, 2012.

문인철, 「북한의 손실 인식과 대남 적대적 군사 행동 연구: 숙적관계와 전망이론을 중심으로」, 성균관대학교 박사학위논문, 2016.

박계호, 「한반도 위기발생시 미국의 개입 결정요인」, 『국방연구』 제56권 제1호, 국방대학교 안보문제연구소, 2013.

박명규, 『남북경계선의 사회학』, 창비, 2012.

우승지, 「진화기대이론(Evolutionary Expectancy Theory)과 데탕트 시기 남북화해의 이해」, 『국제정치논총』 48권 2호, 2008.

_____, 「숙적이론과 한국적 수용」, 전남대학교 세계한상문화연구단 학술회의, 1136–1146, 2008.

_____, 「세력전이와 남북 관계의 변화에 대한 고찰」, 『세계정치』 16권, 서울대학교국제문제연구소, 2012.

이관세, 「북한을 위한 새로운 패러다임」, 『북핵, 오늘과 내일』, 경남대 극동문제연구소, 2016.

이수형, 「남북한 한반도 정치와 강대국 동맹정치 간의 연계성 분석」, 『남북한 관계와 국제정치 이론』, 서울대학교 국제문제연구소, 2012.

이윤석,「북한의 대남 주도권 확보와 대남전략 행태」,『통일정책연구』제22권 1호, 2013.

이정철,「신정부 대북정책 제언과 한·미정상회담에 대한 우려」, 창비 주간 논평, 2017년 5월 17일, 2017.

이준희,「신년사로 본 김일성·김정일의 대남인식과 대남정책 비교」,『아태연구』제18권 제2호, 2011.

조진구,「한·미관계의 맥락에서 본 베트남전 철수」,『군사지』제60호, 국방부 군사편찬연구소, 2006.

한국외교문서, '회의합의각서', '군원이관 재개문제에 관한 대미교섭방침(안)(1971. 2. 26, 외무부)', "국군현대화계획, 1971(마이크로필름번호G-0020)", 외교통상부 외교사료과 Airgram-149(4/13/1971), Subject: Letters and Understanding Related to measures for Expediting the Modernization of the Republic of Korea Armed Forces, Box #1862, 1971.

한기호,「숙적관계(rivalry) 이론의 남북한 분쟁관계 적용 가능성 검토」,『통일연구』제20권 2호, 연세대학교, 2016.


국방부,『국방백서 2000』, 국방부, 2000.

국방부,『국방백서 2004』, 국방부, 2005.

국방부,『국방백서 2006』, 국방부, 2007.

국방부,『국방백서 2008』, 국방부, 2009.

국방부,『국방백서 2010』, 국방부, 2010.

통일부,『통일백서 2000』, 통일부 통일정책실, 2001.

통일교육원,『2012 북한이해』, 통일교육원, 2012.


『연합뉴스』, "여, 국방백서 주적 개념 삭제 당연" 2005년 1월 29일자 보도

『연합뉴스』, "정부, 긴장 속 북한 움직임 주시" 2009년 5월 30일자 보도.

문화일보, "국방백서 '북한규정' 변천사" 2010년 4월 21일자 보도.

# 외국 문헌

Beck, Nathaniel, Jonathan Katz, and Richard Tucker. Taking time seriously: Time series – cross–sectional analysis with a binary dependent variable. *American Journal of Political Science* 42, 1998.

Bennett,. 1998. Integrating and testing models of rivalry duration. *American Journal of Political Science* 42, 1998.

Box–Steffensmeier, Janet, and Bradford S. Jones. *Event history modeling*. Cambridge, UK: Cambridge University Press, 2004.

Chaekwang You, Kiho Han., THE PERPETUATED HOSTILITY IN THE INTER– KOREAN RIVALRY, KOREA OBSERVER. Vol. 49 No. 2, 2018

Cioffi–Revilla, Claudio. The political uncertainty of interstate rivalries: A punctuated equilibrium model. In *The dynamics of rivalries*, edited by Paul Diehl, Urbana: University of Illinois Press, 1998.

COW, Located in Data Sets–Militarized Interstate Dispute Locations (v1.1), http:// cow.dss.ucdavis.edu/data–sets/MIDLOC; Dispute Narratives, 2002–2010 Correlates of War Project MIDv4.0 Project.

COW, Military Expenditure, http://www.correlatesofwar.org/data–sets/national– material–capabilities?searchterm=Military+Expenditure+Data.

DAVID C. KANG, International Relations Theory and the Second Korean War, *International Studies Quarterly* 47, 2003.

Dick K. Nanto, North Korea: Chronology of Provocations, 1950 – 2003, quoted in Report for Congress(Form Approved OMB No. 0704–0188 by CRS, Congressional Research Service) March 18, 2003.

Don Oberdorfer, Robert Carlin, THE TWO KOREAS, 이종길, 양은미 역, 「두개의 한국」, 길산, 2014.

Foreign Relations of the United States(FRUS), 144. Editorial Note, 1964 – 1968, Volume XXIX, Part 1, Korea, https://history.state.gov/historicaldocuments/ frus1964–68v29p1/d144.

Foreign Relations of the United States(FRUS), 145. Telegram From the Embassy in

Korea to the Department of State, 1964–1968, VOLUME XXIX, PART 1, Korea, https://history.state.gov/historicaldocuments/frus1964–68v29p1/d145.

Gartzke, Erik, and Michael Simon., Hot hand:Acritical analysis of enduring rivalries. *Journal of Politics* 63, 1999.

Gary Goertz, Paul F. Diehl, Taking "enduring" out of enduring rivalry: The rivalry approach to war and peace, *International Interactions* Volume 21, 1995.

Gary Goertz and Bradford Jones, Paul F. Diehl, Maintenance Processes in International Rivalries *Journal of Conflict Resolution*, 49(5), 2005.

Gelpi, Christopher. *The power of legitimacy: Assessing the role of norms in crisis bargaining*. Princeton, NJ: Princeton University Press, 2003.

James P.Klein et al, The New Rivalry Dataset: Procedures and Patterns, *Journal of Peace Research*, vol. 43, no. 3, 2006.

Mitchell Lerner, A Dangerous Miscalculation: New Evidence from Communist–Bloc Archives about North Korea and the Crises of 1968, Journal of Cold War Studies Vol. 6, No. 1, 2003.

Mobley, Richard, "Revisiting the Korean Tree–Trimming Incident", Joint Forces Quarterly, Issue 35, October, 2004.

Morgenthau, Hans J, "Alliances in Theory and Practice." In Arnold Wolfers (ed.), *Alliance Policy in the Cold War*(Baltimore: Johns Hopkins Press), 1959.

Morrow James D, "Alliances and Asymmetry: An Alternative to the Capability Aggregation Model of Alliances." *American Journal of Political Science* 35 (4): 904–33, 1991.

Paul F. Diehl and Gary Goertz, War and Peace in International Rivalry(University of Michigan Press, 2001.

Samuel S. Kim, "The Rivalry between the Two Koreas", in Sumit Ganguly and William R. thompson (de.,) Asian Rivalry: Conflict, Escalation, and Limitations on Two–Level Games, Stanford University Press, 2011.

Senese, Paul, and Stephen Quackenbush. Sowing the seeds of conflict: The effects of dispute settlement on durations of peace. *Journal of Politics* 65 (3), 2003.

Stephen M. Walt, Origins of Alliances Ithaca. Cornell University Press, 1987.

Tae Yang Kwak, The Nixon Doctrine and the Yusin Reforms: American Foreign Policy, the Vietnam War, and the Rise of Authoritarianism in Korea, 1968 – 1973, Journal of American–East Asian Relations, Volume 12, Issue 1, 2003.

Vasquez, John A, The War Puzzle. Cambridge: Cambridge University Press, 2003.

Victor D. Cha, Hawk Engagement and Preventive Defense on the Korean Peninsula, International Security Vol. 27 No. 1 (MIT Press), 2002.

Werner, Suzanne., The precarious nature of peace: Resolving the issues, enforcing the settlement, and renegotiating the terms. *American Journal of Political Science* 43, 1999.

William R. Thompson, "Identifying Rivals and Rivalries in World Politics", *International Studies Quarterly*. Vol.: 45, 2001.

Yoon Taeyoung, Managing the Korean crisis: A case study of the Panmunjom axe murder incident of 1976, 2000.

Yoon Taeyoung, Between Peace and War: South Korea's Crisis Management Strategies Towards North Korea EAST ASIAN REVIEW Vol. 15, No. 3, 2003.


The Japan Times, Japan, U.S. to monitor North Korea, 2002년 7월 10일, http://www. japantimes.co.jp/news/2002/07/10/national/japan-u-s-to-monitor-north-korea/#.WPWqQiaweUk,.

Vantage Point(Seoul), November 1995; Dick K. Nanto, 2003 North Korea: Chronology of Provocations, 1950 – 2003, quoted in Report for Congress(Form Approved OMB No. 0704-0188 by CRS, Congressional Research Service) March 18, 2003.


## 기타

국가기록원 홈페이지, "한·미 제1군단 창설", 2014년 2월 20일, http://www.archives. go.kr/next/search/listSubjectDescription.do?id=008603.

# 미주

1 GAO, United States General Accounting Office), *EMBASSY CONSTRUCTION Better Long-Term Planning Will Enhance Program Decision-making*, 2001.1.

2 남과 북은 상호 통일의 대상이면서도 종전을 제도화하지 못한 적대적 관계의 양가성을 지니고 있다.

3 Thompson은 숙적관계 분석에 있어 다양한 방법의 접근을 강조한다. 이는 인위적인 검열과 같은 군사적 충돌 데이터를 최소화하는 대신, 인식의 중요성과 함께 역사적 준거자료의 집중적인 해석이라는 접근 방식을 의미한다. William R. Thompson, Identifying Rivals and Rivalries in World Politics, *International Studies Quarterly*. Vol.: 45, 2001, p.583 참조.

4 전두환 정부 서울-평양 상주 연락사무소 제안(`82·85년 국정연설), 노태우 정부 서울-평양 상주 연락대표부 제안(`90년 광복절경축사), 김대중 정부 특구내 상주 연락사무소 제안(`02.10월 제8차 장관급회담), 노무현 정부, 서울-평양 상주 연락기구(`04-06년 제13·14·16·18차 장관급회담), 이명박정부, 서울-평양 연락사무소 제안(`08.4월 대통령 방미중), 박근혜정부, 서울-평양 남북교류협력협의사무소(`14.3월 드레스덴구상).

5 평양 주재 유럽국 사무소는 2020년 3월 현재, 대사관 7개소, 협력사무소/개발협력청/인도지원기구 등 5개소를 운영 중에 있다. 구체적으로는 평양 주재 유럽대사관(7): 독일, 영국, 스웨덴, 체코, 폴란드, 루마니아, 불가리아 / 협력사무소(1): 프랑스 / 개발협력청(1): 스위스 / NGO 활동(3): 이탈리아, 핀란드, 아일랜드 운영 중.

6 `94년 12월 북한지역내 항로이탈 미군 정찰헬기 격추시 후속조치로 제네바합의로 신설된 외교채널로 송환 협상 진행

7 38north, North Korea: Liaison Offices—The First Time(2018. 6. 18).

8 GAO, United States General Accounting Office), *EMBASSY CONSTRUCTION Better Long-Term Planning Will Enhance Program Decision-making*. 2001.1.

9 본 장의 내용은 한기호, 「숙적관계(rivalry) 이론의 남북한 분쟁관계 적용 가능성 검토: MID(Militarized Interstate Dispute)와 사회-심리적 과정 모델을 중심으로」의 내용을 일부 수정보완했음을 밝힘.

10 박명규, 『남북 경계선의 사회학』, 창비, 2012, 31쪽.

11 김동춘, 『전쟁과 사회』, 돌베개, 2014, 46~47쪽.

12 앞의 글, 401쪽.

13 Paul F. Diehl and Gary Goertz., *War and Peace in International Rivalry*, University of Michigan Press, 2001, p 67.

14 Gartzke, Erik, and Michael Simon., Hot hand:Acritical analysis of enduring rivalries. *Journal of Politics*, 1999, 63:777-98.

15 Beck, Nathaniel, Jonathan Katz and Richard Tucker., Taking time seriously: Time series--cross-sectional analysis with a binary dependent variable. *American Journal of Political Science*, 1998, 42:1260-88.

16 Bennett, Integrating and testing models of rivalry duration. *American Journal of Political Science* 42, 1998, 1200-32.

17 Cioffi-Revilla, Claudio., The political uncertainty of interstate rivalries: A punctuated equilibrium model. In *The dynamics of rivalries*, edited by Paul Diehl, 64-97. Urbana: University of Illinois Press, 1998.

18 Box-Steffensmeier, Janet, and Bradford S. Jones., *Event history modeling*. Cambridge, UK: Cambridge University Press, 2004.

19 Gelpi, Christopher., *The power of legitimacy: Assessing the role of norms in crisis bargaining*. Princeton, NJ: Princeton University Press, 2003.

20 Senese, Paul, and Stephen Quackenbush., Sowing the seeds of conflict: The effects of dispute settlement on durations of peace. *Journal of Politics* 65(3), 2003: 696-717., Werner, Suzanne. The precarious nature of peace: Resolving the issues, enforcing the settlement, and renegotiating the terms. *American Journal of Political Science* 43:912-34, 1999.

21 Gelpi, Christopher., *The power of legitimacy: Assessing the role of norms in crisis bargaining*. Princeton, NJ: Princeton University Press, 2003.

22 Maoz, Zeev, and Ben Mor., *Bound by struggle*. Ann Arbor: University of Michigan Press, 2002.

23 Werner(1999)는 이를 위해 127년을 연구기간으로 설정하였다.

24 Goertz와 Diehl는 이러한 문제점을 개선하기 위해 1816년부터 1992년까지 발생한 1,166개 군사적 숙적관계를 Correlates of War(COW)의 분쟁 결과 분류법인 만족 변수를 활용하였다.

25 Gary Goertz, Paul F. Diehl., Taking "enduring" out of enduring rivalry: The rivalry approach to war and peace, *International Interactions* Volume 21, 1995, pp.291-308.

26 D. Scott Bennett., "Security, Bargaining, and the End of Interstate Rivalry", *International Studies Quarterly* 40, 1996, p.160.

27 Gary Goertz Bradford Jones, Paul F. Diehl., Maintenance Processes in International Rivalries *Journal of Conflict Resolution*, 49(5), 2005, pp.742~769

28 대표적인 연구로 William R. Thompson, Identifying Rivals and Rivalries in World Politics, *International Studies Quarterly*. Vol.: 45, 2001을 참고하면 된다.

29 James P.Klein et al., The New Rivalry Dataset: Procedures and Patterns, 2006 Journal of Peace Research, vol. 43, no. 3, 2006, p.345.

30 숙적 관계 연구는 역사적 특성 상 연구 사례가 중복되는 경우가 많다. 비교해 본 바 Diehl & Goertz 의 연구는 Thompson의 연구와 107개 사례(case)가 겹친다.

31 Thomson, William R., "Explaining Rivalry Termination in Contemporary Eastern Eurasia with Evolutionary Expectancy Theory", Paper Presented at the Annual meeting of the International Studies Association, Honolulu, Hawaii, March 2005, pp.6-9.

32 우승지, 「진화기대이론(Evolutionary Expectancy Theory)과 데탕트 시기 남북화해의 이해」, 『국제정치논총』 48권 2호, 2008, 107쪽.

33 우승지, 「세력전이와 남북 관계의 변화에 대한 고찰」, 『세계정치』 16권, 2012, 126쪽.

34 앞의 글, 140쪽.

35 우승지,「세력전이와 남북 관계의 변화에 대한 고찰」,『세계정치』16권, 서울대학교 국제문제연구소, 2012, 129쪽.

36 문인철,「북한의 손실 인식과 대남 적대적 군사 행동 연구: 숙적관계와 전망이론을 중심으로」, 성균관대학교 박사학위논문, 2015, 259-261쪽.

37 김욱성,「국력의 비대칭성 완화 노력이 숙적관계에 미치는 영향 -남북한 사례」,『통일문제연구』제22권 제2호, 2010, 234쪽.

38 남성욱 외,『한국의 외교안보와 통일 70년』, 한국학중앙연구원, 2015, 276쪽.

39 국가기록원, "전후 미국의 군사원조" 2014년 2월 20일. http://www.archives.go.kr/next/search/listSubjectDescription.do?id=006387.

40 한국외교문서, '會議合議覺書', '軍援移管再開問題에關한對美交涉方針(案)(1971. 2. 26,외무부),' "국군현대화계획, 1971(마이크로필름번호G-0020)", 외교통상부외교사료과 Airgram-149(4/13/1971), Subject: Letters and Understanding Related to measures for Expediting the Modernization of the Republic of Korea Armed Forces, Box #1862.

41 조진구,「한미관계의 맥락에서 본 베트남전 철수」, Withdrawal Process of the ROK Armed Forces in Vietnam, 군사지 제60호, 2006, p.214.

42 국가기록원, 2014. 02. 20 한미 제1군단 창설, http://www.archives.go.kr/next/search/listSubjectDescription.do?id=008603

43 김순수,「중국의 한반도 안보전략과 군사외교」, 경남대학교 북한대학원 박사학위논문, 2010, 162-163

44 Selig S. Harrison, Korean Endgame: A Strategy for Reunification and U.S. Disengagement, Princeton University Press, 2009, 313쪽.

45 SIPRI Yearbook 1971, p.412; Richard D. Cassidy, Arms Transfer and Security assistance to the Korean Peninsula 1945-1980: Impact & Implication (Monterey California: Navy Postgraduate School, 1980), 316쪽. 이 시기 무기체계별 정확한 지원규모는 밝히지 않고 있다.

46 Richard M. Bueschel, Communist Chinese Airpower, New Nork: Frederic A. Praeger, 1968, p.81

47 돈 오버도퍼,「두 개의 한국」, 길산, 37쪽.

48 Yong-Sup Han, "China's Leverages over North Korea", Korea and World Affairs, Vol. 18. No.2(Summer 1994), pp.243-244.

49 당시 중국의 A-5 전투기 생산능력이 연간 40기 밖에 안되는데 그중 절반인 20기를 북한에 제공하기로 약속, Don Oberdorfer, Robert Carlin, THE TWO KOREAS, 이종길, 양은미 역「두개의 한국」, 길산, 2014, 43쪽.

50 민병천, "北韓의 軍事政策" 김종철 외 (편).『北韓 軍事論』(北韓硏究所), 1978, p.287.

51 김병직 대사는 김일성이 소련으로부터 1 억 5 천만 루블 이상의 원조를 요청하는 군사 대표단에게 지시했다고 언급. 대공 방어기 구성에 도움이 될 대공포 "지상 공기"(4~8구획)를 두 배 늘리는 것과 해안 방어 및 57mm 곡사포를위한 무기가 필요하다고 역설하며 이 추가 요청이 충족되면 총 원조 금액은 1 억 5 천만 루블을 초과할 것으로 전망, 소련 외교부 장관(V. Kuznetsov)과 북한 주재 한국 대사 간 회견 기록 참조, AVPRF, fond 0102, opis 21, papka 105, delo 32, list 21. Obtained and

translated for NKIDP by Sergey Radchenko. Archive of Foreign Policy of the Russian Federation (AVP RF) May 21, 1965 RECORD OF CONVERSATION BETWEEN SOVIET DEPUTY FOREIGN MINISTER VASILY KUZNETSOV AND THE NORTH KOREAN AMBASSADOR TO THE SOVIET UNION KIM BYEONG-JIK 검색일 1월 26일. http://digitalarchive.wilsoncenter.org/document/110502

52 전인영 외,『北方三角關係의 變化와 韓國의 政策方向』, 경희대학교 국제평화연구소, 1988, 31쪽.

53 통일연구원, 「북한의 군사정치적 발전 동향에 관한 몇가지 문제(1967년 9월 27일)」, 통일연구원 편,『독일지역 북한기밀 문서집』, 도서출판 선인, 2006, 209쪽.

54 통일연구원, 「북한의 군사정치적 발전 동향에 관한 몇가지 문제(1967년 9월 27일)」, 통일연구원 편,『독일지역 북한기밀 문서집』, 도서출판 선인, 2006, 209쪽.

55 1961년부터는 1달러가 0.9루블로 책정되어 1971년도말까지 유지되므로 당시 달러로 환산하면 1.1배수 적용(1루블은 1.1111달러), Archive of Bank of Russia, http://cbr.ru/currency_base/OldDataFiles/USD.xls 참조.

56 전홍찬, 「소련의 대북한 경제·군사원조 정책에 관한 연구」,『중소연구』제60권, 한양대학교 아태지역연구센터, 1993, 220, 183-228쪽

57 Selig S. Harrison., Korean Endgame: A Strategy for Reunification and U.S. Disengagement, Princeton University Press, 2009, p.313.

58 Paul F. Diehl and Gary Goertz, *War and Peace in International Rivalry*, University of Michigan Press, 2000, p4.

59 한국전쟁을 기원으로 남북한은 치열한 군비경쟁을 이어가고 있다. 80년대 중반을 이후로 남한의 군사비 지출이 북한을 추월하여 월등한 차이를 보이고 있다. 군인력 수에서는 남한이 군사력 현대화를 추진하는 반면, 북한이 100만명을 상회하는 수준으로 상시 전투태세를 유지하고 있는 형국이다. 북한의 군사비 지출이 잠시 반등하였던 1958년은 중국인민지원군이 북한에서 철수하였던 해이기도 하다. http://www.correlatesofwar.org/data-sets/national-material-capabilities?searchterm=Military+Expenditure+Data.

60 James P.Klein et al., The New Rivalry Dataset: Procedures and Patterns, *Journal of Peace Research*, vol. 43, no. 3, 2006, pp.332-334.

61 한기호, 2016, 138-139쪽.

62 앞의 글, 132-133쪽.

63 Paul F. Diehl and Gary Goertz., *War and Peace in International Rivalry*, University of Michigan Press, 2001, p.138.

64 앞의 글, 138, 176쪽.

65 http://cow.dss.ucdavis.edu/data-sets/MIDs - CowWarList 참조.

66 다만 남북한 사이의 분쟁은 1950년대와 1990년대에 급격하게 발생되는 것으로 분석하고 있다. Gary Goertz and Bradford Jones, Paul F. Diehl., Maintenance Processes in International Rivalries *Journal of Conflict Resolution*, 49(5), 2005, p.759.

67 1949-1992년까지 43년간 20번의 군사분쟁이 발생한 것으로 파악하고 있다. R2 *

는 0.05 유의수준을 의미한다.

68 국제정치에서 국가간 힘의 균형은 양 국가 뿐만 아니라 배후의 동맹국가와의 관계가 얽혀 있어 통계적 방법으로 기술하기에 현실적인 어려움이 따른다.

69 Gary Goertz Bradford Jones, Paul F. Diehl, Maintenance Processes in International Rivalries Journal of Conflict Resolution, 49(5), 2005, 742~769 부분 참조.

70 William R. Thompson, 2001, p.360.

71 William R. Thompson, Identifying Rivals and Rivalries in World Politics, *International Studies Quarterly*. Vol.: 45, 2001, pp.559~562 부분 참조.

72 이는 대륙 간 동맹과 다자안보 시대, 경제적 이익을 공유하는 현재 세계정세와 관련한 기능주의적 관점과 부합하는 측면도 존재한다.

73 Thompson은 숙적관계 분석에 있어 다양한 방법의 접근을 강조한다. 이는 인위적인 검열과 같은 군사적 충돌 데이터를 최소화하는 대신, 인식의 중요성과 함께 역사적 준거자료의 집중적인 해석이라는 접근 방식을 의미한다. William R. Thompson, Identifying Rivals and Rivalries in World Politics, *International Studies Quarterly*. Vol.: 45, 2001, p.583 참조.

74 William R. Thompson, Identifying Rivals and Rivalries in World Politics, International Studies Quarterly. Vol.: 45, 2001, pp.557-586 부분 참조.

75 Samuel S. Kim., "The Rivalry between the Two Koreas", in Sumit Ganguly and William R. thompson (de.,) Asian Rivalry: Conflict, Escalation, and Limitations on Two-Level Games, Stanford University Press, 2011, pp.145-175.

76 한기호, 「숙적관계(rivalry) 이론의 남북한 분쟁관계 적용 가능성 검토」, 『통일연구』 제20권 2호, 연세대학교, 2016, 138-139쪽, 154-156쪽.

77 김형민, 「군사분쟁의 원인에 대한 고찰」, 『신아세아』 제21권 2호, 신아시아연구소, 2014, 35쪽.

78 1953년 7월 27일 한국전쟁 휴전협정 체결 시 유엔군 측과 공산군 측은 육상경계선만 설정하고 해양경계선은 합의하지 못했다. 이후 1953년 8월 30일 클라크(Mark W. Clark) 유엔군 사령관이 한반도 해역에서 우발충돌을 예방하는 목적에서 남한 측 해군 및 공군의 초계활동을 제한하기 위하여 NLL을 설정하였다. 통일교육원, 『2012 북한이해』, 2012, 125쪽.

79 김진무, 「북한의 대남도발 가능성과 유형」, 『한국 정치일정과 북한의 대남도발 전망 학술회의 자료집』, 2012, 89쪽 재인용.

80 1990년대는 1992년 5월 22일, 무장군인 3명 DMZ 침투, 1995년 10월 임진강과 부여에 무장간첩 침투, 1996년 9월 18일, 1996년 10월 1일, 강릉 잠수항 무장공비 침투, 블라디보스톡 주재 최덕근 영사 피살, 1997년 2월 15일 귀순자 이한영(82년 귀순) 피살 등 직접적 군사도발이 빈번히 발생했다.

81 김기령, 「남북 화해기 북한의 대남 군사도발 연구」, 고려대학교 대학원 석사논문, 2009, 115~116쪽 부분인용.

82 통일부, 『통일백서 2000』, 통일부 통일정책실, 2000, 441쪽.

83 2009년 4월 5일 북한이 장거리 로켓을 발사하고 5월 25일 2차 핵실험을 실시하자, 한국정부는 2009년 5월 26일자로 PSI 원칙을 승인하기로 했다. PSI에 참여함으로

써 한국정부는 현존하는 국내법과 국제법에 근거하여 영해 내에서 대량살상무기를 운반하는 혐의가 있는 선박에 승선, 검색하거나 영공 내에서 대량살상무기를 운반하는 의혹이 있는 항공기에 대해 착륙 유도 및 검색을 할 수 있게 되었다. 김계동, 『북한의 외교정책과 대외관계』, 명인문화사, 2012, 228쪽.

84 『연합뉴스』, "정부, 긴장 속 북한 움직임 주시" 2009년 5월 30일자 보도.

85 문인철, 「북한의 손실 인식과 대남 적대적 군사 행동 연구: 숙적관계와 전망이론을 중심으로」, 성균관대학교 박사학위논문, 2015, 234-235쪽.

86 이윤석, 「북한의 대남 주도권 확보와 대남전략 행태」, 『통일정책연구』 제22권 1호, 2013, 230-231쪽.

87 세 정권의 대북정책은 접근방식에 차이는 있지만 근본적으로 북한 체제의 변화를 상정하고 있다. 따라서 남한의 대북정책은 북한의 체제유지라는 측면에서 북한정권에게는 위협요소로 기능한다고 볼 수 있다. 세 정권에서 나타난 북한의 대남 군사도발 패턴은 북한이 대남 주도권을 확보하기 위해 구사하는 대남 전략과도 연관이 있다. 즉 북한은 대남전략을 결정할 때 강경한 방식의 대결전략, 온건한 방식의 대화전략, 그리고 강온 양면으로 나타나는 병행전략을 구사한다는 것이며, 여기서 제외되는 것이 관망 전략이라 볼 수 있다. 북한이 내부적 문제나 미북관계에 집중한다면 관망전략을, 국제사회의 비난을 무마하고자 한다면 대화전략을, 대남 협상력을 극대화하고자 한다면 대결전략을 구사할 것이다. 이윤석, 「북한의 대남 주도권 확보와 대남전략 행태」, 『통일정책연구』 제22권 1호, 2013, 234쪽.

88 문인철, 「북한의 손실 인식과 대남 적대적 군사 행동 연구: 숙적관계와 전망이론을 중심으로」, 성균관대학교 박사학위논문, 2015, 52쪽.

89 북한 연구를 위한 실증적인 자료로는 노동신문 신년사, 북한중앙방송, 당·군·청년보의 공동사설 등이 있다. 그 중에서도 북한신년사는 연초 국제사회와 남한 그리고 북한주민들을 대상으로 통치이념과 주요정치를 나열하고 있어 이에 대한 체계적인 연구는 북한사회 전반의 변화를 예측하는 단초를 제공해 준다.

90 박종희 외, 「북한 신년사(1946-2015)에 대한 자동화된 텍스트 분석」, 『한국정치학회보』 제49집 제2호, 2005. 6, 28쪽.

91 다만 환원적으로 실제 남북관계는 어떠한 형식으로든 북한의 대남한 인식 형성에 영향을 주게 된다. 다시 말해 북한이 공세지향의 대남정책을 추진했을 경우 이에 대한 당위성 피력, 책임을 회피·전가하는 과정에서 북한은 더욱 부정적으로 대남 인식을 하게 되고 이것은 다시 신년사의 남한 정부를 지칭하는 부정 용어로 표현되어진다. 이준희, 「신년사로 본 김일성·김정일의 대남인식과 대남정책 비교」, 『아태연구』 제18권 제2호, 2011, 54쪽.

92 1968년 준전시상태에서 한국 정부의 생명력과 푸에블로호 사건에서 미국의 군사적 위세를 직접 경험한 북한은 1970년 11월 노동당 제5차 대회에서 한국내 혁명을 한국인에게 맡긴다는 "인민민주주의혁명"론으로 선회하였다. 즉, 북한이 한국으로 공산세력을 직접 이식하지 않고 한국 안에서 자생적 변화를 기다리겠다는 정책을 택하였다. 이후 북한은 정부간 상층통일전선전술의 일환으로 남북대화를 적극 제안하였다. 박종희 외, 「북한 신년사(1946-2015)에 대한 자동화된 텍스트 분석」, 『한국정치학회보』 제49집 제2호, 2015. 6, 53쪽.

93 박종희 외, 「북한 신년사(1946-2015)에 대한 자동화된 텍스트 분석」, 『한국정치학

회보』제49집 제2호, 2015, 53-54쪽.

94 한편, 국방백서에 주적이 명시되지 않았다고 해서 휴전 상태인 국가의 정책결정자에게 실제로 주적의식이 없다고 단정할 수는 없기에 제한적으로 해석될 필요가 있다.

95 국방백서는 2014년까지 총 21차례 발간되었으며 2004년부터는 2년주기로 발행되고 있다.

96 예를 들어 2010년 5월 25일, 이명박 대통령은 국민원로회의에서 천안함 침몰 사건 이후 우리 군이 지난 10년간 주적개념을 확립하지 못했다고 지적했다. 이에 청와대는 이 대통령이 주적 개념을 분명히 할 필요성을 제기한 만큼 올 하반기에 국방백서를 만들 때 북한이 주적이라는 구체적인 개념을 넣는 논의를 실무선에서 검토하고 있다고 밝힌 바 있다. YTN, 이명박 대통령, "주적 개념 정립 안 돼 북한 위협 간과", 2010년 5월 25일 보도.

97 『문화일보』, "국방백서 '북한규정' 변천사" 2010년 4월 21일자 부분인용.

98 『연합뉴스』, "여, 국방백서 주적 개념 삭제 당연" 2005년 1월 29일자 부분인용.

99 국력의 비대칭관계에서 숙적관계가 유지되었던 사례로 캄보디아와 베트남을 들 수 있다.

100 1992년 2월 18일 발효된 남북한 기본합의서 서문에는 '쌍방 사이의 관계가 나라와 나라 사이의 관계가 아닌 통일을 지향하는 과정에서 잠정적으로 형성되는 특수관계라는 것을 인정한다'고 명시되어 있다. 국가간의 '숙적'관계를 논의하는 국제정치학적 이론들을 변형이나 조작없이 남북한 관계에 적용하는 것은 효과적인 결과를 얻기가 다소 힘들 수 있다.

101 즉 '통일'이라는 목적지향성은 '동포'와 '적'이라는 현재성을 수반할 수밖에 없는데, 상충되는 두가지 인식의 혼재가 숙적관계의 연장을 돕는다는 것이다.

102 국력의 비대칭관계 하에서도 숙적관계가 유지되는 대표적인 예로 캄보디아와 베트남 사례를 꼽을 수 있다. 양국은 친중, 친소 정권과의 동맹을 통해 세력균형을 유지해 온 바 있다.

103 본 장의 내용은 한기호, 「한미동맹이 남북한 라이벌리(rivalry) 관계에 미치는 영향 연구: 숙적 이론과 동맹 이론을 중심으로」, 한국 사회과학연구 39-2, 2020의 내용을 일부 수정·보완했음을 밝힘.

104 Vasquez, John A., The War Puzzle. Cambridge: Cambridge University Press, 1993.

105 한국은 북한의 영토를 포함하는 개념이므로 MDL 이남 지역은 라이벌리 연구의 특성상 한·미동맹 이외의 표현에서 남한이라 칭한다.

106 이정철, "신정부 대북정책 제언과 한·미정상회담에 대한 우려" 창비 주간 논평(2017년 5월 17일), 2017.

107 이관세, 「북한을 위한 새로운 패러다임」, 『북핵, 오늘과 내일』, 경남대 극동문제연구소, 178쪽, 2016.

108 김욱성(2010)은 국력의 비대칭성 완화 노력이 남북한 숙적관계에 어떠한 영향을 미치는지 분석했다. 또한 남북한 숙적관계는 세력균형론이나 세련전이론에서 주장하는 것보다 훨씬 복잡한 사례라는 근거로 남한의 국력이 우위에 있음에도 불구하고 군사적 충돌과 위기상황이 반복되고 있음을 지적한다. 또한 이스라엘-팔레스타

인, 인도-파키스탄 사례와 다르게 북한의 군사화된 국내 정치구조의 중요성이 두드러지며, 북·중·러 동맹 관계 유지와 비대칭전략 무기 개발이 분쟁의 지속성을 담보한다고 설명한다. 김옥성, 「국력의 비대칭성 완화 노력이 숙적관계에 미치는 영향」, 『통일문제연구』 제22권 제2호, 2010, 234쪽.

109 미국은 주둔비용에 관한 증대된 남한의 부담을 요구하는 한편, 초창기 약소국에 대한 후견 성격으로 1948년 체결된 한·미상호방위 조약의 제4조 SOFA 협정의 불평등한 부분에 대한 재개정의 움직임이 활발하다. SOFA는 주한·미군 범죄 인도 등의 내용을 중심으로 1991년과 2001년 두 차례 개정된 바 있다.

110 그는 1955년에서 1979년 사이 중동 외교사를 연구한 결과 균형유지를 위한 동맹이 편승을 위한 동맹보다 훨씬 더 흔한 조치였다고 주장한다. Stephen M. Walt., *Origins of Alliances* Ithaca: Cornell University Press, 1987, pp.18-31.

111 Morgenthau, Hans J., "Alliances in Theory and Practice", In Arnold Wolfers (ed.), *Alliance Policy in the Cold War*, Baltimore: Johns Hopkins Press, 1959, 국제정치 패러다임에서의 동맹은 간략히 현실주의, 자유주의, 구성주의 측면에서 다음과 같다. 현실주의는 안보보장의 관점에서 접근하며 위기상황 발생 시 방어, 억지, 설득, 격퇴의 기능을 수행한다고 본다. 자유주의는 동맹국이 국내정치에 개입하는 등 제도적으로 상대국에게 구속되는 것으로 본다. 구성주의는 유사 국가 간 동맹 체결 시 하나의 정체성으로 구성된다고 보기도 한다.

112 Morrow James D., "Alliances and Asymmetry: An Alternative to the Capability Aggregation Model of Alliances." *American Journal of Political Science* 35(4), 1991.

113 상호 의존도가 명확히 드러나는 동맹국 간 비대칭성은 동맹의 딜레마(alliance dilemma)에서도 발견된다. 동맹의 딜레마는 개념적으로 포기(abandonment)와 연루(entrapment) 사이에서 발생된다. '포기'는 동맹의 상대가 체결한 조약을 파기할 때 생기는 문제에 대한 두려움이다. 반면, '연루'는 자국의 이익에 상충되더라도 동맹국이 관련된 전쟁 등의 갈등 현장에 참여해야 하는 고충을 의미한다. 예를 들면 약소국의 입장에서 강력한 후원국의 포기가 두려워 적극적 관계를 모색하게 되면 후원국의 전쟁에 연루될 가능성이 상승하며, 반면 후원국과 관련된 사안에 연루되지 않기 위해 소극적 혹은 상충되는 동맹 관계를 유지하면 상대로 하여금 동맹관계를 포기할 가능성을 상승시키는 즉, 동맹의 딜레마가 발생하게 된다. 포기와 연루 사이에서 자국의 이익을 도모하는 것이 동맹 국가 간의 과제가 된다. 공통의 이해관계가 존재하는 경우 포기나 연루의 문제는 거의 발생하지 않는다. 단 상호방위조약의 경우 동맹 포기의 두려움보다는 연루의 두려움(과거 베트남, 이라크전 파병 등)이 크다고 할 수 있다. 김우상, 「한·미동맹의 이론적 재고」, 『한국과 국제정치』 제 20권 1호 통권 44호, 경남대학교 극동문제연구소, 2004, 3쪽.

114 김우상, 「한·미동맹의 이론적 재고」, 『한국과 국제정치』 제20권 1호 통권 44호, 경남대학교 극동문제연구소, 2004, 5-6쪽.

115 이수형, 「남북한 한반도 정치와 강대국 동맹정치 간의 연계성 분석」, 『남북한 관계와 국제정치 이론』, 2012, 143쪽.

116 이수형, 「남북한 한반도 정치와 강대국 동맹정치 간의 연계성 분석」, 『남북한 관계와 국제정치 이론』, 2012, 151-152쪽.

117 Foreign Relations of the United States(FRUS), 144. Editorial Note, 1964–1968, Volume XXIX, Part 1, Korea, p.310. https://history.state.gov/historicaldocuments/frus1964-68v29p1/d144.

118 Vantage Point(Seoul), November 1995, p.17. Dick K. Nanto, 2003 North Korea: Chronology of Provocations, 1950 – 2003, *quoted in* Report for Congress(Form Approved OMB No. 0704-0188 by CRS, Congressional Research Service) March 18, 2003, p.4.

119 고경태, 「응우엔티탄의 진실을 찾아서」, 『한겨레21』, 2016년 10월 24일, 2016.

120 문순보, 『북한의 도발 환경 비교 분석: 1968년과 2010년의 주요 사건을 중심으로』, 세종연구소, 2012, 34쪽.

121 Dick K. Nanto, 2003, p.4.

122 『경향신문』, "북괴유격대 1.21침입의 배경", 1968년 1월 24일.

123 Mitchell Lerner. , A Dangerous Miscalculation: New Evidence from Communist-Bloc Archives about North Korea and the Crises of 1968, *Journal of Cold War Studies* Vol. 6, No. 1, 2003, p.4.

124 미국은 남한에 대한 방위공약을 선언할 의향이 있었지만 다른 15개 국가들이 그 같은 선언을 하는 방안에는 반대했다. 문순보, 「북한의 도발 환경 비교 분석: 1968년과 2010년의 주요 사건을 중심으로」, 세종연구소, 2012, 35쪽; Foreign Relations of the United States(FRUS), 144. Editorial Note, 1964–1968, Volume XXIX, Part 1, Korea, p.310. https://history.state.gov/historicaldocuments/frus1964-68v29p1/d144.

125 Foreign Relations of the United States(FRUS), 145. Telegram From the Embassy in Korea to the Department of State, 1964–1968, VOLUME XXIX, PART 1, KOREA, p.312. https://history.state.gov/historicaldocuments/frus1964-68v29p1/d145.

126 푸에블로 호 납치사건이 발생하자 미국은 사건 당일 일본에서 베트남으로 향하던 핵추진 항공모함 엔터프라이즈 호와 3척의 구축함 편대를 동해로 회항시키고 원산만에 대기시켰다. 다음날인 24일 오산과 군산 공군기지로 2개 비행대대를 급파하고 28일에는 항공모함 2대, 잠수함 6척 등 기동함대를 동해로 이동시켜 북한을 압박했다. 『세계일보』, "한반도 '新 냉전시대' 오나, 과거 北도발과 한·미 군사적 압박 사례는", 2010년 5월 26일.

127 이는 이듬해 북한 연해 90마일 해상에서 북한 전투기에 의해 격추된 EC-121 사건 때 닉슨의 미온적인 대응에서도 일관적으로 나타난다. 사건 당일은 김일성 주석의 생일이었다. 공교롭게도 닉슨은 68년 북한의 잇따른 도발에 관해 민주당 출신의 존슨의 소극적인 대처를 비판했던 공화당 인사였다.

128 Foreign Relations of the United States(FRUS), 144. Editorial Note, 1964–1968, Volume XXIX, Part 1, Korea, p.311.

129 Victor D. Cha., Hawk Engagement and Preventive Defense on the Korean Peninsula, *International Security* Vol. 27 No. 1 (MIT Press), 2002, p.51.

130 Tae Yang Kwak., The Nixon Doctrine and the Yusin Reforms: American Foreign Policy, the Vietnam War, and the Rise of Authoritarianism in Korea,

1968-1973, *Journal of American-East Asian Relations*, Volume 12, Issue 1, 2003, 39쪽.

131 DAVID C. KANG., International Relations Theory and the Second Korean War, *International Studies Quarterly* 47, 2003, 312쪽.

132 Mitchell Lerner., A Dangerous Miscalculation: New Evidence from Communist-Bloc Archives about North Korea and the Crises of 1968, *Journal of Cold War Studies* Vol. 6, No. 1, 2003, pp.6-7.

133 결과적으로, 미국 행정부가 1968년 1월의 두 사건에 관하여 숙고 끝에 군사적 보복을 거두었던 것은 푸에블로호 납치 사건 11개월 후 83명중 82명의 선원이 돌아오면서 성공적인 대응이었다고 평가할 수 있다. 이러한 흐름은 1969년 7월 25일 닉슨이 발표한 괌 독트린, 즉 아시아에서의 미군의 개입을 줄이겠다는 선언으로 이어졌다. Victor D. Cha, 2002, p.59.

134 Yoon Taeyoung., Between Peace and War: South Korea's Crisis Management Strategies Towards North Korea *EAST ASIAN REVIEW* Vol. 15, No. 3, 2003, p.14, 윤태영(2003)의 사례별 연구결과에 따르면 분단 이후 남한의 한반도 위기관리는 남북간, 한·미간 관계를 고려하여 협상에서 유리한 조건을 창출하려는 복잡한 네트워크적 특성을 지닌다. 전반적으로, 미국이 남한의 위기관리에서 중요한 역할을 했지만, 남한 역시 미국과의 동맹관계에서 제도적 불평등 또는 위기관리의 우선순위의 불균형에 관해 긴장이 초래될 때에도, 미국으로부터 지원을 얻고 동맹이 갖는 대북 억지력에 대한 신뢰를 확고히 하는 일관되고 합리적인 위기 관리 전략으로 평가되기도 한다. 앞의 글, pp.21-22.

135 한국외교문서, '회의합의각서,' '군원이관 재개문제에 관한 대미교섭방침(안)(1971년 2월 26일, 외무부),' "국군현대화계획, 1971(마이크로필름번호G-0020)", 외교통상부 외교사료과. Airgram-149(4/13/1971), Subject: Letters and Understanding Related to measures for Expediting the Modernization of the Republic of Korea Armed Forces, Box #1862, 1971.

136 조진구, 「한·미관계의 맥락에서 본 베트남전 철수」, 『군사지』 제60호, 국방부 군사편찬연구소, 2006, 214쪽.

137 1970년 4월 10일, 미 회계연도 기준임. 국가기록원, "한·미 제1군단 창설", 2014년 2월 20일. http://www.archives.go.kr/next/search/listSubjectDescription.do?id=008603.

138 데탕트는 다른 주일 주독 미군에 앞서 남한에서의 철수를 먼저 촉발했는데 이는 한반도가 미국에게 필요한 이익(essential interest)이지 사활적 이익(vital interest)에는 미치지 못함을 의미하기도 했다.

139 Don Oberdorfer, Robert Carlin, 2014. *THE TWO KOREAS*, 이종길, 양은미 역 「두개의 한국」, 길산, 2014, 58-60쪽.

140 Mitchell Lerner, 2003, P.5.

141 Don Oberdorfer, Robert Carlin, 2014, pp.127-129.

142 Don Oberdorfer, Robert Carlin, 2014, pp.135-136.

143 Yoon Taeyoung, 2003, pp.14-15.

144 Yoon, Taeyoung., Managing the Korean crisis: A case study of the

Panmunjom axe murder incident of 1976, *Korea observer* 31.4, 2000, pp.652-653.

145 Don Oberdorfer, Robert Carlin, 2014, p.130.

146 Mobley, Richard., "Revisiting the Korean Tree-Trimming Incident", *Joint Forces Quarterly*, Issue 35, October, 2004, p.113.

147 Don Oberdorfer, Robert Carlin, 2014, p.134.

148 폴 번연이란 이름은 당시 주한·미군 사령관은 문제의 미루나무 가지치기에서 모티브를 얻어 미국 전설에 등장하는 거구의 나무꾼 폴 번연에서 따온 것이었다. '데프콘2'(공격준비태세)가 발령됐고, 미 본토에선 핵무기 탑재가 가능한 F-111 전투기 20대가 한반도로 급파됐다. 또 괌 앤더슨 공군기지에서 B-52 폭격기 3대, 오키나와 가데나 기지에서 이륙한 F-4 24대도 한반도 상공을 선회했다. 『세계일보』, "한반도 '新 냉전시대' 오나, 과거 北도발과 한·미 군사적 압박사례는", 2010년 5월 26일.

149 Mobley, Richard, 2004, pp.114-115.

150 당시 사전경고 없이 한·미 호송차량 23대가 JSA로 진입했고 DMZ를 따라 B-52 폭격기와 F-111 전투기가 비행하며, 30명의 경비소대와 64명의 남한군 특수부대가 그들을 엄호하였다. 북한군의 무선통신 내용을 점검한 미국 정보분석가는 그들이 이 장면을 보며 매우 놀랐다고 말했다. 돈 오버도퍼는 이를 두고 북한이 비무장지대에서의 살해사건이 치명적인 실수였음을 자각하는 상징적 장면으로 묘사했다. Don Oberdorfer, Robert Carlin, 2014, p.137.

151 Don Oberdorfer, Robert Carlin, 2014, p.139.

152 Yoon, Taeyoung, 2000, p.655.

153 돈 오버도퍼는 미국 측에서 당초 친서를 거부했으나 한국 정서상 유감은 사실상 사과라는 하비브를 비롯한 한국전문가들의 조언을 감안하여 입장을 바꾸었다고 한다. Don Oberdorfer, Robert Carlin, 2014, p.138, 그러나 미국의회조사국(CRS, Congressional Research Service) 보고서는 친서 내용 상 북한이 책임을 인정하지 않았다는 점을 명확히 하고 있다. Dick K. Nanto, 2003, p.7.

154 Don Oberdorfer, Robert Carlin, 2014, p.139.

155 Don Oberdorfer, Robert Carlin, 2014, pp.226-227.

156 생존 공작원인 강민철(본명 강영철) 인민군 대위는 조사과정에서 범행을 자백하고 무기징역을 선고받다 2008년 사망했다. 그를 보낸 조선민주주의인민공화국은 정면으로 사실을 부인했다.

157 당시 패러글라이더를 이용해 특수부대 30명을 평양에 투입, 4시간 안에 주석궁을 폭파하고 김일성을 사살하는 이른바 '벌초계획'이 '12·12 사태'를 일으켰던 육사 12기 출신 군지휘관들의 주도로 추진됐으나 미국의 만류를 받은 전두환 당시 대통령이 부정적 입장을 표명, 폐기된 것으로 알려졌다. 헤럴드경제, "北의 과거도발에 응징은 한번도 없었다", 2010년 4월 16일.

158 Don Oberdorfer, Robert Carlin, 2014, pp.229-230.

159 뉴데일리, "30년 전 한글날 일어났던 북한 테러", 2013년 10월 8일.

160 미얀마는 이 사건으로 약 24년간 북한과의 국교를 단절하다 2007년 4월에서야 재개하였다.

161 글라이스틴의 후임자인 워커는 직업 외교관이 아니라 사우스캐롤라이나주 출신의

아시아 전공 학자였다. 워커 대사 재임기간인 1983년 미얀마 양곤을 방문 중이던 전두환 대통령을 겨냥한 북한 정권의 아웅산 테러가 발생했다. 워커는 전 대통령이 아시아 순방을 중단하고 서울로 돌아오자마자 그를 만났다. 당시 전 대통령이 아웅산 테러에 대한 보복으로 북한을 폭격한다는 소문이 돌고 있었다고 오버도퍼 교수는 말했다. 『서울신문』, "'아웅산 보복 北폭격' 소문…워커가 저지했다", 2005년 8월 26일.

162 Don Oberdorfer, Robert Carlin, 2014, p.230.

163 Don Oberdorfer, Robert Carlin, 2014, p.230.

164 프레시안, "'잃어버린 5년' 동안 김대중과 임동원이 한 일", 2014년 10월 31일.

165 그는 2005년 11월 7일 존스홉킨스 국제대학원 강연에서 "김 전 대통령이 잠수함 침투 사건 뒤 북한 내 타격 목표물을 선정했으나 미국과 사전 협의를 하지 않으려고 했다"고 주장했다. 그리고 "국무. 국방장관과 미 중앙정보국(CIA)국장이 각자 남한측 상대방을 설득했으나 남한측은 듣지 않았다"고 회고했다. YS의 통역이었던 박진 한나라당 의원은 "국방부가 당시 북한의 특정지역에 대한 응징보복 등 다양한 대응 방안을 검토했던 것으로 안다"고 말했다. 남한은 그해 10월 워싱턴에서 열린 한·미 안보협의회의(SCM)에서 보복 공격을 주장했으나 미국은 반대했다고 한다. 『중앙일보』, "YS, 북한 공격 계획 수립", 2005년 11월 9일.

166 『한겨레』, "국방위 무장간첩 초기 늑장대응 따져", 1996년 10월 1일.

167 프레시안, "'잃어버린 5년' 동안 김대중과 임동원이 한 일", 2014년 10월 31일.

168 경향신문, "북한 잠수함 침투사건 일지", 1996년 12월 29일

169 당시 국무부 남한 통역관에 의하면, 양국 정상은 11월 마닐라 아태경제협력체(APEC) 정상회의 때 외무, 국무장관만 배석시킨 채 담판을 벌였고 빌 클린턴 대통령은 한·미동맹의 성격까지 거론하며 김영삼 대통령을 압박한 것으로 알려졌다. 중앙일보, "YS, 북한 공격 계획 수립", 2005년 11월 9일.

170 동아일보, "잠수함 사건, 일단 잠수", 1996년 11월 25일.

171 한겨레, "잠수함 침투 '사과' 북, 공식성명 발표", 1996년 12월 30일.

172 박계호, 「한반도 위기발생시 미국의 개입 결정요인」, 『국방연구』 제56권 제1호, 국방대학교 안보문제연구소, 2013, p.71

173 본 사건으로 인해 양국 간 지속적이고 심각한 무력 투쟁이 발생하지는 않았지만, (예를 들면 2009년 10월 11일 NLL 상에서) 양측이 기관포 발사를 교환하는 등의 사례는 남아 있다. COW, Located in Data Sets - Militarized Interstate Dispute Locations (v1.1). http://cow.dss.ucdavis.edu/data-sets/MIDLOC; Dispute Narratives, 2002-2010 Correlates of War Project MIDv4.0 Project.

174 우승지, 2008, p.1143.

175 『연합뉴스』, "한일 정상 서해교전 공동대처", 2002년 7월 1일.

176 박계호, 2013, P.72.

177 『조선일보』, "서해도발 그 이후 헷갈리는 햇볕정책", 2002년 7월 18일.

178 The Japan Times, Japan, U.S. to monitor North Korea, 2002년 7월 10일. http://www.japantimes.co.jp/news/2002/07/10/national/japan-u-s-to-monitor-north-korea/#.WPWqQiaweUk,

179 『연합뉴스』, "北, 교전 '유감', 장관급회담 제의", 2002년 7월 25일.

180 『국민일보』, "'서해교전' 유감표명 왜 했나 '지원' 아쉬운 北 자세낮추기", 2002년 7월 25일.
181 프레시안, "북한, "서해교전 유감, 장관급회담 갖자"-정부, "명백한 사과 표명, 곧 대화하겠다" 반응" 7월 25일.
182 『세계일보』, "북, 꽃게철 이용 의도적 군사충돌 유도할 가능성", 2016년 6월 14일.
183 한편, 자율성·안보 거래 형태의 비대칭 동맹은 상대적으로 약소국의 국력이 증대 되면 자국의 이익을 위해 동맹 관계를 종료 혹은 수정하기를 기대하게 된다. 현대 의 한·미동맹은 동맹 이론상 과도기적 지점으로 비대칭적 동맹이면서 균형동맹의 성격도 띠고 있다. 따라서 미국주도의 동맹진영에 한국이 부수적으로 참여한다는 피해의식은 지양하고 현재의 한반도 안보환경 하의 한·미동맹의 수요를 명확히 인 지하면서 동맹의 비대칭적 문제들을 대칭적, 실익적 관점에서 점검해 나감이 바람 직하다. 또한 한미동맹이 한반도 분단의 유지가 아닌 남북관계의 개선을 지지하고 북한의 비핵화 이후를 준비하는 즉, 동아시아 역내 지역안정에 기여하는 형태로의 전환이 필요하다.
184 즉, 균형 요소가 강조되는 미·중 강대국 동맹정치에서 북·중 동맹과는 달리 한·미 동맹은 미국의 대중 균형정책의 일환으로 활용될 여지가 상대적으로 높다. 이는 한·미동맹의 주둔형 동맹 유형 및 미군의 전략적 유연성 그리고 상호 밀접한 무역 관계로부터 기인하는 것이기도 하다. 이수형, 2012, 158쪽, 167-168쪽.

# 제2부

# 북한을 바라보다
## : 北에 묻고 조선이 답하다

# 1장
## 무너지지 않는 북한, 무너질 수 없는 북한

### 연성시스템과 극장국가 프레임

1994년 김일성의 사망에 이어 수많은 아사자를 초래했다고 알려진 이른바 고난의 행군 시기를 전후로 북한 붕괴론은 학계와 언론을 통해 본격적으로 고개를 내밀기 시작했다. 우리의 인식 속에 잠재되어 있는 통일방정식에 북한은 동일한 지분을 가진 통일의 대상이기보다 흡수의 대상, 통일 이후 한반도 번영에 기여하게 될 영토, 자원적 편익의 개념으로 자리잡고 있는 것이 사실이다. 물론 흡수통일이라 함은 무력통일이 아닌 평화적인 방식의 흡수통일이다. 이러한 시나리오는 남북한 간의 평화를 의미하지 북한 내부의 정치적 격변 없는 평화까지 소망하진 않는다. 결과적으로 우리가 말하는 평화통일은 우리 스스로의 변화보다는 북한체제의 종식 또는 전환을 잠정적으로 내포하고 있는 것이며, '극단적으로 북한 내의 급변 상황이 일어난다고 한들, 그리 놀라울 일은 아니다'라는 상황인식도 자리잡고 있다.

우리는 김일성에서 김정일로, 김정일에서 김정은으로 두 차례의 세습을 통한 북한의 정권 승계과정을 목도했다. 최근에는 공식 석상에 김정은의 딸, 김주애가 등장하면서 후계구도와 관련하여 그 의도에 이목이 쏠리고 있다. 본 칼럼은 북한 붕괴를 기대하는 이들의 '솔직한 의도'에 반하는 저들이 무너지지 않는 나름의 합리적 정황들에 관한 이야기이다.

북한은 왜 붕괴되지 않는가? 1990년대 중반 북한의 '고난의 행군'시기부터 우리 매스컴에서 제기되어온 '저 가난하고 인민대중에 대한 탄압을 지속하는 체제가 어떻게 70년이 넘게 유지될 수 있는가'라는 질문은 '어떠한 조건에서 국가는 무너지는가'라는 관점에서 접근할 수 있다. 국가 차원의 '무너짐'은 다양한 관점의 해석을 필요로 한다. 평화적 또는 투쟁적 정권교체로 인한 김씨 일가 세습체제의 종결만을 뜻하는 것인지, 기득권 엘리트집단의 교체를 의미하는 것인지, 사회주의 체제전환이라는 근본적인 구조의 변화를 말하는 것인지 등, 붕괴라는 것이 갖는 성질의 복잡다단함을 간과해서는 생산적인 논의를 끌어내기가 어렵다. 여기서는 '북한 지배집단의 교체'라는 조작적 정의로 논의를 전개해 가고자한다.

우리는 흔히 외부적 충격이나 내부적 변수로 인한 북한의 붕괴를 거론해왔다. 그러나 현실적으로 미국의 이라크 침공과 같이 북한을 외부의 무력 침공에 의해 무너뜨릴 수 있는가를 살펴보면, 중국과 러시아의 동북아 정세 안정에 관한 의지가 확고하므로 현실가능성이 낮다. 이미 여러번 시도되었던 경제적 제재로 인한 봉쇄정책으로 무너뜨릴 수 있는가 역시 중국의 공식, 비공식적인 대북 경제지원으로 인해 비현실적 가정이 된다. 외부로부터 새로운 문화사상이 들어갈 수 있느냐의 관점에서는, 비공식적인 루트로 문화사상의 침투가 이루어지고 있으나 이 역시 제한적이며 북한의 붕괴를 거론할 수준으로 올라온 의제는 아니다. 결과적으로 외부요인으로 북한 붕괴의 가능성을 설명하기는 어려움이 따른다.

　다른 한편으로, 국가나 체제가 내부요인으로 붕괴되는 경우에 필요한 변수는 무엇이 있을까? 흔히 군부 쿠데타, 민중봉기의 가능성 혹은 평화적 정권교체의 가능성에 대한 질문들을 떠올리게 될 것이다. 내부적으로 쿠데타가 일어날 가능성이 제로라고 할 수는 없다. 김정일 시대 선군정치의 위상이 김정은 시대에 와서 경제관료들의 중용과 부침많은 정치엘리트들의 이동으로 인해 흔들리며 내재적인 불만들이 쌓여가고 있을 수 있다. 김정은이 정권 10년차에 이르기까지 행해진 공포를 앞세운 숙청 방식에 대한 평가도 당초 체제불안요인으로 지적되었던 것이 사실이다. 현재는 초기의 체제 불안요소를 제거하는 데 일련의 효과를 보았다는 것이 조심스런 평가이기도 하다. 다만 이러한 체제안정을 위한 지도방식이 선대의 경우와 대비해서 어떠한 특징을 갖는지 살펴볼 필요는 있다.

　김정은 체제의 숙청이 선대들의 방식과 맥락적으로 연결되고 있는가의 문제도 중요한 대목이다. 북한 정권수립 초기 김일성을 중심으로 한 만주파는 강력한 결속력을 가지고 있었다. 1950년대 권력 투쟁은 각 파벌 숙청 대상자들의 책임소재 문제도 있으나, 전체적으로 김일성 권력수립의 과정으로 바라보아야 한다. 이 과정은 권력 없는 빈농, 고농들, 즉 밑바닥에서부터의 성장 세력이 당의 중심으로 설 수 있는 길을 터주는 계기로 작용했다. 김정일 시기의 숙청은 그네들 나름의 합리적인 이유가 존재했다. 김일성종합대학 출신을 비롯한 젊은 엘리트 계층에서 추동하는 사상, 기술, 문화의 3대혁명소조 운동과 이 운동이 전국적으로 확산되는 과정에서 이루어진 숙청은 이른바 김정일 세대의 등장을 대내외적으로 공표하는 상징적인 작업이었다. 김일성에서 김정일로의 단순히 부자 세습의 문제가 아니라, 김정일로 대표되는 새로운 혁명세대, 그들이 새롭게 권력을 창출하는 과정과 연관된다. 물론 김일성을 옹위했던 항일혁명투쟁세대들은 김정은 체제에 이르기까지 여전히 권력의 핵심으로 있는 것이고, 비유컨대 신라의 골품제도인 성골, 진골을 뒷받침해주는 이른바 육두품 엘리트들이 바뀐다는 것이다.

그렇다면 김정은은 어떤 의미의 세대인가를 파악하는 것이 중요하다. 그것이 김정은의 숙청과 체제 안정성 혹은 불안정성을 해석하는 주요 단초가 될 것이다. 김정은을 옹위하는 것은 여전히 빨치산 그룹들이다. 김정일처럼 3대 혁명소조나, 혁명가극과 같은 문화산업을 통해 성장한 세력이 강한 힘을 가지고 있는 형국도 아니다. 새로운 세대교체 새로운 사회의 창출이라기보다는 기존에 유지되는 시스템 속에서 자신에게 충성을 바치기 위한 상호경쟁을 촉진하는 정도의 의미로 파악된다. 그것이 새로운 사회를 만들어나갈 수 있는 자원이 될 수 있느냐는 의심스럽고 노정된 한계가 따른다. 충성경쟁이 일시적으로 효과가 있어도 장기화되면 피로도가 누적된다. 결국은 충성은 안하고 눈치만 보게 되거나 이른바 '예스맨'만 양산하게 되어 체제, 경제의 비효율성을 가속화시킨다. 잦은 숙청을 통한 통치방식 자체는 지속가능한 체제존속과는 거리가 있다.

숙청의 후과(後果)로서 군부 쿠데타가 발생한다고 한들, 이것이 곧 새로운 체제의 등장을 의미하지도 않을 것이다. 집단지도체제의 권력으로 재편된 북한이라면 굉장히 논리 정연한 방식으로 일부 수정노선이 제시될 것이고 인민대중은 또한 그러한 지도방식에 편승할 가능성도 없지 않다. 민중봉기는 시스템적으로도 의식적으로도 실현되기 어려운 이상적인 이야기이다.

북한은 체제·이념적으로 강고하고, 저들의 입장에서 개별 정도의 차이는 있겠으나 사회 전반적으로 수십 년간 수령의 '은혜'가 넘치는 시스템에서 공생한 민중이 목숨을 걸고 봉기할 이유는 없다(고난의 행군 시기 청년기를 보낸 혁명4세대보다 20, 30년 젊은 1990년과 2000년대 중반 사이 태어난 이른바 '사이세대'가 어떤 의식체계를 구축하고 있느냐가 관건이지만, 아직 뚜렷한 이상징후는 발견되지 않고 있다). 경제적 변수만으로 대규모 민중봉기가 일어날 수 없다는 것은 가진 자, 없는 자 모두가 굶어 객사하는 경우에 이를지라도 북한의 통치시스템은 작동된다 라는 고난의 행군의 경험으로 확인된 바 있다.

앞에서 살펴본 몇 가지 정황을 살펴보면서 우리는 다시 이 질문을 상기해보아야 한다. 북한은 왜 유지될 수 밖에 없는가? 단순히 설명하면 붕괴되지 않을 만큼의 강고한 체제를 가지고 있다는 것이다. 강고하다는 것은 강한 힘을 갖고 있으면서도 그것이 부러지지 않을 유연성을 함께 갖고 있을 때 강고하다고 얘기할 수 있다. 국가폭력의 일상화로 설명되는 인민대중들에게는 가혹한 강성체제이지만, 또 하나는 이것을 보완하고 있는 연성 체제 유지 시스템이 발달해 있고 탁월하게 작동되고 있다는 것이다. 북한체제의 유지에서는 이미 궤도에 오른 연성시스템이 상당히 중요할 것이다. 이러한 연성시스템의 유지 동인(動因)은 가부장적 혹은 권위주의적인 문화, 적대적 위기의식의 끊임없는 재생산과 맞물려 하나로 뭉치는 민족주의적 성향, 경제적으로 어려웠던 고난의 행군을 넘어가며, 김정은 체제 들어 점진적 경제적 성취가 이뤄지는 부분에 기인하는 미래에 대한 기대 등으로 설명될 수 있다. 마지막으로 아무리 불만이 나와도 북한사람들은 민족의 통일을 기대한다. '지금 어려워도 언젠가 통일된 조국이 우리를 구원해줄 것이다'라는 기대이며 그 과정에 '미 제국주의가 타파되면 우리민족은 잘 살 수 있다'라는 신념이 내재화되어 있다고 볼 수 있다. 즉 민중의 신념과 기대심리가 연성시스템의 골자를 이룬다. 그런 나라가 무너질 것이라 주장하는 것에 의문을 달 수 있어야 한다. 역으로 북한은 왜 무너져야 하는가? 라는 역발상이다. 현실적으로 북한은 무너질 지점이 잘 보이지 않는다.

이를 면밀히 고찰하기 위해서는 강성시스템과 연성시스템이 어떻게 상호

작용하는지를 분석하는 것이 남겨진 숙제라고 할 수 있다. 이는 정병호, 권헌익 교수가 클리퍼드 기어츠의 극장국가 이론을 북한에 적용하여 제시한 결과로 설명될 수 있다.[1] 북한 당국 차원의 주요 공연 목록에 오르내리는 혁명가극 '피바다', '꽃파는 처녀' 그리고 이 작품들의 종합판이라 불리는 '아리랑 대축전'의 과시적 스펙터클이 극장국가의 뛰어난 통치 기제로 작동한다는 것이다.

이처럼 집단의 통치방식에 강제적 혹은 자발적으로 조응하는 인민대중의 특성이 바로 연성시스템의 핵심이라 할 수 있다. 이우영 교수는 예술과 문학은 중요한 정치적 행위이며 김정일은 사회주의체제의 정치지도자로서 공적 임무를 수행했다고 해석한 바 있다. 통치 역사가 짧은 김정은은 차치하고, 김일성, 김정일 시대에 꿈꾸었던 북한의 비전이 비단 이 두 지도자의 일방적 전유물로 그쳤다는 견해에 관해서는, '카리스마 권력'의 예술과 상징을 통한 정치적 기술이 인민대중에게 효과적으로 침투했다는 점에서 반드시 그렇지 않다는 반박이 가능하다. 김일성이 없는 북한에서도 지속적으로 '주체사상'은 작동한 것이다. 그들이 갈망한 '강성대국'에 관한 그리움은 체제 유지의 원동력이 되기도 한다. 북한사회의 '주체'에서 목도하듯, 사람이라는 객체는 본디 상징에 취약한 존재일 것이다. 기어츠가 이야기한 극장 국가 개념은 비록 북한이라는 체제에 완벽하게 맞아떨어지지 않는 비유였다 할지라도 연성시스템을 설명하기에 매우 흥미로운 접근방식이다.

이러한 북한사회의 연성시스템 구축은 나름의 사연이 있다. 김일성 사후 '대국장'의 정점을 고난의 행군으로 오르며 김정일은 충효일심에의 방식을 인민대중에게 명하였다. 이미 1985년 혁명열사릉 개건공사에서 김정숙이 1세대 혁명유산의 중심으로 서게 되었던 것은 김정일의 기획이었다. 이 지극한 효심으로 대변되는 묘지개축 행위는 충효일심(忠孝一心)의 대중동원 방식을 탁월하게 이끄는 자양분이 되었는데, 사실상 1949년 작고한 어머니 김정숙이 아들 김정일 체제의 지탱을 위해 감당해야 했던 빨치산 혁명투사로서의 마지막 정치적 행보였는지도 모른다. 이에 따라 극장국가의 구성원들은 정권이 기획한 과시의 정치를 전근대적이거나 봉건적 현상이 아니라 현대적인 정치적 수행으로 체화하여야만 했다.

인민은 정권이 직면한 카리스마 세습의 딜레마를 극복해 왔을 뿐 아니라 당과의 연결 고리인 영광의 '인전대' 역할을 충성스럽게 자처했다. 그 결과는 고난의 행군 시기, 배급제가 붕괴하는 과정에서도 충효에 정성을 다하는 가족구성원을 향해 근엄한 표정의 가장이 자행하는 착취라는 뼈아픈 모순으로 귀결되었다. 이는 북한 고유의 연성시스템의 작동이 초래한 비극임에 분명했다. 세계에서 손에 꼽힐 정도의 빈곤국가이자 인권 취약국가로 평가받는 북한이 세계속의 조선이 아닌 조선 속의 세계를 주창할 수 있는 공간이 혁명렬사릉과 국제친선전람관 그리고 5.1 능라도 경기장 뒤에 수놓아지는 아리랑 집단체조의 향연 외에 또 어디에 있을까?

만주에 기원하는 극장국가의 세 번째 디렉터인 김정은 역시 정치권력에 장애가 되는 요소들에 대해 어떻게 대처해야 하는지를 본능적으로 아는 듯하다. 북한사를 보면, 하부 토대가 없던 시절에도 인민들은 상부의 실정(失政)에 섣불리 균열을 내려하지 않았다. 오히려 탁월한 연출가의 의도에 버금가는 상향식(bottom-up)식 충성도를 유지하였다. 그것은 실로 위대한 것일 수 있으나, 그 초연함은 자기 모순 앞에는 한없이 처연해지기 쉬운 것이었다. 결과적으로, 맑스가 주장한 사적 유물론에 등장하는 하부구조와 상부구조의 조응의 측면에서, 한없이 자애롭고 때로는 근엄하기 그지없는 상부구조 아래에는 인민대중들의 피와 땀으로 얼룩진 피폐하기 짝이 없는 처절한 하부구조로 점철되는 반세기를 맞이하고 있는 것이다.

마지막으로 북한이 붕괴하지 않는 이유로 인민대중에게는 조직적 저항의 역사가 부재함을 꼽을 수 있다. 그 경제적 착취의 대상군 조차 계층간 세대간 복합구조로 얽혀 있어 명확치가 않다. 부계 지도체제는 영도자의 역할을 하지만 그에 대한 집단적 원망의 표출은 가능하지 않기에 북한사회 내에서 다음단계를 향한 저항은 원천적으로 싹트기 어렵다. 비난의 화살은 당일꾼, 내각 구성원 등 '령도'에 부응하지 못한 관리들에게 돌려도 된다. 다만 이를 넘어서는 대안시스템을 구축할 세력도 이를 지원할 외부세력이 전무하다는 것이 난제이다.

베버는 카리스마의 궁극적인 몰락이 자연스런 역사적 과정의 일부라는 자연소멸의 논리를 주장한 바 있다. 그러나 북한은 이러한 자연소멸의 힘에 '주체'의 이름으로 정면 저항하고 있다. 나의 가족과 벗과 이웃이 쓰러져갔을 지언정, 수령과 국가를 부정하지 않았다. 남한으로 온 북한이탈주민의 일부가 여전히 북한사회에 대한 향수와 자부심을 지니고 산다는 점도 이를 뒷받침하는 대목이다. 이는 곧 극장국가의 핵심 상징인 '총대철학'의 끈질긴 작동이며, '아직 극장 공연이 끝나지 않았다'라는 인민의 호소력 짙은 절규이다.

북한에서 이제껏 '주체'가 작동해왔던 것과 김정은 시대에도 흔들림없이 작동할 것이라는 관측에 대해 '왜'라는 수많은 질문이 붙고 있다. 북한정권이 '언제까지 가능할 것인가'라는 세간의 질문을 지도부 스스로가 상쇄시키려면, 소위 '항일 빨치산(유격대)'(혁명 1세대) 세력 스스로가 대중적 기반으로 돌아가는 작업이 선행되어야 한다. 그러나 이는 빨치산 유산에 기원을 둔 북한 체제의 혁명적 역사관 전체를 손대지 않고서는 실행되기 어려운 작업일 것이다.

김정은은 2012년 4월에 노동당 제1비서와 국방위원회 제1위원장으로 공식 추대된 이후 이후 엘리트계층의 과감한 숙청을 단행하며 권력 기반을 공고히 다져가는 가운데, 김정은이 극장 국가로 토대를 구축한 북한 고유의 연성시스템을 어떻게 원용(援用)해 나갈 것인지가 '북한은 왜 무너지지 않는가?'라는 물음에 일련을 답을 제공해줄 수 있을 것이다.

# 2장
## 시장화라는 페달, 탈북민 100인에게 길을 묻다[2]

　북한 당국은 세계보건기구(WHO)가 사상 세번째 팬데믹(pandemic)을 선언(2020.3.11)하기 두 달여 전(2020.1.22), COVID-19의 유입을 차단하기 위해 신속한 국경 봉쇄 조치를 단행하였다. 이로 인하여 야기된 북한 내수 시장의 침체는 경제 전반에 부정적인 영향을 미치게 될 것이 자명하다. 특히 국제사회의 대북제재로 인해 대중(對中) 의존도가 증대되고 있는 현실에서 국경 봉쇄 조치의 장기화에 따른 북한 당국의 고민도 깊어지고 있다. 실물경제 차원에서 보면, 화폐발행 및 물자 공급량 부족에 기인한 물가상승을 억제하기 위해 돈주(장마당을 중심으로 성장한 신흥자본세력)를 비롯한 시장친화적인 북한주민들의 경제 생태계에 적극적으로 개입해야 하나, 생존권 훼손에 따른 시장 참여 행위자들의 반발 또한 고려하지 않을 수 없다. 이에 과거 북한 당국의 적극적인 경제 개입 사례는 팬데믹 하에서 시장화 현상을 둘러싼 당국의 통제와 시장을 터전으로 하는 경제주체들의 생존 양태를 살피는

데에도 유의미한 시사점을 제공하리라 사료된다.

　지난 시기를 돌이켜보면 북한 주민들은 1990년대 '고난의 행군' 시기의 경험을 통해 자신의 삶을 정부 당국의 계획경제 메커니즘(mechanism)에 의존할 수 없음을 확인한 바 있다. 이에 따라 지속가능한 삶에 대한 의지를 장마당이라는 공간을 통해 표출하였고 이는 4대 시장의 형성과 발전, 즉 '시장화' 현상을 촉진하였다. 이러한 현상은 2000년대로 들어서면서 본격화되었다. 계획경제의 물적·기능적 토대의 와해로 인한 국가의 시장 의존도 상승은 체제 안정을 도모해야 하는 북한 당국으로부터 일관성 없는 시장통제정책을 야기하였다. 이러한 북한 당국의 태도는 '계획부문의 시장의존도 심화현상'에 기인한다. 만성적 공급물자 부족으로 인한 배급중단이 주민생활의 공간적 터전을 계획부문의 밖으로 내몰았고, 계획부문이 이를 착취하는 방식으로 공존해 온 것과 무관하지 않다.

　북한 당국과 시장과의 관계는 향후 북한의 개혁개방 정책의 향방을 가늠할 수 있는 주요 변수이다. 2002년 〈7.1 경제관리 개선조치〉에 이어 등장한 2003년 종합시장은 시장을 공식부문으로 들여오려는 당국의 의지로 비추어졌다. 그러나 불과 4년만인 2007년을 기점으로 대대적인 단속을 단행함으로써 시장화를 억제하고 계획경제를 강화하는 모습을 보인 바 있다.[3] 이어 2009년 11월 전격적으로 단행된 제5차 화폐개혁은 시장 억제정책의 정점이었다. 신권과 구권 화폐의 1대 100 비율의 교환 외에도 외화사용 금지, 종합시장의 폐지 등의 조치가 잇따랐다.

　문제는 시장 억제를 위하여 취한 조치가 주민들의 거센 반발로 인해 철회되면서 주민들에게 시장의 필요성을 더욱 절실하게 인식시키는 기회를 제공하게 되었다는 점이다. 이로 인해 2010년 5월 이후 시장은 다시 합법적인 존재로서의 지위를 회복했고 이러한 정책기조는 현재까지 지속되는 것으로 보인다. 이에 본 장에서는 화폐개혁 이후 2013년말까지 약 4년 간 진행된 시장화 양상, 즉 사실상의 화폐몰수 조치에도 불구하고 당시 시장참여자들이 어떤 방식으로 다시 시장 활동을 전개하게 되었는지를 살펴보고자 한다. 아울러 이를 통하여 시장화 현상이 사회주의 계획경제의 지형변화에 미치는 힘을 보다 체계적으로 조명하고자 한다.

## 탈북자 인터뷰를 통한 시장화 연구

북한경제의 정량적 연구에서 자주 등장했던 것이 탈북자 설문과 인터뷰를 통한 조사 방법이다. 현장조사의 대안적 연구방법으로서, 조사대상의 지역적 편중이라는 근본적 한계에도 불구하고 의미 있는 시도들이 이어져 왔다. 정량적 접근방법[4]은 2000년대 중반 이후 탈북자들의 본격적인 입국 증가 현상[5]에 기인한 면이 적지 않다. 2002년 7.1조치와 2003년 종합시장의 등장으로 1990년대에 비해 상대적으로 적극적인 시장화 연구가 진행되었다. 그리고 약 20년에 달하는 북한의 시장화 현상을 시계열적 연구로 접근하려는 시도도 이어지고 있다.

특히 박석삼[6]의 연구는 84명의 탈북자 자료를 이용하여 북한의 소비재 유통 부문을 분석한 초기 연구 중 하나이다. 이영훈[7]은 335명의 탈북자를 조사하여 7.1조치 전후의 경제상황 변화와 시장 활동 간의 관계를 조명한 바 있다. 김병연·송동호[8]과 김병연[9]은 약 700명의 탈북자를 대상으로 북한경제의 비공식화 가설을 검증하는 데 초점을 두고 있다. 북한의 시장화 수준에 초점을 맞춘 연구도 등장했다. 양문수[10]는 7.1조치 이후 북한을 이탈한 주민 121명과 165명을 대상으로 2003~2004년 시점의 북한의 시장화 수준에 대한 평가를 시도하였다. 그리고 김병연·양문수[11]에서 2007년부터 화폐개혁 직전까지 206명의 탈북자를 대상으로 시장화 억제정책에 따른 시장화 현상과 정부의 시장 관리가능성을 살펴본 바 있다.

본 장은 양문수(2010)가 진행했던 북한경제의 시장화 수준 연구, 그리고 김병연·양문수(2012)에서 시도했던 북한의 정부 정책에 따른 시장화 현상 연구의 내용들을 인용 및 수정·보완하여 화폐개혁 이후의 상황에 맞게 적용해 보는 후속 연구의 성격을 갖는다.[12] 2010년부터 2013년까지 북한 당국과 시장화 현상 간의 관계를 총체적으로 조망하고 화폐개혁 이후의 정책에 따라 혹은 정책과 별도로 진전되어 가는 북한의 시장화 양상을 조명하고자 한다.

### 조사 대상과 범위

본 장에서는 2000년대 이후의 시장화 정책을 시기별로 〈표 2〉와 같이 구분하고자 한다. 2000년대에 들어 북한의 시장화 전개 양상은 당국의 정책 변화와 함께 구분할 수 있다. 북한 당국은 일련의 제도적 준비기간을 통해 2002년 7·1조치를 등장시켰으며, 이는 아래로부터 진행되던 시장화가 제한적인 합법성을 획득한 조치였고 이는 위로부터의 시장화도 수반되는 결과[13]를 초래했다. 2003년 종합시장 신설과 함께 4대 시장이 보다 뚜렷한 양상으로 발전되었고 자금력을 갖춘 '돈주'들과 중간상인 계층의 출현, 달러화(Dollarization) 현상의 가속화, 노동시장의 임노동 관계 등 복합적인 요인들이 상호 이해관계를 중심으로 나타나게 되었다. 이러한 경향이 지속된 2006년까지를 시장화 촉진기로 본다.

〈표 2〉 2000년대 북한 당국의 시장화 정책 시기 구분

| 시간<br>구분 | '00~'01 | '02 | '03 | '04 | '05 | '06 | '07 | '08 | '09 | '10~현재 |
|---|---|---|---|---|---|---|---|---|---|---|
| 시기별<br>조치 | 개혁<br>조치의<br>제도적<br>준비 | 7.1<br>조치[14] | 종합<br>시장<br>등장 | 법개정 등<br>후속조치 | | | 시장단속<br>통제 본격화<br>당간부,<br>신흥 부유층<br>검열 강화 | | 제5차 화폐<br>개혁 농민<br>시장복귀<br>외화거래<br>금지 | 종합시장<br>유지 및<br>외화사용<br>묵인 |
| 전개<br>과정 | 준비기 | 시장화 촉진기 | | | | | 시장화 억제기 | | | 시장화<br>방임기 |

　2007년부터는 북한 당국에 대한 대응으로 본격적인 시장단속이 시작되어 2009년 제5차 화폐개혁 조치 및 종합시장의 폐지와 농민시장으로의 전환 시도, 그리고 외화거래 금지 등의 억제 패키지 전략을 사용하게 되었다. 이 시기를 시장화 억제기로 설정한다.[15] 이러한 일련의 통제 조치들이 국내외 언론에 보도된 바와 같이 주민들의 강한 반발 등을 통해 방임의 형태로 허용, 해제되는 2010년 5월부터 현재까지를 시장화 방임기로 구분하였다. '방임기'라는 시기 구분은 북한 당국이 의도했는지, 불가피한 선택이었는지를 두고 이견이 있을 수 있으나, 현재까지 뚜렷한 시장화 억제 또는 개혁 조치가 없으므로 편의상 통칭하여 사용하기로 한다.

　화폐개혁 이후의 시장화를 설명하기 위해 거시적 관점에서 '조정' 메커니즘(mechanism)의 틀을 차용하기로 한다.[16] 북한경제에서 조정 메커니즘의 변화는 줄곧 계획을 주도하던 관료적 조정의 비중이 줄어들고 시장 조정의 비중이 확대되는 것을 의미한다. 본 장의 초점 역시 2009년 단행된 제5차 화폐개혁 이후 조정 메커니즘 내 시장 조정 비중이 어떻게 변화하였는지를 살펴보는 것이다. 물론 시장화 수준을 비롯한 양적인 결과를 놓고 이러한 논의를 이어가는 데에 많은 무리가 따를 수 있다. 이를 보완하기 위해 함께 살펴보아야 하는 것이 행위자들의 인식 변화이다. 북한 당국의 의도와는 달리

제5차 화폐개혁이 시장 참여자들의 시장 친화적 인식[17]을 수반하였는지의 여부는 시장 조정 메커니즘을 분석하는 데 매우 중요한 단초가 될 수 있다.

## 제5차 화폐개혁의 목적

2009년 11월 30일 북한은 화폐개혁을 전격 단행했다. 이것은 북한의 다섯 번째 화폐개혁이며 1992년 7월 단행된 화폐개혁 이후 17년 만에 이루어진 것이다. 내용을 보면, 신구 화폐의 교환비율을 100대 1로 설정하여 구권 1천원을 신권 10원으로 교환해 주는 방식이었다.[18] 그나마 30만원으로 제한된 가구당 교환한도 내에서의 비율이 100대 1이고, 저축을 조건[19]으로 하는 추가 교환비율은 무려 1,000대 1에 달했다. 등가 형식의 화폐교환이 아닌 100대 1이라는 교환비율, 그리고 예고 없이 전격적으로 단행된 것만 보아도 단순히 화폐개혁 차원을 넘어서는 그 이상의 정책적 목적을 내포했다고 볼 수 있다.

> 화폐개혁을 하자마자 2경제 산하 노동자들에게 돈을 먼저 풀어줬고 그 사람들은 시장에서 쌀을 몇 백 kg을 사고 그랬다. 나는 화폐개혁 하는 줄 전날까지도 몰랐다. 비밀이 셀까봐 은행장들 불러서 회의를 하고 구속을 시켰다고 한다. 군당 책임비서도 모를 정도였다. 아침 10시 군당회의에서 공표했다. 나도 군당에 있던 사람에게 전화 와서 (구권 화폐를) 없애라고 했다. 내화로 갖고 있으면 농산물로 사놓으라고 했다. 돈 없는 사람들은 신권을 그렇게 기대 안했다. 간혹 민감하게 반응할 수 있는 것이 조치 2일전부터 묵은 돈 '카바돈'이 돌아다닌다. 화폐교환 할 것 같다 그래서 (눈치)빠른 사람들은 구권을 시장에 뿌렸다. 북한은 화폐개혁 할 때마다 은행에서 미리 돈을 뿌린다(탈북자 B씨).

화폐개혁이 시행된 당일, 직장 업무와 장마당 거래가 일제히 중단되었다는 국내 보도[20]가 나오는 등 혼란스러운 모습이 나타나기도 했다. 북한 당국은 화폐개혁에 대한 주민 반발이 커지자 신권 교환 한도를 계속 재조정[21]하여, 처음에 제시한 한도 10만원을 15만원으로 늘렸다가 다시 10만원으로 줄였으나, 주민들의 불만이 커지자 이를 30만원, 다시 가구당 50만원[22]으로 상향조정하고 가구당 신권 500원씩을 무상으로 제공하였다.

사회주의 국가에서 화폐적 특성을 보면, 계획경제에서는 화폐의 보유가 곧바로 자원배분을 보장해 주지 않는다. 계획경제에서 화폐의 흐름은 수요와 공급의 균형점을 맞춰가는 본연의 역할이 아니라 가치를 반영하지 않는 계획경제의 도구에 불과하다. 특히 소비재의 부족, 배급제, 자원의 계획된 할당 등으로 화폐의 구매력은 제한된다.[23]

북한은 그동안 자본주의와는 다른 화폐정책을 추진하려 했다. 그리고 상품 가격이 화폐 가치의 변화로부터 독립성을 유지하기 위해 국가가 제정한 상품의 단일가격을 고수했다. 따라서 화폐가 상품의 교환가치를 제대로 반영할 수 없었다.[24] 그러나 1990년대 이후 물자공급 부족으로 인해 생필품의 유통부문인 농민시장과 장마당에서 화폐가 상품의 가치를 측정하는 역할을 수행하게 되고 자연스레 가치축적의 기능이 되살아남에 따라 현금유통체계가 붕괴되었다. 과잉통화[25]의 발생 또한 비공식 부문에서의 화폐화의 진전을 도왔다. 자연스레 사회주의 경제에서 화폐 본연의 역할로의 회귀는 시장화를 촉진시키는 데 결정적인 공헌을 하게 되었다. 이러한 시장화 현상의 확대는 계획부문의 기능을 저하시키는데, 이와 맞물려 시행된 화폐개혁은 북한 당국이 국가 조정 메커니즘이라는 부분에서 느끼는 위기의식의 발로라고 할 수 있다.

<표 3> 북한의 화폐 개혁·교환 현황

| 구분 | 시기 | 내 용 |
|---|---|---|
| 1차<br>화폐개혁 | 1947. 12 | ○ 일제시대 발행되던 화폐중 보조화폐를 제외한 전 화폐를 1:1 비율로 교환<br>○ 1949.5 이후 새 보조화폐 발생, 1949.8.15이후 『조선중앙은행』 발행 화폐만 통용<br>　※ 북조선인민위원회 법령 제30호에 근거 |
| 2차<br>화폐개혁 | 1959. 2 | ○ 6.25전쟁으로 인한 인플레 누증방지, 새로운 재정금융 토대 구축 및 새 경제계획 실시에 따른 투자재원 확보 목적<br>○ 구화폐 100원: 신화폐 1원 비율로 교환<br>　※ 『내각 결정』 11호에 근거 |
| 3차<br>화폐개혁 | 1979. 4 | ○ 금액의 제한없이 1:1 비율로 교환<br>○ 기관, 기업소, 협동단체는 보유화폐를 은행에 입금시킨 후 필요한 만큼 새 돈을 지불받음<br>　※ 중앙인민위원회 정령에 근거 |
| 4차<br>화폐개혁 | 1992. 7 | ○ 목적:화폐제도의 공고화, 화폐유통의 원활화<br>○ 100원, 50원, 10원, 5원, 1원 등 5종의 중앙은행권 발행·유통<br>　– 동전은 계속 유통<br>○ 신·구권 교환비율은 1:1<br>　※ 중앙인민위원회 정령에 근거 |
| 5차<br>화폐개혁 | 2009. 11 | ○ 목적: 인플레이션 억제, 재정수입확충, 시장억제<br>○ 신권 지폐는 5000원, 2000원,1000원, 500원, 200원, 100원, 50원, 10원, 5원 등 9종, 주화 5종<br>○ 가구당 화폐교환 한도 50만원<br>○ 신·구권 교환비율은 1:100<br>　※ 최고인민회의 상임위 정령과 『내각 결정』 423호[26] |

* 자료: 통일연구원 『2009 북한개요』

　　결과적으로 화폐개혁 조치로 인해 북한 당국이 의도했던 것은 경제적 목적에서 세 가지로 요약된다. 첫째, 인플레이션 억제이다. 화폐교환을 통해 보유하고 있던 화폐를 국가가 환수하여 시중의 화폐 유통량을 조절하는 것이다. 교환한도의 설정도 이와 같은 효과를 증대하기 위한 맥락에서 볼 수 있다. 둘째, 재정수입 확충이다. 민간 보유의 화폐규모의 대폭 축소는 그만큼 국가 보유의 화폐규모의 증대를 의미한다. 국가가 새 돈을 찍어낼 때 고려해야 하는 인플레이션이라는 변수의 영향력이 기존보다 줄어들 것이다.

셋째, 시장 및 시장경제활동 억제이다. 개별 외화보유 정도를 감안하지 않는 다면 일반 주민보다 돈주와 같은 신흥 부유층으로 갈수록 그 충격이 훨씬 클 것이다. 이는 시장 참여자들의 재정적 기반을 위축시켜 시장경제활동을 크게 위축시키는 효과를 기대할 수 있다.

### 파급 효과

그렇다면 제5차 화폐개혁은 경제적 부문에서 북한 당국이 의도한 만큼 의 성과를 거두었을까? 일각에서 무수히 언급해왔던 실패의 정도라는 것은 화폐개혁을 주도했던 박남기 당 계획재정부장의 처형을 기정사실화한 국내 보도나 탈북민 인터뷰 등을 통해 짐작할 수 있지만, 해석의 편차가 있을 수 있다.[27] 다만 두 가지 고려사항을 척도로 놓을 수 있다. 북한 당국의 공급능 력 확충과 외화사용 통제의 문제이다.

공급능력 확충은 북한경제의 오래된 숙제이다. 2012년 강성대국 건설을 위해 진행된 150일 전투와 그 성과를 이어받기 위해 진행된 100일 전투[28]는 생산력 증대를 위한 시도였다. 시기적으로 화폐개혁과 맞물려 있어, 북한 당 국이 화폐개혁 전후의 내부 물자공급을 어느 정도 감안한 조치였다는 예측 이 가능하다.

혜산시장에서는 2009년 12월초부터 말까지 300원의 가치를 보면 아마 티비 한 대를 사고 생활비로 하면 쌀 100kg정도는 살 수 있었다. 북한 당국에서 시장을 없애 려고 화폐개혁 한 뒤에 시장을 다 막아버렸다. 시장 없이 농민시장을 하나 만들어가 지고 중국산 물건을 없애고 국내에서 물건이 다 생산된다. 그걸로 이제 유통을 하겠 다고 했다. 근데 국내 생산품이 없으니까. 그래서 시장의 문이 저절로 열리게 되었 고…(탈북자 C씨).

앞의 사례는 물자공급이 수반되지 않은 정책은 물가안정 등 기대했던 소기의 성과를 거두기 어려움을 단적으로 보여주고 있다. 또 하나 북한사회에 만연해 있는 것이 외화선호 현상이다. 지속적으로 하락하고 있는 북한 화폐가치를 반영하는 것인데, 이러한 원화기피 현상으로 중간상인 계층 이상은 이미 상당량의 외화를 보유하고 있어 화폐개혁의 충격을 줄일 수 있었다. 평양을 제외한 국경지역 일대에는 이미 중국과의 무역 활성화를 위한 위안화가 어렵지 않게 통용되고 있다. 나아가 소상인이나 일반 주민들도 북한 화폐보다 상대적으로 가치변동이 심하지 않은 외화를 일정부문 보유하고 있을 가능성이 크다.

> 이제는 시골 사람들도 중국 돈을 쥐고 있다. 북한 돈은 위험하니까. 앞지대 쪽, 평양 평성에는 달러가 많이 유통되었지만, 국경 쪽, 혜산 쪽은 위안화로 거의 모든 거래가 되었다. 평양 쪽으로 돈 이관할 때는 달러로 한다. 화폐개혁 전에는 위안화를 밀수하는 사람들이 가지고 있었다. 나도 위안화를 보기가 어려웠다. 화폐개혁 당시 밀수하던 사람들이 다 살았다(탈북자 A씨).

## 목적의 달성

이제는 북한 당국이 의도했던 세 가지 목적이 실제 시장에서 어떤 양상으로 나타났는지 몇 가지 사례를 들어 살펴보고자 한다. 첫째, 인플레이션 억제이다. 인플레이션을 억제하기 위한 목적은 달성되었을까? 북한의 인플레이션은 기본적으로 당국이 의도치 않은 현금누수현상과 관련이 있다. 북한은 조선중앙은행에서 현금을 발행하고 공급하는데 이는 주로 공장·기업소 근로자의 생활비 명목의 임금으로 지급된다. 지급된 임금으로 주민들은 국영상점에서 물자를 구매하거나 은행에 예치하는 것으로 국가의 계획영역내 활동을 진행하는 데, 이는 다시 조선중앙은행에서 현금을 환수하는 결과를 초래한다. 그러나 상품공급 부족으로 인한 화폐의 가치저장 기능이 복원되면서 주민들은 화폐를 보관하거나 장마당 또는 농민시장에서 물자를 구매하는 현상이 가속화되었다. 이는 현금누수로 이어져 조선중앙은행이 현금누수를 감안한 화폐를 발행하게 되는 원인이 되며 결국 총 통화량 증가와 자국의 화폐가치 하락으로 인한 인플레이션, 나아가 인플레이션 회피를 위한 주민들의 달러화 선호 현상으로 이어지게 되는 것이다.

당시 상황을 보면 북한 당국은 화폐개혁 직후 화폐량을 인위적으로 조절하여 물가를 조절하였던 정황도 확인된다. 이와 함께 곧 낮은 가격의 국내 상품을 살 수 있다는 선전·선동 정책을 병행하였던 것으로 보인다.

> 한 달 정도는 물가가 북한 당국이 정한 그대로 갔다. 개인이 국가로부터 바꾼 돈은 거의 다 같다(10만원 한도). 장사하던 분들은 물건으로 가지고 있었다. 화폐개혁 이후 시장을 바로 없앤 게 아니라서 사람들이 물건을 사기 시작했다. 국가에서 공지가 내려온 게 "돈을 함부로 쓰지 말고 건사하고 있어라. 앞으로 중국 돈과 차이가 줄어들면서 지금보다 더 싸게 살 수 있다. 지금 쌀 한 톨이지만 갖고 있으면 두 톨을 살 수 있다"고 했다. 결국 갖고 있던 사람들이 몽땅 망해버렸다. 학교에서 1인당 바꿀 수 있는 한도가 3만원이었다. 300원 정도 바꿔줬다. 나머지 유통된 돈들은 돈이 아니고 휴지가 된 것이다(탈북자 J씨).

북한 당국의 입장에서는 주민들의 소요사태를 대비해 각종 생산부문의 전투를 통해 생산량을 비축해 놓은 방식으로 자국 내 화폐가치를 방어하려 했던 것으로 보인다.[29] 이와 병행하여 소비심리를 위축시키려 한 일련의 조치는 시간이 지날수록 반대의 결과로 나타났다. 결국 신권 교환 후에도 지속적인 화폐가치 하락은 시장에 의존하여 살아갈 수밖에 없는 주민들의 반발을 키우는 결과를 초래했다. 그렇다면 시장에서 유통되던 쌀 가격은 북한 당국의 의도대로 진정되었을까. 잠시 효과는 있었으나 다시 가파르게 상승했다는 증언으로 당시 혼란스러운 시장 상황을 가늠할 수 있다.[30]

둘째, 재정수입 확충이다. 재정수입의 확충은 계획경제를 운용하면서 발생하는 경제주체들에게 필요한 지원을 가능하게 한다. 북한은 2010년 1월, 화폐교환을 통해 인민생활을 비약적으로 향상시킬 수 있는 재정적 토대가 마련되었다고 발표하였다.[31] 북한 당국이 화폐개혁으로 인해 모아들인 재정수입의 확충부문은 정확한 통계로 추산하는 데 어려움이 있다. 그러나 〈표 4〉의 북한 재정규모를 보면 2009년 이후 3년간 이전보다 큰 폭으로 증가했음을 알 수 있다.

〈표 4〉 2000년대 중반 이후 북한예산(재정)규모[32] 변화 (단위: 억 달러)

| 구분 | '04 | '05 | '06 | '07 | '08 | '09 | '10 | '11 | '12 |
|------|-----|-----|-----|-----|-----|-----|-----|-----|-----|
| 예산 | 25 | 29 | 30 | 32.2 | 34.7 | 36.6 | 52.4 | 58.4 | 62.3 |
| 전년대비증가율 | − | 16 | 3.5 | 7.3 | 7.7 | 5.5 | 43.2 | 11.5 | 6.7 |

자료: 한국은행 홈페이지

이와 함께 눈여겨볼 수 있는 사실은 같은 시기 대외무역에 의한 경제규모도 확대되었다는 사실이다. 공급능력 증대의 해결책을 해외에서 찾으려는 시도로 볼 수 있으나, 상당부문 중국과의 무역에 의존하고 있는 것으로 추정된다.[33]

〈표 5〉 2000년대 중반 이후 북한 대외경제 규모 변화 (단위: 억 달러)

| 구분 | '04 | '05 | '06 | '07 | '08 | '09 | '10 | '11 | '12 |
|------|-----|-----|-----|-----|-----|-----|-----|-----|-----|
| 수출 | 10.2 | 10 | 9.5 | 9.2 | 11.3 | 10.6 | 15.1 | 27.9 | 28.8 |
| 수입 | 18.4 | 20 | 20.5 | 20.2 | 26.9 | 23.5 | 26.6 | 35.7 | 39.3 |
| 무역총액 | 28.6 | 30 | 30 | 29.4 | 38.2 | 34.1 | 41.7 | 63.6 | 68.1 |

자료: 한국은행 홈페이지

한편, 화폐개혁이 추동한 대내적인 변화양상도 주목할 만하다. 화폐개혁을 주도했던 군부 중심의 경제사업이 내각으로 이전되고 외국인 투자 유치 관련 법제를 집중적으로 개정한 것 역시 국가의 공급능력 확충과 맞물려 있는 조치이다.[34] 결국 화폐개혁으로 인해 북한 당국의 재정은 어느 정도 충족되었다고 짐작할 수 있다. 아울러 대외적인 개혁개방 정책을 위한 제도정비 작업에도 일정부문 촉진 작용을 한 것으로 판단된다.

셋째, 시장경제활동의 억제이다. 북한 당국이 의도했던 시장경제활동은 종합시장의 농민시장으로의 회귀, 외화사용 금지, 시장관리소가 제시하는 한도가격에 따른 거래가격 준수 등이었다.

> 수매상점은 하루 팔고 하루 사오고 거기에 조금 붙여서 팔고 하니까 화폐개혁에 크게 손해 안봤다. 물건으로 하니까. 위안화로 거래됐다. 일반 주민들도 돈이 유통은 되니까 물건을 사러 왔다. 화폐개혁 4개월이 지나니 이전 수준으로 유통이 됐다. 그 이후 조금씩 확대되었다(탈북자 D씨).

> 가격이 잘 안 지켜지는 것은 쌀, 공업품 등이었다. 쌀 1kg당 2011년 12월 4800원이다 2010년도 12월에는 2000원 정도 했다. 지금은 한 7,000원에서 8,000원 할 거다. 국정가격과 한 100배 이상 차이가 났다. 회사 자재를 훔쳐 암거래로 장사하거나 장사해서 이윤을 남기거나 했다. 회사 월급으로 되지도 않는다. 담배공장 다니는 사람은 담배취해서 팔아먹었다(탈북자 F씨).

시장의 형태를 어떤 식으로 바꾸든지 수요가 있는 물품들은 중국을 통해 밀무역 등의 형식으로 빌어 거래되고 있음을 확인할 수 있다. 또한 외화사용의 통제에도 불구하고 주민들은 소장 중인 물건을 상대적으로 환율변동이 안정적인 위안화를 통해 거래하는 활로를 모색하게 되었다. 자연스럽게 사실상 외화사용이 묵인되면서 이러한 시장거래 역시 활성화된 것으로 보인다. 한편, 국정가격은 물론 시장한도가격조차 실제 거래되는 품목의 가치와 거리가 있고, 주민들은 조금의 이익이라도 남기를 바라므로 실제 물건의 가치가 반영되는 암거래를 통한 장사행위가 성행하였다. 전형적인 물품 부족은 계획부문은 원자재의 탈취 현상도 부추겼다. 시간이 지날수록 북한 당국이 취할 수 있는 시장 통제력은 그 한계가 보다 명확해지고 있다.

## 시장화 방임기의 도래: 화폐개혁 이후

시장 통제 조치의 정점인 화폐개혁 조치는 주민들의 거센 반발을 불렀다. 단적인 예로 화폐개혁 조치와 함께 병행된 외화사용 금지 조치와 바꿈돈 사용은 외화상점의 물품들의 지역적인 수급 장애를 야기하여 상품부족 현상과 물가상승을 초래하기도 하였다.[35] 결국 전국적인 식량 부족으로 인해 임시적으로 시장을 허용하는 현상이 나타났다. 중앙당에서는 도급 간부들을 불러 모아 대책회의를 여는 모습도 빈번히 나타났다.[36] 임시방편으로 2012년 4월에 김정은 위원장 지시로 식량부족으로 인한 대 중국 수산물 수출금지령 지시가 내려진 것으로 전해지고 있다.[37] 농민시장으로의 회귀정책 역시 한계가 자명했던 것으로 보인다.

농민시장으로 바꾼다고 했는데, 농산품하고 그릇 등 가정용품만 허용하고 나머진 백화점이나 국가상점에서 한다고 했다. 한국드라마는 밀수로 들어온다. 한국드라마, CD, MP3 등. 밀수는 절대 막을 수 없다. 시장 철폐는 아니고 시장을 다른 형태로 바꾸었을 뿐이다(탈북자 A씨).

시장에서 공업품을 위주로 했는데 국가에다 다 바치라 했다. 신소는 도당 기관에 하는 건데 가급적 하지 않는다. 올리면 중앙에서 검열하여 안 걸리는 사람이 없으니까. 종합시장 안에 있던 물건들을 품목제한하면서 백화점이나 국영상점으로 옮기면 국가에서 돈을 얼마 정도 준다고 했다. 그런데 상인들 생각보다 낮은 돈이었기 때문에 상인들은 잘 내놓진 않았다. 국가를 믿지 못하니까. 다 개인적으로 그냥 집에서 물건을 팔았다. 시장을 열라는 조치가 취해지기 전 한 달 동안 길거리에서 뭐가 필요하나 물어보면 아는 집들로 데려가고 수수료를 받아먹고 그랬다(탈북자 B씨).

결국 북한 당국은 2010년 초부터 일시적으로 시장을 허용하는 등, 민심 달래기에 나섰다. 2월부터는 종합시장도 다시 운영되었으나 예전처럼 활발하지는 못하였다.[38] 시장 한도 가격 역시 실제 거래 가격과의 괴리가 심했던 것으로 보인다.[39] 2010년 5월 26일 북한 당국은 종합시장을 폐쇄하고, 시장을 강력히 통제하려던 것에서 시장 전면 허용으로 입장을 선회했다. 앞으로 시장 운영 시간을 제한하지 않고, 매매물품을 통제하거나, 장사 가능 연령을 제한하는 등 모든 시장 규칙을 사실상 철폐하겠다는 내용이었다.[40] 그리고 현재까지 직접적 시장억제 조치가 아닌 '비사회주의 척결'과 관련된 크고 작은 단속 및 통제 조치가 있어 왔으나 전체적으로 시장 유화적인 조치를 유지하고 있다고 볼 수 있다.

한편 2012년 4월 공식 출범한 김정은 체제에서는 "먹고 입는 문제 해결"을 위한 경공업공장 정상화와 인민생활소비품 생산을 기조로 내걸었다. 이는 경공업부문 공장들을 정상 가동시켜 국내 상품들을 국영상점망에 집중시킨다는 방침과도 연관이 있다. 국산품을 장려하여 수입품과의 경쟁력을 갖추고 국영상점망을 활성화시켜 시장에서 거래 가능한 상품 종류를 축소시켜 국가 공급 체계를 완성해 나간다는 계획이다.[41] 이처럼 북한 당국의 시장화 통제 정책의 기조가 상대적으로 완화되면서 시장에 참여하는 참여자들이 화폐개혁 조치의 충격에서 다시 회복되어가는 모습이 곳곳에서 확인되고 있다.

## 아노바(ANOVA) 분석 결과: 탈북시기 별 설문조사 비교

〈표 1〉 설문조사 대상자의 인적사항

| 구 분 | | 응답자수 및 비율(명, %) |
|---|---|---|
| 출신지역<br>(최종거주지역) | 함경도 | 73 |
| | 양강도 | 20 |
| | 평안 | 4 |
| | 평양 | 3 |
| 성 별 | 남성 | 42 |
| | 여성 | 56 |
| | 미응답 | 2 |
| 연 령 | 10대 | 2 |
| | 20대 | 35 |
| | 30대 | 16 |
| | 40대 | 30 |
| | 50대 | 13 |
| | 60대 | 1 |
| | 미응답 | 3 |
| 학 력 | 소학교 졸업 | 4 |
| | 고등중학교 졸업 | 61 |
| | 전문학교 졸업 | 23 |
| | 대학교 졸업 | 12 |
| 탈북시기 | 2010년 | 30 |
| | 2011년 | 40 |
| | 2012년 | 20 |
| | 2013년 | 10 |
| 총 응답자 수(=각 항목별 합계) | | 100 |

이를 위한 분석도구로 가장 현실적인 것은 탈북자 설문 및 면담조사 방법이다. 먼저 설문조사는 탈북시기를 2010년부터 2013년까지 네 그룹으로 구분하여 시장화 수준를 살펴보기 위해 가격자유화 부문, 개인 위탁경영 등을 통한 소규모 사유화 부문, 시장경제활동 참여부문에 대한 문답을 진행하

였다. 물론 탈북자 면담 결과를 자료로 활용하는 데는 신뢰성, 대표성 등의 문제가 있을 수 있다. 따라서 설문조사 결과의 유의수준에 대해 통계적 검증을 거치는 방식으로 해석의 한계를 보완하고자 한다.[42]

## 2010·2013년 응답집단 간 설문조사 차이 여부[43]

이제는 가격 자유화·소규모 사유화 수준이 시간이 지남에 따라 변화했는지 여부를 간단한 통계분석을 통해 살펴볼 것이다. 이번 조사에서 2010년부터 2013년까지 네 개 그룹으로 집단 간 통계의 흐름이 통계적으로 유의미한 변화가 관찰되는지를 고찰해 보고자 한다. 이는 시장이 충격에서 일정 부분 회복세로 돌아서는 모습이 통계적으로 유의미한 지와도 관련이 있다. 추가적으로는 김정은 체제가 등장하는 2012년을 분기점으로 2010년, 2011년을 한 그룹으로 2012년, 2013년을 또 다른 그룹으로 묶어 전후 유의미한 차이가 있는지도 살펴볼 것이다.

먼저 네 집단 간에 평균의 차이가 있는지를 살펴보기 위해 분산분석(ANOVA)을 실시하였다. 분산분석과 다중비교에서 도출된 값, 즉 F값과 Sig 유의수준(확률), 종속변수(탈북년도) 간 유의수준으로 표의 내용을 구성하였다. 2013년 집단과 2010년, 2011, 2012년 세 집단 간의 각 평균의 차이가 통계적으로 유의미한지 여부를 판정하는 것이다. 한편 김정은 체제 등장 전후의 변화를 살펴보기 위하여 2010·2011년, 2012·2013년으로 구분하였다. 분석유의수준이 0.05 이하이면 통계적으로 유의미한 결과가 나온 것으로 본다. 즉 이는 신뢰수준 95%로 네 집단 간의 유의미한 차이가 있다는 의미이다. 또 유의수준이 0.01 이하이면 신뢰수준 99%로 집단 간에 통계적으로 매우 유의미한 차이가 있는 것으로 간주할 수 있다. 여기서는 기준이 되는 한 집단과 다른 집단 중 하나이상이 유의수준이 0.05 이하이면 통계적으로 유의미한 설문조사로 분류하였다. 다만 사후검증에서 탈락된 항목은 제외하였다.

〈표 6〉 응답집단 간 설문조사 차이 여부에 대한 아노바분석    (단위: %)

| 설문 문항 | | 2010 평균 | 2011 평균 | 2012 평균 | 2013 평균 | df (자유도) | F | Sig(유의수준) |
|---|---|---|---|---|---|---|---|---|
| 가격자유화부문 | 공장 생산 생산재 중 시장가격 판매 비중 | 35.9 | 38.8 | 18.5 | 42.9 | 3 | 2.04 | 0.118 |
| | 공장 생산 소비재 중 시장가격 판매 비중 | 32.5 | 42.7 | 22.3 | 76.7 | 3 | 5.59 | **0.002<br>2013〉2010(0.001)<br>2013〉2011(0.014)<br>2013〉2012(0.000) |
| | 공장 전체의 원자재 조달 중 현금 결제의 비중 | 34.1 | 49.0 | 21.8 | 72.9 | 3 | 3.77 | *0.016<br>2013〉2012(0.033) |
| | 농장 생산 식량 중 시장가격 판매 비중 | 46.7 | 45.0 | 30.0 | 62.0 | 3 | 1.04 | 0.389 |
| | 농장 생산 비식량 중 시장가격 판매 비중 | 47.7 | 50.0 | 44.0 | 71.7 | 3 | 1.21 | 0.323 |
| 소규모사유화 개인위탁경영부문 | 지방산업공장 중 사실상 개인 운영 비중 | 18.0 | 20.3 | 11.8 | 42.9 | 3 | 4.64 | **0.005<br>2013〉2010(0.034)<br>2013〉2011(0.046)<br>2013〉2012(0.006) |
| | 중앙공업공장 중 사실상 개인 운영 비중 | 23.2 | 19.4 | 20.0 | 42.5 | 3 | 3.03 | *0.035<br>2013〉2011(0.043) |
| | (국영) 상점 중 사실상 개인 운영 비중 | 39.6 | 30.0 | 26.8 | 60.0 | 3 | 4.39 | **0.006<br>2013〉2011(0.022)<br>2013〉2012(0.017) |
| | 식당 중 사실상 개인 운영 비중 | 52.4 | 35.1 | 42.6 | 59.0 | 3 | 3.06 | *0.032<br>2011〈2010(0.047) |
| | 서비스업체 중 사실상 개인 운영 비중 | 36.0 | 30.0 | 26.8 | 55.6 | 3 | 2.75 | *0.048<br>사후검증탈락 |
| | 무역회사 중 사실상 개인 운영 비중 | 40.0 | 25.0 | 29.4 | 46.3 | 3 | 2.57 | 0.061 |

| 설문 문항 | | 2010 평균 | 2011 평균 | 2012 평균 | 2013 평균 | df (자유도) | F | Sig(유의수준) |
|---|---|---|---|---|---|---|---|---|
| 시장경제활동 참여수준 | 공장·기업소 내 8.3 노동자[44] 비중 | 37.3 | 43.1 | 38.9 | 58.9 | 3 | 2.10 | 0.107 |
| | 공장·기업소 내 파트타임식 시장경제 활동 종사자 비중 | 50.0 | 42.6 | 38.9 | 51.1 | 3 | 1.15 | 0.334 |
| | 주부 가운데 시장경제활동 종사자 비중 | 61.4 | 53.2 | 57.0 | 77.0 | 3 | 2.76 | *0.047 2013>2011(0.026) |
| | 농장원 중 시장경제활동 종사자 비중 | 33.5 | 26.6 | 22.1 | 43.3 | 3 | 2.35 | 0.079 |
| | 공장·기업소 노동자 중 시장경제활동 종사자 비중 | 47.3 | 42.9 | 51.0 | 76.0 | 3 | 6.33 | **0.001 2013>2010(0.007) 2013>2011(0.001) 2013>2012(0.035) |
| | 당정기관 일꾼 중 시장경제활동 종사자 비중 | 31.6 | 24.7 | 14.0 | 54.4 | 3 | 5.49 | **0.002 2013>2011(0.006) 2013>2012(0.000) |
| | 전문직·관리직 중 시장경제활동 종사자 비중 | 33.6 | 25.4 | 19.5 | 58.9 | 3 | 5.83 | **0.001 2013>2011(0.006) 2013>2012(0.002) |
| | 군인 중 시장경제활동 종사자 비중 | 23.8 | 17.1 | 12.9 | 52.2 | 3 | 8.26 | **0.000 2013>2010(0.011) 2013>2011(0.000) 2013>2012(0.000) |
| | 모든 성인 남녀 중 시장경제활동 종사자 비중 | 63.6 | 55.3 | 61.6 | 66.0 | 3 | 0.98 | 0.406 |
| | 모든 성인 남녀 중 시장경제활동을 전혀 하지 않는 사람의 비중 | 20.7 | 28.2 | 21.5 | 24.0 | 3 | 0.77 | 0.515 |

〈표 6〉에 나와 있는 것처럼 총 21개 항목 가운데 11개 설문항목에서 두 집단 이상의 유의미한 결과가 도출되었다. 대부분 2013년 탈북한 응답집단이 나머지 그룹에 대해 통계적으로 유의하다는 것이 결과로 나타나고 있다.

명확한 이유는 알 수 없으나, 가격 자유화 추이는 〈그림 1〉과 같이 공통적으로 2012년 하락세를 보이다 2013년 급격한 상승곡선을 그리고 있다. 〈표 6〉을 보면 공장 생산 소비재 중 시장가격 판매 비중이 신뢰수준 99%로 유의한 것으로 나타났다. 2013년 응답집단의 평균 시장 가격 판매 비중이 2010년, 2011년, 2012년 응답집단의 평균보다 높다는 것은 통계적으로 의미가 있다. 공장 전체의 원자재 조달 중 현금 결제의 비중에서도 신뢰수준 95%의 유의수준이 도출되었다. 2013년 응답집단이 2012년보다 평균값이 높은 것은 유의미했다.

〈그림 1〉 가격자유화 추이: 2010~2013년 (단위: %)

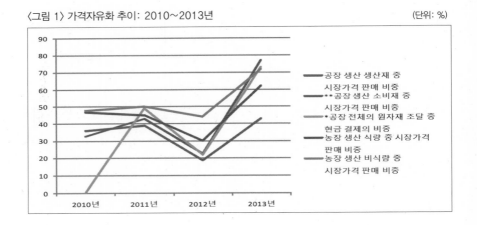

이제는 개인 소규모 사유화 부문을 살펴보자. 〈그림 2〉에서 나타나듯이 2011년 또는 2012년을 기점으로 회복세를 나타내고 있다. 〈표 6〉을 보면 지방산업공장, 중앙공업공장, 상점, 식당 중 사실상 개인 운영 비중은 신뢰수준 95% 이상을 나타냈다. 특히 지방산업공장과 상점 중 사실상 개인운영 비중은 99% 이상의 신뢰수준을 보이고 있다. 지방산업공장 개인 운영 부문은 2013년 값에 대해 세 집단 모두 유의미했으며, 중앙공업공장 부문은 2011년 값만 통계적으로 유의했다. 상점 부문은 2011년과 2012년 값이

2013년 값에 대해 유의했다. 다만, 식당 부문은 2010년보다 2011년에 개인 운영비중의 감소한 것이 유의미한 것으로 나타났다.

〈그림 2〉 소규모 사유화: 개인위탁경영 사업체 추이, 2010~2013년 (단위: %)

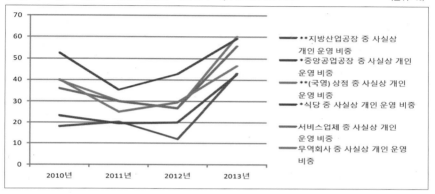

시장경제활동 참여수준 현황을 보자. 〈그림 3〉(1)과 〈그림 4〉(2)를 보면 대체로 2012년까지 하락하였으나 2013년에 급격히 반등하는 모습을 볼 수 있다. 〈그림 4〉(2)에서 눈에 띄는 것은 모든 성인남녀의 시장경제활동 인구만 완만한 곡선을 유지하고 있다는 점이다. 이것은 시장경제활동이 시기별 환경에 크게 구애받지 않았다는 것의 근거가 된다. 또한 여타 지표에서 잡히지 않는 비공식의 영역에서 생계활동이 어떤 식으로든 이루어졌음을 의미한다. 〈표 6〉을 보면 시장경제활동 참여수준에서는 주부, 공장·기업소 노동자, 당정기관 일꾼, 전문직·관리직, 군인 중 시장경제활동 종사자 비중이 늘었다 라는 2013년 응답집단의 값이 다른 집단들에 대해 유의한 것으로 나타났다. 이중 주부 부문을 제외하고는 신뢰 수준이 모두 99%이상인 점을 주목할 수 있다. 2013년 응답자들이 시장경제활동 비중이 늘었다 라고 응답한 것이 적어도 2011년 2012년 응답집단에 대해 통계적으로 유의미하다는 것이다.

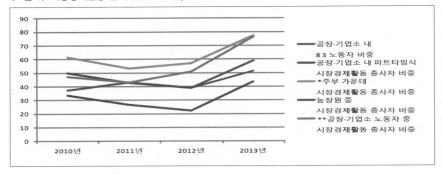

〈그림 3〉 시장경제활동 참여수준 추이(1), 2010~2013년(단위: %)

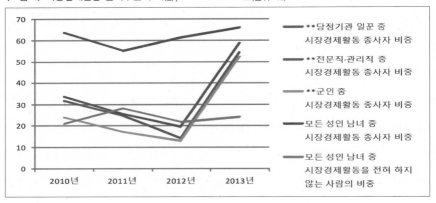

〈그림 4〉 시장경제활동 참여수준 추이(2), 2010~2013년(단위: %)

　　탈북시기별 네 개 집단의 응답결과가 통계적으로 유의미한 것만 살펴보면 결국 공장 생산 소비재 부문에서 화폐개혁 이후 시간이 지날수록 일부 자유화가 진전되었다는 해석이 가능하다.[45] 지방산업공장 중 사실상 개인 운영 비중 역시 소규모 사유화의 진전으로 볼 수 있다. 공장·기업소 노동자 및 군인 중 시장경제활동 종사자들의 비중에서도 시장경제활동 참여수준으로 사유화의 진전을 확인할 수 있었다.

　　다만 이 같은 결과를 통해 장기적 관점을 조망하기에는 한계는 있다. 그러나 시장화 현상이 화폐개혁 초기의 충격에서 벗어나고 있다는 점을 자유화·사유화 관련 부문에서 통계적으로 확인할 수 있었다는 점은 시사점이 있다. 한 가지 눈여겨 볼 것은 21개 항목 중 15개 항목에서 2011년도와 2012년도 응답집단의 평균값이 다소 주춤하였다가 2013년 응답집단에서 다시 확대되고 있다는 점이다. 이러한 부분이 김정은 체제 출범과 정책적인 연관성이 있는지에 대해서는 추가적인 조사가 필요해 보인다. 향후 이러한 추세가 시장 회복을 넘어 이전 수준을 상회하는 선으로 확대될 것인지, 아니면 정책적 후퇴·축소 기조로 돌아설 것인지에 대해서도 역시 실증적인 연구가 필요하다.

한편, 추가적으로 화폐개혁 이후 출범한 김정은 체제(2012.4~) 전후의 시장경제참여 수준을 살펴보기 위해 2010·2011년과 2012·2013년 두 그룹으로 나누어 분산분석과 동일한 대상으로 비교 조사를 하였다. 이 중 소규모 사유화 부문의 공장·기업소 노동자 중 시장경제활동 종사자 비중은 시기적으로 화폐개혁 1, 2년차 평균(44.7)%에 비해 3,4년차 평균(59.3%)이 높게 나타남에 따라 김정은 위원장 집권 초, 시장이 점차 활기를 찾고 있음을 확인할 수 있다.

## 시장화의 구조 변화: 빈익빈·부익부 현상의 고착화

### 빈익빈 현상1: 세외부담의 압박

북한 주민들이 가정 경제를 유지하는 과정에는 크고 작은 제약이 따른다. 그 중에 대표적인 것이 다양한 종류의 조세와 세금처럼 납부해야 하는 준조세이다. 특히 시장경제활동을 영위하는 데 있어 북한 당국에서 요구하는 각종 납부금은 하층민들에게 큰 부담이 된다. 종합시장에 정식으로 진입할 수 없는 극빈층의 상인들은 시장 주변에서 판매 행위를 하게 되는데 이들은 단속반의 주요 단속대상으로써 단속을 피해가면서 골목 등지에서 판매한다고 해서 '메뚜기장,' '골목장'이 생겨났다. 이 '메뚜기장'과 '골목장'에서는 시장이용료와 국가납부금 등의 세금을 납부하지 않아도 되기 때문에 영세한 주민들이 생계유지를 위해 주로 이용한다고 한다.[46] 시장에서 상품을 전문적으로 파는 국가기관, 단체와 주민들은 해당부서(시, 군 인민위원회의 상업부서와 재정부서)에 등록하고 시장사용료와 국가납부금을 내도록 하였다. 시장관리기관이 매일 징수하는 시장사용료와 국가의 재정기관이 매달 징수하는 국가납부금은 매대 면적, 위치, 취급하는 품목 등을 종합적으로 고려하여 결정하도록 하였다. 특히 국가납부금의 경우에는 시장에 매대를 두지 않았더라도 집에서 상품을 가공하여 시장에 넘기는 사람이나 각종 상품을 '되거리(중개)'하는 사람도 등록시키도록 명시하고 있어 징수 대상이 되는 경제활동의 범주를 가능한 확대하고자 했다는 것을 알 수 있다.[47]

징수 대상의 확대 추세는 그만큼 국가차원에서 시장경제활동을 하는 이들에게 의존한다는 것과 장사행위를 묵인한다는 것을 의미한다. 이런 현상은 빈익빈 현상의 확산을 초래한다. 준조세 가운데 대표적인 것이 세외부담이다.[48] 상부에서 요구하는 것으로 어떤 때는 물자로 요구하고, 어떤 때는 돈으로 요구하기도 한다. 공장·기업소의 요구, 인민반의 요구, '조선사회주의녀성동맹'이나 '김일성-김정일주의청년동맹' 등에서 요구하는 것 등이 있다.

〈표 8〉 화폐개혁 이후 세외부담이 소득에서 차지하는 비중 (단위: 명, %)

| 탈북시기 | 0% | 10% | 20% | 30% | 40% | 50% | 60% | 70% | 80% | 90% | 100% | 합계 |
|---|---|---|---|---|---|---|---|---|---|---|---|---|
| 2010 | 2 | 8 | 7 | 1 | 2 | 1 | 4 | 0 | 1 | 1 | 1 | 28 |
| 비율 | 7.1 | 28.6 | 25.0 | 3.6 | 7.1 | 3.6 | 14.3 | 0.0 | 3.6 | 3.6 | 3.6 | 100% |
| 2011 | 4 | 15 | 6 | 3 | 5 | 1 | 1 | 2 | 1 | | 1 | 39 |
| 비율 | 10.3 | 38.5 | 15.4 | 7.7 | 12.8 | 2.6 | 2.6 | 5.1 | 2.6 | 0.0 | 2.6 | 100% |
| 2012 | | 14 | 2 | 3 | 1 | | 0 | | | | | 20 |
| 비율 | 0.0 | 70.0 | 10.0 | 15.0 | 5.0 | 0.0 | 0.0 | 0.0 | 0.0 | 0.0 | 0.0 | 100% |

| 탈북시기 | 0% | 10% | 20% | 30% | 40% | 50% | 60% | 70% | 80% | 90% | 100% | 합계 |
|---|---|---|---|---|---|---|---|---|---|---|---|---|
| 2013 | | 2 | 2 | | 1 | 1 | 1 | 0 | 1 | 2 | | 10 |
| 비율 | 0.0 | 20.0 | 20.0 | 0.0 | 10.0 | 10.0 | 10.0 | 0 | 10.0 | 20.0 | 0.0 | 100% |
| 합계 | 6 | 39 | 17 | 7 | 9 | 3 | 6 | 2 | 3 | 3 | 2 | 97 |
| 비율 | 6.2% | 40.2% | 17.5% | 7.2% | 9.3% | 3.1% | 6.2% | 2.1% | 3.1% | 3.1% | 2.1% | 100% |

〈표 8〉을 보면 이러한 세외부담이 화폐개혁 이후 어떻게 변화했는지에 대해 응답자 중 가장 많은 35명(36.8%)는 변화가 없다고 답하였다. 많이 늘었다 28명(29.5%), 조금 늘었다 27명(28.4%)순으로 나타났다. 응답자들의 탈북시기를 막론하고 세외부담이 지속적으로 증가(55명, 65.2%)했다고 응답하고 있다.[49] 한편, 세외부담이 소득에서 차지하는 비중은 〈표 8〉에서 나타나듯 10%가 39명(40.2%)으로 압도적이었으며 20%는 17명(17.5%) 수준이었다. 40%도 9명(9.3%)이었으며 다만 2013년 탈북자들 10명 가운데 6명은 40~90% 사이로 응답하고 있어 세외부담이 점차 증가했는지에 대해서는 추가 검토가 필요하다.

## 빈익빈 현상2: 주민들의 현금소득 감소

화폐개혁 이후 주민들은 교환한도 이상의 북한화폐를 고스란히 잃게 되었다. 국가를 믿고 보유하던 상품을 신화폐로 판매한 상인들의 피해 또한 적지 않았다. 다시 시장 활동을 하긴 하지만, 생계유지를 위한 초보적 수준의 활동으로 현금 축적과는 거리가 있는 것이다.

화폐개혁 때 소상인들 중 대부분이 북한화폐를 가지고 있다 보니 자본금을 모두 잃었다. 10만원에 1000원만 바꾸어 주었으니까. 이것이 1차이고 그 다음 단계는 상품을 보유하고 있던 소상인들이 자본금을 잃었다. 국정정책을 믿고 신화폐로 상품을 팔았으니까. 상품을 신권 1000원에 팔았다면 (신권을 다시)외화를 바꾸어야 상품을 살 수 있는데 신화폐를 단계별로 시장에 대거 유통하다 보니 신화폐 환율이 엄청 하락했다. 이렇게 몇 번을 되풀이 되다보니 중소상인들이 자본금을 잃고 사업을 못하게 되면서 화폐개혁초기에 하강세를 보였다(탈북자 B씨).

개인의 현금 소득 변화에 대해서는 응답자 91명 중 54명(59.3%)이 많이 줄었다, 19명(20.9%)이 조금 줄었다로 합계 80.2%에 달하는 응답자가 현금 소득이 줄었다고 답하고 있다. 그 이유는 무엇일까. 복수응답으로 진행된 설문조사에서 가장 큰 이유는 물가상승에 따른 구매자의 수가 감소한 것으로 나타났다(33명, 31.4%). 다음으로는 장사 밑천 감소, 29명(27.6%), 판매자 수 증가 대비 구매자 수 정체, 19명(18.1%) 순의 이유로 나타났다. 간헐적인 시장에 대한 단속 강화는 11명(10.5%)에 불과했다. 상술하였던 세외부담의 지속적인 증가(8명, 7.6%) 역시 현금 소득 감소의 결정적 이유로 보기는 어렵다. 뇌물을 통한 사업 재개 경향이 현금 수입 감소에 직접적인 요인이 되었는지 역시 추가적인 검토가 필요하다.

### 부익부 현상1: 시장의 초보적 독과점화

북한의 시장 내에도 독과점 현상을 존재한다. 화폐개혁 이전인 시장화 억제기에도 이러한 현상은 있었다. 오히려 시장에 대한 단속은 독과점 현상을 심화시키기도 한다. 즉 가진 자와 없는 자가 구분되어 부익부 현상을 표면적으로 상승시킨다고 볼 수 있다. 화폐개혁으로 인한 시장 충격도 이와 같은 작용을 했다고 볼 수 있다. 개인이 소지하고 있던 국내 화폐 부문의 피해가 컸더라도 외화를 일정 부문 보유하고 있던 계층이 공식·비공식적으로 장사를 지속하거나, 또는 돈 장사를 통해 수익을 유지, 확대할 수 있었던 반면, 피해가 컸던 시장 소상인들은 그 수가 감소했던 것으로 보인다.

소상인들이 자본을 대부분 잃었지만 소수의 상인들은 자본을 외화나 금으로 가지고 있었기 때문에 오히려 인플레 기간에 시장에서 환율에 민감하게 반응하면서 수익을 올렸다. 한 지역에 10명이 상품을 도매했다면 5~6명으로 즐어들었을 뿐이다. 이렇게 되면서 상품을 시장에서 팔지 않고 가지고 있는 현상도 나타났다. 국가가 통제를 하지 않아도 환율이 불안정하면 지켜볼 수밖에 없다. 서민들 생활이 힘들어 지면서 그들이 시장 활동을 해서라도 자체적으로 먹을 수 있게 시장을 열어 놓았다. 한 국제품이나 과도한 것 외에는 통제를 하지 않았다. 도매시장에서는 소수의 상인들이 시장을 점거할 수밖에 없는 것이다(탈북자 D씨).

## 부익부 현상2: 핸드폰 사용자 증가와 시장 활동

최근 들어서는 핸드폰 가입자 수의 확산으로 시장가격 등 정보력도 장사 또는 사업으로 수익을 내는데 하나의 경쟁력으로 자리잡아가는 추세이다. 이러한 정보력은 일종의 자산으로서 합법·불법을 불문하고 부익부 현상에 기여하는 부분이 있을 것으로 보인다.

금, 은을 판매하는 데는 지역마다 불법으로 0.1g부터 모두 사들여 신의주 화교들이나 돈주들에게 돈을 받아 사준만큼 수수료를 붙여 이윤을 챙긴다. 북한에는 시장 환율이나, 국제원자재가격, 국제금가격 등을 알려주는 곳이 없다. 그러므로 화교들이 중국에 친척들과 연락이 되면서 전화로 하루하루의 금값, 외화환율을 알려주면서 가격을 조절한다. 이런 시장에는 경쟁률이 높기 때문에 가격을 못 속이며 산골이나 후진된 곳에서는 가격을 조금씩 조절한다(탈북자 F씨).

국경지역은 초기에 제한을 했는데 요즘은 다 쓴다. 청진에서 중국 돈 5천원주고 샀다. 북한 핸드폰을 초창기에 썼다. 한 달에 5만원 정도 비용이 나왔다. 초기에 1,2급 기업소 당 비서 지배인에게 규정해서 줬다. 그게 흐지부지 되었고 외화로 팔았다. 다 명의등록을 하고 산다. 중국에서 전화 두 대 들여보내면 하나는 등록하는 사람주고 하나는 자기가 사용한다. 시장을 통제하는 사람 자체도 그걸 통해 먹고 산다. 장사가 더 활성화되었다(탈북자 J씨).

핸드폰 사용은 북한 당국에게 여러 고민을 안겨주고 있는 것으로 보인다. 크게 국경지대의 탈북현상과 시장거래로 인한 수익증대로 구분되며, 모두 외부와의 연락 및 정보공유로부터 이어지는 공통점이 있다. 이에 따라 단속도 이어지고 있다. 특히 단순 내부 정보교환보다는 외부와의 연락에 관한 통제가 주요 단속 대상이다.[50]

가정전화는 설치비가 신권기준 60~80 만원 정도 한다. 인플레(물가상승)가 돼서 엄청 뛰었다. 시장 장사하는 사람들은 인민폐 5천원이 없어서 핸드폰을 못산다. 정보교환 때문에 갖고 싶어 한다. 시장정보는 특별히 통제를 안한다. 불법 정보만 거래 안하면 된다. 기지장들은 전화로 국가통제 물품들을 판다. 큰 돈을 벌려고 금이나 원자재 거래 등 불법을 한다. 상품거래는 안한다……. (핸드폰 가격이)달러로 350달러가 됐다. 이집트에서 들어온 거였다. 3G 핸드폰 폴더용. 평성에서 지금 중국돈이 얼마다 달러가 얼마다 떡값이 얼마다 하는 것을 (핸드폰으로) 거래한다. 당국에서 크게 막으려고 하는 게 없었다. 처음에 지사장들이 (핸드폰으로)불법에 대한 이야기를 하다가 많이 죽었다. 그다음부턴 휴대폰으로 다른 소린 안한다. 보위부에서 감청을 한다. 국내산 핸드폰은 통제가 별로 없다(탈북자 K씨).

물가상승을 경험하고 나서 머리가 더 트이게 되어 돈대를 활용한 거래가 잘되었다. 북한이 핸드폰이 나왔지 않나. 돈주들끼리 거래하면서 정보를 거래했다. 친구 중에도 한둘 갖고 있었다. 통화와 문자만 되는 폴더 폰이었다. 중국돈 1200~2500원 정도 되었다(탈북자 B씨).

실제 설문조사에서는 시장거래 정보 교환에 핸드폰이 어느 정도 도움이 된다고 판단하고 있는지를 보면, 도움이 되는가 라는 질문에 응답자 94명 중 조금 그렇다 52명(55.3%), 매우 그렇다 31명(33%) 으로 83명(88.3%)가 도움이 된다고 응답했다. 응답집단 별 도움이 된다는 응답비중도 2010년만 76%이며 2011년부터 2013년까지는 90% 웃도는 추세이다.

## 부익부 현상3: 부정부패의 확산

화폐개혁 초기의 충격에서 벗어나기 위해서 일반 주민들에서 돈주들에 이르기까지 권력층과의 결탁은 불가피한 선택이었다. 합법적 공간에서의 생계를 위한 운신의 폭이 크게 줄었고 비합법적 공간에서 장사를 지속하려면 이를 단속하는 계층과의 손을 잡는 것이 가장 빠르고 현실적인 방법이기 때문이다.

화폐개혁 이후 뇌물의 확산 현상은 어떻게 진행되고 있을까. 설문결과를 보면 응답집단 별로 보면 과반수 이상이 확대되고 있다고 응답했다(57명, 60.4%). 2012년과 2013년 탈북한 응답집단에서는 축소되었다는 사람이 0%였다는 점도 전체적으로 뇌물 확산 현상이 화폐개혁 이후에 도드라졌음을 뒷받침할 수 있는 근거가 된다. 뇌물을 주로 지출하는 계층은 장사하는 상인들이 응답자 80명 중 50명(62.5%)으로 가장 많았으며 무역업을 하는 상인이 25명(31.3%)으로 뒤를 이었다. 사실상 시장의 실질적 참여자들이 가장 많은 뇌물을 지출하고 있는 것으로 나타났다.

이렇게 지출된 뇌물은 누구에게 전달될까. 응답자 78명 중 45명(57.7%)은 단속 주체인 보안원을, 22명(28.2%)는 보위부 관리를 꼽고 있다. 아무래도 직접적으로 시장을 단속하는 보안원들에게 크고 작은 뇌물이 지출되는 것으로 보이며, 이것은 하나의 시장의 관례처럼 일상화되고 있는 것으로 보인다. 한편으로 자금력이 있는 돈주가 일반평민 계층에게로부터 받는 뇌물은 극히 미미한 수준(1명, 1.3%)으로 나타나고 있다. 이것은 북한사회에서 자본이 갖는 권력의 한계성을 보여주는 현상이기도 하다. 뇌물을 주는 이유에 대해서는 응답자 전체 76명 중 44명(57.9%)은 불법인 장사나 사업을 하기 위해서라도 응답했다. 각종 처벌을 면하기 위해서 뇌물을 준다는 응답도 20명

(26.3%)으로 뒤를 이었다. 결과적으로 화폐개혁 이후 불법적 장사 또는 밀무역을 통한 생계유지를 이어가기 위해 그리고 그러한 행위를 통한 처벌을 면하기 위해 뇌물은 어쩔 수 없는 통과의례인 것이다. 뇌물을 통한 부정부패는 이제 생계를 위한 필연적 현상으로 자리잡고 있으며, 뇌물을 받는 이 역시 거액의 내화가 아닌 이상 외화나 금품을 선호하기 때문에 달러화 현상을 부추기는 근거가 되기도 한다.[51]

## 정경유착형 빈익빈·부익부 구조의 고착화

권력 계층의 사람들은 화폐개혁으로 인해 입은 피해를 뇌물을 통해 충원해 나가는 경향을 보이고 있다. 경우에 따라 권력층은 화폐개혁 조치의 공동의 피해자인 동시에 수혜자이기도 한 것이다. 이들이 뇌물을 취득하려는 행동은 점차 적극적으로 변모해 갔다.

> 권력층 중에서도 어중간한 중간층이 타격이 컸다. 어떻게 회복했냐면 뇌물받는 도수가 더 올라갔다. 단속 보안원에게 뇌물을 많이 줬다. 그 사람들이 물건을 사는 척하면서 개인 집에 들어간다. 보안원들이 압수하려고 하면 돈을 준다…. (단속이 완화되면서)시장에는 개인들의 점포들이 생겨나게 되었고 상점들과 백화점, 식료품 매대들도 권력이 있고 돈을 가지고 있는 사람들이 권력 있는 사람들과 같이 협력하여 자신들이 돈으로 상품을 구입하여 판매하면서 한 달에 (편의점이나 인민위원회 소속 상업 관리소에) 매월 계획분의 돈을 내면서 운영했으며 계획분량은 고정되어 있었다(탈북자 E씨).

특히 뇌물 규모의 정도가 큰 돈주와의 상호 이해관계에 따른 사례들도 다양화되고 있다. 돈주들도 일정한 피해를 입었으나, 보유 중인 외화를 활용하여 사업을 유지 또는 재개하였다. 고리대금업 등 환율차이를 통한 수익과 밀수 등 불법의 영역을 통해 이전의 손해를 금새 만회했다고 복수의 탈북자들은 전하고 있다. 여기에는 권력과의 유착 관계가 형성되어 있다.

> 돈주들은 화폐개혁 이후가 전보다 불안정해졌으니까 권력과의 밀착관계를 강화했다. TV나 컴퓨터를 주기도 한다. 주는 대상은 돈주가 하고자 하는 일에 따라 다르다…. 돈을 버는 사람들은 돈으로 권력을 사고 권력을 가지고 있는 사람들은 그것으로 어느 정도 한도에서 그들을 비호하고 있다. 권력을 쥔 사람들도 돈주을 눈감아주면서 살지 않으면 국가에서 공급이 되는 것이 없기 때문에 살아가기가 힘들기 때문이다. 돈주들은 권력들과 유착이 안되면 자기들이 장사를 못한다. 화폐개혁 이후 더심해졌다. 화폐개혁 전에 쌓아둔 물건이 많았다(탈북자 A씨).

> 돈주라는 것이 능력가, 사업가들이다. 사업이 시작되면 보안서, 당 기관, 행정기관, 보위부 이렇게 인맥을 맺고 돈을 줘가면서 장사하는 것이다. 제 힘으로 장사를 못한다. 그 사람들 도움으로 불법인 것도 하면서 자금을 마련하고, 화폐개혁 이후에도 관계는 유지되었다. 이 사람들도 많은 피해를 입었다. 정부기관, 보안서, 안전부, 보위부 당 기관 사람들도 집에 돈을 다 날려 보냈으니까, 뇌물이 외화에서 금품으로 바뀐건 있었다(탈북자 C씨).

이처럼 모든 계층에 예외 없이 적용된 화폐교환 조치는 아이러니하게도 정경유착형 빈부격차를 확대하는 결과를 초래했음을 확인할 수 있다. 먼저 권력이 있거나 돈이 많은 이들이 더 잘 살게 되었는가 라는 질문에 응답자 99명 중 77명(77.6%)이 매우 그렇다 또는 조금 그렇다 로 응답하여 압도적인 비율을 나타냈다. 전혀 그렇지 않다 라는 응답은 전체 중 5명(5.1%)에 불과했다. 2013년 응답집단의 경우 10명 중 10명 모두가 권력계층 및 부호들의 생활수준이 더 향상되었다고 전하고 있다. 빈부격차가 확대되었는가 라는 질문 역시 99명의 응답자 중 매우 그렇다 46명(46.3%), 조금 그렇다 44명(44.4%)로 역시 압도적인 비율을 나타내고 있다. 특히 매우 그렇다 라고 응답한 사람이 조금 그렇다고 응답한 수를 상회하고 있다는 점도 눈길을 끈다.

이러한 부익부 현상과 연계해서 최근 북한 사회 내에서 부의 축적을 위한 부유계층들의 거래 행위는 주목할 만하다. 대표적으로 투기의 대상이 되는 것은 사유화가 금지되어 있는 주택, 즉 부동산이다.[52] 집을 내놓는 계층은 상대적으로 다양해도 사는 여력이 있는 이들은 정해져 있는 것이다. 돈주들은 싸고 좋은 집들을 여러 채 보유하는 한편, 평민들은 집을 팔아 장사 밑천을 확보하는 양극의 모습이 나타나기도 한다. 화폐개혁 이후 부동산 투기는 점차 증가했던 것으로 보인다. 응답자 90명 중 38명(42.1%)은 증가했다고 답했으며 36명(40%)은 변화없다, 16명(17.7%)으로 나타나고 있다.

## 화폐개혁과 주민들의 대응방식

이제 보다 구체적으로 계층별로 화폐개혁의 충격에서 벗어나 다시 시장에 참여할 수 있었던 이유를 탈북자의 증언을 토대로 살펴보자. 먼저 잃었던 돈을 모아서 장사를 재개하는 경우이다.

〈경제적 상위계층〉

이전부터 주로 외화를 소유하고 있어 화폐개혁 처음에는 혼돈이 좀 있었지만 시간이 지남에 따라 큰 변동 없이 종전처럼 돈의 흐름을 좌지우지할 수 있었다. 흔히 세관의 상품을 통차(트럭)로 넘겨받아서 백화점이나 수매상점, 개인 도·소매업자에게 직거래, 또는 외상 거래하는 사람들이다. 세관의 짐을 끈다고 말한다. 다음은 외환시장(돈마당)에서 돈거래하면서 환율조정으로 돈을 버는 사람들이다. 흔히 돈데꼬, 즉 돈 바꾸는 사람이라고 한다. 그리고 (금전적으로)크게 움직이는 상층 밀수군들이 있다. 한편으로 상품에 대한 금액이 제로가 된 상황이어도 외화를 소지하고 있고 일부는 상품에 대해서 외상거래도 할 수 있다. 중국에 비법으로 전화(따그다)하여 거래하는 사람(대체로 조선족)에게 외상으로 물건(쌀, 밀가루, 기름, 땅콩, 신발, 의류, 가전제품 등)을 보내도록 연락하는 것으로 이 경우에는 세관에서 합법적으로 짐거래하는 사람도 있고 비법적으로 밀수하는 사람도 있다(탈북자 D씨).

〈경제적 중간계층〉

이전부터 외화를 가지고 있고, 상품을 현물로 거래하고 있어 일정한 타격과 혼란은 있었지만 시간이 지남에 따라 자리 잡을 수 있었다. 주로 시장의 매대에 앉아서 장사를 하거나 도, 소매업 하는 사람들, 중간층 밀수꾼이다. 사례로 청진에서 살면서 함흥에 상품을 보내어 현금을 받는 거래라고 하면 거래주가 화폐개혁과 동시에 돈을 보내려고 하였는데 화폐개혁으로 그 금액이 제로가 되었다고 하는 경우이다. 공급자는 현실로 받아들일 수밖에 없는 상황이고 화폐개혁이후 일부를 현화폐로 돌려받는 경우라도 서로가 몇 % 씩 부담하고 얼마의 환율에서 갚을지는 각자의 고민이고 문제를 불러일으키는 어려운 상황의 연속이다. 국가적 조치로 돈이 제로가 되었으니 갚지 못한다고 잡아떼는 사람, 서로 50%씩 부담하여 갚자고 논의하는 사람, 조금만 갚자고 하는 사람 등이 있었다(탈북자 D씨).

〈경제적 하위계층〉

외화도 없고, 시장에 매대도 없고, 시장 밖이나 주변, 길거리에서 음식이나 상품을 거래하는 사람들, 하층 밀수꾼이다. 젊은이부터 짐을 나르는 사람(짐군), 해바라기 씨를 파는 어르신까지 각양각색의 제일 불쌍한 사람들이다. 돈(밑천)이 없는 사람들로서 그날 돈을 벌어 하루 생계를 유지하는 사람들이다. 화폐개혁으로 작은 돈(밑천)을 다 잃고 화폐개혁당시 죽을 먹고 굶기도 하는 사람들도 많았다. 외상으로 상품을 받아 팔고 하루하루 생계유지하면서 버텼을 것이다. 음식(떡)을 파는 사람이라고 가정하면 쌀 장사꾼한테 쌀을 외상하고 기름장사군한테 기름을 외상하고 음식을 만들어 팔아 원전을 갚고 작은 수입으로 생계를 유지하는 것의 반복이다(탈북자 D씨).


이를 종합해 보면 돈주 등 외화보유가 가능했던 경제적 상위 계층들은 유통 중에 있던 많은 재산들을 잃어서 손실이 제일 많은 계층이지만, 대부분은 이미 보유하고 있던 외화와 특유의 정보력을 활용하여 하고 있던 사업들을 유지하여 다시 시장 경제 활동을 재개할 수 있었던 것으로 보인다. 경제적 하위계층들에 이르기까지 다양한 계층에서 외화를 찾으면 찾을수록 외화를 다량 보유하고 있는 돈주의 영향력은 커질 수밖에 없다.

화폐개혁 이전에는 중간층까지만 외화를 사용하였다. 왜냐면 돈 파동(환율)이 심하게 오르내리지 않고 일정수준 유지하였다. 1년에 2~3번 정도 환율이 크게 오르내리면 그때마다 떼돈을 벌게 된다. 화폐개혁이후에는 하층까지도 매일 퇴근길에 외환시장에서 환전을 모두 하고 있다. 왜냐면 하루 밤 사이에 환율이 심하게 오르내리여 (내화)손해를 감당할 수 없기 때문이다. 사례로 위안화(중국돈)환율이 200:1로 가정한다면 내화돈 수입금액이 내화돈 20만원 환전하면 위안이 1천원이다. 환전안하는 경우 다음날 환율이 300대 1로 오르면 666.6(위안화)원이 되는 것이다. 하루 밤 사이에 위안화로 333원 손해 보게 되는 것이다. 따라서 일부 사람들의 암거래가 활성화 되던 외환시장이 전 국민을 대상으로 활성화되면서 돈주들의 영향력은 확대될 수밖에 없는 것이다(탈북자 D씨).

반면 일반평민은 화폐개혁 조치 이후 조정기에 이르는 수 개월 정도는 생활패턴이 흐트러져 어려움을 겪었다. 하루 벌어서 하루 생계를 유지하는 방식이나 외상을 통해 각자 이전부터 하던 생계유지방식들을 이어가며 생활을 점차 안정화 시켜갔던 것으로 파악된다. 당 간부 및 권력계층은 원래부터 시장 경제활동에 전적으로 의존하는 생활방식이 아니었을 뿐더러 일정 부문 인민폐와 같은 외화를 보유하고 있어 피해는 크지 않았다. 다만, 시장에서 거둬들이는 뇌물의 증대와 돈주와의 사업적 결탁 등을 통해 화폐에 대한 인식이 보다 명확해진 것으로 보인다.

### 화폐개혁 이후 주민 인식변화

화폐개혁은 시장 참여자들의 시장 의존현상을 더욱 심화시켰다. 그러면서 함께 나타난 현상은 국가에 대한 불신과 외화를 중심으로 한 화폐에 대한 신뢰이다.

사람들 의욕이 이전보다 늘었다. 시장이 있다 없으니까 시장에 대한 그리움, 절박함, 욕구나 집착이 강해졌다. 시장으로 살던 사람들이 그게 없으면 생계가 끊긴다. 일화가 하나 있다. 신의주 쪽 시장을 막으니까 앉아서 판매하던 아줌마들 몇 명이 어떻게 먹고 사냐며 보안원이랑 싸웠다. 있을 수 없는 일이었다…. (화폐개혁 이후) 사람들이 시장을 인지했다. 시장으로 먹고 사는 게 가장 좋은 방법이고 시장 종사자도 많이 늘었다. 시장이 없으면 살기 어렵다는 인식이 많아졌다(탈북자 C씨).

사람들이 외화의 중요성을 인식하면서 또한 국가가 통제할 수 없어 시장을 개방하면서 점진적으로 시장이 활성화되었고 점차 확대되었다고 보면 된다. 사업하던 사람들은 방법을 알기에 이내 시간이 지나면 다시 시작하니까…. 몇 번에 걸쳐 경제관리체계 개선과 화폐개혁을 경험했으니 점점 국가보다 오직 자기 자신만의 방식으로 살아가기 위해 노력한다. 쌀 생산량이 결정적으로 모자라서 국가가 생계를 유지하기 위해 장사를 하는 사람들을 통제 할 수가 없다(탈북자 F씨).


이러한 경험으로 축적된 불신은 국가가 시장을 통제하고 관리하는 데 중대한 걸림돌이 될 가능성이 크다. 중요한 것은 시장 참여 여부를 불문하고 이제 시장의 중요성과 함께 화폐가치에 대해 인식을 확고히 하게 되었다는 점이다. 국가가 아닌 돈의 힘을 맹신하게 되었다고 해도 과언은 아니다. 화폐개혁 이후 화폐 인식변화를 보면 화폐개혁 이후 달러화 의존도와 현물 보유 경향이 복수응답 기준 113명 응답자 중 101명(89.4%)에 달한다. 당의 통제를 신뢰하여 따르거나 북한 당국이 그토록 선전해 온 신권 화폐를 꾸준히 모으고자 하는 경향은 12명(10.6%)에 불과한 것으로 나타났다.

한편, 과거 주민들의 시장활동 배경은 국가의 배급중단으로 인한 고육지책이었다. 그렇다면 이른 바 미공급기의 종식은 주민들의 시장활동 의지를 꺾을 수 있을까. 이것 역시 확답하기 어려운 문제이다. 이미 주민들은 북한 당국의 경제정책에 따른 여러 차례 학습경험이 있다. 국가배급 재개시 주민들의 시장활동 의지를 보면, 국가배급이 정상화되어도 시장활동을 현재 수준(31명 34.1%) 또는 부업으로나마 지속하겠다(44명, 48.4%)는 응답의 합 전체 응답자 91명 중 75명(82.5%)에 달하고 있다. 시장활동이 점차 줄어들 것이다라고 답한 응답자는 15명(16.5%)에 불과했으며 국가배급에 의존하며 시장활동을 중단하겠다는 응답자는 단 1명(1.1%)에 불과했다.

## 결론: 시장의존 현상의 공고화(鞏固化)

화폐개혁 이후 가장 관심을 끄는 것은 시장억제 정책의 정점을 경험한 각 계층들이 어떠한 계기로 시장에서 활동을 재개하느냐의 여부였다. 이번 장을 통해 살펴본 시장참여자들의 변화양상은 〈그림 5〉로 요약된다. 행위자의 측면에서 화폐개혁 이후 시장경제 참여자들은 시장 및 시장참여자 간 상호의존 관계의 공고화로 설명할 수 있다. 첫째 돈주들은 구권 화폐의 손실량은 타 계층에 비해 많았으나, 보유 중이던 외화로 이러한 손실을 어렵지 않게 회복한 것으로 보인다. 오히려 위기 속에서 학습된 북한화폐와 환율과의 차익을 이용하였다. 자금을 필요로 하는 주민들을 활용한 고리대금업이나, 밀무역에서 오는 시장판매 차익 등과 같이 외화의 축장을 넘어 수익의 안정성을 확보하려는 모습이 눈에 띈다. 화폐개혁 이후 시장의 권력계층과 평민층의 화폐수요 증대로 인해 현재까지 현금유통의 발원 역할을 담당하고 있는 것으로 보인다. 둘째, 일반 평민 계층들은 소상인 등 구권 화폐의 손실이 가장 컸다. 따라서 회복속도는 더디지만 생계를 위해 시장을 맴돌게 되었다. 시장의 안과 밖에서 밀무역에 동참하거나, 사채를 통한 장사 재개, 나아가 화폐시장에까지 관심을 갖게 되었다. 밑천이 없는 일부는 자본가에게 고용되어 생계를 유지하고자 하였다. 시장에 대한 전폭적인 신뢰상승과 함께 국가에 대한 신뢰도는 크게 떨어졌다. 더불어 가치가 고정적인 물품이나 외화를 선호하는 현상이 확산되었다. 셋째, 권력 계층은 화폐개혁 당시 정보력에 따라 손실의 정도가 상이했던 것으로 보인다. 그러나 다시 시장 착취를 일삼으며 일부는 직접 돈주로 나서거나 또는 돈주와 결탁하여 시장에 참여하며 어렵지 않게 손실을 만회한 것으로 보인다. 외화시장에 대한 관심 또한 큰 폭으로 확산되었다. 돈주와의 유대관계는 더욱 돈독해졌으며 이는 부정부패, 뇌물의 확산과 경로의 다양화로 부익부 빈익빈 현상을 가속화시키는 결과를 초래하였다.

〈그림 5〉 시장 참여자(player)의 변화양상 – 경제손실, 외화수요 부문: 시장 의존 현상의 심화[53]

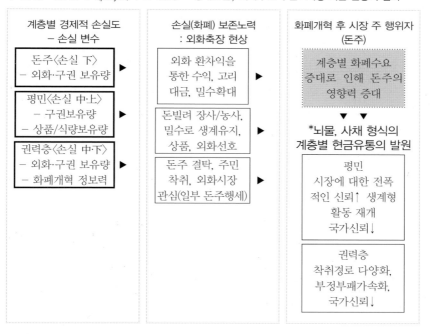

앞에서 기술한 주민들의 인식 변화, 즉 시장 의존 현상의 보편화 추세로 인해 북한 당국은 시장화를 관리하는 능력에 심각한 의문을 제기하게 되었다. 화폐개혁은 시장 억제 조치의 정점에 있던 정책이었으나 결과적으로 시장참여자들에게 시장의 힘을 재확인할 수 있는 기회를 제공했고 이제는 초

반의 충격에서 점차 회복하는 추세를 보여주고 있다. 이와 함께 불법적·음성적 시장화, 세외부담 증가와 뇌물로 대표되는 권력 유착형 빈익부·부익부 현상의 고착화, 달러화 현상의 확산 등 시장화로 인해 나타났던 기존의 부작용을 심화, 고착시키는 결과를 초래했다. 결정적으로 국가신뢰도가 크게 하락했다. 즉 북한 당국의 정책과 무관하게 주민들의 시장의존 현상은 쉽게 바뀔 수 없음을 의미한다. 국가의 생산력 증대가 담보되지 않는 상황에서 화폐개혁 조치는 일부 국가재정 수입의 충원은 가능하여도 시장을 국가통제 하에 두려는 정책이 근본적으로 성공할 수 없음을 보여준다. 결국 북한 당국의 시장화 관리 능력은 제한적일 수밖에 없는 것이다.

신중한 접근을 필요로 하나, 화폐개혁 이후 2013년을 기점으로 시장의 충격에서 벗어나는 모습은 아노바 분석을 통하여, 21개 항목 중 11개 항목에서 통계적 유의미함이 도출되었다. 특히 종합시장의 뚜렷한 회복세가 눈에 띈다. 그러나 평균적으로 화폐개혁 이전 수준까지 도달하지 못한 것처럼 보인다. 특히 개인이 위탁받아 운영하는 사업체의 측면에서 역시 화폐조치 이전의 수준으로의 회복은 시간이 더딘 것으로 나타나고 있다. 중요한 것은 80%가 넘는 주민들이 배급이 재개되어도 시장활동의 끈을 놓지 않겠다는 의지를 보여주고 있다는 점이다.

화폐개혁으로 인한 충격으로부터의 회복은 이번 장에서 도출한 결과만 놓고 보면 다소 성급한 추론일 수 있다. 그러나 2013년 응답집단의 설문결과로 한정하면 시장이 회복됨을 넘어 확산되어 갈 조짐들이 다양하게 포착되고 있다. 또한 계획 부문의 시장 의존 양상은 화폐개혁 이후 정경유착의 심화, 시장연계활동의 세외부담 증대로 나타나 시장이 국가조정 메커니즘에서 차지하는 영역이 보다 커지고 있다는 점을 간접적으로 시사한다. 권력계층의 협력 아래 돈주들의 영향력은 화폐개혁의 초반보다 점차 늘어나고 있다. 이는 자본에 따른 초보적 계급화(hierarchy) 현상의 진전이라는 측면에서 주목할 만하다.

이처럼 인민의 생존을 담보하는 시장의 힘은 수년간의 시장 통제정책에도 불구하고 자생적인 면역력을 갖게 되었다. 2020년 말 당 중앙위원회 전원회의는 계획경제 부문에 시장을 편입시키면서 외관상 계획경제를 강화하는, 국가경제의 새 판을 짜기 위한 고민이 묻어난다. 더구나 인민에 대한 국가통제는 COVID-19 상황이라는 변수 앞에 주춤거리며 역으로 '인민대중제일주의'라는 구호가 강조되는 모양새다. 2021년 4월 12일 열린 최고인민회의 예산보고에서는 매년 적립해야 하는 감가상각비를 국가 예산으로 이용할 것이 언급될 만큼 재정 상황이 녹록지 않다. 또한 기업의 자주적 계획 수립과 이익 분배권을 보장하며 인센티브를 부여하는 방식의 '사회주의 기업책임관리제'의 기조도 재정난 극복과 외화 흡수라는 과제를 떠안고 있는 북한 당국의 입장에서는 여전히 유효하다. 다만 상술한 바처럼 COVID-19 상황의 장기화로 인해 국가재정이 감소하는 여건에서 시장과 기업 활동에서 축적된 외화 흡수를 위해 -세외부담을 비롯한 납부금 인상 등- 어느 선까지 인민들을 다그칠 수 있느냐가 관건이 될 것이다.

시장의 존재감은 북한의 경제뿐 아니라 사회·정치적 지형에도 영향력을 증대시켜가고 있다. 제5차 화폐개혁은 2000년대 북한의 시장화 흐름에서 정부 당국과 시장 간의 불완전한 공존 관계를 보다 명확하게 보여주는 사건이었다. 시장 참여자들의 시장 의존현상이 공고화되었다 할지라도 북한 당국의 시장정책에 따라 일부 진전되거나 퇴보할 수 있다. 그러나 제반요건이 충족되지 않는다면 시장화 현상이라는 본류의 영향권에서 쉽게 벗어나기는 어려울 것이다. 30년 가까이 진행되어 온 북한의 시장화 현상이 주는 교훈을 쉽게 간과할 수는 없다.

# 3장
## 북한 개발협력 연구를 위한 제언[54]

　국제사회에서 공적개발원조(Offical Development Assistance, 이하 ODA)를 비롯한 국제개발협력이 본격적으로 태동한 것은 1945년 국제연합의 창설 이후이다. 그동안 개발협력의 주체, 비전, 과제, 방향 등의 문제에 관한 이해 당사자들의 수많은 논의들이 있었다. 주요 논점은 "왜 가난한 나라를 도와야 하는가, 어떻게 하면 원조 효과성을 높일 수 있는가?"하는 명분과 방법론에 관한 것이었다. 현재까지도 개발협력을 단순히 인도주의 차원의 물질적 원조나 공여국에서 수원국으로의 일방적인 자원이전의 관계로 이해하는 이들이 많다. 그러나 개발협력은 공여국 차원의 공적 원조만으로 이루어지지 않는다. 국제개발 NPO(Non-Profit Organization) 및 다자금융 협력관계를 통한 민간 부문의 파트너십의 위상은 날로 높아지고 있다. 시대적 의제로서 자리매김한 개발협력은 일시적 긴급구호가 아닌 지속가능한 공존을 위한 공여국과 수원국간 필연적 협력 수단이라고 볼 수 있다.

그럼에도 불구하고 개발협력의 개념은 현재에도 명확히 합의되지 않는 영역이다.[55] 본 장에서 개발협력의 개념은 개발지원과 유사하지만 보다 광의의 개념을 담고 있다. 개발지원은 주로 공적개발원조인 ODA를 의미한다. ODA는 정부를 비롯한 공공기관이 개발도상국의 경제발전과 사회복지 증진을 목표로 제공하는 원조를 의미하며, 개발도상국 정부 및 지역, 또는 국제기구에 제공되는 자금(증여(grant) 및 양허성 차관(concessional loan))이나 기술협력을 포함하는 개념을 의미한다.[56] 이와 같은 배경에서 개발협력이란 긴급 구호사업부터 취약계층의 지속가능발전을 위한 인프라 구축사업까지를 아우르는 광의의 '인도주의 협력' 사업으로 볼 여지도 있다. 본 장에서는 효과적인 논의 전개를 위해 외국인 직접 투자(FDI) 또는 글로벌 파트너십과 관계된 자금조달(financing) 등의 경제협력에 근접한 개념[57]은 배제하고, 인도주의 가치에 기반한 지원사업을 '개발협력'으로 정의한다.

## 북한 개발협력의 국내적 수용

한국의 입장에서 북한 개발협력 사업의 의미는 단순히 특정 개발도상국의 취약계층을 돕는 차원의 문제를 넘어선다. 본 장에서 제기한 문제의식은 한국정부를 비롯한 국제사회의 개발협력 규범이 선별적으로 적용되는 것이 북한의 경제상황 개선에 관한 협력과 접근의 제한을 초래하며, 향후 한반도 통일비용의 증가로 연결될 것이라는 우려와 맥이 닿아 있다. 남북한 간의 경제력 차이는 통일비용을 설명하는 데 있어 핵심이라 해도 과언이 아니다. 북한은 내부에 기반한 경제 성장에 어려움을 겪고 있으며 외부와의 협력과 지원이 절실하게 필요한 상황이다. 북한의 경제난으로 인하여 남한이 지출해야 하는 통일비용은 서독과 동독의 사례에 비교하여도 그 규모가 훨씬 클 것으로 추정된다.

따라서 북한의 장기적인 경제난에 기인한 남북한 간의 경제적 차이는 북한 내 정치적 변화 못지않게, 극복해야 할 과제이자 긴급한 현안으로 수용된다. 또한 남과 북의 경제력 격차는 다가올 통합 과정에서 주민 간 이질성을 증대시킬 것이며, 각종 갈등을 비롯하여 사회 불안 요소를 동반할 가능성도 크다.[58] 지난해 출범한 윤석열 정부에서도 지난 정부의 호혜적 협력 사업은 정책적으로 검토하여 이어나갈 필요가 있다. 문재인 정부의 한반도 정책 4대 전략 중 하나인 '호혜적 협력을 통한 평화적 통일기반 조성' 분야에는 영·유아 등 취약계층에 대한 인도적 지원과 민간의 교류협력 그리고 한반도 신경제지도 구상 등 경제협력에 관한 내용이 순차적으로 담겨 있다.[59] 또한 4대 전략 중 하나였던 '제도화를 통한 지속 가능성 확보' 분야의 실행 정도에 따라 남북한 개발협력 사업의 안정적인 기반이 마련될 가능성도 농후하다.

북한 개발협력에 관한 진전은 남북한 경제협력의 활성화를 추동할 것이며, 이는 궁극적으로 한반도 경제통합의 속도와도 관련이 있다. 한반도 경제통합은 통일의 한 과정으로서 의미가 있으며, 무엇보다 정치·군사적 분야의 통합보다 속도감 있게 진행될 수 있는 선도성 때문에 강조되기도 한다. 경제통합에 관한 논의는 암묵적으로 남북경제협력이 활성화되면 북한의 경제상황 또한 진전될 것이며 이는 한반도 전역의 경제 성장 뿐 아니라 북한 경제체제의 전환까지 도모하게 될 것이라는 전제를 수반한다.[60]

따라서 국제적 차원의 논의와는 별개로 국내적 차원에서 북한 개발협력은 보다 시급하고 중요한 통일준비 과제로서 접근되어야 한다. 지속가능한 북한주민의 삶과 한반도 번영을 위한 장기적 관점에서, 그리고 본격적인 남북 경제협력을 추진하기 위한 예비 단계로서 북한 개발협력에 관한 개념을 인식할 필요가 있다.

그러나 북한 개발협력이 지니는 상징성과 시의성에도 불구하고 이론적 연구의 시도는 턱없이 부족한 실정이다. 본 장에서는 북한개발협력의 기존 연구 경향을 특징에 따라 구분하고, 지속가능한 북한 개발협력 연구에 기여할 수 있는 이론적 분석 틀을 개발하고자 한다. 그 전제로 국제사회가 취약국가로 규정되고 있는 북한에 관한 지원 혹은 협력을 추진하는 배경을 북한의 상황을 변화시켜 국제사회의 보편적 일원으로 유도하고자 하는 '사회화' 인식에 있다고 가정한다. 따라서 북한개발협력에 관한 사회화 현상을 조명하기 위한 대안 이론으로 법사회학이론의 적용 가능성을 검토하고자 한다. 법사회학은 국제관계의 법제화 경향과 수용국가와의 관계에 주목하고 있다. 제도적 관점(국제법, 규범, 제도)에서 적용자로서의 국제사회와 수용자로서의 북한의 상관관계를 검토하는 것은 향후 북한개발협력 연구의 방향에 중요한 역할을 할 수 있다.

## 북한 개발협력 연구의 제약

지금까지의 북한 개발협력에 관한 연구는 주로 정책적 제언이나 현상에 대한 표피적인 해석에 머물러 왔다. 또한 국제정치 내지 국내정치적 해석으로 인도적 지원을 비롯한 개발협력에 대한 논의과정 자체가 평가절하 되어 왔기에 이론적 관점에서의 연구는 매우 드물다고 해도 과언이 아니다. 그러한 배경에는 크게 두 가지 이유가 있다.

첫째, 분단에 따른 현장 연구의 제약성에 있다. 북한 연구는 정책 현장에 대한 접근의 제약으로 인하여 정치, 사회, 외교 혹은 남북관계라는 표면적인 현상 분석을 중심으로 진행되었다. 북한 개발협력에 관한 이론 연구의 빈곤 현상은 2006년부터 2017년까지 국제사회의 대북 경제 제재가 일상화, 고도화되었던 대외적 요인과, 남북한 간의 전면적인 교류 중단을 담은 남한 정부의 5.24 조치, 즉 대내적 요인이 중첩되면서 보다 심화되었다.

둘째, 통일을 지향하는 남북한 간 잠정적 특수관계는 문제해결을 위한 창의적 접근을 유발하면서도 논증 기반의 연구에 제약을 가해왔던 것이 사실이다. 한국 정부는 2009년 11월 25일, 24번째로 OECD DAC(개발원조위원회, Development Assistance Committee)에 가입하였지만, 공여국으로서의 지위와 역할을 국가 대 국가 관계가 성립되지 않는 북한의 개발협력 현장에 직접 적용하지 못하고 있다. 이는 헌법 제3조에 '대한민국의 영토는 한반도와 그 부속도서로 한다'라고 명시되어 있어, 북한에 대한 개발협력에 국가 간 이전되는 일반적인 ODA의 적용이 어렵기 때문이다. 현재의 대북 지원은 주로 정부기금인 남북경협기금 또는 민간단체들이 직접 지원하는 방식으로 진행되고 있다. 또한 UN개발계획(UNDP), UN세계식량계획(WFP) 등과 같은 국제기구를 통해 북한을 수원국으로 결정해서 조건부 신탁기금(trust fund)을 통해 한국 정부가 개발협력에 간접적으로 참여하는 방식을 따르고 있다. 따라서 기존의 ODA 집행 과정에 적용되는 개발이론들과는 차별화된 이론적 분석틀이 북한 개발협력 연구에 기획되어야 한다.[61]

## 북한 개발협력 연구의 갈래

이러한 연구 환경의 제약 조건에도 불구하고 북한 개발협력에 대한 연구를 위한 노력들은 점진적으로 지속되어 왔다. 선행 연구 결과들은 북한 개발협력 연구에 있어서 길라잡이 역할을 수행한다. 소개하는 자료들은 개발협력 일반에 대한 연구를 제외한 북한 개발협력에 초점을 둔 결과들이다.[62]

첫째, 원조 효과성과 평가모델에 대한 연구이다. 먼저 북한이탈주민 인식조사를 통한 원조 효과성 분석 사례이다. 양문수[63]는 기존 대북지원 효과 연구의 외연의 확장을 위해 간접적인 현장조사 수단으로 북한이탈주민 8

명을 대상으로 한 심층 인터뷰를 통해 인도적 지원의 경제·사회적인 효과를 분석하였다. 연구 결과, 주민들의 대남인식이 긍정적으로 변화하였으나 취약계층의 직접적인 생활수준의 향상보다는 시장가격 상승 억제, 시장경제 확대라는 측면에서 우회적으로 기여했다고 평가한다. 김지영[64] 역시 탈북민 27명을 대상으로 1990년대 중반 이후 진행된 대북 인도적 지원 효과에 관한 연구를 시도하였다. 그 결과 인도적 지원의 상당 부분은 군부와 장마당으로 흘러들어가고 있었으나 다른 한편으로 국제 사회의 인도적 지원은 북한 주민의 공여주체에 대한 인식 변화에 주요한 역할을 하고 있었다며 양문수[65]와 유사한 결론으로 귀결되었다. 한편, 대북 원조가 외교정책에 어떠한 변수로 작동하는가에 대한 연구가 있다. 김상기[66]는 OECD DAC의 대북 ODA가 북한의 대외정책 선호에 어떤 영향을 미치는 지를 실증적으로 분석하였다. 1991년부터 2008년까지 UN총회 투표 자료를 이용한 통계적 분석을 통해 결과를 도출하고 원조의 목적 및 북한의 국제관계 인식과 관련됨을 파악하였다. 해당 연구의 발견은 공여국가의 북한 개발협력이 정치적 목적보다는 인도주의 가치를 비롯한 개발협력 본연의 목적에 충실할 때, 북한의 정책적 변화를 끌어낼 수 있다는 함의를 제공한다. 이종무·박형중[67]은 대북 지원의 체계화를 위한 북한평가모델로 한국형 개발 및 인도지원 시스템 구축을 시도한 사례로 의미가 있다. 선수현[68]은 인간개발지수(HDI)를 통해 북한의 인간개발지수에 관한 추정을 시도하고 있다. 해당 연구는 개발의 흐름이 경제, 사회, 인간 개발로의 관점으로 변화하였고 삶의 양적인 성장뿐만 아니라 환경, 보건, 교육, 여성 등의 질적인 성장까지 고려해야 하므로 개발 측정 지표로서 인간개발지수(HDI)의 중요성을 강조하고 있다.

둘째, 국제규범과 북한 적용에 대한 연구이다. 김석진[69]은 국내외 규범에 따른 개발협력 가능성을 연구하였다. 먼저 2005년 파리선언에 규정된 5가지 국제규범 즉, 수원국의 주인의식(Ownership), 공여자와 수원국 간의 파트너십(Partnership), 공여자 간 협력(Harmonization), 성과 지향적 관리(Managing for Results), 공여자 및 수원국 국민들에 대한 상호책무성(Mutual Accountability)에 따라 북한 상황의 긍정적·부정적 요인을 연구하였다. 또한 2010년 이스탄불 CSO(Civil Society Organization, 시민사회단체) 포럼에서 규정된 시민사회 단체 개발협력 국제규범과 2014년 국제개발협력 민간 협의회·UN 글로벌 콤팩트 한국협회에서 제시된 DAK(Development Alliance Korea, 개발협력연대) 가이드라인, 대북협력민간단체협의회(이하, 북민협) 공동 행동규범을 통한 시민사회단체의 규범 준수 긍정적·부정적 요인을 분석하였다.[70] 북한의 국제사회에 대한 법제도적 시각에 대한 연구도 있다. 최은석·민경배[71]는 동북아 질서에 관한 북한의 법제도적 시각을 분석하면서, 국제사회의 개발지원이나 개발금융에 대한 북한의 관심은 비록 법제도 연구 차원에 머물러 있지만, 관련 법제에 대한 지식을 정비할 필요성이 있기 때문에 김정은 시대에도 연구차원에서는 개발협력 내지 원조에 대한 검토가 지속될 것으로 주장한다.[72] 김다애[73]는 남북한 보건의료협력을 위한 법제정의 필요성을 지적하고 있다. 이미 합의한 남북한 교류협력 주요합의서에 기초를 둘 것과 양측이 가입한 국제법을 인정하면, 상호 신뢰에 기반한 호혜적 효과를 기대할 수 있을 것이라는 법제도적 관점을 제시한다.[74] 한편 문경연[75]은 대북개발협력을 1994년 UNDP에서 시작된 인간안보 개념을 활용하여 국제 규범적 해석을 시도하고 있다. 주로 인간안보 규범에 맞는 대북지원 개선책으로 원조의 수원 계층 전달 메커니즘을 강화하여 인도주의 목적의 달성을 강화할 것을 주장한다.[76] UN 인권 규범적 접근 연구도 있다. 임상순(2015)은 UN 인권 규범 수용 요청에 따른 북한의 대응이 타협, 갈등, 협력의 양상으로 나타나기 때문에 북한 주민들의 인권과 기본적 자유를 보장해주기 위해서는 UN의 관여전략에 따라 속도조절의 필요성이 있으며, 결과적으로 식량 지원 증대와 함께 내부 개혁의 여건을 보장해주는 방안을 제안하고 있다.[77]

셋째, 제재 국면 속 대북 개발협력에 대한 연구이다. 정구연[78]은 과거에는 대북지원을 통해 평화를 달성하려 했다면, 지금은 평화가 담보되어야만 대북지원이 가능하다면서, 소위 '퍼주기' 논란을 불식시키고 국제사회 대북제재 공조 체제를 와해시키지 않는 선에서 사업의 정당성 확보가 필요하다고 역설한다. 또한 북한 내 개발협력 수요가 UN전략계획(2017-2021)[79]에 의해 확인된 만큼, 제재국면의 장기화 국면에서 정부차원의 대규모 지원사업은 실현이 어렵지만, 인도적 지원의 경우 기본적으로 허용이 되고 제재위원회에 신고 시 부분적으로 허가 받을 여지도 있기 때문에 시민사회단체의 인도적 지원 등 긴급성에 따라 재개할 수 있는 부분을 검토할 필요가 있다고 주장한다.[80] 한편 박소혜·박지연[81]은 대북제재 기간, 전체 공여국의 대북 지원의 감소 흐름 하에서 1순위 공여국으로 부상한 스위스의 대북지원의 특징을 분석하면서, 인도주의에 기반을 둔 지원 방식을 국제사회의 대북제재 속에서도 지속성을 유지할 수 있는 원인으로 파악한다.[82] 홍상영[83]은 한국 시민사회의 대북지원 20년을 평가하면서 긴급구호에서 개발협력으로의 발전을 평가하면서도 정경연계와 남남갈등, 지원기관 내부 역량의 문제 등을 한계로 지적하였다. 지속가능한 민간협력의 대안으로 민간교류 생태계의 자율성과 독립성을 보장하고 대북 협력 접근법으로 투명성 강화와 UN 지속가능발전목표(SDGs)의 한반도 모델의 필요성을 주문하고 있다.[84]

넷째, 통일 준비 차원에서의 개발협력 연구이다.[85] 강동완[86]은 남북한 통합을 전제로 북한개발협력 추진 방안을 연구하였다. 북한의 빈곤문제에 대한 접근을 단순히 인도적인 접근에 머무를 사안이 아닌, 남북한 통합 단계와 중요히 연계된 식량 안보적 차원의 문제로 간주하여 접근하고 있다. 또한 기존의 대북지원 방식이 일회성 개념의 인도적 지원 사업에 그쳤다면, 향후 지속가능한 사회 구축에 방점을 둔 개발협력 관점으로 전환될 필요성을 지적하고, 이에 부합하는 식량지원 방안을 제시하고 있다. 또한 북한 개발협력 방안에 관한 기존 연구는 북한의 핵문제 해결 등 긍정적인 정세가 조성되는 환경적 배경을 가정하고 있는데, 핵 문제 해결 이후 뿐 아니라 이전 단계까지 포함하여 남북관계 발전단계별 개발협력 추진방안을 현실적으로 접근한 사례로는 김석진·홍제환[87]의 연구를 주목할 만 하다.

다섯째, 이론적 차원에서의 대북 개발협력 연구 시도이다. 김태균[88]은 북한에 대한 사회화 과정을 아우르는 차원에서 개발협력을 대상으로 한 이론적 프레임 구축의 필요성을 강조한다. 이를 위해 국제적 수준과 북한 국내적 수준을 고려한 협력체계를 거시적, 미시적 이론적 관점과 연결시켜야 한다고 주장한다. 또한 북한에 대한 국제사회의 개발협력 사업 방식을 일원화하거나, 북한 내부에서 개발협력을 수용하고 변화를 도모할 수 있는 역량만을 증진시키는 것도 한계가 있기 때문에, 국제사회의 원조 주체들이 어떠한 이유에서 북한개발에 적극적으로 참여해야하는가에 대한 이론적 설득논리를 제공하는 것이 각 주체 단위 간 성공적인 연계체계 구축의 시발점이라고 역설한다. 해당 연구는 이론적 소고로서 영국학파의 국제사회 이론으로부터 북한의 사회화에 관한 이론적 구성을 시도하고 있다.

선행 연구의 분석 결과 북한개발협력 연구 동향은 〈표 9〉와 같이 다섯 가지 유형으로 축약된다. 첫째, 정책 평가의 맥락에서 접근하는 개발협력 효과성 연구, 둘째, 국제개발협력 규범을 기초로 한 북한 개발협력 연구, 셋째, 국제사회의 대북제재 국면 하에서 북한에 관한 인도적 지원의 필요성 및 부정적 요인을 검토한 북한 개발협력 연구, 넷째, 통일 준비 차원에서의 북한

개발협력 연구, 다섯째 북한 개발협력을 조망하기 위한 이론적 관점에서의 개발협력 연구이다.

〈표 9〉 북한 개발협력의 연구 경향

| 특 징 | 연구 분야 |
|---|---|
| 정책 평가 | 원조 효과성과 북한 개발협력 연구 |
| 개발협력원칙 준수 | 국제개발협력 규범을 기초로 한 북한 개발협력 연구 |
| 대북제재 국면 | 국제사회의 대북제재 하 북한 개발협력 연구 |
| 민족적 견지 | 통일 준비 차원에서의 북한 개발협력 연구 |
| 분석 프레임 개발 | 이론적 차원에서의 북한 개발협력 연구 |

## 법사회학 이론의 검토: '법적 사회'

국제사회의 규범적 특징은 질서 유지를 위한 제도의 존재에 있다. 그 중 국제법은 국제사회가 구축한 '보편적이고 국제적인 규범'의 지위를 가지며, 문명 표준에서 이탈한 국가들은 '법적 사회'의 특성을 갖는 국제사회로부터 국제법을 준용할 것을 주문받게 된다. '법을 매개로 한 사회화' 요구는 영국학파의 국제사회 이론에서 말하는 다원주의(Pluralism)나 연대주의(Solidarism) 사회화 방식 모두에게 적용된다.[89] 대북 개발협력의 중단을 비롯한 경제 제재는 UN 안보리 결의에 기초하고 있고,[90] 인도주의 가치에 기반한 개발협력 정책 역시 국제기구의 인도주의 행동강령 등의 국제법에 근거하고 있다. 이러한 측면에서 법을 사회현상으로 고찰하는 법사회학 이론이 기존의 국제정치학에서 노정하는 한계를 극복하고자 국제관계의 법제화 확산의 원인과 영향에 관한 연구를 지속하여 왔다는 점을 주목할 필요가 있다.[91]

현대 국제사회에서 경제, 안보, 환경과 인권에 이르기까지 국제법은 복잡다단한 이슈(issue)를 규율하는 효과적인 제도로 자리매김했다. 주권 국가 간 분쟁과 관련, 쌍방 간 교섭과 합의에 의해 다루어졌던 문제들이 국제법이라는 제도적 틀 안에서 해결되기도 한다.[92] 이처럼 탈 냉전기 국제관계를 특징짓는 주요 현상 중 하나가 '법제화(Legalization)' 경향의 심화라고 할 수 있다.[93] 조약 체결의 급증과 국제관계에서 법적 영역의 확장에 따라 국제정치학자들이 다시금 국제법을 주요 분석대상으로 삼게 되었는데, 최근 연구들은 그 이론적 전제를 중심으로 크게 현실주의 제도론, 신자유주의 제도론, 구성주의론의 세 갈래로 나눌 수 있다. 첫째 현실주의 제도론은 국제법체계를 패권국 혹은 주요 강대국의 이익과 안정을 영속화하기 위한 도구로 이해한다.[94] 둘째, 신자유주의 제도론자들은 국제법이 다른 국제제도와 마찬가지로 국가행위자들의 합리적 선택의 결과물로 탄생한 것으로 간주한다.[95] 셋째, 구성주의자들의 경우 국제법을 '동맹국 그룹과 같은 특정 정체성을 가진 행위자들 간에 적절하다고 받아들여지는 행위표준(standard of appropriate behaviors)'인 국제규범(Norm)으로 인식한다.[96] 현실주의 제도론, 신자유주의 제도론, 구성주의 이론은 이론 발전의 경로에서 각 시기별 주류적 논리에 대한 대응논리로 주창·논의되면서 이론의 핵심가정과 특정변수만을 지나치게 강조하였으나, 법사회학적 접근은 국제적 수준에서 법적 사회 등장의 원인 빛 배경으로 경제구조의 변동을 폭넓게 고려하되, 법적 사회의 등장이 구조로서 작용하여 국가 및 초국경적 행위자들의 행동양식을 규율하는 '사회화' 효과를 가짐을 보여준다. 고전사회학자들은 경제관계, 즉 근대 산업사회의 등장을 법체계 및 사회적 연대 형태의 변동 원인으로 꼽고 법적 사회의 등장과 확산의 '구조적 원인'으로 분석하기도 한다. 또한 법조문의 기계적 해석을 넘어 국가 및 사회적 행위자들이 국제법을 수용, 내재화하는 '사회화 과정'이 법적사회 등장의 중요한 측면이자, 국제법의 영향에 관한 핵심적 질의가 있다고 주장한다. 공동체(Gemeinschaft)에서 법적사회

(Gesellschaft)로의 전환이라는 이론적 틀은 이러한 핵심적 연구 질의와 이론적 주장을 온전히 반영한다.[97]

여러 이론들이 제기하는 법제화의 개념적 요소를 종합해볼 때, 국제관계의 법제화는 "법적 제도화 및 이에 대한 행위자들의 수용성 심화에 따른 법적 영역의 확장"으로 개념화할 수 있다. 즉, 과거 일상관계 혹은 정치적 교섭의 영역으로 남아있던 많은 문제들이 점차 법적 성격을 강하게 가지게 된 조약에 의해 규율되고, 법적 사회관계에 포섭되지 않던 국가 및 초국가적 행위들이 이의 일원이 됨에 따라 그 외연이 확장된 사회의 현상을 국제관계의 법제화로 볼 수 있다.[98] 법사회학 이론적 접근은 국제적 수준에서 법적 사회 등장의 원인 및 배경으로 경제구조의 변동을 폭넓게 고려하되, 법적 사회의 등장이 구조(system)로 작용하여 국가 및 초국경적 행위자들의 행동양식을 규율하는 '사회화' 효과를 가짐을 보여준다. 또한 국가권력의 작동을 법적 사회 확산의 중요한 동인으로 상정하며, 법치를 하나의 가치체계로 이해하고 행위자들의 수용을 그 과정의 핵심으로 이해한다는 점에서, '법을 매개로 한 구조와 행위자의 상호작용'에 초점을 맞추는 '과정론적 이론'으로 정의 할 수 있다.[99]

〈표 10〉 국제관계의 법제화 개념과 법사회학적 접근

| 국제관계의 법제화의 개념 | | 법사회학적 접근 |
|---|---|---|
| 법적 제도화 (법적 성격을 지닌 조약 및 국제법) ▼ | ≒ | 국제적 수준에서 '법적 사회'의 등장 (경제구조의 변동을 고려) ▼ |
| 법적 사회관계에 포섭되지 않던 국가들의 수용성 심화 ▼ | | 구조로서 기능 (국가 및 초국경적 행위자들의 행동양식을 규율) ▼ |
| 국제사회의 법적 영역 확장 (선순환) | | 사회화 (문명표준으로 편입) |

〈표 10〉을 보면 국제관계의 법제화 개념은 법적 제도화를 통해 법적 사회관계에 포섭되지 않던 국가들을 손쉽게 국제 질서 내에 수용할 수 있으며 이는 국제사회의 법적 영역의 확장에 기여한다는 것이다. 법사회학적 접근방식도 국제적 수준에서 '법적 사회'가 등장하면 구조로서 기능하고 문명표준에서 이탈해 있는 국가들을 사회화하는 역할을 수행한다는 점에서 맥을 같이 한다. 법사회학 이론은 북한 개발협력의 제도적 환경을 국제사회이론으로 접근할 때 불필요한 논의의 확산을 예방하고, '법적 사회'라는 제도적 관점에서 선명하게 조명할 수 있는 장점이 있다.

### 법사회학이론의 북한개발협력에의 적용

법사회학이론의 검토 결과, 북한 개발협력에 관한 기존 연구의 검토 결과 국제사회 공동의 규범과 질서의 확장이라는 측면에서 국제사회이론과도 일면 공통분모를 지닌다.[100] 그러나 법사회학이론은 법제도적인 측면에서 연구 추진 시 보다 구체적이고 일관성 있는 분석 도구로서의 장점을 지닌다. 또한 국제사회이론이 다원주의와 연대주의라는 적용자의 태도변화에 초점을 맞추었다면 법사회학이론은 사회화의 피동적 수용자의 인식 내지 태도변화를 중시한다. 가령 수용자를 북한으로 상정할 시, 국제규범의 수용 경향을 북한 내부의 법제에 관한 태도 변화로 가늠할 수 있다는 것이다.

법사회학 이론에서 수용자는 북한 당국이다. 국제사회가 진행하는 개도국 대상의 개발협력은 사회권 범주의 개념이다. 북한 당국은 인도주의 규범의 밑바탕이 되는 인권 관련 법제를 개선하면서도 사회권보다는 자유권 개선에 보수적이고, 민감하게 반응하는 이유는 〈그림 6〉과 같다. 즉, 비핵화와 마찬가지로 인권 개선에 대한 요구를 국제사회의 사회화라는 맥락에서 주권 문제인 자주권 원칙을 침해하는 사안으로 연계하여 인식하고 있기 때문이다. 따라서 스스로의 인권 의식과 법제를 과도하게 개선할 때 자주성 실현이 훼손될 수 있으며, 법규범과 법현실 사이의 딜레마에 봉착하게 된다. 한편으로는 개선된 인도주의 법제를 준수하기 위하여 전방위적인 외부 지원을 수용 시, 주민 통제의 어려움에 관한 우려를 갖는 것으로 볼 수 있다. 그럼에도 불구하고 북한은 국제인도법 및 국제인권법의 규약 및 협약에 가입하고 있다. 대표적으로 4개의 중요한 국제 인권 조약 즉, 『시민적·정치적 권리에 관한 국제규약』, 『경제적, 사회적, 문화적 권리에 관한 국제규약』, 『여성차별철폐 협약』 그리고 『아동권리 협약』에 가입하고 있다.

〈그림 6〉 국제사회의 대북 사회화와 북한의 법·제도적 인식

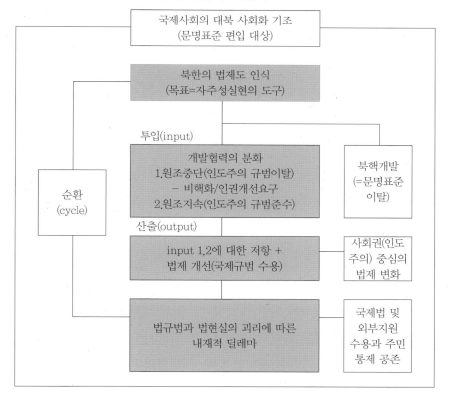

법사회학 이론에서 연구되는 사회화 경향은 이러한 수용자의 법인식을 배경으로 진행될 필요가 있다. 취약국가에 대한 개발협력은 국제사회의 법제화 경향과 함께 발전하고 현실에 맞게 적용되어 왔다. 법적 제도화(법적 성격을 지닌 조약과 국제법)는 법적 사회관계에 포섭되지 않던 국가들의 수용성을 심화시키고 국제사회의 법적 영역이 확장된다는 측면에 착안하고 있다. 국제적 수준에서 각 국의 경제구조의 변동을 고려한 법적 사회가 등장하고, 법적 사회는 일련의 구조로서 국가 및 초국경적 행위자들의 행동양식을 규율하게 된다. 따라서 법적 사회제도의 핵심인 국제법(법, 조약, 결의안(제재) 등)을 적용하는 적용자의 행태에 따라, 대상국가가 능동적 혹은 수동적으로 수용하는 정도의 차이가 발생하고 문명표준에 부합하는 국가로 재인식될 수 있는 기회를 가진다고 본다. 기존의 국제사회이론의 다원주의-연대주의 논쟁은 장기화되고 고착화된 흐름을 갖고 있고, 특히 국제사회 이론의 상대 국가의 수용에 관한 관점도 방대한 이론적 범주를 자랑하기 때문에, 대안적으로 개도국의 수용 현상에 관하여 법사회학의 제도적 접근 방식을 취하는 것은 연구 전개상의 명료함과 효율성을 담보할 수 있다. 국제사회의 법적 영향력이 문명표준에 벗어나 있는 국가들에게 확대되는 추세를 고려한다면 이러한 접근 방식의 이유는 보다 명확해 진다.

법사회학이론의 북한개발협력 연구의 적용은 〈그림 7〉과 같이 예시화할 수 있다. 인도주의 가치에 기반한 국제사회의 개발협력 규범이 북한에게는 왜 선별적 맥락에서 적용되는가에 관한 문제의식을 전제로 한다. 해당 모델은 구조적으로 국제사회의 북한 개발협력에 관한 양태를 적용자와 수용자의 제도적 수준에서 분석하는 것으로 요약된다. 적용자의 경우 국제사회의 사회화 관점에서 접근하며 수용자의 경우, 개발협력 과정에서 나타나는 북한의 국제규범 수용 경향(법제 변화)으로 분석할 수 있다. 시기적으로는 북한

개발협력의 환경적 특성을 고려하여 북한의 공식적인 구호 요청으로 개발협력이 시작되었던 1995년부터 2005년까지를 1단계, 북한 1차 핵실험 이후 국제사회의 대북제재가 적용되고 있는 2006년부터 제재가 유지되고 있는 현재까지를 2단계로 나눈다. 1단계 시기의 분석은 기존의 전통적인 인도주의 규범과 국제사회 대북지원의 흐름을, 2단계 시기는 국제사회의 대북 개발협력에 관한 양태를 양분화되는 사회화 관점(개발협력 수단은 제재, 인도주의 지원으로 양분)의 경향을 통하여 비판적으로 분석할 수 있다. 분석 수준은 북한개발협력에 관한 국제적 수준 검토를 통해 국내적 수준의 함의를 길어올리는 구조이다. 구체적으로 국제사회의 북한개발협력 경향 분석을 통하여 지속가능한 북한 개발협력 제도 구축을 위한 한국정부의 역할을 이끌어내는 과정으로 설정할 수 있다.

〈그림 7〉 법사회학이론의 '법적 사회'를 통한 북한개발협력 연구 모델(예시)

| 시기 구분 및 분석 수준 | 분석 | 법사회학이론의 적용 | |
|---|---|---|---|
| | | 적용자로서의 제도 국제사회의 사회화 관점 | 수용자로서의 제도 북한의 국제규범 수용 경향 |
| 국제적 수준 | | 북한의 1~6차 핵실험 기간, 국제사회의 대북 사회화 방식의 분화 | |
| 1단계: 제재 이전 1995년~ 2005년 (취약국가 프레임) | → | 기존 경향 검토 개발협력 type | 국제규범에 관한 북한 법제 분석 |
| | | ↓ | |
| 2단계: 제재 이후 2006년~ 현재 (취약국가 및 불량국가 프레임) | → | 변화 양상 검토 개발협력 type | 국제규범에 관한 북한 법제 변화 분석 |
| | | ↓ | |
| 국내적 수준 | | 지속가능한 북한 개발협력 제도 구축을 위한 한국정부의 역할 제시 | |

개발협력의 단계에서 시도되는 연구 저변의 다양화는 북한과 점진적인 경제통합을 고려하여 다학제적 접근 등 융합적이고 창의적인 시도들을 필요로 한다. 본 장에서 검토한 법사회학이론은 국제관계의 법제화 현상 즉, 법을 매개로 한 사회화인 '법적 사회'라는 분석 도구를 접목시켜 북한 개발협력을 조망하였다. 본 장의 분석 틀은 북한개발협력을 둘러싼 국제사회의 정책적 분화 양상, 그리고 수용자인 북한의 국제 규범에 관한 인식 및 태도 분석을 하는 데 미약하나마 의미 있는 기여를 할 수 있을 것이다.

사회화 개념을 위시로 한 법사회학 이론은 북한 개발협력에 관한 분석이론으로서 기존과는 차별화된 연구를 가능하게 한다. 첫째, 국제사회의 대북 사회화 과정으로서의 개발협력 연구는 적용자와 수용자를 인과관계식 분석을 통해 조명할 수 있다. 둘째, 국제사회의 대북 사회화라는 축은 통일의 대상으로서 북한 문제를 바라볼 수밖에 없는 남한 정부에게 - 국제사회에서 대북 개발협력의 촉진자로서의 역할을 수행해나감에 있어 - 유용한 정책적 함의를 제공한다. 특히 북한의 국제규범의 법제적 수용 경향은 경제통합과 통일준비의 당사자인 한국정부가 북한개발협력과정에서 어떤 정책을 지향하는 것이 바람직한가에 대한 시사점을 제공할 수 있다. 셋째, 법사회학이론은 상대국가에 관한 사회화를 매개로 하므로 향후 개발도상국 혹은 국제사회의 문명 표준 그룹에 가입하지 못한 국가에 관한 사회화 사례를 분석하는 데 유용한 분석틀이 될 것이다. 마지막으로 가변적 성격의 개발협력 대상을 제도적 관점에서 보다 명징하게 드러낼 수 있다는 점에서 의의를 지닌다.

# 4장
## SDGs와 북한, 포스트 북한-유엔전략계획[101]

북한은 2021년 1월, 조선노동당 제8차 대회에서 화학 및 금속공업에의 투자와 수도권 중심 주택건설, 지방경제 및 관광 활성화 등을 목표로 하는 국가경제발전 5개년 계획을 제시하였다. 이는 성장전략에 기반했다기보다 국제사회의 대북제재와 팬데믹 상황에 대한 수세적 전략에 가깝다고 평가할 수 있다. 당국은 동(同) 계획의 달성과 국가의 경제 운영 전반을 정상화하기 위해 이와 같은 도전적 요인들, 그리고 주기적으로 발생하는 자연재해 문제를 당면 과제로 안고 있다. 이러한 상황에서 북한은 내각 국가계획위원회를 창구로 유엔 회원국들이 의결한 2016~2030 지속가능발전목표(Sustainable Development Goals, SDGs) 달성에 적극적인 관심을 표명하고 있다. 2021년 6월 제출한 자발적 국가 검토(Voluntary National Review, 이하 'VNR') 보고서에 따르면 UN과의 협력과 SDGs[102] 이행의지를 재차 밝힌 바 있다. 또한 국가경제발전 5개년 계획(국가발전계획, NGDs)과 SDGs와 연계를 강화 중임을 언급하며 SDGs를 국가경제발전 차원의 대응 과제임을 인정하고 있다. 따라서 유엔이 포괄적 대북지원전략 이행을 위해 북한과 체결한 제1차 전략계획(UN Strategic Framework, UNSF, 2007-2009)과 제2차 전략계획(2011-2016), SDGs 개념이 반영된 제3차 전략계획(2017-2021)에 이어 아직 공식 발표되지 않은 제4차 전략계획의 추진방향과 SDGs 이행전략에 대한 관심도 증대되고 있다. 그러나 북한의 SDGs 달성은 현존하는 국제사회의 대북제재를 상수로 두고 있다. 따라서 답보상황에 있는 남북교류협력의 추진 역시 실효성을 갖기 위해서는 팬데믹 상황과 제재 면제 가능 여부를 중심으로 고려하되, 북한의 취약계층의 삶의 질 개선 및 제4차 북한-유엔전략계획의 수요를 고려하여 포괄적 시각에서 추진될 필요가 있다.

본 장의 분석 대상은 '단 한사람도 소외되지 않는 것'(Leave no one behind)을 슬로건으로 하는 UN SDGs의 철학에 기초하여 북한 내 취약계층의 복지 개선과 밀접성을 지닌 SDG 1(빈곤퇴치), 2(기아감소)이다. 분석대상 설정의 당위는 다음과 같다. 북한은 2021년 6월 발표한 VNR 보고서 전반에 걸쳐 취약계층 보호의 중요성을 언급한 바 있다. SDG 1(빈곤퇴치)에서 '인민 생활 수준의 지속적인 개선'을 언급하고 있으며, 세부목표 1.2에서 '고아와 돌봐줄 사람이 없는 노인에 대한 당국의 예산 증가'를 언급, '노인과 어린이는 물질적 방조를 받을 권리를 가지며 이 권리는 무상치료제, 계속 늘어나는 병원, 료양소를 비롯한 의료시설, 국가사회보험과 사회보장제에 의하여 보장된다고 헌법 제72조에 규정'하고 있음을 홍보하고 있다. SDG 2(기아종식)에서는 '농업생산 증대 및 영양 개선을 통한 식량 자급자족 달성'을 언급하고 세부목표 2.2를 위해 취약계층인 '임산부, 수유 여성, 노인 영양의 해결'을 명시하고 있다. 또한 SDG 10(불평등 감소)에서는 '국가 주체로서 인민대중의 권리 및 역할 보장'을 언급하며 '사회보장법'(2008년 1월 9일 채택, 개정)과 '연로자보호법'(2007년 4월 26일 채택, 개정)에 따라 여성, 아동, 노인, 장애인을 보호하고 그 권리를 보장하기 위해 가능한 모든 조치를 강구하고 있음을 내세우고 있다. SDG 11(지속가능공동체와 도시)에서도 세부목표 11.2와 11.7를 통해 '도시, 주거지 등 취약계층의 필요를 특별히 고려할 것'을 주문하고 있다. 마지막으로 SDG 16(정의, 제도, 평화)는 '사회주의 체제 강화'로 목적을 변용하여 '고아와 노인들이 걱정 없이 살 수 있도록 고아들의 소학교, 초급 및 고급 중학교, 유아원, 고아원, 양로원에 세심한 관심을 기울여야 함'을 명기하고 있다.[103]

따라서 본 장의 목적은 북한의 SDG 1(빈곤퇴치), 2(기아감소) 달성을 위한 기타 SDGs와의 조화방안을 검토하고 이를 토대로 개선된 제4차 북한-유엔 전략계획 모델을 도출하고 나아가 해당 모델에 기여할 수 있는 남북교류협력방안까지 모색하는 것이다. 다만 본론에서 제시할 북한 SDGs 달성을 위한 '4차 모델'은 현존하는 모든 대북제재의 우회를 가정한 접근이라기보다 취약계층 맞춤형 프로토타입(prototype) 성격이며, 결론에서 제기할 남북교류협력방안은 팬데믹 하 유엔의 대북제재 면제 승인을 받은 사업현황을 토대로 대북제재 국면에서도 성사 가능성이 있고 긴요한 남북한 간 사업들을 '4차 모델' 달성 차원에서 모색하는 차원임을 구분해두고자 한다.

## 북한 SDGs에 대한 선행 연구

북한 관련 SDGs에 대한 방향 설정에 앞서 광범위한 SDGs를 이행한다는 측면에서 각 지표가 가지는 개념적 한계와, 지표의 측정을 위한 정확한 방법론의 부재 및 실제 국가들의 해당 지표의 활용능력 등은 제약 요소임에 분명하다. 2005년부터 2014년까지 한 건 이상의 데이터를 포함하는 북한의 SDGs 지표는 47개로 전체 230개 중 약 20.4%에 불과한 것이 이를 방증한다(박지연·문경연·조동호 2016, 143).[104] 북한 당국의 입장에서 자료 공개 시 주민들의 동요가 예상되거나 정권에 부담이 되는, 가령 사회권 및 자유권의 일부 항목들은 통계 자료 등 해당 데이터의 공개를 회피할 가능성이 높다. 따라서 북한 또는 남북 간 SDG 이행 관련한 선행연구는 경험적, 정책적 측면에서 이론적 논의가 빈약할 수밖에 없다.

　　SDGs와 북한의 이행에 대한 선행연구 검토 결과는 다음과 같다. 먼저 북한 개발협력을 통한 SDGs 실현에 관한 연구가 있다. 박지연(2017)은 SDGs의 북한 적용을 시도하면서 개발협력의 추진전략에 대해 지속과제로서의 목표 1(빈곤), 2(기아), 3(건강과 복지), 6(물 위생)에 더하여 8(일자리와 경제성장), 9(혁신과 인프라), 12(지속가능한 소비생산)로의 확장 가능성과 이를 위한 공적개발원조(ODA) 재정 확대의 중요성을 강조하고 있다(박지연 2017). 북한의 특정 목표에 대한 개발협력적 접근으로는 윤인주(2020)의 연구가 있으며 SDG 14(해양생태계)를 중심으로 SDG 13(기후변화), 15(육상생태계), 나아가 SDG 2(기아)와도 연계한 종합적 접근을 유엔전략계획(2022~2016)에 반영할 것을 주문하고 있다(윤인주 2020). 문경연(2019)은 북한의 '정상국가화' 추진과정에서 남북교류사업을 평가하고 북한에 대한 개발협력 담론의 대안으로 유엔전략계획을 중심으로 SDGs 개발협력 담론의 필요성을 제시한 바 있다(문경연 2019). 북한에 대한 접근은 아니지만, 보편적 인권 개념과 전체 SDGs 간 연계를 시도한 연구들 중 김수진(2018)의 연구는 주목할 만하다.[105] 해당 연구는 국내적 수준에서 인권에 기반한 SDGs 이행전략 수립 시 고려해야 하는 세부목표와 국제 인권 기준 간 연결성을 통해 '인권과 SDGs간 통합적 이해'를 도모하고 있다. 또한 취약그룹과 관련된 SDGs 세부목표 분석결과, 주로 높은 연관성을 나타내는 목표 4(교육), 8(일자리), 10(불평등감소), 16(정의, 평화, 제도)를 비롯하여 모든 목표와 일정 부분 연계되어 있음을 보여준다(김수진 2018). 이러한 목표간, 지표간 연계를 다룬 선행연구의 축적은 남북한 통합적 지속가능발전의 차원에서 2030년까지 SDGs 달성을 위한 세부지표 수립에 기초자료로 의미가 있다. 이외에도 SDG 간 조화는 아니지만 북한인권정보센터(2019)는 인권차원에 대한 접근으로 보건의료적 관점에서 SDG 3 건강권에 대해 UN 및 북한당국 자료 등에 대한 문헌분석과 북한이탈주민 9명을 대상으로 설문조사를 병행하여 세부지표별 수치화를 시도하고 있다 (북한인권정보센터 2019).

본 장에서는 2013년 1월 제4차 당세포 비서대회에서 김정은 위원장이 김일성-김정일주의의 본질을 강조하며 내세운 '인민대중제일주의'의 기초가 취약계층의 보호에 있다고 가정한다. 이른바 '인민사랑, 인민중시, 인민존중'의 기반 위에 인민대중제일주의가 발현되기 위해서 기아, 빈곤 문제에 대응하기 위해 1994년 비전통적 안보개념으로 제시된 UNDP(유엔개발계획)의 '인간안보'의 준수는 너무도 자명하기 때문이다. 따라서 SDGs 중 북한 취약계층의 복지 분야와 관계된 목표 1(빈곤퇴치), 2(기아종식)의 추진과정을 들여다보는 것은 남다른 의미를 지닌다. 본론에서는 이들 목표 달성을 위해 기타 목표 3~17과 어떻게 상호연계하며 조화를 이루는 것이 최적의 방안인지에 대해 다룰 것이다. SDGs 간의 조화 모색은 잣대를 어떻게 적용하느냐에 따라 상이한 결과가 나타날 수 있다. 여기서는 북한의 지속가능발전을 위한 각 목표간 조화를 탐색하기 위해 취약계층 및 국제인권기준을 기본 탐색도구로 설정하기로 한다. 먼저 SDGs 네트워크 간의 기본 연계성을 검토한 후, 유엔지속가능발전 해법 네트워크(Sustainable Development Solution Network, SDSN)에서 발표한 2020년 지속가능발전보고서(Sustainable Development Report 2020, 이하 SDR 2020) 등의 자료를 토대로 북한 SDG 1(빈곤), 2(기아)와 기타 SDG 간 연계성을 살펴볼 것이다. 북한의 지속가능발전을 위한 SDG

간 조화 모색을 위해 '유엔전략계획'의 기본원칙 중 하나인, 국제인권기준과 북한 SDG 1(빈곤), 2(기아)와의 연계성을 도출하고 취약계층과 SDGs 간의 연계 결과를 활용하여 북한 취약계층의 인권증진을 위한 SDG 간 조화방안을 제안할 것이다. 이와 같은 논의를 종합하여 지속가능한 북한을 위한 유엔전략계획 개선 모델을 제시하고 해당 모델에 부합하는 실효성 있는 남북교류협력사업의 가능성을 함께 모색하고자 한다.

## 북한의 SDGs 추진 시 고려사항

SDGs의 17개 목표 및 169개 세부목표는 UN 회원국들이 현실에서 직면한 당면 과제들을 분야별로 개념화, 지표화한 것이다. 2021년 현재 247개의 이행지표를 제시하고 있다. 따라서 SDGs를 특정 국가를 대상으로 적용 시, 해당 국가가 처한 복합적이면서도 고유한 상황이 고려되어야 한다. 특히 비(非) 서구권 개발도상국과의 협력사업 추진 시, 각별히 유념해야 할 요소들이 있다. 예를 들어 알제리나 이란, 베네수엘라 등의 경우, 인류가 보편적으로 직면하고 있는 빈곤문제를 해결하기 위한 합의된 개념 내지 지표(UNDP의 인간안보 개념 등)들을 앞세운 국제사회의 방식을 경계하는 경향이 있으며, 해당 지표들을 신뢰하기까지 일정한 시간이 소요된다. 기존 체제질서의 변형은 내치에 상당한 위협이 된다는 인식하에, 서방 국가와의 개발협력을 내정에 대한 간섭을 정당화하는 수단으로 인식하거나 사회주의 진영일 경우, 협력사업의 궁극적 목표가 민주주의 체제로의 이행을 전제하는 것으로 오인하기도 한다.[106]

북한의 경우는 알려진 바와 같이 70여 년간 1인 지도 체제 하에서 계획경제시스템을 고수하고 있는 현존하는 유일한 '사회주의국가'(socialist state)이다. 또한 만성화된 빈곤에 직면하고 있는 잘 알려진 '빈곤국가'(pool state),

그리고 핵확산금지조약(IAEA) 탈퇴와 대량살상무기(WMD) 개발로 인해 경제제재 등 국제사회로부터 고립된 '부랑국가'(pariah state) 로 인식되기도 한다. 물론 북한 사회 내에도 보편적 상식에 기반한 일반주민들의 생활양식, 전통, 문화 등의 가치들이 존재한다. 그럼에도 불구하고 SDGs 관련 정책결정과 사업 수행의 측면에서 볼 때, 북한 당국의 계급적 국가조직(hierarchy)이 처한 환경이 문명 표준 규범을 준수하는 국가 그룹과는 다른 특수한 배경과 성격을 지님에 유의해야 한다. 한편으로 북한은 SDGs를 미국 등 서방진영으로부터 가해지는 제재 상황을 타개하기 위한 선전 수단으로 삼을 개연성[107]도 농후하다. 따라서 지속가능발전의 의제가 추진과정에서 국제사회의 대북제재라는 견고한 벽과 어떻게 공존할 것인가는 특히 북한개발협력의 현장에서 중요한 화두이며, SDG 17개 각 목표별, 상호 목표 간 조화방안에 대한 고민을 이어가는 것은 긴요한 과제라 할 수 있다.

통상적으로 북한의 연간 정책을 가늠할 수 있는 신년사에는 유엔의 지속가능발전목표와 같은 국제사회의 공동의제가 명시적으로 드러나는 경우가 드물다. 그러나 북한은 나름의 방식으로 국제사회에서 정상국가로 인정받기 위한 노력을 지속해오고 있다. 유엔의 인권협약에 가입하고 유엔의 지속가능발전의제에 관심을 보여 '유엔전략계획 2017-2021'을 체결한 것이 대표적인 사례이다. 북한이 지속가능발전목표의 자기식 표현인 '지속개발의정'에 대한 인식은 로동신문 등을 통해 SDGs의 거시적 목표와 내용을 수용하고 이행하려는 의지 등으로 나타난다. '지속개발의정'의 주요 내용을 소개하는 기사를 통해 북한주민의 생활 향상을 도모하려는 경향성도 주목할 만하다. 그러나 북한 당국이 주민들의 생활수준이 적나라하게 드러날 수 있는 통계자료를 공개하거나 국제기구에 제공할 가능성은 높지 않다. 따라서 지속가능발전목표 추진에 따른 평가나 달성 여부 등은 통계적 자료에 대한 접근 없이 포괄적 수치에 머물 가능성이 농후한 바, 이에 대한 지속적인 정보 요청 또는 유엔인구기금(UNFPA) 등의 국제기구와 협력하여 기본 통계자료를 생성하는 등의 개선 노력이 수반되어야 한다.

지속가능한 한반도 차원에서 보면, 국내 여건에 부합하는 SDGs 의 17개 목표의 현행화(現行化) 및 분야별 지표개발에 대한 노력에 비해, 목표 상호간의 연계 및 특정 의제와 SDGs 간 상호 연계 기제(mechanism)에 대한 선행연구 사례는 초보적 단계에 있다고 평가된다. 특히 남북한 각자의 SDGs 추진전략을 위해 도출된 컨센서스(consensus) 자료상에도 남북교류나 한반도 차원에서의 협력에 관한 내용은 찾아보기 어렵다. 남북한 간 협력과제는 북한-유엔 전략계획(2017-2021) 상에는 포함되어 있지 않으며, 국내 K-SDGs 17개 지표상에도 SDG 16(인권·정의·평화) 중 13번 세부목표를 신설하여 남북한 협력 증진(16.13)에 대해 소략하게 기술하면서 추후 구체적 지표 수립의 과제로 소략하고 있을 뿐이다.[108] 따라서 한반도 SDGs 통합 추진 차원에서 남북한 간 여건을 고려한 개별목표와 공동목표를 설정하고 해당 세부지표의 이행에 대해 정치적 상황과 무관하게 정례적으로 협의할 수 있는 상시 연락협의기구의 운영이 검토될 필요가 있다.

## 'SDR 2020'과 북한의 SDGs 이행 현황

북한은 SDGs 에 대한 비교적 높은 수준의 수용도를 보이고 있다. 그러나 2021년 6월 공개한 VNR 보고서의 공개 이전에는 목표이행의 정도를 구체적으로 공표한 바는 없다. 지속가능발전목표의 이행 정도는 분야별 목표 간 조화를 살펴보는데 중요한 참고자료가 된다. 본 장에서는 가장 최근에 발표된 'SDR 2020'을 통해 제한적이나마 북한의 SDGs 이행 정도를 평가하고자 한다.

해당 보고서는 모든 UN 회원국을 위한 SDGs 지수 및 대시 보드(국가별 SDGs 이행의 시각화)를 제시하고 여섯 개의 광범위한 전환 측면에서 SDGs의 구현을 구성하고 있다.[109] 193개국을 대상으로 한 본 보고서에 한국의 SDG 이행순위는 20위(평균 67.2)로 평가되고 있다. 다만, 북한의 SDG Index는 데이터 가용성의 부족으로 166개국 중 2020 SDG 지수 미포함 국가 27개국 중 하나로 구분되어 있다(SDSN, Bertelsmann Stiftung 2020, 82, 280). 〈그림 8〉에 나타나듯 17개 목표에 대한 평균 이행평가가 한국과 대비되는 모습이다.

〈그림 8〉 'SDR 2020'의 남(좌), 북(우)한 SDG 이행 평가

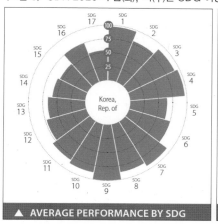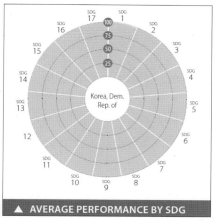

*출처: SDSN, Bertelsmann Stiftung(2020, 280, 282).

북한의 17개 목표에 대한 현재 평가를 보면, 〈그림 9〉와 같이 주요 도전과제로 SDG 2(기아 종식)과 3(건강과 복지), 7(에너지), 9(혁신과 인프라), 14(해양 생태계), 16(평화와 정의, 제도)의 여섯 가지 목표가 지정되고 있다. 다만, SDG 1(빈곤 종식)과 10(불평등 완화), 17(글로벌 파트너십)은 정보 활용이 불가능한 것으로 나타난다. 목표별 경향에 따르면, 8(양질의 일자리와 경제성장), 13(기후변화 대응) 이행에 대해 성과가 있는 것으로 평가된다. SDG 2(기아 종식), 3(건강과 복지),

5(성 평등), 6(물과 위생), 7(에너지)는 완만한 개선 추이를 나타내고 있다. 다만 SDG 15(육상 생태계)는 유일하게 이행이 감소한 것으로 평가된다.

〈그림 9〉 북한의 SDGs 이행 현황 및 트렌드 평가(SDR 2020)

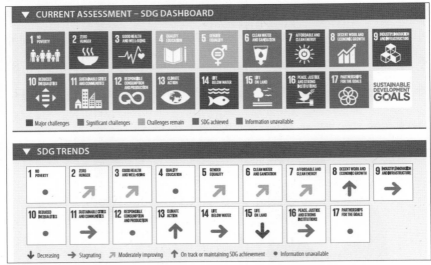

*출처: SDSN, Bertelsmann Stiftung(2020. 280).

이번 장의 주제와 관련해서 SDR 2020상으로는 목표 1(빈곤퇴치)에 관한 세부 과제(일당 1.9달러, 3.2달러 수준의 빈곤인구비율)은 자료의 부재로 적절한 평가가 어렵다. SDG 2(기아종식)에 대해서는 〈표 11〉에서처럼 세부지표 2.1(영양결핍)과 2.2(5세 미만 아동) 관련하여 시급하고 관심을 모아야 할 주요과제로 설정하고 있다.

〈표 11〉 북한의 SDG 2 지표 관련 이행 현황(SDR 2020)

| SDG 2(기아 종식) | 수치 | 년도 | 평가 | trend |
|---|---|---|---|---|
| (2.1) 영양 결핍 유병률(%) | 47.8 | 2017 | 주요과제 | 감소 |
| (2.1) 비만의 유병률, BMI ≥ 30(성인 인구의 %) | 6.8 | 2016 | SDG달성 | 개선 |
| (2.1) 인간 영양 단계(최상위 2–3 최악) | 2.1 | 2017 | SDG달성 | 개선 |
| (2.2) 5 세 미만 아동의 발육 부진 유병률(%) | 27.9 | 2012 | 주요과제 | 점차개선 |
| (2.2) 5 세 미만 아동의 소모성 유병률(%) | 4.0 | 2012 | SDG달성 | 개선 |

| SDG 2(기아 종식) | 수치 | 년도 | 평가 | trend |
|---|---|---|---|---|
| (2.4) 곡물 생산량(작물 헥타르 당 톤) | 4.0 | 2017 | SDG달성 | 개선 |
| (2.4)(2.5) 지속 가능한 질소 관리 지수(최상위 0-1.41 최악) | 0.5 | 2015 | 도전과제 | 정체 |

*출처: SDSN, Bertelsmann Stiftung(2020, 281)을 바탕으로 저자 재구성.

다만, 5세 미만 아동의 소모성 유병률이나 인간 영양단계 및 곡물 생산
량이 실제 SDG 목표를 달성했는지에 대한 지역별, 연령별 조사에 기반한
추가 검토가 필요하다. 농업 비료와 관련, 질소관리 지수 역시 토양 및 토질
을 점진적으로 향상시키고 생태계 유지와 자연재해에 대한 적응력을 강화
하는 한편, 지속 가능한 식량생산 시스템을 위해 개선 노력이 요구된다.

〈표 12〉 북한의 SDG 3~17 지표별 주요과제(SDR 2020)

| 목표 | 이행 내용 | 수치 | 년도 | 평가 | 경향 |
|---|---|---|---|---|---|
| SDG 3<br>건강과 복지 | (3.3) 결핵 발생률(인구 100,000 명당) | 513 | 2018 | 주요 과제 | 정체 |
| SDG 3<br>건강과 복지 | (3.4)(3.9) 심혈관 질환, 암, 암으로 인한 연령 표준화 사망률 / 30-70세 성인의 당뇨병 또는 만성 호흡기 질환(%) | 25.6 | 2016 | 주요 과제 | 정체 |
| | (3.9) 가구 대기 오염으로 인한 연령 표준화 사망률 및 주변 대기 오염(인구 100,000 명당) | 207 | 2016 | 주요 과제 | — |
| | (3.6) 교통 사고(인구 100,000 명당) | 20.8 | 2013 | 주요 과제 | — |
| SDG 5<br>성 평등 | (5.5) 여성 국회 의석(%) | 17.6 | 2020 | 주요 과제 | 정체 |
| SDG 6<br>깨끗한 물환경 | (6.3)(6.a) 인공 폐수 처리(%) | 0.0 | 2018 | 주요 과제 | — |
| SDG 7<br>깨끗한 에너지 | (7.1) 전기를 이용할 수 있는 인구(%) | 43.9 | 2017 | 주요 과제 | 점차 개선 |
| | (7.a) 청정 연료와 요리 기술을 이용할 수 있는 인구(%) | 10.8 | 2016 | 주요 과제 | 정체 |
| SDG 8<br>양질의 일자리, 경제 성장 | (8.7) 현대판 노예제 피해자(인구 1,000 명당) | 104.6 | 2018 | 주요 과제 | — |

| 목표 | 이행 내용 | 수치 | 년도 | 평가 | 경향 |
|---|---|---|---|---|---|
| SDG 9<br>산업, 혁신,<br>신사회<br>기반시설 | (9.c) 인터넷을 사용하는 인구(%) | 0.0 | 2012 | 주요 과제 | – |
| | (9.c) 모바일 광대역 이용(인구 100 명당) | 15.0 | 2017 | 주요 과제 | 정체 |
| | (9.5)(9.a)(9.b) 과학 및 기술 저널 기사(인구 1,000 명당) | 0.0 | 2018 | 주요 과제 | 정체 |
| | (9.5)(9.b) 연구 개발 지출(GDP 대비 %) | 0.0 | 2017 | 주요 과제 | – |
| SDG 11<br>지속가능한<br>도시와 공동체 | (11.6) 대기 물질의 연간 평균 농도가 직경 2.5 미크론(PM2.5)(µg / m3) | 32.0 | 2017 | 주요 과제 | 점차<br>개선 |
| SDG 14<br>해양생태계 | (14.2)(14.4)(14.5) 생물 다양성에 중요한 해양 공간에서 보호되는 평균 면적(%) | 0.0 | 2018 | 주요 과제 | 정체 |
| | (14.c) 해양 건강 지수: Clean Waters 점수(최저 0–100 최고) | 53.6 | 2019 | 주요 과제 | 정체 |
| SDG 15<br>육상생태계 | (15.1)(15.5) 생물 다양성에 중요한 담수 지역에서 보호되는 평균 면적(%) | 0.0 | 2018 | 주요 과제 | 정체 |
| SDG 16<br>정의,평화,제도 | (16.1)(16.a) 살인 사건(인구 100,000 명당) | 4.4 | 2015 | 주요 과제 | – |
| | (16.4)(16.5) 부패 인식 지수(최악 0–100 최고) | 17 | 2019 | 주요 과제 | 점차<br>개선 |
| SDG 16<br>정의,평화,제도 | (16.7) 언론 자유 지수(최상위 0–100 최악) | 83.4 | 2019 | 주요 과제 | 정체 |

\* 출처: SDSN, Bertelsmann Stiftung(2020, 281)을 바탕으로 저자 작성.

## 자발적 국가보고서(VNR)과 북한의 SDGs 이행 현황

북한은 유엔 ESCAP(Economic and Social Commission for Asia and the Pacific, 아태경제사회위원회)의 지원을 받아 그간 연기했던 SDGs 이행보고서인 자발적 국가검토 보고서(DPRK VNR)를 공식 제출(2021.6)했다. ESCAP는 북한 중앙통계국과 조선과학원, 외무성 소속의 전문가들과 함께 SDGs 통계와 보고서 작성을 위한 워크숍을 개최(2019년 4월, 9월)했다. 북한은 SDGs 이행을 위해 국가TF(task force), 기술위원회, 시행기관을 마련하였으며, 내각 및 국내외 조직과의 협력을 추구하기 위한 국가체제를 수립 적극적인 이행 의지를 드러냈다. 2018년 8월 SDGs 이행을 위한 국가TF가 구성되었으며, 의장은 박정근 국가계획위원회(SPC) 위원장, 부의장은 중앙통계국(CBS) 부국장이 맡고 있다. 기술위원회가 집계된 통계를 바탕으로 북한 내 SDGs 이행 상황을 평가하고 이를 국가TF에 제출하면 국가TF의 명의로 VNR 보고서를 유엔에 제출하게 된다. DPRK VNR 보고서에는 과학, 교육이 우선순위로 언급되고 있으며, SDGs 이행을 위해 세부목표 95개와 132개 지표를 이행 중임을 명시하고 있다. 또한 "우리 정부는 강력한 사회주의 국가 건설이라는 목표와 '경제발전 5개년 전략(2016-2020),' 그리고 글로벌 SDGs를 연계하는 우리만의 SDGs를 개발하고 이행해 왔다. 그 중에서도 에너지, 농업, 물·위생과 환경에 최우선순위가 부여되며, 글로벌 SDGs의 세부목표 중 53%가 우리식 SDGs의 세부목표로 선정되거나 국가개발목표와 연동되었다. 향후 경제발전 5개년 전략(2021-2025)에도 이러한 우리식 SDGs를 포함시킴으로써 앞으로의 SDGs 이행 연속성 또한 확보하고자 하였다."고 밝히고 있다.[110]

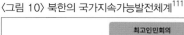
〈그림 10〉 북한의 국가지속가능발전체계[111]

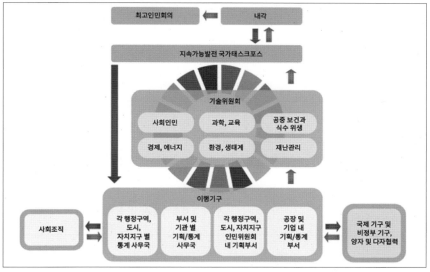

\* 출처: DPRK VNR Report(2021).

한편 북한은 DPRK VNR에서 국가경제발전 5개년 계획(2021-2025)에 SDGs를 연계하고 있음을 밝히고 있다. 국제사회의 대북제재와 COVID-19 확산으로 대외협력을 중단한 북한이 VNR 보고서를 제출한 것은 UN과의 협력을 지속하고 SDGs 이행의지를 적극 표명한 것으로 해석할 수 있다. 다만, 대북제재와 자연재해, 팬데믹 장기화로 경제난이 가중되면서 북한의 SDGs 이행은 많은 도전과제와 어려움에 직면해 있다. 북한의 자발적 국가보고서는 2021년 종료된 제3차 북한-유엔전략계획 이후의 과정에도 일련의 시사점을 제공한다. 즉 제4차 북한-유엔전략계획의 수립 없이 국가경제발전 5개년 계획에의 SDGs 수렴으로 갈음되느냐의 여부가 관심사로 남게된다. 이와 관련하여 2021년 1월 개최된 제8차 당대회에서 북한은 국가경제발전 5개년 계획을 결정하였는데, 이 계획과 SDGs와의 연계를 강화하겠다는 것을 두고 제4차 유엔전략계획의 추진방향과 SDGs 이행전략 수립 가능성을 높인 것[112]이라는 해석과 국가경제발전 5개년 계획(2021-2025)의 달성을 위해 국가발전목표(National Development Goals, NDGs)에 SDGs의 통합을 분명히 한 것[113]이라는 견해 등이 존재한다.

〈표 13〉 VNR에 나타난 북한식 SDGs

| | 목표 | | 목표 |
|---|---|---|---|
| 1 | 북한주민들의 삶의 질 개선 | 10 | 모든 인민대중의 국가와 사회의 주인으로서의 지위와 역할 강화 |
| 2 | 지속가능한 농업발전 및 식량자급 실현 | 11 | 풍요로운 삶의 질과 거주환경 보장 |
| 3 | 건강한 삶 보장, 모든 인민의 웰빙증진 | 12 | 지속가능한 소비 및 생산 보장 |
| 4 | 지식인 양성 | 13 | 기후변화 대응 및 영향 감소조치 |
| 5 | 양성평등 및 여권 신장 | 14 | 지속가능한 연안 및 해양자원 보존 |
| 6 | 지속가능한 물접근성 및 위생 보장 | 15 | 지속가능한 산림 관리, 토지 비옥도 회복 및 생물 다양성 유지 |
| 7 | 지속가능한 현대적 에너지 접근성 보장 | 16 | 사회주의 체제 공고화 |
| 8 | 자력갱생, 지식경제강국 건설, 고용보장 | 17 | 글로벌 파트너십 |

| | 목표 | | 목표 |
|---|---|---|---|
| 9 | 인민경제 주체와, 현대화, 기반시설 현대화 | | |

* 출처: 대외경제정책연구원(2021, 8).

따라서 북한이 스스로 공개한 VNR 보고서는 다음과 같은 쟁점을 야기할 수 있다. 첫째, 북한이 포스트 유엔전략계획을 별도로 수립할 것인지 국가개발목표(NDGs)와 SDGs 간의 연계지표로 갈음할 것인지의 문제, 둘째, 북한이 NDGs 와 SDGs와의 연계에서 SDG16(평화, 정의, 제도)를 사회주의 체제 강화로 해석하는 문제(Peace의 해석 논쟁)[114] 및 HDP(인도-개발-평화) 넥서스 달성의 문제, 셋째, 국제사회는 SDGs 와 UPR(보편적 인권정례보고서)라는 두 축을 어떻게 활용해야 하는가의 과제,[115] 넷째, 2030년까지 북한이 공개한 실태 개선을 위한 남북협력방안의 모색 등이다. 본 장에서는 첫째 쟁점에 대해 새로운 계획 수립을 전제로 논의를 이어가고자 한다.

## 북한 SDGs 달성을 위한 목표간 조화방안

### SDG 간의 연계성

SDGs의 목표간 상관관계를 보면 각 목표의 세부목표는 사회, 경제, 환경 분야에서 수직적이 아닌 수평적 상호관계를 통해 각 목표를 달성하는 것이 권장된다. 빈곤에 대한 이슈인 SDG 1(빈곤퇴치)는 유엔경제사회문화권리위원회(UNCESCR)가 제시한 '빈곤(poverty)'의 다면적 차원의 개념이 목표 수립의 기반이 되었으며 기아 및 식량 문제를 다루는 SDG 2(기아종식) 역시 해당 위원회 주도의 '충분한 음식을 섭취할 인간의 권리(rights to adequate food) 보장'에 기반하고 있다는 배경을 이해해야 한다.[116] 이러한 경우 SDG

1(빈곤퇴치), 2(기아종식) 달성을 위한 이행전략 수립 및 사업 구상 시 '인권에 대한 기여'를 통합적 이행지표로 상정할 수 있을 것이다(김수진 2018, 115).

SDG 1(빈곤), 2(기아)가 상정하고 있는 세부목표와 북한이 유엔전략계획을 통해 수용 혹은 발표하고 있는 자료 등을 종합해 볼 때, SDG 1(빈곤)은 SDG 2(기아)에 비해 다뤄지는 비중이 매우 부실하다고 평가된다. SDR 2020 자료에도 북한의 SDG 2(기아)에 대한 내용만 일부 다뤄지고 있을 뿐이다. SDG 1(빈곤)은 MDGs와 동일하게 SDGs에서도 가장 앞자리에 배치될 만큼 전 지구적 과제로 인식되고 있음을 고려할 때 아쉬운 대목이다.

〈그림 11〉 목표별 네트워크로서의 SDGs

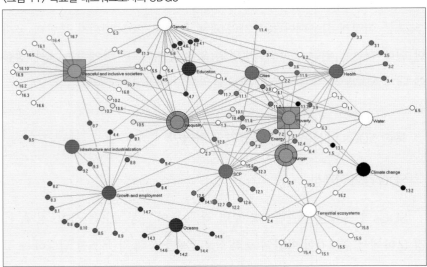

* 출처: David Le Blanc(2015. 4).

그러한 만큼 SDG 1(빈곤)은 영양, 보건, 교육에서부터 양질의 일자리, 표현의 자유까지 SDGs의 모든 주제를 관통하며 중첩되는 의제이다. SDG 2(기아)를 살펴보면 식량안보적 관점에서 SDG 1(빈곤)과 긴밀히 연결되는 최우선 목표(2.1)를 지니고 있다. 그밖에 보건 분야(2.2) 산업, 경제적 측면의 농업생산(2.3), 최근 들어 확장성을 갖는 자연환경(2.4)(2.5)을 세부목표로 설정하고 있다.[117] 한편 Blanc(2015)에 따르면, 〈그림 11〉과 같이 네모표시의 SDG 1(빈곤)과 원표시의 SDG 2(기아)의 최우선 목표(2.1)를 매개로 연계를 맺고 있음이 확인된다.

〈표 14〉 개발협력의 관점에서 SDG 1, 2 및 기타 연관 세부목표 현황

| | SDG 1 | 연관 세부목표 | SDG 2 | 연관 세부목표 |
|---|---|---|---|---|
| 세부목표 | 1.1 | 10 전체 | 2.1 | 2.2 |
| | 1.2 | 10 전체 | | 3.1 / 3.2 |
| | 1.3 | 2.1 / 2.2<br>3.8<br>4.1<br>11.1 | 2.2 | 1.1 / 1.2<br>2.1<br>3.1 / 3.2<br>4.1 / 4.2 |
| | 1.4 | 2.3 / 2.5<br>5.a<br>8.3 / 8.10<br>9.1 / 9.3 / 9.c<br>14.b<br>15.6 | 2.3 | 1.4<br>5.a<br>8.10<br>10.2 |
| | 1.5 | 11.5 / 11.b / 11.c<br>13.1<br>14.2 | 2.4 | 1.5<br>11.5<br>13.1<br>15.3<br>14.2 |
| | | | 2.5 | 15.5 |

* 출처: 한국국제협력단(2015, 5-40)을 바탕으로 저자 정리

개발협력의 관점에서 보면, 〈표 14〉에서처럼 SDG 1(빈곤)은 SDG 2, 3, 4, 5, 8, 9, 10, 11, 13, 14, 15 등 고른 분야에서, SDG 2(기아)는 SDG 1, 3, 4, 11, 14, 15 에 대해 높은 관계성을 나타내는데 이는 SDG 1, 2가 모든 목표 중에서도 지속가능발전을 위한 보편적 의제의 성격이 짙음을 의미한다.

SDR 2020을 바탕으로 파악한 북한의 SDG 1, 2가 다른 SDGs에 대해 갖는 주요과제 간 연계성은 〈표 15〉와 같다. 보고서는 각 국가별 지속가능발

전을 위한 주요과제를 설정하고 있으며 북한의 경우, SDG 1은 데이터 미제공으로 SDG 2~17 주요과제와의 연계성 추정치를 적용한 결과임을 감안할 필요가 있다.

〈표 15〉 북한의 SDG 1, 2 및 3~17 주요과제 간 연계성(SDR 2020)

| | SDG 1-기타 SDG 간 주요과제 연계성 | | SDG 2-기타 SDG 간 주요과제 연계성 | |
|---|---|---|---|---|
| | 목표 | 연계 목표 | 목표 | 연계 목표 |
| 세부목표 | 1.1, 1.3 | 2.1, 2.2<br>8.7<br>16.4, 16.5 | 2.1 ,2.2 | 1.1, 1.2<br>3.3, 3.4 |
| | 1.4 | 7.1, 7.a<br>6.3, 6.a<br>9.c | | |
| | 1.5 | 3.9, 11.6, | 2.4 | 3.9, 11.6 |

* 출처: SDSN, Bertelsmann Stiftung(2020, 281)을 바탕으로 저자 재구성.

　　결과를 보면, SDG 1과 2 상호간에는 최저생계 관련 지표(1.3)가 목표 2의 주요과제인 세부목표(2.1, 2.2)와 연계되어 있다. 에너지(전기, 청정연료) 이용(7.1, 7.a) 및 인공 폐수처리율(6.3, 6.a), 인터넷 등 정보 접근성 관련 과제(9.c)는 SDG 1의 빈곤문제 중 기초 공공서비스 접근에 대한 보장(1.4)과 연계되며 대기 관련 사망률(3.9), 대기질 개선문제(11.6)는 등은 빈곤층의 기후 관련 재해(1.5)문제와 연동이 가능하다. 북한의 강제 노력동원 등 국가 공공부문의 노동력 착출(8.7) 및 당 관계자들의 부패와도 결부되는 '현대판 노예제' 피해(16.4), 부패지수감소(16.5)는 일일 1.25달러 미만의 절대 빈곤 인구를 근절하는 문제(1.1) 및 최저생계 보장(1.3)과 맥이 닿아있다. SDG 3(건강과 복지)의 세부목표 중 결핵 및 각종 질환의 개선(3.3, 3.4)은 취약계층의 영양 결핍 개선(2.1, 2.2) 문제가 선행되어야 달성할 수 있는 과제이다.[118] 결국 제시되고 있는 각 목표별 주요과제는 취약계층의 빈곤 및 기아 근절이라는 근본적인 목표 달성을 위해 선행되어야 하는 협력 조건의 성격을 갖는다고 볼 수 있다.[119]

## 국제인권기준과 북한의 SDG 1, 2 세부목표 간의 연계 현황

SDGs 일부 목표에 대한 기타 목표와의 조화 관계는 표준화된 기준이 부재하므로 일정 부분 자의적 해석과 접근법의 적용이 불가피하다. 전체 169개 세부목표 역시 달성해야 하는 과제를 명문화한 것이며 산술적, 통계적 관계를 의미하는 것이 아니므로 특정 목표와 타 목표와의 조화 방안을 모색하는 것은 실효적 문제가 따를 수 있다. 다행스러운 것은 북한이 유엔과 2017년부터 2021년까지 SDGs 달성에 관한 파트너십에 합의하며 인권기반접근을 통한 소외계층과 취약지역, 불평등에 대한 관심을 기본원칙 중 하나로 설정하고 있다는 점이다. 빈곤과 기아 근절의 직접적인 대상은 사람, 그 중에서도 여성, 아동(5세 미만 영유아 등)을 비롯한 취약계층임을 간명하게 짐작할 수 있다. 북한 당국은 인권기반접근을 SDG 16과의 연계를 특정하고 있으나, 선행연구 검토에서 점검하였듯 지속가능발전의 기본 철학인 '그 누구도 소외되지 않도록'(leaving no one behind)을 달성하기 위해 인권의무 이행과 SDGs 전체는 통합된 방식으로 상호의존적 관계를 맺고 강화되는 협력적 관계라 봄이 타당할 것이다(김수진 2018, 110). 따라서 북한에 대한 SDGs 조화를 모색할 때 북한 당국이 수용하고 있는 인권기반의 차원에서 접근하는 것이 결과에 설득력을 부여할 수 있다. 여기서는 첫 번째, 국제인권기준과 북한의 SDG 1, 2 세부 지표들과의 연관성을 살펴본 후, 두 번째, 빈곤, 기아문제에 노출 가능성이 높은 취약계층과 각 SDGs 와의 연계성을 도출, 마지막으로 남북교류협력을 통한 프레임워크 전략을 모색하고자 한다.

덴마크인권연구소가 제공하는 데이터셋을 활용하여 북한을 대상 국가로 지정하면 SDG 1, 2의 세부목표가 국제인권기준(핵심유엔인권선언(Core un human rights instruments), 환경선언(Environmental instruments), 국제노동표준(International labour standards), 기타 국제선언(Other international instruments),

지역인권선언(Regional human rights instruments))에서 제시하는 세부주제와 어떻게 연결되어 있는지 확인할 수 있다. 인권이라는 포괄적인 주제임에도, 각 인권기준 별로 취약계층의 권리 외에 파생되는 확장성 있는 주제를 제시하고 있어 세부지표와의 연관도를 통해 SDG 1, 2와 기타 주제와의 협력 가능성을 추정할 수 있다.

첫째, 북한 관련 SDG 1(빈곤)과 인권기준별 연계현황이다. 〈표 16〉에서처럼 세부지표별 정치권, 사회권 및 아동권, 여성권, 장애인, 토착민, 여성폭력, 기후변화, 생물다양성 분야별 연계 값이 도출된다. 아동, 여성, 장애인 인권의 경우, 빈곤·취약계층의 경제적 권리 등(1.4)[120]과 생물다양성 관련 국제인권기준 주제에 대해 빈곤층·취약계층의 기후관련 재해, 재난 취약성(1.5)[121] 관련 연계성이 상당히 높은 것으로 나타난다. 따라서 북한의 빈곤·취약계층의 경제적 권리 보장(1.4)을 위해 SDG 2(기아종식), 8(양질의 일자리와 경제성장), 10(불평등 감소), 11(지속가능도시와 공동체), 14(해양생태계) 와의 연계한 목표 달성 방안이 요구된다. 더불어 빈곤층 대상 기후관련 재난(1.5) 등의 취약성을 감소시키는 것이 인권 측면의 시급한 과제인데 3(건강과 복지), 5(성 평등), 11(지속가능도시와 공동체), 13(기후변화) 에 포함된 기후, 재난 세부목표들과 공동의 목표를 설정하는 것이 바람직할 것으로 평가된다.

〈표 16〉 국제인권기준 북한 관련 SDG 1 세부목표별 연계 현황

| 인권기준 | 세부 주제 | SDG 1 세부목표 | | | | | | | |
|---|---|---|---|---|---|---|---|---|---|
| | | 1.1 | 1.2 | 1.3 | 1.4 | 1.5 | 1.a | 1.b | 계 |
| UDHR | 인권 전반 | 1 | 1 | 1 | 2 | 1 | – | 1 | 7 |
| ICCPR | 시민 정치권 | – | – | – | 1 | 1 | – | – | 2 |
| ICESCR | 경제, 사회, 문화적 권리 | 4 | 2 | 1 | 8 | 1 | 5 | 5 | 26 |
| CRC | 아동 권리 | – | – | 4 | 9 | – | 1 | 1 | 15 |
| CEDAW | 여성 차별 철폐 | 2 | 2 | 3 | 12 | – | – | 2 | 21 |
| CRPD | 장애인 권리 | 2 | 2 | 1 | 16 | 2 | 3 | 3 | 29 |

| 인권기준 | 세부 주제 | SDG 1 세부목표 | | | | | | | |
|---|---|---|---|---|---|---|---|---|---|
| | | 1.1 | 1.2 | 1.3 | 1.4 | 1.5 | 1.a | 1.b | 계 |
| UNDRIP | 토착민에 대한 권리 | 2 | 2 | 1 | 6 | – | 1 | 1 | 13 |
| DEVAW | 여성 폭력 철폐 | – | – | – | – | 1 | – | – | 1 |
| UNFCCC | 기후변화 (생물다양성) | – | – | – | – | 6 | – | – | 6 |
| Paris Agreement | 기후변화 (생물다양성) | – | 4 | – | – | 24 | – | – | 28 |
| UNCCD | 사막화방지 (생물다양성) | – | – | – | 12 | 32 | – | – | 44 |
| 합 계 | | 12 | 13 | 11 | 66 | 68 | 10 | 13 | 193 |

\* 출처: 덴마크인권연구소 홈페이지(https://sdg.humanrights.dk) 내 국제인권기준의 각 조항과 북한 관련 SDG 1(빈곤) 연계 검색 결과를 바탕으로 저자 작성.

〈표 17〉 북한의 SDG 2 세부목표별 국제인권기준 연계 현황

| 인권기준 | 세부 주제 | SDG 2 세부목표 | | | | | | | | |
|---|---|---|---|---|---|---|---|---|---|---|
| | | 2.1 | 2.2 | 2.3 | 2.4 | 2.5 | 2.a | 2.b | 2.c | 계 |
| ICESCR | 인권 전반 | 2 | 2 | 1 | 1 | – | 2 | 1 | 1 | 10 |
| CRC | 아동 권리 | 1 | 2 | – | – | – | – | – | – | 3 |
| CEDAW | 여성차별철폐 | – | 1 | – | – | – | – | – | – | 1 |
| CRPD | 장애인 권리 | 1 | – | – | – | – | – | – | – | 1 |
| UNDRIP | 토착민에 대한 권리 | – | – | 2 | 1 | 1 | – | – | – | 4 |
| UNFCCC | 기후변화 (생물다양성) | 1 | – | – | 2 | – | – | – | – | 3 |
| Paris Agreement | 기후변화 (생물다양성) | – | – | – | 13 | – | – | – | – | 13 |
| UNCCD | 사막화방지 (생물다양성) | 5 | 5 | 8 | 10 | 5 | 12 | 2 | 2 | 49 |
| Ramsar convention | 습지보호 (생물다양성) | – | – | – | 1 | – | – | – | – | – |
| 합 계 | | 12 | 10 | 11 | 28 | 6 | 14 | 3 | 3 | 87 |

\* 출처: 덴마크인권연구소 홈페이지(https://sdg.humanrights.dk) 내 국제인권기준의 각 조항과 북한 관련 SDG 2(기아) 연계 검색 결과를 바탕으로 저자 작성.

둘째, 북한 관련 SDG 2(기아)와 국제인권기준 별 연계 현황이다. 〈표 17〉
을 보면, 2.1, 2.2와 같이 빈곤·취약계층 대상의 식량에 대한 보장과 영양결

핍에 대한 대응 관련, 인권 전반에 대한 기준과 연결되고 있으며, SDG 1(빈곤)보다도 SDG 2(기아)에서 생물다양성과 관련된 보다 넓은 범주의 연계성이 확인된다. 특히 북한이 습지보호, 산림조림 등 적극적인 관심을 표명하고 있는 기후변화, 사막화 방지는 기아문제 전 영역의 세부목표와 연결되고 있으며, 세부목표 2.4(기후변화로 인한 기상이변, 자연재해에 대한 적응력 강화와 토양 개선 등)은 파리기후변화협약과 강력한 연계성을 지니고 있어 이에 대한 각 목표 간 협업이 요구된다.

## 취약계층과 SDGs 간의 연계를 활용한 조화

북한 당국이 SDG 1(빈곤 종식)을 시급한 개선 목표로 간주하지 않더라도 빈곤과 기아에 노출된 취약그룹과 각 SDG 간의 관계는 기본적으로 세부지표들과 밀접한 연계성을 띠고 있다. 김수진(2018)에 따르면, 취약계층과 SDGs와의 매핑(mapping)에 대해 대상별 차이가 존재한다. UN-UPR(Universal Periodic Review, 보편적정례검토) 1, 2기 전체의 권고사항은 55,000개에 달한다. 권고사항의 수용(accepted) 현황을 일반적인 취약계층 그룹(9개)에게 적용한 결과는 〈표 18〉과 같다.[122] 이 중 북한의 주 취약계층으로 간주하는 여성과 소녀, 장애인, 아동을 대상으로 축약해 보면, SDG 1(빈곤퇴치)의 측면에서는 △여성과 소녀, △아동, △장애인 순으로 높은 연계성을 나타냈으며 SDG 2(기아종식)의 경우, △아동, △여성과 소녀, △장애인의 순으로 UPR 권고사항과 연계를 갖는 것으로 평가된다. 또한 연계목표 상위 5개를 보면 ① 아동의 경우, SDG 16(정의, 평화, 제도), 4(교육), 8(일자리와 경제성장), 5(성평등), 3(건강과 복지), ② 장애인의 경우, SDG 4(교육), 10(불평등), 8(일자리와 경제성장), 16(정의, 평화, 제도), 3(건강과 복지), ③ 여성과 소녀의 경우 SDG 5(성평등), 16(정의, 평화, 제도), SDG 4(교육), 3(건강과 복지), 8(일자리와 경제성장) 순으로 UPR 권고 사항에 언급된 내용이 SDGs의 세부목표들과 연결되고 있음을 확인할 수 있다.

〈표 18〉 SDGs 각 세부목표별 취약그룹 연계 현황 총괄표

| | 아동 (children) | 인권 옹호자 (human rights defenders) | 토착민 (indigenous people) | 국내 실향민 (internally displaced persons) | 소수집단 (members of minorities) | 이민자 (migrants) | 장애인 (persons with disabilities) | 피난민 (Refugees and asylum-seekers) | 여성.소녀 (women and girls) |
|---|---|---|---|---|---|---|---|---|---|
| SDG1 | 175 | 5 | 138 | 19 | 129 | 46 | 78 | 19 | 192 |
| SDG2 | 69 | 4 | 98 | 3 | 23 | 0 | 4 | 4 | 58 |
| SDG3 | 585 | 0 | 50 | 3 | 83 | 51 | 111 | 16 | 615 |
| SDG4 | 1,388 | 6 | 130 | 6 | 619 | 125 | 483 | 43 | 784 |
| SDG5 | 1,057 | 16 | 86 | 20 | 207 | 81 | 76 | 29 | 6,113 |
| SDG6 | 25 | 0 | 11 | 4 | 24 | 6 | 2 | 8 | 0 |
| SDG7 | 0 | 0 | 0 | 0 | 0 | 0 | 0 | 0 | 0 |
| SDG8 | 1,386 | 17 | 28 | 9 | 121 | 343 | 146 | 18 | 823 |
| SDG9 | 6 | 0 | 0 | 0 | 0 | 0 | 0 | 0 | 0 |
| SDG10 | 293 | 7 | 187 | 18 | 1,815 | 462 | 269 | 164 | 370 |
| SDG11 | 50 | 0 | 38 | 30 | 136 | 39 | 71 | 24 | 39 |
| SDG12 | 0 | 0 | 24 | 0 | 0 | 0 | 0 | 0 | 0 |
| SDG13 | 8 | 0 | 3 | 3 | 0 | 0 | 4 | 1 | 0 |
| SDG14 | 0 | 0 | 0 | 0 | 0 | 0 | 0 | 0 | 0 |
| SDG15 | 0 | 0 | 0 | 0 | 0 | 0 | 0 | 0 | 0 |
| SDG16 | 1,529 | 75 | 236 | 25 | 492 | 119 | 114 | 62 | 997 |
| SDG17 | 67 | 0 | 9 | 5 | 55 | 12 | 32 | 6 | 84 |
| | 6,638 | 130 | 1,038 | 145 | 3,704 | 1,284 | 1,390 | 394 | 10,075 |

*출처: 김수진(2018, 170)을 바탕으로 재작성. 북한내 주요 취약계층(아동, 장애인, 여성/소녀) 별 SDG 연계순 5개에 한해 음영 표기.

〈표 18〉의 내용에 기초한, 취약계층(△여성, 소녀 △아동 △장애인)그룹에 대한 국제인권기준 적용 결과를 살펴보면 복지분야 SDG 1, 2에 비해 상대적으로 공통연계 분야 즉, SDG 3(건강과 복지), 4(교육), 5(성평등), 8(일자리와 경제성장),

10(불평등 감소), 16(정의, 평화, 제도)의 비중이 높은 점이 특징이다. 이 중, SDG 5(성평등), 10(불평등 감소)과 16(정의, 평화, 제도)는 기존 유엔전략계획의 기본원칙에 포함되어있으며, SDG 16(정의, 평화, 제도)는 인권기반접근과 직접 연계된 목표이다. 전체 취약계층 연계 공통분야인 SDG 3(건강과 복지)과 SDG 4(교육)은 기존 유엔전략계획의 4대 우선목표인 사회개발 서비스에 포함되어 있으므로 SDG 8(일자리와 경제성장)에 대한 연계 전략의 수립이 상대적으로 시급한 과제로 판단된다. 이상의 내용을 도표화하면 위의 〈그림 12〉와 같다.

〈그림 12〉 취약계층의 인권 증진을 위한 SDG 간 조화

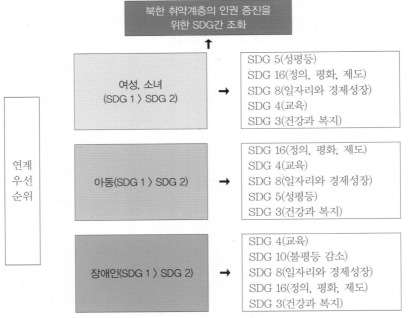

* 출처: 저자 작성

# 북한 SDGs 달성을 위한 포스트 북한-유엔전략계획

〈그림 13〉 포스트 유엔전략계획을 위한 SDG 간 조화

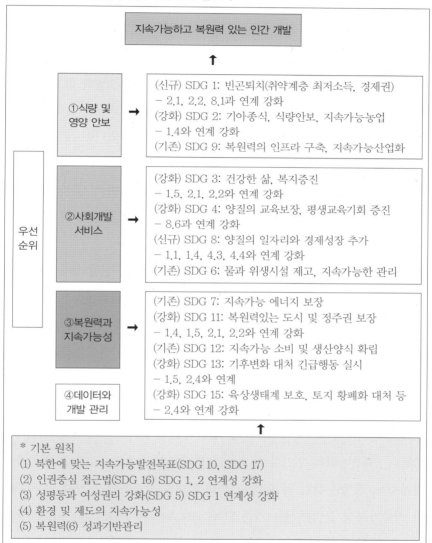

* 출처: 저자 작성(기존 표기는 제3차 북한-유엔전략계획(2017-2021)에 이미 반영되어 있음을 의미)

국제인권기준을 북한지역 SDGs에 적용한 결과와 취약계층과 SDGs 간 연계 결과를 토대로 북한이 유엔과 체결한 유엔전략계획(2017-2021)에 대한 개선모델을 제시하고자 한다. 그리고 남북 교류협력에 주는 시사점은 무엇인지 남북간 추진된 바 있는 기존 사업군의 재검토 방식으로 살펴보고자 한다. 국제인권기준이나 북한이 지속가능발전의 지향으로 제3차 유엔전략계획(2017-2021)에서 밝힌 '지속가능하고 복원력있는 인간 개발을 향한(Towards sustainable and resilient human development)' 가치 모두 보편적인 삶의 수준 제고라는 측면에서 동질적 가치를 공유한다고 볼 수 있다(UN-DPRK 2016). <그림 13>은 개선된 방식의 새로운 유엔전략계획을 제안하고 있으며 전략계획의 우선순위인 ①식량 및 영양안보, ②사회개발서비스, ③복원력과 지속가능성이란 세 분야별로 신설이 요구되는 SDG 및 강화가 필요한 기존 SDG를 구분하고 있다.

먼저 ①식량 및 영양안보 분야에 SDG 1(빈곤퇴치)을 신설 추가하면서 기존 SDG 2(기아종식)과의 연계를 강화하였다. 둘째, ②사회개발 서비스분야에서는 기존 SDG 3(건강과 복지)의 SDG 1(빈곤), 2(기아)의 세부목표와의 연계를 강화하였다. 또한 교육과 일자리간 관련 상호 목표간 협력을 반영하고 있다. 확인된 취약계층의 공통 연계 분야인 SDG 8(일자리, 경제성장)을 신설, 추가하면서 SDG 4(교육)의 세부목표인 4.3(취업교육보장), 4.4(취업청소년증대)와 연계를 강화하였고, SDG 4(교육)를 강화하면서 SDG 8(일자리)의 세부목표 8.6(청년교육증대)와의 연계를 모색하였다. 세부목표 8.1(1인 소득)은 빈곤층의 최저소득, 경제권 관련 목표 1(빈곤)과의 연계를 강화하였다. 셋째, ③복원력과 지속가능성 분야에서는 기존 SDG 11(지속가능공동체와 도시), 13(기후변화), 15(육상생태계)를 SDG 1(빈곤), 2(기아)의 세부목표 -국제인권기준 관련 연계성이 높았던 1.4, 1.5와 2.1, 2.2, 2.4 - 와의 연계를 강화하였다. 최근 지구온난화에 따른 흐름을 고려하여 빈곤층의 기후, 환경에 자연재해 관련 취약성의 경감 차원에서 기존 SDG 15(육상생태계)와 함께 SDG 14(해양생태계)의 신설 여부 및 'SDR 2020'에서 제시한 목표별 주요과제 및 이행에 대한 세밀한 검토가 필요할 것이다.

우선순위별 신설·강화 항목을 살펴보면 SDG 1(빈곤), 2(기아) 관련 식량 및 영양안보 분야는 독립된 영역이 아니라 사회개발 서비스 분야, 복원력과 지속가능성 분야와 상호 연계되어 있음이 확인된다. 따라서 복수의 SDGs 달성을 위한 남북한 간 호혜적 사업 분야의 발굴이 요구된다.

## 결론: 국제사회 대북제재 및 COVID19를 고려한 남북교류협력 방안

본론에서 제시한 개선된 제4차 북한-유엔전략계획 모델의 내용을 보면 SDG 1(빈곤) 내 취약계층의 최저소득, 경제권 신설을 통해 SDG 2(기아) 내 취약계층 영양지원 기아종식, 식량안보, 지속가능농업과의 조화 및 SDG 8(일자리)과의 연계를, SDG 8(일자리와 경제성장) 신설을 통해 SDG 3(건강과 복지), SDG 4(교육)과의 연계방안을 제시하고 있다. 전자와 관련하여 기존에 전개되거나 중단되었던 남북교류협력사업의 경험, 예를 들면 경기도가 추진했던 벼농사 시범 사업, 농촌 현대화 사업 등 기존 사례를 참고할 수 있다. 특히 당곡리 농촌 현대화 사업의 경우 일관성을 가지고 3개년(2006-2008) 사업계획으로 추진되었으며 SDG 2(기아) 관련, 작물종자 및 농로진입로 포장, 농자재지원, SDG 8(일자리와 경제성장) 관련, 도정공장 건립, 농기계수리공장 신설을 통한 일자리 창출, SDG 4(교육)의 인프라 구축을 위한 소학교, 유치원 지원, 탁아소 건립 등 종합농촌개발 사업으로서 주민생활 향상에 상당한 기여했다는 평가를 받은 바 있다(경기도 2012, 77-82).

평양 식품가공공장 건설 지원 사업(2005)의 경우 중단되었으나 유사사업을 추진할 경우, SDG 2(기아) 달성과 관련 식량 증산을 통해 SDG 8(일자리) 문제의 개선을 도모할 수 있을 것이다. 또한 민족화해협력범국민협의회(민화협) 등이 참여하여 종자, 비료, 농약 등의 물자지원 뿐 아니라 양묘기술이 전수되었던 개풍 양묘장 조성사업(2007-2010) 및 금강산, 설악산 지역의 산림병충해 방제약품 지원 사업(2014)의 사례를 참고하여 2020년 6월 파주시에 준공된 산림청 산하 남북산림협력센터를 거점으로 활용한 재조림 사업 등 복원력과 지속가능성 분야의 SDG 15(육상생태계) 관련 토지 황폐화 문제를 개선할 수 있을 것이다. 한편 유진벨재단이 주도하는 다제내성 결핵 환자 지원사업(2013~)을 통해 SDG 3(건강과 복지) 달성을 위한 감염병 예방에 기여할 수 있으며, 개성, 파주 등지에서 실시, 상당한 개선효과를 거두었던 남북한 간 말라리아 공동방역사업(2008-2011)을 참고하여 SDG 3(건강과 복지)의 달성뿐 아니라 SDG 13(기후변화) 관련, 자연재해 대처 긴급행동 실시 차원과의 협력까지 기대할 수 있을 것이다. SDG 13(기후변화)의 달성은 ASF(아프리카돼지열병) 확산, COVID-19 팬데믹 상황 하 한반도 생명·안전공동체로서의 남북 상호 협력의 필요성이 강조되고 있는 현실을 고려하여 인간안보적 관점에서 우선 추진 사업으로 검토할 수 있다. 마지막으로 복원력과 지속가능성 분야의 기존 달성목표인 SDG 7(지속가능한 에너지) 보장을 위해 남북한 간 에너지사업 교류가 적극 추진될 필요가 있다. 구체적으로 북한 내 전력 사정을 고려, 분산자원을 이용한 마이크로그리드 사업의 구축과 이를 연결한 국가 단위 스마트그리드 형성에 대한 논의를 본격화한다면 해당 목표의 이행에 한 걸음 다가설 수 있을 것이다.

## 〈참고문헌〉

### 국내문헌

강동완, 「남북한 통합 대비 북한개발지원 추진방안-'개발협력 관점에서의 식량지원'을 중심으로」, 『통일과 평화』 제3집 제1호, 서울대학교 통일평화연구소, 2011.

경기도, 『경기도 남북교류협력 10년 백서』, 경기도청, 2012.

권율·최장호·유애라·최유정, "오늘의 세계경제:북한의 지속가능발전목표(SDGs) 이행성과와 남북협력과제", Vol. 21 No. 17, 대외경제정책연구원, 2021.

김다애, 「남북 보건의료협력을 위한 법 제정」, 『대북인도적지원과 남북경제협력 자료집』, 통일의학포럼 제6차 심포지엄. 2015년 12월 7일).

김병연·양문수, 『북한경제에서의 시장과 정부』, 서울대학교출판문화원, 2012.

김상기, 「원조가 북한의 외교정책을 변화시키는가:UN총회 투표 자료를 이용한 실증분석」, 『21세기정치학회보』 제25집 4호, 21세기정치학회, 2015.

김석진, 「개발협력 국제규범과 북한적용 문제」, 『대북개발협력의 경험과 새로운 패러다임 자료집』(초록우산어린이재단·통일연구원 공동세미나. 2018년 4월 20일).

김석진·홍제환, 『북한 민생경제 진흥을 위한 개발협력 방안』, KINU 연구총서 16-09, 통일연구원, 2016.

김수진, 「SDGs 세부목표와 인권 연계 수준 분석:인권기준 및 취약그룹별 접근을 중심으로」, 『국제개발협력』 2018-2, 한국국제협력재단, 2018.

김영윤, 「북한개발을 위한 남북한 경제협력 증진방안」, 『산업은행 창립 50주년 기념 심포지엄 자료집』, 산업은행, 2004년 3월 31일.

김유철, 「법적 사회의 등장: 법사회학 이론을 통한 국제관계의 법제화 경향 분석」, 『국제정치논총』 제57집 2호, 한국국제정치학회, 2017.

김지영, 「국제사회의 대북 인도적 지원의 실제와 효과성」, 『한국동북아논총』 제78호, 동북아역사재단, 2016.

김태균, 「북한개발협력을 위한 이론적 소고」, 『국가전략』 제23권 2호, 세종연구소, 2017.

_____, 「인도개발협력과 한반도 평화를 위한 HDP Nexus」 발표자료(2021년 9월 1

일), 통일부 주최 KGPF 세션5-1, 2021.

남화순, 「UN "대북제재 현황과 면제신청"」, 『북한 보건의료, 개발협력 전망과 과제 자료집3』, 남북교류협력지원협회, 한국국제보건의료재단, 2020.

도영아, 「개발원조에 있어서 NGO의 역할과 한국개발NGO의 발전방안에 관한 연구」, 이화여자대학교 대학원 석사학위논문, 2009.

문경연, 「대북지원의 인간안보적 해석」, 『북한연구학회보』 제16권 제2호, 북한연구학 회, 2012.

_____, 「북한개발협력과 SDGs: 북한·UN 전략계획의 의미」, 『수은 북한경제』 통권 제61호, 2019.

박복영, 「발전경제학과 국제원조의 진화」, 『경제학연구』 62권 2호, 한국경제학회, 2014.

박소혜·박지연, 「스위스의 대북지원에 관한 연구」, 『아태연구』 24(3), 국제지역연구 원, 2017.

박지연, 「유엔의 지속가능개발목표(SDGs)와 북한개발협력」, 『수은 북한경제』 통권 제 55호, 2017.

박지연·문경연·조동호, 「UN지속가능개발목표 담론의 북한 적용을 위한 이행지표 고 찰」, 『담론』 201, 19(4), 2016.

박형중, 「2006년 이래 북한의 보수적 대내정책과 장성택」, 『KINU 온라인시리즈』 08- 72, 통일연구권, 2008.

_____, 「개발 및 원조와 관련한 정책과 전략의 변화」, 『통일문제연구』 하반기호 통권 제6호, 통일연구원, 2006.

북한인권정보센터, 『UN 지속가능발전목표와 인권의 결합, SDG 목표3 건강권을 중 심으로』, 북한인권정보센터, 2019.

선수현, 「개발협력을 위한 북한 인간개발지수 추정 모형에 관한 연구」, 중앙대학교 대 학원 석사학위논문, 2012.

송철종·정구연·문경연·한기호 외, 『북한의 복지 분야 지속가능발전목표(SDGs) 달성 을 위한 남북한 교류협력 방안 연구』, 한국보건사회연구원, 2020.

신길수, 「공적개발원조의 패러다임 변천과 한국 ODA 정책의 개선 방향에 관한 연구」, 가천대학교 대학원 석사학위논문, 2012.

신지혜, 「중국의 국제개발협력과 국내 지역개발정책과의 연계성: 중국의 대북한 개발 협력 사례를 중심으로」, 숭실대학교 대학원 석사학위논문, 2017.

양문수, 「북한에 대한 인도적 지원의 경제·사회적 효과」, 『동향과 전망』. 제70호, 한 국사회과학연구회, 2007.

_____, 「북한에서의 시장의 형성과 발전: 생산물 시장을 중심으로」, 『비교경제 연구』 12권 2호, 2005.

_____, 「조정 메커니즘의 측면에서 본 북한의 경제개혁: 4대 시장의 형성과 발달을 중심으로」, 『북한조사연구』 제10권 제1호, 2006.

_____, 『북한경제의 구조』, 서울대학교출판부, 2001.

_____, 『북한경제의 시장화: 양태, 성격, 메커니즘, 함의』, 한울, 2010.

윤인주, 「유엔지속가능발전목표 14 해양생태계와 북한 개발협력」, 『해양정책연구』 제 35권 1호, 2020.

이석기, 「남북한 경제통합과 북한 경제개발계획」, KINU 온라인시리즈 06-06, 통일 연구원, 2006.6.

이승현·김주경, 「감염병 대응 남북한 보건협력」, 『코로나19 대응 종합보고서』, 국회 입법조사처, 2020.

이요한, 「북한 보건문제에 대한 국제사회의 접근, 그리고 북한의 생각」, 『북한 보건의 료, 개발협력 전망과 과제자료집4』, 남북교류협력지원협회, 한국국제보건의료재 단, 2020.

이용화, 「북한 2009 화폐개혁 3년 평가」, 『통일경제』 2013년 제1호, 2012.

이종무·박형중, 「대북지원 체계화를 위한 북한평가모델과 공동지원프로그램 개발에 관한 연구」, 『통일부 연구용역 보고서』, 통일부, 2004.

임강택, 『북한경제의 시장화 실태에 관한 연구』 KINU 연구총서 09-04, 통일연구원, 2009.

임상순, 「UN 인권메커니즘의 관여전략과 북한 김정은 정권의 대응전략 -로동신문과 UN문서 분석을 중심으로」, 『북한연구학회보』 제19권 제1호, 북한연구학회, 2015.

장형수 외, 『북한경제발전을 위한 국제협력체계 구축 및 개발지원전략 수립방안』, 통
　　일연구원, 2012.

정구연, 「개발협력 국제규범과 북한적용 문제」, 『대북개발협력의 경험과 새로운 패러
　　다임 자료집』(초록우산어린이재단·통일연구원 공동세미나, 2018년 4월 20일).

최규빈·홍제환, 「북한의 SDGs 이행동향: '자발적 국별리뷰(VNR)' 보고서 내용을 중
　　심으로」, KINU 온라인시리즈 21-22, 2021.

최용선, 「1990년대 북한의 화폐화와 화폐제도 변화」, 경남대학교 북한대학원 석사학
　　위논문, 2005.

최은석·민경배, 「동북아 질서에 대한 북한의 법제도적 시각」, 『국방연구』 제55권 제3
　　호, 국방대학교 안보문제연구소, 2012.

최지영, 『최근 북한의 대외경제정책 변화』, 한국은행, 2012.

통일부, 『문재인의 한반도 정책』, 통일부, 2017.

한국국제협력단, 『지속가능발전목표 수립현황과 대응방안』 연구자료 연구개발 2015-
　　03-113, 한국국제협력단, 2015.

한기범, 「북한 정책결정과정의 조직행태와 관료정치: 경제개혁 확대 및 후퇴를 중심
　　으로(2000-2009)」, 경남대학교 박사학위논문, 2009.

한기호, 「북한의 제5차 화폐개혁 이후 시장화 연구」, 북한대학원대학교 석사학위논
　　문, 2014.

_____, 「북한개발협력의 제도적 개선에 관한 연구」, 연세대학교 일반대학원 박사학
　　위논문, 2019.

홍상영, 「향후 한국 NGO의 대북지원 방향 모색」, 『국제사회와 협력을 통한 대북지원
　　발전 방안 모색 자료집』, 우리민족서로돕기운동 정책토론회, 2017.10.31.

환경부, 『국가 지속가능발전목표 수립보고서 2019』, 환경부 지속가능발전위원회.

# 외국문헌

Danish Institute for Human Rights(덴마크 인권연구소), https://sdg.humanrights.dk/en/instruments?goal%5B0%5D=71&goal%5B1%5D=71&target=&article=&field_country_tid=66&field_instrument_group_tid=All&combine=.

David Le Blanc, Towards integration at last? The sustainable development goals as a network of targets, DESA Working Paper No. 141, ST/ESA/2015/DWP/141, 2015.

DPRK, VNR. 2021. DPRK Voluntary National Review Report. 2021.6.

John A. Hughes, Wes W. Sharrock, Peter J. Martin., 『고전사회학의 이해』, 2018.

Kim, Byung-Yeon and Dongho Song, "Theparticipation of North Korean House holds in the Informal Economy: Size, Determinantsand Effects," Seoul Journal of Economics, Vol. 21, No. 2, 2008.

Martha Finnemore and Kathryn Sikkin, International Norm Dynamics and Political Change. International Organization. 52-4. 887-917, 1998.

Michael Barnett and Raymond Duvall, Power in International Politics, International Organization. 59-1, 2005.

Robert Axelrod, The Evolution of Cooperation, Basic Books, 1984.

Rodrik, Dani. The New Development Economics: We Shall Experiment, but how Shall We Learn?. Harvard Kennedy School, Faculty Research Working Paper Series RWP08-055, 2008.

SDSN, Bertelsmann Stiftung, 2020 sustainable development report. Cambridge University press, https://sdgindex.org/reports/sustainable-development-report-2020/, 2020.

Statement by H.E. Mr. RI SU YONG, Minister of Foreign Affairs of the Democratic People's Republic of Korea at the United Nations Summit for the adoption of the Post-2015 Development Agenda, New York, 27 September 2015, https://sustainabledevelopment.un.org/memberstates/dempeoplesrepublickorea.

Stephen Krasner. *International Regimes*, Cornell University Press, 1983.

Thomas M. Franck. Legitimacy in the International System. The American Journal of

International Law. 82−4. 1988.

UN. UN전략계획 (UN Strategic Framework) 2017−2021. https://dprkorea.un.org/en/10156−un−strategic−framework−2017−2021.

UN−DPRK. Strategic framework for cooperation between the United Nations and the Democratic People's Republic of Korea 2017−2021. 2016.

Wilczynski. J. Comparative monetary economics: Capitalist and socialist monetary system and their interrelations in the changing international scene. New York: Macmillan. 1977.

기타

대한민국ODA통합홈페이지. http://www.odakorea.go.kr/ODAPage_2018/category01/L02_S01.jsp.

# 미주

1  권헌익, 정병호, 『극장국가 북한』, 창비, 2013.
2  2부 2장은 한기호, 「북한의 제5차 화폐개혁이후 시장화 연구: 2010~2013년의 변화를 중심으로」, 북한대학원대학교 석사학위논문(2014) 내용의 일부를 수정·보완한 것임을 밝힘.
3  시장화 촉진에서 단속으로의 시기구분에 대해, 박형중(2008)은 2006년부터 보수적으로, 한기범(2009)은 2005년부터 개혁후퇴로 진행되었다고 주장한다. 한편, 김병연 양문수(2012)는 탈북자 면담결과를 토대로 본격적인 단속이 2007년부터 진행되었으며 이를 시장억제기로 분류하고 있다.
4  양문수(2005, 2010)와 김병연·양문수(2012) 그리고 김병연·송동호(2008)는 시계열적인 탈북자 조사를 바탕으로 시장화 진전 여부를 확인하기 위하여 보다 입체적인 연구를 시도한 바 있다.
5  통일부에서 발표한 탈북자 입국추이에 따르면 2006년 탈북자 2,026명의 입국을 시작으로 김정은 체제 출범 후 단속이 심해진 2012년 이전까지 평균 2,500명을 웃도는 탈북자들이 입국하였다. 이에 따라 탈북자를 통한 정성적·정량적 연구도 활기를 띤 것으로 파악된다. 통일부 홈페이지 https://www.unikorea.go.kr/unikorea/business/NKDefectorsPolicy/status/lately/ 참조.
6  박석삼, 「북한의 사경제부문 연구: 사경제 규모, 유통현금 및 민간보유 외환규모 추정」, 한은조사연구, 2002-3, 한국은행 조사국, 2002.
7  이영훈, "탈북자를 통한 북한경제 변화상황 조사", 한국은행, 2007.
8  Kim, Byung-Yeon and Dongho Song, "Theparticipation of North Korean House holds in the Informal Economy: Size, Determinantsand Effects," Seoul Journal of Economics, Vol. 21, No. 2(2008).
9  김병연, "북한경제의 시장화: 비공식화 가설의 평가를 중심으로", 윤영관·양운철 편, 『7·1경제관리개선조치 이후 북한 경제와 사회』, 한울, 2009.
10  양문수, 『북한경제의 시장화: 양태, 성격, 메커니즘, 함의』, 한울, 2010.
11  김병연·양문수, 『북한경제에서의 시장과 정부』, 서울대학교출판문화원, 2012.
12  시장화 수준 분석은 양문수(2010) 6장의 내용을, 정책시기별 시장화 양상 분석은 김병연·양문수(2012)의 3장과 4장을 인용, 보완하여 활용하였다. 특히 4장에서 주로 다루어진 바 있는 아노바(ANOVA) 분석방법을 활용하여 화폐개혁 이후 최근까지의 시장화 흐름 분석을 시계열적으로 시도하고자 한다.
13  7·1조치에 대해서 양문수는 "시장화의 운동성, 확장성에 큰 동력으로 작용했고, 여타의 요인들과 결합하면서 시장화를 되돌릴 수 없는 흐름으로 만들었다"고 말한다. 『통일뉴스』, "전문가 "7.1조치, 北 시장화에서 큰 동력으로 작용해", 2012년 11월 21일.
14  7·1 조치의 포괄범위에 대해서는 아직도 학자들 간에 약간의 이견이 존재한다. 종합시장 허용까지 포함시켜 그 범위를 다소 넓게 설정하는 견해가 있는가 하면 종합시장 허용조치를 포함시키지 않아 다소 좁게 설정하는 견해도 있다. 본 장에서는 특별한 언급이 없는 한 7·1 조치에 종합시장을 포함시키는 것으로 한다, 한편, 7·1 조치와 종합시장의 관계는 아직도 명확하지 않다. 연속·보완의 측면을 강조하는 입장이 있는가 하면 단절·모순의 측면을 강조하는 입장도 있다. 양문수, 『북한경제의 시장

화: 양태, 성격, 메커니즘, 함의』, 한울, 2010, 56쪽.

15 엄밀히 이야기하면 2010년 초, 화폐개혁 후속 조치에 다른 주민 동요와 조정기간까지를 아우르는 기간이다.

16 조정메커니즘은 북한경제의 개혁과정에서 계획과 시장을 설명하기에 용이한 분석틀이다. 자세한 내용은 양문수(2006, 231-283) 참조.

17 주민들에게는 시장만이 유일한 생계공간이라는 인식, 신흥부유층에게는 자본가로서의 활동터전이라는 인식, 국가와 권력층에게는 계획부문의 재정충당과 착취가 가능한 곳이라는 인식을 말한다.

18 화폐개혁은 주로 '리디노미네이션(Redenomination)' 형태로 이루어진다. 이는 한 국가에서 사용되는 화폐의 액면을 동일한 비율로 낮추는 것을 의미한다.

19 당시 북한은 예금된 돈을 반드시 돌려준다고 약속했으나, 1992년 4차 화폐개혁 당시 예금한 돈을 몰수당했던 주민들의 참여는 저조했다. 한편, 2010년 8월1일자로 조선중앙은행이 화폐개혁 시 예금된 구권화폐를 50만원 한도 내에서 100:1로 환산해 신권화폐로 돌려준다고 발표한 바 있으나, 당시 물가폭등으로 신권 기준 5,000원으로 쌀 5kg 밖에 사지 못하기 때문에 큰 환심을 사진 못했던 것으로 보인다. 『데일리NK』, "화폐개혁 당시 예금 50만원 8월부터 반환", 2010년 7월 29일.

20 『연합뉴스』, "화폐개혁 '충격' 北 상거래 올스톱", 2009년 12월 1일.

21 실제 일부 언론에 따르면, 주민들의 당국에 대한 불만을 상쇄하기 위해 다음날 (2009. 12. 1) 교환액수 한도를 5만 원 늘린 15만 원으로, 저축액수도 30만 원으로 늘렸으나 여의치 않자, 12월 2일, 최종적으로 10만원까지 100:1, 그 이상은 1000:1로 교환해주고 저축 액수의 한도를 없애는 내용을 발표 후, 전국단위의 화폐교환을 시작한 정황도 포착된다. 『데일리NK』, "北 화폐교환 상한 액수 왜 자주 변경하나?", 2009년 12월 2일.

22 이 부분은 일부 탈북자들이 부인하고 있으므로 논란의 여지가 남는다. "당시 구화폐 10만원 이상은 교환하지 못했고 국가가 배급을 못주는 조건에서 시장에서 그때 가격으로 량곡 15kg 정도 살 수 있을 만큼 시중에 월급을 높인 것이 교환한도 50만원으로 와전된 것 같다."고 전하고 있다. 탈북자 B씨와의 면담결과. 한편으로는 북한 당국의 일관성 없는 정책에 따른 국내 대북정보력의 한계이기도 하다. 일부 보도에서는 가구가 아닌 1인당 50만원까지 교환한도가 확대되었다고 보도된 바 있다. 『연합뉴스』, "北, 화폐개혁 후 안정 위해 불만 차단 전력", 2009년 12월 27일.

23 보다 자세한 내용은 Wilczynski, J(1977)을 참조.

24 최용선, 「1990년대 북한의 화폐화와 화폐제도 변화」, 경남대학교 북한대학원 석사학위논문, 2005, 58쪽.

25 주민들 사이에 많은 화폐가 유통될 수 있었던 까닭은 세 가지이다. 첫째, 단순하게 임금의 형태로 주어진 화폐가 공식유통과정에 참여하지 못하고 주민들에게 유휴화폐로 남게 되었고, 이로 인해 주민들에게 축적된 화폐가 비공식유통의 영역인 농민시장을 통해서 유통됐기 때문이다. 둘째, 지속적인 국가재정지출로 이루어진 임금인상을 통해서이다. 셋째, 재정적자를 만회하기 위한 통화발생이 계속적으로 이뤄졌기 때문이다. 최용선, 「1990년대 북한의 화폐화와 화폐제도 변화」, 경남대학교 북한대학원 석사학위논문, 2005, 58-64쪽.

26 『내각결정』제 423-1은 "인민생활 안정과 향상을 위하여"이고, 423-2는 "경제관리체

계와 질서를 바로잡기 위하여"이다. 한편 화폐교환 관련 부정행위에 대해 "무자비하게 징벌하라"는 내적 지시가 내려졌다. 1992년도 화폐 개혁 때와 달리, 이번에는 모두 당에서 직접 진두지휘하고 있다. 좋은 벗들, 『오늘의 북한소식』 309호, 2009년 12월 2일.

27 개혁초기에는 주민들의 반발 중심의 실패 일변도의 미확인 보도들이 주를 이루었으나, 시간이 경과한 후 절반의 성공이라는 평가가 나오기도 했다. 이용화, 「북한 2009 화폐개혁 3년 평가」, 『통일경제』 2013년 제1호, 2012 참조.

28 "사회주의계획경제 하에서는 '150일 전투'와 같은 총동원전, 총집중전이 경제적인 비약의 계기점으로 될 수 있다"면서 동원되고 집중되는 '전투'의 장점을 밝혔다. 실지로 "생산현장에는 '150일 전투', '100일 전투'와 같이 일정한 기간을 정하여 집중전을 벌리면 실효성이 높다는 의견이 많다"는 것이다. 『조선신보』, "100일 전투가 시작되었다." 2009년 9월 25일.

29 다른 탈북자는 북한 당국이 인위적으로 화폐통화량을 조절하여 장사하는 이들이 물건 값으로 계산된 수익을 올리지 못하도록 하는 조치의 반복 통해 주민들의 장사의욕을 꺾어 놓으려 했다고 전하고 있다. 탈북자 K씨와의 면담결과.

30 탈북자 E씨와의 면담 결과.

31 북한사회과학원 김철준 경제연구소장은 조총련 기관지인 2010년 1월 23일 조선신보와의 인터뷰에서 다음 내용을 언급하였음. 『경향신문』, "화폐개혁으로 재정적 토대 마련." 2010년 1월 24일.

32 북한 결산기준으로 북한예산(북한원)을 북한 환율로 나누어 환산함.

33 최근 북한의 대외경제정책은 무역과 특구 개발의 측면에서 북·중 경협을 확대하는 방향으로 변화하고 있는데, 향후 북·중 접경지역 특구 개발에 따라 북한의 대중의 존도가 더욱 심화될 수 있다. 자세한 내용은 최지영, 『최근 북한의 대외경제정책 변화』, 한국은행, 2012 참조.

34 이용화, 「북한 2009 화폐개혁 3년 평가」, 『통일경제』 2013년 제1호, 2012, 8쪽.

35 좋은 벗들, 『오늘의 북한소식』 321호, 2010년 1월 5일.

36 좋은 벗들, 『오늘의 북한소식』 329호, 2010년 2월 2일.

37 좋은 벗들, 『오늘의 북한소식』 460호, 2012년 6월 29일.

38 좋은 벗들, 『오늘의 북한소식』 330호, 2010년 2월 9일.

39 시장 뿐 아니라 수매상점에도 물건이 워낙 부족할 뿐더러 개인 장사꾼들이 위탁으로 넣은 상품들은 가격이 너무 비싸 판매에 어려움을 겪고 있다. 화폐교환 이후 시장이 가장 흥성거렸던 때는 주민들에게 배려금을 지급해 농민과 주민들에게 배려금을 지급해 농민과 주민들이 대거 살림살이를 구입하러 나왔을 때가 전부이다. 좋은 벗들, 『오늘의 북한소식』 332호, 2010년 2월 18일.

40 실제 매주 한 번 하는 여맹(조선민주여성동맹)원 정규 학습일에는 노력동원에 빠지지 말라는 조건 하에 시장을 24시간 볼 수 있게 되었다고 전하고 있다. 종합시장 폐지정책으로 2009에 가장 먼저 된서리를 맞았던 평성시에서도 "모든 시장 세칙을 취소하고, 장사를 풀라"는 지시를 내렸다. 시 당 간부에 따르면, "화폐 교환 이후 백성들의 생활수준이 모두 떨어지고, 국가에서도 배급을 주지 못하는 상황이라 시장을 다시 중시할 수밖에 없다"고 시장을 허용하기로 한 배경을 설명했다. 그는 "시장이 전면 풀라는 것은 아사자가 속출하고 있는 상황에서 당연한 처사"라며, 아사 위

기가 도를 넘어섰다고 우려했다. 그러나 시장 문을 활짝 열었지만 물품 유통이 안 되고, 현금이 없어 하루 3천원 벌던 사람이 이제는 하루에 200-300원 벌까 말까 할 정도로 시장이 위축된 상태이다. 좋은 벗들, 『오늘의 북한소식』 340호, 2010년 6월 24일.

41 2012년에 평양에 개업한 광복지구 상업중심 과 같은 대형 상점에서 국영상점보다 약간 비싸더라도 시장가격보다 싸게 팔라는 지침을 정한 바 있다. 좋은 벗들, 『오늘의 북한소식』 450호, 2012년 4월 11일.

42 양문수, 「조정 메커니즘의 측면에서 본 북한의 경제개혁:4대 시장의 형성과 발달을 중심으로」, 『북한조사연구』 제10권 제1호, 2006, 17쪽.

43 화폐개혁 이후의 시장의 회복세를 조망함에 있어 다원 및 일원변량 분석으로 2010년부터 2013년까지의 통계적 유의미성을 따져보는 것은 이번 장에서 시도할 수 있는 과학적인 방법 중 하나이다.

44 국가계획 외 부산물을 활용한 생활필수품 생산을 장려하기 위한 8.3인민소비품창조운동(1984.8.3. 김일성 지시)에서 유래된 말로, 생산성이 저조한 소속 공장·기업소에서 출근을 강요하자, 일정한 돈을 내고 외부에서 부업을 통해 생계를 도모하는 노동자를 지칭하는 용어.

45 물론 이는 앞서 확인했듯이 지난 조사 결과에 비해 이번 조사 결과의 평균치가 대부분의 영역에서 화폐개혁 이전 수준에 도달하고 있지 못하다는 것을 참고해야 한다. 그러나 2013년 응답집단의 결과가 타 집단에 비해 통계적으로 그 시장화 확대의 정도가 유의미하게 도출된 항목에 한해서는 이와 같은 판단을 재고할 여지도 있다.

46 임강택, 『북한경제의 시장화 실태에 관한 연구』 KINU 연구총서 09-04, 통일연구원, 2009, 97쪽.

47 임강택, 『북한경제의 시장화 실태에 관한 연구』 KINU 연구총서 09-04, 통일연구원, 2009, 114쪽.

48 세외부담은 세대부담과 대비되는 것이다. 각 세대가 집세, 전기 및 수도 사용료 등과 같이 공식적으로 국가에 납부해야 하는 각종 사용료가 세대 부담이라면 그 밖에 정기적·부정기적으로 국가 혹은 지방 차원에서 바쳐야 하는 준조세를 세외부담이라고 한다. 이는 매우 광범위한 것으로 각종 현물과 현금을 그야말로 시도 때도 없이 상부에 바쳐야 하는 것이다. 김병연·양문수, 『북한경제에서의 시장과 정부』, 서울대학교출판문화원, 2012, 80쪽.

49 이 수치는 북한의 평균 물가상승률을 반영하지 않았음을 참고.

50 그러나 등록되지 않은 특히 한국산 전화기를 사용하는 경우에는 연좌제를 적용하기도 하며 김정은 체제에 들어서도 보안 당국은 불법 핸드폰 사용에 대해 3년 징역형에서 무기징역까지 처할 수 있다고 엄포를 놓기도 했다. 좋은 벗들, 『오늘의 북한소식』 417호, 2011년 8월 24일; 좋은 벗들, 『오늘의 북한소식』 444호, 2012년 2월 29일.

51 불법 손전화로 중국과 통화를 하다 잡혀 보안원이 인민폐 5천 위안을 석방조건의 벌금으로 요구했다는 사례도 있다. 좋은 벗들, 『오늘의 북한소식』 444호, 2012년 2월 29일.

52 2012년 초에는 집을 내놓는 사람이 많았던 것으로 보인다. 화폐 교환 조치 전에 어렵게 장사해서 모은 돈으로 개인 집을 샀던 사람들이 장사 밑천을 만들어보려는 것이다. 괜찮은 땅집(단독 주택) 한 채에 최소 500만 원 정도 하는데, 좋은 집은 1,500

만 원에 거래되기도 한다. 중국 돈으로는 2만 위안, 달러로는 3천 달러 정도에 거래 되다보니 어지간한 돈주 아니고서는 구입하기가 어렵다. 그래서 집을 팔려는 사람 들은 많은데, 사려는 사람은 적다. 돈 좀 있는 간부들이나 돈주들은 이 기회에 저렴 하고 좋은 집을 사려고 돌아다니지만, 보통 주민들은 엄두를 내기 힘든 실정이라고 전해진다. 좋은 벗들, 『오늘의 북한소식』438호, 2012년 1월 18일.

53 설문조사 참여자 중 시장 충격에서 각자 어떤 방식으로 생계활동을 이어갔는지에 대한 주관식 답변란에 기재된 내용을 중심으로 종합, 재구성하였다.

54 2부 3장은 한기호, 「북한 개발협력에 관한 연구경향과 대안이론 검토: 법사회학 이론 을 중심으로」, 『입법학연구』117-2(2020) 내용의 일부를 수정·보완한 것임을 밝힘.

55 한국에서는 공식적으로 ODA에 관한 용어도 통일되어 있지 않아 대체로 공적개발 원조로 번역하여 사용되어 왔으나, 국제개발협력기본법이 제정된 이후로 국제개발 협력의 의미로 통용되고 있다.

56 대한민국ODA통합홈페이지, http://www.odakorea.go.kr/ODAPage_2018/ category01_L02_S01.jsp.

57 이와 관련한 대표적인 연구로는 장형수 외, 『북한경제발전을 위한 국제협력체계 구 축 및 개발지원전략 수립방안』, 통일연구원, 2012를 참조.

58 김영윤, 「북한개발을 위한 남북한 경제협력 증진방안」, 산업은행 창립 50주년 기념 심포지엄(2004년 3월 31일), 2004, 1-2쪽.

59 통일부, 『문재인의 한반도 정책』, 통일부, 2017, 27쪽.

60 북한의 경제개발이 한반도 통합과 국제적 경쟁력 제고에 긍정적인 영향이 없다면, 남북한 개발협력, 경제협력 등을 통한 북한의 경제개발의 필요성은 효과성을 두고 정쟁의 도구로 전락할 가능성이 크다. 이석기, 「남북한 경제통합과 북한 경제개발계 획」, 온라인시리즈 06-06, 통일연구원, 2006.6, 5쪽.

61 김태균, 「북한개발협력을 위한 이론적 소고」, 『국가전략』제23권 2호, 2017, 118쪽.

62 북한 외 국제사회 일반의 맥락에서 한국 정부의 ODA 혹은 시민사회의 개발협력 에 대한 연구로는 다음을 참조하기 바람. 도영아, 「개발원조에 있어서 NGO의 역할 과 한국개발NGO의 발전방안에 관한 연구」, 이화여자대학교 대학원 석사학위논문; 신길수, 「공적개발원조의 패러다임 변천과 한국 ODA 정책의 개선 방향에 관한 연 구」, 가천대학교 대학원 석사학위논문, 2012. 국제사회의 개발협력 정책의 변천에 관하여는 박형중, 「개발 및 원조와 관련한 정책과 전략의 변화」, 『통일문제연구』하 반기호 통권 제6호, 2006을 참조.

63 양문수, 「북한에 대한 인도적 지원의 경제·사회적 효과」, 『동향과 전망』제70호, 2007.

64 김지영, 「국제사회의 대북 인도적 지원의 실제와 효과성」, 『한국동북아논총』제78호, 2016.

65 양문수, 「북한에 대한 인도적 지원의 경제·사회적 효과」, 『동향과 전망』제70호, 2007..

66 김상기는 국가들의 대북 원조가 북한과의 양자 간 외교정책 선호유사도에 유의미한 영향을 미치는 지를 분석하고 있다. 김상기, 「원조가 북한의 외교정책을 변화시키는 가: UN총회 투표 자료를 이용한 실증분석」, 『21세기정치학회보』제25집 4호, 2015.

67 이종무·박형중, 『대북지원 체계화를 위한 북한평가모델과 공동지원프로그램 개발

에 관한 연구」, 통일부 연구용역 보고서, 2004.

68 선수현, 「개발협력을 위한 북한 인간개발지수 추정 모형에 관한 연구」, 중앙대학교 대학원 석사학위논문, 2012.

69 김석진, 「개발협력 국제규범과 북한적용 문제」, 『대북개발협력의 경험과 새로운 패러다임 자료집』(초록우산어린이재단·통일연구원 공동세미나. 2018년 4월 20일).

70 김석진, 「개발협력 국제규범과 북한적용 문제」, 『대북개발협력의 경험과 새로운 패러다임 자료집』, 초록우산어린이재단·통일연구원 공동세미나(2018년 4월 20일), 2018, 3-15쪽.

71 최은석·민경배, 「동북아 질서에 대한 북한의 법제도적 시각」, 『국방연구』 제55권 제3호, 국방대학교 안보문제연구소, 2012.

72 최은석·민경배, 「동북아 질서에 대한 북한의 법제도적 시각」, 『국방연구』 제55권 제3호, 2012, 34쪽.

73 김다애, 「남북 보건의료협력을 위한 법 제정」, 『대북인도적지원과 남북경제협력 자료집』, 통일의학포럼 제6차 심포지엄. 2015년 12월 7일).

74 김다애, 「남북 보건의료협력을 위한 법 제정」, 『대북인도적지원과 남북경제협력 자료집』 통일의학포럼 제6차 심포지엄(2015년 12월 7일), 2015, 59쪽.

75 문경연, 「대북지원의 인간안보적 해석」, 『북한연구학회보』 제16권 제2호, 북한연구학회, 2012.

76 문경연, 「대북지원의 인간안보적 해석」, 『북한연구학회보』 제16권 제2호, 2012, 295-322쪽.

77 임상순, 「UN 인권메커니즘의 관여전략과 북한 김정은 정권의 대응전략 -로동신문과 UN문서 분석을 중심으로」, 『북한연구학회보』 제19권 제1호, 2015, 161쪽.

78 정구연, 「개발협력 국제규범과 북한적용 문제」, 『대북개발협력의 경험과 새로운 패러다임 자료집』(초록우산어린이재단·통일연구원 공동세미나, 2018년 4월 20일).

79 UN전략계획 (UN Strategic Framework) 2017-2021 에 명시된 북한 내 개발협력의 수요는 다음의 네 가지이다. 첫째, 식량 및 영양안보(Food and Nutrition Security) 둘째, 사회개발 서비스(Social Development Services) 셋째, 복원력과 지속가능성 (Resilience and Sustainability) 넷째, 데이터 및 개발관리(Data and Development Management).

80 정구연, 「개발협력 국제규범과 북한적용 문제」, 『대북개발협력의 경험과 새로운 패러다임 자료집』, 초록우산어린이재단·통일연구원 공동세미나(2018년 4월 20일), 2018, 17-26쪽.

81 박소혜·박지연, 「스위스의 대북지원에 관한 연구」, 『아태연구』 24(3), 국제지역연구원, 2017.

82 박소혜·박지연, 「스위스의 대북지원에 관한 연구」, 『아태연구』 24(3),

83 홍상영, 「향후 한국 NGO 의 대북지원 방향 모색」, 『국제사회와 협력을 통한 대북지원 발전 방안 모색 자료집』, 우리민족서로돕기운동 정책토론회(2017년 10월 31일), 2017.

84 홍상영, 「향후 한국 NGO 의 대북지원 방향 모색」, 『국제사회와 협력을 통한 대북지원 발전 방안 모색 자료집』, 우리민족서로돕기운동 정책토론회(2017년 10월 31일), 2017, 4-11쪽.

85 통일의 대상은 아니지만 분명히 자국의 이해관계에 따라 대북 개발협력을 바라보는 연구도 존재한다. 중국의 국내 지역개발정책과 대북 개발협력 사례 분석에 관해서는 다음 논문을 참조하기 바란다. 신지혜, 「중국의 국제개발협력과 국내 지역개발정책과의 연계성: 중국의 대북한 개발협력 사례를 중심으로」, 숭실대학교 대학원 석사학위논문, 2017.

86 강동완, 「남북한 통합 대비 북한개발지원 추진방안 - '개발협력 관점에서의 식량지원'을 중심으로」, 『통일과 평화』 제3집 제1호, 2011.

87 북한의 핵실험과 관련한 국제정세의 추이를 보면, 긴장과 이완을 반복하며 해결점을 찾지 못하는 경향을 보인다. 단지 핵실험 추이만 조명하기보다 비핵화 전과 후의 연결성을 다룬 후속 연구를 필요로 한다. 김석진·홍제환, 『북한 민생경제 진흥을 위한 개발협력 방안』, KINU 연구총서 16-09, 2016.

88 김태균, 「북한개발협력을 위한 이론적 소고」, 『국가전략』 제23권 2호, 세종연구소, 2017, 117쪽. 북한개발협력 외에 국제원조 일반에 대한 연구 시도도 이론적 연구로서는 주목할 만 하다. 박복영(2014)은 지난 70여 년간 국제원조, 즉 개발협력의 변화와 진화에 초점을 두고 발전경제학의 국제원조의 진화에 어떻게 영향을 미쳤는가에 대한 고찰을 시도하며 개발협력을 둘러싼 거시적, 미시적 연구의 긴장 관계에서 미시적 사업 성과에 집중하기보다 개도국 전반적 변화의 방향과 통일을 고민하는 것 역시 포기해서는 안된다고 주장한다. 박복영, 「발전경제학과 국제원조의 진화」, 『경제학연구』 62권2호, 2014. 거시 및 미시 발전 경제학자 간의 공존 담론에 관해서는 다음을 참조하기 바란다. Rodrik, Dani., The New Development Economics: We Shall Experiment, but how Shall We Learn?. Harvard Kennedy School, *Faculty Research Working Paper Series* RWP08-055, 2008.

89 '국제사회라는 구조를 이탈하지 않는 한 구성국가들의 자율성이 보장되어야 한다'라는 다원주의적 입장은 역으로 가정하면 국제사회의 공존이라는 틀에서 이탈하면 각 국가행위자간 이익과 국제사회 질서를 고려하였을 때 내정간섭의 방식까지 동원할 수 있다는 국제체제로의 지향을 의미한다. 반면 연대주의는 1994년 UNDP 에서 제시한 '인간안보' 개념과 같은 인류사회가 지향해야 하는 정의의 관점에서 세계사회로의 지향을 의미한다. 한기호, 「북한개발협력의 제도적 개선에 관한 연구」, 연세대학교 일반대학원 박사학위논문, 2019, 25쪽.

90 물론 국제관습법으로 성립되고 있는 국제법이 법이냐 아니냐에 대해서는 여전히 다툼의 여지가 있다. 주로 국가 상호간의 관계를 규정하는 차원에서 UN 등의 국제기구가 국제법의 주체로서 지위를 인정하는 사례가 늘고 있다. 그러나 가입국에만 적용되는 조약보다 국제사회 일반에 주는 영향력을 볼 때 여전히 중요한 위치를 차지한다고 본다. 또한 국제법을 위반 시 국제법이 법인가 아닌가에 대해서는 이론의 여지가 있다. 그러나 국제법 위반 시 제재가 따르기도 하는데, 제1차 세계대전 이후 일정 범위 내에서 UN 등에 의한 집합적 제재의 형태는 대체로 준수되고 있다.

91 김유철, 「법적 사회의 등장: 법사회학 이론을 통한 국제관계의 법제화 경향 분석」, 『국제정치논총』 제57집 2호, 2017, 100쪽.

92 레짐이론에서는 국제법이 "특정 이슈영역에서 행위자들의 기대가 수렴하는 원칙, 규칙, 규범, 정책결정 절차"의 핵심요소가 되었다고 주장한다. Stephen Krasner. 1983. International Regimes. Ithaca: Cornell University Press, p.2.

93 김유철, "법적 사회의 등장: 법사회학 이론을 통한 국제관계의 법제화 경향 분석", 『국제정치논총』 제57집 2호, 2017, 98쪽.

94 제도적 권력이란 어떤 행위자가 다른 행위자에 대한 물리적 우위 혹은 직접적 관계 없이도 관련 제도에 대해 보다 나은 이해와 접근을 유지하는 것만으로 타 행위자에게 행사할 수 있는 영향력을 의미한다. Michael Barnett and Raymond Duvall, 2005. Power in International Politics, International Organization. 59-1, pp.39-75.

95 특히 조약은 다른 제도나 레짐에 비해 상대적 확정성이 담보되므로 보다 강한 미래 협력에 대한 기대가능성을 가질 수 있다고 본다. Robert Axelrod, The Evolution of Cooperation. New York: Basic Books, 1984.

96 Martha Finnemore and Kathryn Sikkin., International Norm Dynamics and Political Change. International Organization 52-4, 1998, pp.887-917; Thomas M. Franck., Legitimacy in the International System. The American Journal of International Law 82-4, 1988.

97 김유철, "법적 사회의 등장: 법사회학 이론을 통한 국제관계의 법제화 경향 분석", 『국제정치논총』 제57집 2호, 2017, 99쪽, 123-124쪽. 고전사회학에 관한 입문에 관한 가장 최근 저서로는 마르크스, 베버, 뒤르켐의 이론을 담고 있는 다음을 참고할 것. John A. Hughes, Wes W. Sharrock, Peter J. Martin., 박형신, 『고전사회학의 이해』, 한울, 2018.

98 김유철, "법적 사회의 등장: 법사회학 이론을 통한 국제관계의 법제화 경향 분석", 『국제정치논총』 제57집 2호, 2017, 105-106쪽.

99 김유철, "법적 사회의 등장: 법사회학 이론을 통한 국제관계의 법제화 경향 분석", 『국제정치논총』 제57집 2호, 2017, 114-115쪽.

100 김태균(2017)은 북한을 국제사회로 유인하고 개발협력 정책을 통해 북한의 사회화를 극대화하기 위해서는 북한의 사회화 과정을 아우를 수 있는 이론적 프레임 구축과 실제 사업의 국제적 그리고 북한의 대내적 수준에서 협력체계를 이론과 연계하는 노력이 필요하다고 주장한다. 김태균, 「북한개발협력을 위한 이론적 소고」, 『국가전략』 제23권 2호, 세종연구소, 2017, 117쪽, 140쪽.

101 2부 4장은 한기호, 「북한 내 취약계층의 SDGs 달성을 위한 남북교류협력방안 모색」, 『통일연구』 제26권 1호, 2022의 내용의 일부를 수정·보완한 것임을 밝힘.

102 본문에서 'SDGs'는 유엔 지속가능발전목표 17개 전체를, 'SDG'와 숫자를 병기하는 경우 특정 지속가능발전목표를 의미함.

103 DPRK, VNR(Voluntary National Review) Report(2021.6).

104 대부분의 데이터는 MDGs 개념 하에서 활용되었던 것으로 개념이나 측정방법론이 상대적으로 명확하다는 측면에서 정보의 가용성은 높지만, 새롭게 도입한 SDG 체제의 특징적인 사항을 포함하고 있지 못했다. 더욱이 SDG 이행지표의 경우 국제적 차원의 지표인 경우가 많아 북한개발협력 초기조건으로서 북한의 현황을 파악하는 것은 매우 제한적일 수밖에 없다.

105 주요 내용을 보면, 인권과 지속가능발전을 상호의존적 관계로 정의하면서 SDGs와 인권간 통합된 이행방안 마련을 위해 덴마크 인권연구소(Danish Institute for Human Rights)가 구축한 데이터베이스를 활용하여 SDGs와 주요 인권기준

(human rights instruments)간의 연계성과 함께 SDGs와 주요 취약계층간의 연계성이 어떠한지 살펴보고 있다. 김수진, 「SDGs 세부목표와 인권 연계 수준 분석: 인권기준 및 취약그룹별 접근을 중심으로」, 『국제개발협력』2018-2, 한국국제협력재단, 2018.

106 UN 총회 시 이란과 알제리의 성명서는 GA / 10944, 베네수엘라 성명서는 GA / 10942UN을 참고하길 바란다.

107 SDGs 채택을 환영하는 북한의 입장문은 RI SU YONG(2015)을 참조.

108 2019년 7월 발간된 국가 지속가능발전목표 수립 보고서에 따르면 K-SDG 16의 13 번째 목표로 '남북한 협력 증진'에 대해 "대한민국은 북한과 대치중이면서 동시에 협력사업을 추진해야 하는 정치 및 외교적으로 복잡한 상황에 놓여있다. 본 세부목표로 평화와 번영을 위한 남북한 협력 증진을 포함하되 구체적인 지표와 목표치는 향후에 수립될 예정"으로 기술하고 있다. 환경부, 『국가 지속가능발전목표 수립보고서 2019』환경부 지속가능발전위원회, 2019.

109 SDR은 지속가능발전 해법 네트워크(SDSN) 및 Bertelsmann Stiftung의 독립적인 전문가 팀이 작성하며, 2016년부터 발간중이다. 수집가능한 지표들의 추출 외에 OECD 국가들에게는 추가적인 지표가 적용된다. 또한 매년 지표 및 표기, 분석방식이 변경, 개선되고 있다.

110 DPRK VNR Report p.8.

111 북한의 VNR(2021.6)에서 밝힌 국가지속가능발전체계와 관련 '계획통' 박정근 부총리가 국가계획위원회 위원장과 지속가능발전 국가 태스크포스 의장을 맡고 있다. 국가TF는 북한의 SDGs 설정 및 개선을 담당하고, 최고인민회의와 내각 및 관련부처들 간의 의견을 조율하고 감독한다. 기술위원회(TC)는 중앙통계국 관계자들을 중심으로 사회인구통계, 과학·교육, 공중위생·물, 경제·에너지, 환경·생태계, 재난관리 등 6개 위원회로 구성되었으며, SDGs 이행 현황을 평가하고 국가TF에 보고할 의무를 가진다. 지역수준별 계획 및 통계기관을 두고 국내외 협력을 통해 SDGs 관련 데이터베이스를 구축하고 있다.

112 권율·최장호·유애라·최유정, 「오늘의 세계경제:북한의 지속가능발전목표(SDGs) 이행성과와 남북협력과제」, Vol.21 No.17, 대외경제정책연구원, 2021.

113 최규빈·홍제환, 「북한의 SDGs 이행동향: '자발적 국별리뷰(VNR)' 보고서 내용을 중심으로」, KINU 온라인시리즈 21-22, 2021.

114 김태균은 통일부 주최 KGPF에서 해당 문제의 중요성을 강조한 바 있다. 김태균, 「인도개발협력과 한반도 평화를 위한 HDP Nexus」 발표자료(2021년 9월 1일), 통일부 주최 KGPF 세션5-1, 2021.

115 북한은 1~3차 국가보고서(2009, 2014, 2019) 중 199개는 수용, 63개는 거부하였으며 대체로 SDG 3(공중보건의 촉진 등), 5개년 국가경제개발계획 지원 등을 권장하는 등 SDG 16(정치, 시민권) 관련 목표들보다 경제사회문화권 관련 목표들을 선호하는 경향을 보임. 김태균, 「인도개발협력과 한반도 평화를 위한 HDP Nexus」 발표자료(2021년 9월 1일), 통일부 주최 KGPF 세션5-1, 2021.

116 광범위한 주제를 포괄하는 목표는 광범위한 분야의 요인들이 검토되어야 한다. 예를 들면 기아 근절과 관련해서도 세 가지 분야 즉, 사회적 측면(영양실조 감소), 경제적 측면(농업생산성 제고), 환경적 측면(종자의 다양성)에서 보면, 토지자원에 대

해서도 지속가능한 소비와 생산, 교육, 공정한 접근 등에 대해 각 세부목표들과의 상호 관계성을 지니게 된다.

117 한국국제협력단, 「지속가능발전목표 수립현황과 대응방안」, 연구자료 연구개발 2015-03-113. 2015.7, KOICA, 6쪽. 24쪽. 34~35쪽.

118 SDG 14 해양생태계 관련 대부분의 주요과제는 SDR 2020가 공개한 SDG 2 주요 과제 상에는 제외되고 있으나 어민 등 소규모 식량생산자의 생산력 증대(2.3)(14.b) 와 직결되는 지표들이다.

119 단, 살펴본 <표 14>, <표 15>는 SDG 1, 2와 기타 목표와의 밀접한 연계성을 도출하 기 위한 목적으로 제시한 것이다. <표 4>는 일련의 기준으로서 한국국제협력단에 서 작성한 개발협력의 관점에서 본 목표분석을 차용한 것일 뿐, 모든 세부목표를 개발협력 방식으로 접근해야 한다거나 달성가능함을 의미하는 것은 아니며, <표 15>도 동일 맥락에서 SDR의 기존 자료를 활용, 각 지표간의 연계정도를 제시한 것 이므로 본론에서 다루게 될 제4차 북한-유엔전략계획 모델이나 남북교류협력방안 도출시 절대적 준거 기준으로 적용됨을 의미하지는 않는다.

120 2020년까지 모든 남녀, 특히 빈곤층과 취약계층의 경제적 자원에 대한 권리, 금융 서비스(기초 공공서비스, 토지 및 기타유형의 자산·유산·천연자원·적정신기술, 소 액금융)에 대한 소유권, 통제권 접근의 동등한 권리 보장.

121 2030년까지 빈곤층 및 취약계층의 복원력 구축 및 기후 관련 재해와 경제적, 사회 적, 환경적 충격 및 재난에 대한 취약성 경감.

122 해당 결과는, 제시된 9개 취약계층이 SDGs 세부목표와 얼마나 연결되어 있는지 나타내고 있다. 아동, 여성과 소녀 등의 이슈의 경우 별도의 SDG3(보건) SDG4(교 육), SDG5(성 평등) 등 직접적인 목표로 제시되는 동시에 일반적으로 인권기반 사 업에서 가장 많이 고려되는 그룹이라는 점에서 SDGs 세부목표와의 연결성 또한 높은 반면, 실향민, 이민자, 피난민 등의 이슈는 인권이슈와 함께 내정간섭 등의 이 슈와도 연계되는 민감한 이슈라는 점에서 SDGs와의 연계를 통한 접근 방식 또한 비교적 저조하다. 세부목표와 취약계층별 연계성을 상위 7개 수준으로 제시한 자 료이며, SDGs 169개 각각 세부목표와 취약그룹별 결과의 상세내용은 http://upr. humanrights.dk 에서 확인 가능함. 김수진, 「SDGs 세부목표와 인권 연계 수준 분 석: 인권기준 및 취약그룹별 접근을 중심으로」, 『국제개발협력』 2018-2, 한국국제 협력재단, 2018, 133쪽.

제3부

# 통일을 바라보다
## : 갈등에서 공존으로

# 1장
## 말할수록 멀어지는 MZ세대의 통일

　한국사회에서 분단이 고착화되고 통일운동 혹은 통일교육이란 말이 공전하며 힘이 들어가는 것은 '우리의 소원'이었던 통일의 위상 변화와 함께 분단사회가 통일과 멀어지고 있다는 방증일 것이다. 미래세대의 관점에서 이제 통일과 통합은 갈등을 극복하고 성취해야 할 대상보다는 평화적 공존적 관점이라는 대안적 시선에서 다루어져야 하지 않을까? 통일은 작은 소동이 아니라 숙적의 성질을 머금은 남북관계 전체에 구조적 변형을 야기하는 대형 사건이다. 따라서 실효적 측면에서 기존의 대북정책과 통일논의들을 검토하고 청년들의 입장을 헤아려볼 필요가 있다.

　앞서 제1부에서 숙적관계를 지닌 국가 간의 일반적 특성에 대해 비교적 상세히 들여다보았다. 그 중 대표적인 숙적이론가인 Paul F. Diehl과 Gary Goertz는 국가 간 적대 관계가 생성된 후 4분의 3이 단기간에 소멸하지만, 4분의 1은 잠김(lock-in) 상태 또는 평면(flat) 상태에 진입하게 됨을 단속적 균형 모델로 설명한 바 있다. 누구도 풀기 어려운 수수께끼같은 잠김 상태가 작금의 남북한 관계이다. 숙적관계의 생성 후 얼마 가지 않아 대부분은 전쟁이 발생하고 일정 기간 정체기를 겪은 후 급격한 변화(Shock)를 계기로 최초 생성과 유사한 형태로 신속하게 종식을 맞게 된다는 숙적이론가들의 주장이 미래 남북관계에서는 어떤 양상으로 발현될지에 대해 염려하지 않을 수 없다.

사회과학자들은 점쟁이가 아니라 역사적 사례를 기반으로 현재와 미래를 연구하는 집단이다. 숙적관계의 급격한 생성과 평면상태의 돌입, 그리고 다시 가파른 곡선의 종식 패턴은 이론상 남북한에도 적용 가능한 도식이다. 그 래디컬(radical)한 그림은 어떤 모습으로 구현될 것인가? 누가 승자와 패자로 갈릴 것인가? 일부 평화통일을 주장하는 이들조차 도적처럼 가까운 시일 내에 이루어질 것을 기대하는 남북통일은 단일국가를 전제로 하였을 때 이와 같은 거대한 충격을 수반할 가능성이 크다. 그것은 곧 상호간 전쟁의 충격이나 특정지역의 내전, 민주화와 제3의 구조적인 충격 - 대부분 MDL 북쪽지역의 변동을 상정하는 -이 될진대 남한사회가 그와 같은 충격을 흡수하거나 조절할 수 있는 역량을 갖추었는가, 북한 주민들에게 남한은 어떻게 인식되고 있는가 등이 주요 화두가 될 수 있다.

제2부에서도 평화적 공존과 통일의 대상인 북한을 붕괴적 관점이 아닌 실존적 차원에서 균형잡힌 시각으로 바라볼 것을 강조한 바 있다. 언론 등에 피상적으로 비추어진 북한이 아닌 이른바 조선민주주의인민공화국의 체제적 특성과 시장화 현상 그리고 최근 북한이 중시하는 UN의 SDGs(지속가능발전목표) 달성 노력 등을 통해 분단과 통일의 대상인 북한을 다각적으로 톺아보았다. 그러나 국제사회에 우리의 통일의지를 알리기 전에 무엇인가 불편한 감정이 드는 것은 국제사회가 여전히 북한을 경제제재의 대상으로

바라보고 있기 때문일 것이다.

국내외적 대북제재는 최대의 압박을 통해 북한을 두 손 들게 하자는 전략이다. 누군가는 북한사람들을 독재자에게 붙잡힌 힘없는 인질로 표현하며, 스톡홀름 신드롬(Stockholm syndrome)에 빗대어 묘사하기도 한다. 그 묘사대로라면 여기서의 인질들은 민주화의 경험도, 독재자를 교체할 법적·물리적 장치도 없다. 이러한 상황에서 점차 인질범을 압박하면 결과는 어떻게 될까? 어떤 식으로든 벼랑 끝 상황을 오래 가져갈 수 없는 인질범은 모종의 선택을 내려야 하는 처지에 몰리게 된다. 그 선택은 극단적인 군사적 결단이거나, 대규모 경제적 보상과 체제안전을 거래조건으로 한 핵무기의 포기로 단순화시켜볼 수 있다. 다만 후자의 경우, 북한과의 협상의 벽을 가까스로 넘는다 하여도 남북간 경제협력을 통한 기능주의가 다시 대안으로 떠오르기에는 첫째, 대중의 인식 속에 뿌리깊이 박힌 '퍼주기'로 명명된 논란의 허들을 다시 넘어서야 할 것이며 둘째, 남북간 경제연합이 추진되더라도 양자간 일관성 있는 경제적 실익을 생산하고 정치적인 연합으로 파급(spill-over)되는 지점에 도달해야 할 것이다. 그러나 분단국가 시민들에게 일관된 지지와 인내심을 담보할 수 없음은 최초의 남북정상회담 이후 근 20여 년간 반복된 정권교체 과정을 통해 이미 목도한 바 있다.

통일에 관한 몇 가지 질문들과 이제 진실되게 마주할 필요가 있다. 이른바 MZ세대[1980년대 초~2000년대 초 출생한 '밀레니얼 세대'와 1990년대 중반부터 2000년대 초반 출생한 'Z세대'를 아우르는 말(한경 경제용어사전)]의 몫으로 미뤄지고 있는 한반도 대형 프로젝트인 통일은 그들의 일상에서 사유되고 있는가? 통일은 누군가의 희생이 필요한가? 누가 희생할 것이며 누가 이 게임의 승자가 될 것인가? 흡수통일 아닌 평화통일은 역사적으로 실현가능한 것인가? 남과 북 사이를 가로막는 장벽에 젊은세대는 안도감을 느끼는가, 불편함을 느끼는가? 2021년 말 아주대학교 주관 경인통일교육센터가 경기도 의뢰로 실시한 경기도민 통일인식조사에 따르면 2030세대가 40대 이상에 비해 상대적으로 '통일비용이 분단비용보다 더 높다'고 인식하고 있으며, 통일이 주는 편익에 대한 인식도 보다 낮은 것으로 나타난 바 있다. 더 이상 우리의 소원이 통일이 아닐 때 우리는 그 빈자리를 무엇으로 메꾸어야 할까?

작금의 한반도 비핵화 문제와 대북제재를 넘어서기 위한 중지를 모으기 위해서라도 비정치적 분야로 시작되는 남북대화는 필요하다. 동시에 2019년 2월 하노이 노딜(no deal)의 답습을 두려워해서는 곤란하다. 한반도에서 남북간 합의가 제도화되고 지속된 사례가 얼마나 있었던가? 북한이 핵을 포기하는 것이 우리에게 생존이 달린 유익이라면 강대 강 현상의 유지에 만족할 것이 아니라 사활적으로 평화를 구축하기 위해 협상과 거래의 분위기를 조성하고 치밀한 전략을 갖고 주변 행위자(player)들을 설득하며 매달려야 한다.

결과적으로 일방의 체제에 큰 충격을 야기하는 통일에 대한 힘을 잠시 빼면 남북한 숙적관계의 종식에 보다 몰입할 수 있고 한반도 평화로부터 파생되는 경제적 선물 효과에 대해 이야기할 수 있을 것이다. 남과 북이 보다 긴 호흡으로 인내를 갖고 사실상 EU식의 남북연합이 테스팅(testing)되는 시간을 벌며, 상호간의 신뢰를 높여가기를 기대한다. 가장 안전한 방법으로 서로가 여행하고 교류하며 궁극적으로 이주까지 가능한 관계라면, MZ세대는 평화를 통일이라 부를지도 모를 일이다.

# 2장
## 대북정책이라는 책장에서 통합을 들추어보다[1]

    1998년 출범한 김대중 정부는 양 체제의 무력충돌 가능성을 억제하고 경제협력을 통해 남북한 정치제도의 변화까지 유도한다는 기능주의적 관점에서 '햇볕정책'이라는 포용적 대북정책을 구사하였다. 이는 어느 일방의 흡수통일이 아닌 합의통일을 전제로 한 통합적 관점에서 시작된 것이었다. 그러나 북한의 핵개발이 고도화되고 국제사회의 대북제재 국면이 장기화되면서 햇볕정책을 현실에 맞게 수정하거나 재평가해야 한다는 목소리 또한 여론의 한 축으로 자리매김하고 있다. 2006년 북한의 1차 핵실험을 통해 핵문제와 경협문제를 병렬적으로 다루는 것은 대북제재 일변도의 국제사회의 정서상 용인되기가 어려운 시대로 접어들었음이 주지의 사실이다. 그럼에도 불구하고 남북한 간의 매우 상이한 체제적 특성과 시시각각 변하는 국제환경을 고려하였을 때, 상호 경제협력을 통한 신뢰구축이라는 기능주의 및 신기능주의 프로세스는 보수와 진보를 막론하고 평화적 통일을 위한 선행조건으로 평가받고 있다. 따라서 한반도 문제에 있어서, 기능주의 담론의 현대적 해석은 연구적 적실성을 띤다고 볼 수 있다.[2]

본 장의 전개 시기는 대북정책이 선명히 대조를 이루었던 김대중, 노무현 정부 그리고 이명박, 박근혜 정부로 국한하고자 한다. 김대중, 노무현 정부에서는 2000년 6월 15일과 2007년 10월 4일, 역사적인 두 차례의 남북정상선언이 발표되면서 기능주의 대북정책에 힘이 실리는 듯 했으나, 이명박 정부에서는 천안함 사건으로 인한 2010년 5월 24일 조치, 박근혜 정부에서는 인수위원회 기간을 포함 임기동안 세 차례의 북한의 핵실험이 진행되면서 앞선 두 정부와는 상반된 대북정책을 모색했던 것으로 평가된다. 해당 시기는 분단 이후 첫 남북정상회담이 성사된 김대중 정부 이후 기능주의 및 신기능주의 대북정책 담론의 역동성을 발견할 수 시기이다.

시기적 흐름을 보면, 기능주의와 신기능주의를 동시에 모색하였던 김대중 정부의 대북 포용정책은 노무현 정부로까지 기조를 이어갔으며, 2006년 북한의 1차 핵실험에도 불구하고 비교적 일관성을 유지하였다. 그러나 2008년 이명박 정부의 등장과 대북강경노선으로의 회귀, 북한 2차 핵실험과 금강산 관광객 피격사건, 천안함 사건 등의 계기를 통해 기존의 온건한 대북정책에 거부권(veto power)을 행사하는 이른바 매파(hawks) 진영의 입장에 힘을 실어주었다. 국제적으로는 북한의 핵개발과 주민 인권탄압 사이에서 기능주의적 접근방식은 비핵화에 따른 대북제재 철회가 있을 때 실현가능한 조건부 정책으로 후퇴하였다.

이와 같은 배경에서 본 장은 통일로 가는 과정의 하나로 남북한 체제통합에 주목하고자 한다. 남북통합에 관한 연구에는 다양한 상상력과 방법론이 수반될 필요가 있는데 여기서는 기능주의 및 신기능주의를 기반으로 추진되었던 남한의 대북정책사를 재고찰하는 방식으로 수행하고자 한다. 먼저 통합과 통일의 개념을 정의하고 통합이론으로서 기능주의와 신기능주의 개념을 검토한다. 대북정책의 변화양상과 성과 및 한계를 비교 분석한 후 기능주의 및 신기능주의가 남북통합에 각각 어떤 시사점을 갖는지 제시한다. 또한 합리적 남북통합의 전제조건을 남한, 북한, 국제환경으로 구분하여 검토한 후, 통합방식에 관한 기존모델과 동서독 통합모델을 비교하여 3단계 남북통합모델을 제시하고자 한다.

## 선행 연구 검토: 남북통합에 관한 이론적 연구

적극적인 한반도 평화구상을 모색하는 과정에서 김대중 정부 전후로 기능주의적 대북정책, 또는 남북통합 가능성에 관한 이론적 연구들이 진행되어 왔다. 대표적으로 기능주의론과 평화경제론으로 양분된다. 먼저 기능주의 관점은 유럽통합이론에 영향을 받았다. 기능주의(대표이론가, Mitrany)와 신기능주의(대표이론가, Hass)의 이론을 고찰하여 정경분리 가능성, 파급효과, 남북경제공동체 가능성에 관한 연구들이 주류를 이룬다. 경제공동체 건설 가능성에 관한 연구[3]에서는 남북경제공동체의 건설을 위해서는 경제교류와 협력을 확대하면서, 이의 지속성·실효성을 뒷받침 할 수 있는 제도화를 위해 당국 간의 정치적 결단과 협상을 병행하는 '제3의 길'로서 '절충적 기능주의'를 대안으로 제시하고 있다. 연장선에서 대북포용정책의 시행착오에도 불구하고 다층통치체제론, 정부간주의, 신 현실주의, 구성주의 등의 상호보완과 결합을 통하여 기능주의가 한반도 통합이론으로 그 순기능을 이어갈 수 있도록 인내할 것을 주장하기도 한다[4].

그리고 김대중 정부의 햇볕정책을 상업적 자유주의(liberalism)로 평가하는 입장이 있다(홍용표, 2005). 자유주의적 통합이론인 기능주의 및 신기능주의 이론은 분단 상태에서 통합으로 가는 과정에서 교류·협력 및 평화가 필수적이며, 따라서 한반도 상황에 대한 적실성을 가지고 있다는 것이다. 특히 남북한이 전쟁을 겪었고 적대적 대립을 지속해 왔기 때문에 점진적 교류·협력을 통해 남북관계를 개선하는 것은 매우 바람직한 접근방법이라고 본다. 그러나 자유주의적인 햇볕정책은 국내정치·사회적 환경과, 한반도 문제에 대한 현실주의적 이익 그리고 동북아 국제환경과 상충될 수 있기 때문에 실행에 한계가 있다고 지적한다. 따라서 자유주의적 낙관론 및 발전주의를 현실주의적 시각에서 접근하여 상호 조화를 이루면서 자유주의적 정책 대안을 신중하게 적용시켜야 함을 강조한다.[5]

유사한 개념으로 평화경제론을 주장하기도 한다[6]. 평화를 위한 경제, 경제를 위한 평화로서 양자는 불가분의 관계에 있다는 것이다. 평화경제론은 새로운 개념으로 남북관계는 경협을 통한 남북한 공동발전의 추구에도 기대만큼의 진전을 이루지 못했다고 평가한다. 정치군사적 문제로 인해 항상 남북관계의 발전이 정체되었으며 미국의 동북아 전략에 따른 정치, 군사 중심적 대북정책과 북한의 체제 생존 전략이 맞물려 한반도의 긴장과 위기 국면이 주기적으로 나타나면서 남북관계의 안정적 발전의 장애물로 기능하였음을 지적한다. 따라서 남북경제공동체 형성은 군사적 난관을 극복하려는 문제의식이며, 이는 기능주의적 접근방식과도 맥을 함께 한다. 평화경제론은 '민주주의국가 간 전쟁을 하지 않는다'는 민주평화론을 비판하면서 자본주의적 시장경제를 통한 평화의 확대를 주장한다.[7] 우선 논리로 자본주의적 공동시장과 공동이익의 창출은 전쟁자체를 불필요한 것으로 만든다는 논리다. 나아가 민주평화론과 달리 선 자유시장, 후 민주화를 강조하는 입장이다.[8]

한편으로는 기존 정권의 기능주의 또는 신기능주의에 입각한 대북정책의 맹점들을 차례차례 지적하며 신제도주의적 접근이 필요하다는 견해도 존재한다(김문성 2013). 신기능주의를 기저로 한 김대중·노무현 정부와 신현실주의적 틀에 입각한 이명박 정부의 대북정책을 평가하고, 신현실주의와 신제도주의의 중간적 위치에 있는 초국가적 제도주의 관점에서 박근혜 정부의 대북정책의 방향을 제시하고 있다. 구체적으로 신기능주의는 국가연합 과정을 설명하는 데 있어 유용한 이론들 중의 하나로 인식되어 왔지만, 남북관계에 적용하기에는 한계가 있고 남북한 간의 이념적 차이로 인하여 경제적 의존성이 정치적 단계로까지 파급되기에는 한계가 있다고 분석한다. 신기능주의가 점진적 과정으로 인식하고 있는데 비하여 신현실주의는 큰 사건을 통하여 이루어지는 것으로 보며, 국가 간의 협력가능성에 대하여 부정적으로 보고 유화정책보다는 봉쇄정책을 선호함을 지적하고 있다. 이전 정부들의 대북정책에 대해 부정적으로 평가하였던 이명박 정부가 추구했던 신현실주의 기반의 대북정책도 남북 간에 교착상태 지속, 신뢰 약화, 반복 심화 등의 결과를 초래하였기 때문에, 신기능주의를 표방하는 박근혜 정부의 한반도 신뢰프로세스 역시 다차원적 그리고 다국적 거버넌스가 이루어지는 사회에 적실성이 있는 초국가적 제도주의 이념을 지향해야 한다고 주장한다.

　이와 같은 연구들은 북한의 붕괴로 인한 급진적인 통일을 지양하고 양 체제의 존속 가운데 합의를 통한 남북통일을 지향한다는 공통점을 지닌다. 합의통일 지향론은 북한체제의 대응과 변화를 바탕으로 한 통일모형 분석 연구에서도 제시된 바 있다[9]. 본 장은 기존 연구의 경향에 주목하면서도 기능주의 및 신기능주의를 중심으로 성향을 달리 하는 정부들의 대북정책을 고찰하고 새로운 남북통합모델 도출의 근거로 삼는다는 점에서 차별성을 지닌다.

# 남북통합과 기능주의 이론

## 통합(integration)의 개념

1990년 냉전의 종식과 함께 통일이 된 독일과 내전의 역사를 품은 예멘의 통일과정이 순탄치 않게 진행되는 것을 보면서 지구상에 마지막 남은 분단지역인 한반도는 단순한 순간적인 통일보다는 과정을 더욱 중시하는 통합의 개념에 중요성을 부여하기 시작했다. 분단부터 통일까지 이어지는 과정, 통일 이후 양 체제를 합치는 과정을 '통합'이라는 개념으로 정리하면서 분단국을 합치는 문제에 통합 개념을 적용하기 시작한 것이다. '민족통일론'에서 '남북한 체제통합론'으로 연구의 중심축이 이동 중인 통일학의 연유 역시 별반 다르지 않다.[10]

통합이론은 1950년대 서유럽통합을 기원으로 발전하여 왔는데, 국제관계 이론에서 국가가 아닌 비국가 중심 형태로 행위를 설명하는 선구자적 역할을 해왔다. 오늘날 국제관계 이론이나 국제 정치경제학의 많은 하위분야는 기능주의, 신기능주의, 교류주의자들의 노력에 기반하고 있다. 통합은 그 개념에 관한 몇 가지 과정을 중심으로 논의되어 왔다. 첫 번째, 통합은 정치적 현상인가 경제적 현상인가, 두 번째, 경제적 통합이 정치적 통합을 의미하는가, 세 번째, 통합은 지리적 지역내 국가권위의 해체를 의미하는가, 네 번째 통합을 과정으로 봐야하는가 결과로 봐야하는가에 관한 문제이다.

벤 로사몬드(Rosamond, Ben)[11]는 논의의 중심에 섰던 학자들의 주장을 소개하고 있는데 먼저, 칼 도이치(Deutsch, K)[12]는 통합은 지역 내 국가들이 안보를 위한 공동체나 평화의 구역을 만드는 것이며, 이것은 공식적 국가의 지위를 넘어서는 것을 의미하지 않는다고 주장한다. 어네스트 하스(E. Haas)[13]는 통합은 다양하게 분리된 국가 단위가 그들의 충성심, 기대, 정치적 행위를 새로운 중심으로 추구하는 과정이며, 이러한 정치적 통합 과정의 결과는 새로운 정치 공동체나 기존 정치체제의 새로운 형태가 가미된 공동체의 탄생이라 정의한다. 마이클 핫지(Hodges, M)[14]는 지금까지 나누어진 정치체제로부터 새로운 정치체제의 형성이 통합이라고 말한다. 레지널드 해리슨(Harrison, R. J)[15]은 통합과정은 일정 지역 내에서 정치공동체의 결속을 획득하는 것이고 의사결정 권력의 결속을 포함한 중심기구의 확립 과정으로 정의될 수 있다고 한다. 윌리엄 왈라스(Wallace. W)[16]는 통합은 기존의 정치행위 단위 사이의 강력하고 다양한 형태의 상호작용이 생성되고 유지되는 과정이라고 주장한다. 즉 제도, 정책, 입법화 등 정치적 측면을 공식적 통합, 자본의 이동을 뜻하는 국경 간의 무역은 정치 행위자에게 영향을 주는 비공식적 통합으로 간주한다.[17]

한편 통합은 세 가지로 분류가 가능하다. 경제통합은 자유무역지역, 관세동맹, 통화동맹, 경제동맹 및 통합 등 국가에 속한 경제단위 간의 차별을 없애는 것이며, 사회통합은 국경을 초월하는 커뮤니케이션과 상호거래의 증가, 범국가적 사회가 형성되는 것, 정치통합은 두 개 이상의 정치단위가 하나로 합쳐지는 것으로 본다. 결국 통합은 제도적 또는 정치적 측면에서 하나의 공동체를 창설하기 위한 과정으로 국가 또는 집단들 간의 갈등을 해소시키는 방안을 강구하면서, 주권 또는 기득권을 포기하면서 어떻게 그리고 왜 다른 국가 또는 집단과 융합하는가를 설명하는 다차원적인 접근방식을 사용하게 된다.[18]

## 통일(unification)의 개념

비교적 맥락에서 통일의 개념은 통합과는 명확한 차이가 있다. 통합이 서로 다른 민족, 국가 간의 통합이라면, 통일은 한 민족이 두 체제 또는 두 개의 국가로 분리되었다가 재결합되는 것을 의미한다. 따라서 일반적으로 분단국이 통일되었다는 의미는 분단된 두 체제가 한 국가를 형성하는 것, 즉 하나의 영토와 민족이 재결합된 하나의 국민을 가진 나라가 되었음을 의미한다.[19] 통일은 국제법적 사건(event)이며 '법적. 제도적'(de jure) 변경을 통한 하나의 국가로 되는 상태를 의미하며, 정치적 주권의 융합이 전제되는 종합적인 결합상태로 규정된다. 따라서 통일은 통합이 분야별 혹은 부분적인 결합상태로 규정되는 것 -예를 들면, 군사 분야에서 미국과 서유럽국가들의 이해관계로 맺어진 북대서양조약기구(NATO: North Atlantic Treaty Organization)-과는 구별되며, 통합의 완성 상태라고 볼 수도 있다.[20]

〈표 1〉 통합과 통일의 시각차이

|  | 통합 | 통일 |
|---|---|---|
| 기본적 분석단위 | 국가 | 민족 |
| 행위원칙 | 합리적인 이익 | 감성적인 열정 |
| 개념인식 | 조건의 형성과 진행과정 | 특정 목표지향의 완료상황 |

국내 통일문제에 통합적 인식을 가져가려면, 유럽통합의 개념적 논의과정을 참조하여 분단국의 통일과 어떤 차이점을 갖는가를 살펴봐야 한다. 첫째, 유럽통합은 체제와 이념이 동일한 또는 유사한 동맹국 또는 우호국 간에 추진되고 있다. 유럽이 냉전의 시작과 더불어 동서로 분열되면서 동유럽을 제외한 서유럽국가들이 통합을 추진한 반면, 분단국의 경우 체제와 이념의 차이에 의한 냉전의 부산물로 분단되었기 때문에 상호간 적대적, 경쟁적인 관계를 유지하고 있다. 둘째, 유럽통합은 경제발전이라는 역내 안정이라는 공동이익을 추구하는 목표를 가진데 반하여, 분단국의 통일은 역사적, 민족적인 일체감이라는 당위성을 바탕으로 하여 추구된다. 셋째, 유럽통합은 통합의 주체들이 시간을 가지고 단계적, 점진적인 방식으로 통합을 하지

만, 분단국의 통일은 통일의 세 가지 유형 중 합의통일을 제외하고 흡수통일이나 무력통일은 통일 주체들의 의지와는 별 관련 없이 급진적으로 이루어진다.[21]

이러한 차이점에도 불구하고 1980년대까지 뜨거운 가슴으로 통일을 지향했던 민족적 정체성을 확인하는 차원의 통일논의를 벗어나는 계기로 1990년대 독일과 예멘의 통일과정을 들 수 있다. 냉전 이후 통일이 가져다주는 환상에는 다가올 상황에 대비한 철저한 준비가 선행되어야 하는 즉, 과정으로서의 통합적 차원의 통일논의가 본격적으로 태동된 것이다. 다음 절에서는 남한정부가 노정된 한계가 존재한다는 지적에도 불구하고, 남북한 간 통합정책으로 추진해 온 기능주의 및 신기능주의적 접근방식에 관하여 살펴보기로 한다.[22]

## 통합의 철학적 배경: 기능주의와 신기능주의

통합논의의 핵심은 기능주의와 신기능주의의 순기능과 노정된 한계에 관한 보완으로 설명되어 왔다. 이 두 이론은 자유주의(liberalism)적 입장을 따르고 있다. 현실주의와 자유주의를 국제정치의 전통적 이론이다. 현실주의자들은 자력구제의 원칙에 따라 주권을 지닌 국가들이 스스로의 안보를 책임져야 한다는 논리를 편다. 무정부 상태 하의 국제정치의 경쟁관계에서 어떤 제도나 기구에 자신의 안보를 의탁하는 것이 합리적이지 않다는 것이다. 반면 자유주의자들은 무정부 상태에서도 평화 및 협력이 가능하다고 말한다. 평화의 개념을 무 전쟁의 상황에서 나아가 개별 국가 및 국가 공동의 이익을 향해 협력하는 적극적 평화로 설정한다. 특히 상업적 자유주의는 국가 간 이익에 기초한 협력이므로 경제협력이 심화될수록 평화에 가까워진다고 주장한다. 국가들 간의 경제관계의 발전이 평화를 가져온다고 본다. 경제적 분야에서 국가 간 무역확장과 상호의존도가 심화될수록 향유할 수 있는 잠재적 이득이 증대되고 '평화적 효과'가 나타남을 강조한다. 또한 이를 안정적으로 관리하기 위한 국제적 차원의 제도가 형성되기 때문에 평화협력 관계의 지속성이 담보된다는 것이다. 경제교류의 증대가 국제협력에 머무르지 않고 나아가 지역통합을 촉진한다는 통합이론의 계열에 속하는 기능주의와 신기능주의는 바로 이와 같은 이론적 인식에 기초하고 있다.[23]

### 기능주의(functionalism)

기능주의 연구는 국제통합연구의 중심이었으며, 주요 연구자인 데이비드 미트라니(David Mitrany)는 Working Peace System(1943) 등의 결과를 제시하면서, 계몽된 사회공학에 대한 낙관론을 강조해왔다.[24] 기능주의의 핵심은 비정치 분야 즉 경제, 사회, 기술 분야에서의 협력이 공통의 이익을 가능케 하는 기능망과 협동망을 형성함으로써 전쟁 방지와 갈등 예방에 기여하고 종국에는 정치통합이라는 주권의 이양에까지 이르게 된다는 것이다. 즉 경제협력의 확산효과(spill-over)가 평화를 증진시키고 공동체 통합을 이뤄낸다는 낙관적 전망이 바로 기능주의 통합의 요체인 것이다. 기능주의에 따르면 기능으로 형성되는 협력과 협동망은 어느 수준에 이르면 상호이득이 보장되며 이러한 기능 망이 참여국들의 객관적 여건과 주관적 여건에 변화를 가져옴으로써 폭력에 호소하는 극단적 갈등을 미연에 방지하게 된다. 기능적 협력이 확대되어 전쟁을 막고 평화를 보장하게 된다는 것이다. 기능주의적 방식에 의한 평화의 건설은 공통의 이익을 위하여 함께 일하는 공동체의 건설을 의미한다.[25] 즉, 미트라니가 주장하는 'A Working Peace System'[26]인 것이다.

〈그림 1〉 기능주의 패러다임

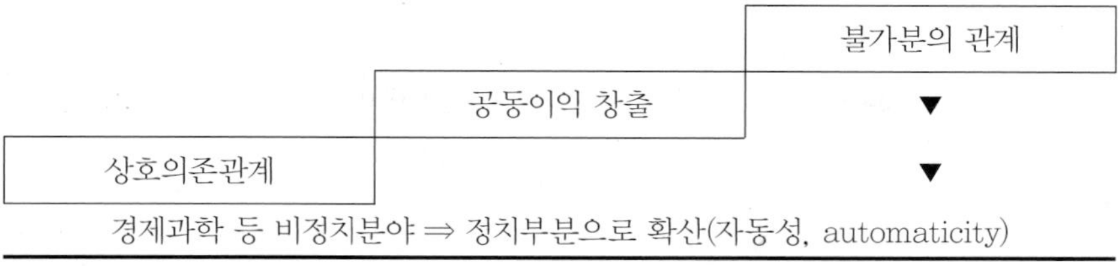

| 상호의존관계 | 공동이익 창출 | 불가분의 관계 |
|---|---|---|
| | | ▼ |
| | | ▼ |

경제과학 등 비정치분야 ⇒ 정치부분으로 확산(자동성, automaticity)

구체적으로 기능주의는 경제와 과학 등 기술적 분야에서 협력이 국가 간 평화와 공동의 번영을 성취하는 최선이라는 철학을 지니고 있다. 국가 간 상호의존의 확대는 경제, 기술, 복지 분야에서의 국가 간의 '망'(enmeshment)을 형성하며 국가 간 망이 적대적 관계로서의 비용을 상회할 때 비용적 면에서 전쟁을 기피하게 된다는 것이다. 또한 기능주의는 비정치적 분야의 협력이 정치 분야의 협력까지 촉진할 수 있음에 주목한다. 이른바 확산(ramification)효과이다. 예를 들면, 개발협력 차원의 인도주의적 사업이 경제협력으로, 경제협력이 군사 및 정치 의제로까지 침투(invasion)하는 확산효과를 야기하게 된다는 것이다. 기능주의자들은 정치·군사 분야를 직접 다루거나 비판적으로 접근하지 않으며, 장기간 협력할 수 있는 분야에서 국가 간 활동이 활성화될 때 비로소 정치영역으로 옮겨가는 과정을 중심한다.[27]

미트라니와 같은 기능주의자들은 인간의 필요에 의해 결정되는 우선순위를 해결하기 위한 수단으로 유연한 행정이 가능한 국제기구의 확산을 꼽지만 기구간 기능의 연계성과 기구 수준의 적절성은 과제로 남는다. 높은 관세 철폐는 이 비공식적 융합과 관련하여 기능주의 논리를 유지하기 위한 인센티브가 될 것이며, 충돌을 생산하지 않게 그룹을 결합하게 하는 수단이 되기도 한다.

기능주의는 국가 간 협력 지역통합에 중대한 기여를 하였지만 비판적인 의견 또한 존재한다. 첫째, 경제협력-생산, 무역과 분배와 같은- 분야가 현대에 와서는 훨씬 복합적이고 다국적 기업들을 위시로 한 경쟁성으로 인하여 예전의 도식적인 기능주의적 접근으로는 한계를 지닌다는 것이다. 승자와 패자가 구분되는 시장경제의 특성상 낙관론적인 기능주의 논리가 작동할 수 있을 것인가에 대한 문제제기다. 둘째, 기능주의가 경제적 기능을 우선시하면서 실질적인 국가 권위의 근간이 되는 법·제도를 비롯한 국가 간 갈등을 촉발할 수 있는 정치영역을 과소평가한다는 것이다. 실제로 정치와 비정치 분야의 구분이 가능한가에 대한 지적과 함께 구분하는 것이 통합을 지연시킬 수 있다는 것이다. 또한 비정치 분야에서의 통합이 상위정치(high politics)를 변화시킬 만한 역동성과 유인을 제공했던 사례가 거의 없음을 지적하면서, 정치분야가 비정치분야를 추동했던 사례를 근거로 제시한다. 특히 1970년대 국제정치의 주요쟁점으로 국제경제가 부상하였고, 상위정치의 안보의 영역에 국가 간 무역분쟁도 한 요소가 되기 때문에 사실상 이 둘을 구분하기 어려워졌다는 것이다.[28]

### 신기능주의(neo-functionalism)

신기능주의는 기능주의의 보완적 성격으로 하스(E. Haas)에 의해 제시되었으며 정치 분야의 협력을 강조하는 이론이다.[29] 정치 분야의 협력을 바탕으로 다원적인 정치환경에서 행위자들이 그들의 이익을 추구하기 위해 복합적으로 얽히게 되는 과정을 중시한다. 기능적 협력과 정치적 협력을 분리할 수 없다는 입장에서 기능주의보다 훨씬 제도화된 통합의 목표를 달성하고자 하는 측면에서 앞선 기능주의와 차이점을 지닌다. 파급효과(spill-over)는 신기능주의의 핵심적인 개념으로 통합이 추진되는 분야 간의 상호의존에 의하여 한 분야에서 시작된 통합이 다른 분야로 전파되어 가는 과정을 의미한다.[30] 첫째, 기능적 파급효과는 현대 경제의 상호 연결적 특성 때문에 통합은 단순히 특정한 경제영역에만 머무를 수 없다고 본다. 둘째, 정치적 파급효과는 경제적 통합에서 발전하여 다양한 차원으로 나타나는데, 예를 들어 국가의 엘리트들이 초국가적 수준의 활동과 의사결정에 관심을 기울이는 것을 의미한다. 이것은 통합의 중요성이 증대되면서 초국가수준에서의 정치적 통제와 책임에 대한 압력과 요구가 증대되는 것에 기인한다.

따라서 이러한 파급효과는 기능주의의 자동성 원리와는 달리, 기능적 교류협력과 정치적 통합을 연결시켜야 하는 대상으로 보며 정치적 파급효과의 부재 시, 역류효과(spill-back) 또는 지체효과(spill-around)의 부작용이 따른다고 주장한다.

하스에 의하면 신기능주의적 통합이 성공적으로 이루어지기 위해서는 크게 네 가지의 배경 조건이 필요하다. 첫째, 참여국들이 다원주의적 사회구조를 가져야 한다. 통합은 여러 민족 또는 여러 국가가 협력하는 것이기 때문에 다원주의를 지지하는 단체들이 많이 존재하고 있어야만 통합을 위한 제도적 장치를 마련하기가 용이하다. 둘째, 경제 및 산업발전의 수준이 높아야 하며, 단위체들 간의 경제적 균형이 필요하다. 특히 선진 산업국가들보다 저개발국들의 통합의 경우 통합에 참여하는 국가들의 GNP 규모는 통합을 추진하는 데 있어서 중요 요인이다. 셋째, 참여하는 국가들 사이에 이념적 정향성의 공통분모가 상당 정도 존재해야 한다. 다시 말해 참여국 엘리트 간 가치관의 차이가 많이 나지 않아야 하며, 엘리트 간 생각하는 바가 유사할수록 통합이 쉽게 진전될 수 있다. 넷째, 참여국들의 적응력과 책임성이 높아야 한다. 다시 말해서 국내정치적으로 안정이 되어 있고, 정치단체들의 요구를 받아들일 수 있는 능력이 있는 정부만이 통합에 적극적으로 참여할 수 있다.[31] 이와 같이 신기능주의의 조건에는 정치 엘리트들이 통합의 성패를 좌우하게 된다. EU 통합과정에서 경험한 정치로 인한 통합의 장애요인들은 1975년 하스로 하여금 신기능주의의 한계를 인정하게 만드는 결과를 초래하기도 했다.[32]

## 기능주의 및 신기능주의가 남북통합에 주는 시사점

기능주의 및 신기능주의는 '모두가 평화로운 세상'에 관한 고민으로부터 출발한다. 전쟁을 경험한 분단국가의 통합사례를 한반도에 직접 적용하기는 어려우나, 평화를 지향하고 통일을 지향함에 있어 북한과의 관계개선이 필수인 우리의 대북정책에 상당한 시사점을 제공함은 자명하다. 김대중 정부의 대북포용정책의 핵심은 경제협력을 통한 긴장해소와 평화로운 공존이었다. 경제영역을 중심으로 한 기능망의 확장과 침투 확산 효과를 통해 갈등과 전쟁 대신 협력과 평화를 가져오고 향후 공동체가 형성됨으로써 상호통합의 결과를 가져올 수 있다는 기능주의 철학에 기반한 것이었다.[33] 김대중 정부는 기능주의와 신기능주의를 융합하며 남북관계 개선과 당국 간 대화 성사를 위해 꾸준히 노력한 끝에 2000년 4월 8일 북한과의 비공개 접촉을 통하여 마침내 남북정상회담 개최에 합의할 수 있었다. 두달 후 6월 13일 평양에서 만난 김대중 대통령과 김정일 국방위원장은 정상회담을 통해 6·15 공동선언 에 합의하였다. 공동선언에 담긴 5개 항은 경제·사회교류와 정치·군사 문제를 병행하는 신기능주의 접근 방식에 따른 것이다. 6·15 공동선언 및 후속대화는 관료 중심과 제도적 틀을 바탕으로 교류·협력의 정치화를 모색한다는 신기능주의의 발상을 성공적으로 한반도 상황에 적용시킨 것으로 평가된다.[34]

거슬러 올라가면 한국의 대북정책은 오래전부터 기능주의 접근에 입각한 것이었다. 냉전 시기 박정희 정부도 평화공존을 바탕으로 경제 및 사회문화 분야의 교류협력을 우선 추진하자는 입장이었고 그것은 1973년 6.23 평화통일 외교정책 선언을 통해서도 확인할 수 있다. 1970년대 이후 기능주의 접근에 따라 남북간 평화공존과 교류협력 정책이 시도되다가 1988년 노태우 정부는 1988년 7월 7일, '민족자존과 통일 번영을 위한 대통령 특별선언'을 발표하고, 이듬해 '한민족공동체 통일방안'을 통해 남북연합의 공존을 통한 공동체 형성을 제안했다. 1991년 12월 남북기본합의서 채택에 의해 남북관계는 기능주의적 협력을 시작했다. 김영삼 정부의 민족공동체통일방안 역시도 큰 틀에서는 교류협력을 통한 평화통일을 상정했고 이 또한 기능주의를 토대로 한 것이었다.[35]

그러나, 기능주의 이론이 본래 유럽의 통합과정을 배경으로 등장하였고, 기본 전제가 평화 공존의 상호선린관계와 시장경제 및 자유민주주의라는 동질적 체제 사이의 협력과 통합에 관한 것이었다면, 한반도의 상황은 사뭇 다른 배경을 지니고 있다. 한반도는 전쟁이 일시 중단된 정전체제의 불안정성을 노정하고 있고 분단 이후 상호 이질적 체제가 공고화되어 있다. 언제라도 군사적 충돌이 발발할 수 있는 정전체제하에서 시장경제와 계획경제 그리고 자유민주주의와 수령 독재라는 이질적 체제로 나뉘어져 있다. 따라서 남북관계는 기능주의적 적용에 본연의 한계를 지닌다. 상호 적대적이고 이질적인 체제하에서 기능주의 접근은 그만큼 더 어렵고 더딜 수밖에 없는 것이다.[36]

〈표 2〉 정권별 대북정책 및 철학(1998~2017)

| | 대북정책 | 기조 |
|---|---|---|
| 김대중 정부 | • 햇볕정책: 대북포용 정책<br>– 금강산 관광 등 경협확대, 인도적 지원 확대<br>– 1차 정상회담 개최 | 기능주의+신기능주의<br>*기능주의적 요소가<br>강조 |
| 노무현 정부 | • 평화번영정책: 햇볕정책 계승<br>– 남북경협 및 인도적 지원 지속<br>– 2차 남북정상회담 개최 | 기능주의+신기능주의<br>*신기능주의적 요소가<br>강조 |
| 이명박 정부 | • 비핵개방3000: 엄격한 상호주의<br>– 북한 비핵화 강조, 인내와 대북 봉쇄정책<br>– 북핵 포기 시 대북지원 약속, 통일항아리 추진 | 신현실주의 |
| 박근혜 정부 | • 한반도 신뢰 프로세스: 원칙과 신뢰, 대화와 압박 투트랙(two track)<br>– 비핵화와 무관하게 인도적 지원, 문화협력 추진<br>– 북핵문제 진전시 교류협력 본격 가동<br>– 북핵포기시 대북지원 약속(동북아 평화협력구상) | 신기능주의 |

　　과거 남북한 간 기능 망의 확장에도 불구하고 한반도 평화 증진이 미흡했던 것은 정전체제의 구조적 제약이 기능주의 및 신기능주의 대북정책의 정치군사 분야로의 확대를 제약했기 때문이다. 경제협력과 사회 문화 교류의 활성화에도 불구하고 남북의 군사적 대치와 상호 적대관계는 쉽사리 해소되지 못할 뿐 아니라 오히려 기능주의적 협력의 과정에서도 언제든지 군사적 충돌의 가능성을 내포하고 있다. 김대중 정부와 노무현 정부 시기 남북한 간 경제협력의 증대에도 불구하고 정치군사적 신뢰구축과 합의도출이 어렵도 더딘 것은 바로 그 때문이었다. 즉 정전 체제하 군사적 대결이 온존하고 있는 한반도의 현실은 기능 망 확대에 따른 평화증진의 효과와 함께 하더라도 긴장고조와 군사적 충돌이 발발할 수 있는 취약성을 동시에 내포하고 있는 것이다.[37] 북한이 과거 기능주의 중심의 대북포용정책에도 불구하고 기대할 만한 수준의 변화를 아직 보이지 않았던 것은 포용기조의 잘못이라기보다는 분단국가 사이의 역사적, 구조적 특성 때문이라는 주장은

설득력이 있다.[38] 〈표 2〉는 김대중, 노무현, 이명박, 박근혜 정권 별 대북정책 기조를 정리한 것이다. 김대중, 노무현 정부는 기능주의 및 신기능주의 대북 정책을 추진하였고, 이명박 정부에서는 남북관계의 경색과 2009년 북한의 2차 핵실험 등으로 인하여 신현실주의 기조의 대북정책을 제대로 실험하기 어려웠다. 또한 비핵·개방 시 북한주민의 1인당 소득 3,000달러를 약속한 이명박 정부의 신현실주의 대북정책기조와 이를 실패로 규정하고 극복하기 위해 '통일대박론'을 앞세워 유연한 신기능주의로 회귀하고자 했던 박근혜 정부의 대북정책은 노정된 한계에 직면할 수밖에 없었다.

한편, 북한이 공식채널을 미국으로 설정하고 있는 북핵문제 역시 북미 대결구조 하에서 남북 간 기능주의 및 신기능주의가 제대로 작동하기 힘든 원인으로 지목된다.[39] 분단체제에서 일방이 강력하게 추진하는 기능적 협력 은 상대방으로 하여금 통일이라는 구심력에 대한 불안감 때문에 변화를 주 저하고 변화로 인한 체제통일을 생존에 대한 위협으로 간주할 가능성이 높 다. 분단체제와 통일의 가능성이 상대국가로 하여금 변화를 수용하기 힘든 현실적 딜레마에 빠지고 마는 것이다. 한반도의 경우 여러 가지 구상을 선제 적으로 제안해 온 남한의 대북정책이 북한에게 분단국 사이의 공세적 개입 정책으로 인식될 수 있다. 이런 경우, 북한 당국은 소극적이면서도 날선 반 응을 표출하고 당국의 대남 유연성을 제약함은 물론 통일논의의 진전 역시 기대하기 어렵다.[40]

〈표 3〉 기능주의 및 신기능주의의 한반도 적용

| | 기능주의 | 신기능주의 |
|---|---|---|
| 목표 | • 기능적 협력 확대와 전쟁예방, 평화 체제 구현 | • 기능적 협력과 정치적 협력을 동시 추진, 기능주의보다 훨씬 제도화된 통합 |

|  | 기능주의 | 신기능주의 |
|---|---|---|
| 한반도 적용 시 장점 | • 많은 접촉과 교류협력을 통해 한반도 긴장을 완화시키고 돌발적으로 발생하는 긴장고조마저도 완화할 수 있음. | • 북핵문제의 국제사회의 공조가 수월함.<br>• 남북문제에 관한 한미 동맹 및 주변국가 간의 이해관계를 고려한 접근이 가능함. |
| 한반도 적용 시 단점 | • 생산, 무역과 분배와 같은 분야에서의 협력은 그 분야의 경쟁성 때문에 보다 어렵고 복합적임.<br>• 기능주의는 법·제도 및 권위체를 경시하고, 국가 간의 갈등을 유발시킬 위험성이 큰 정치문제를 등한시함. 한반도 상황에서 정치와 비정치 분야를 구분하기 어렵고 이는 통합을 지연시킴.<br>• 비정치 분야에서의 통합 경험은 북핵문제 등 다른 분야의 통합에 역동성을 제공하거나 상위정치(high politics)를 변화시키지 못함. 비정치적인 분야가 정치적인 영향을 받는 경우가 더 많음.[41] | • 남북한 간의 기능망 확장은 북한의 비핵화라는 정치적 여건이 마련됨을 전제로 하기 때문에 조건부 기능적 협력은 사실상 남북경제협력의 운용이 정치적 상황에 종속되는 결과를 반복할 수 있음.<br>• 기능주의로 얻을 수 있는 비정치적 분야의 '제한적 평화'가 상쇄되는 기회비용이 존재함. |

〈표 3〉에서처럼 기능주의 및 신기능주의에 입각한 대북정책은 한반도 문제에 적용 시 일련의 시사점을 제공하고 있다. 따라서 현재 국제사회의 대북 제재 국면이라는 특수상황에서는 상호보완적 측면에서 남북한 간 유연한 상호주의의 접근방식이 요구된다. 가령 국제사회의 대북 제재 국면에서 제재에 해당되지 않는 이산가족 상봉 등의 인도적 지원, 교육·문화·역사 분야의 협력 등 비정치적 분야에서의 협력을 모색하면서 평화체제에 관한 모멘텀(Momentum)을 유지할 필요가 있다.

# 합리적 통합모델의 전제조건

## 남한 환경: 정부의 대북정책적 일관성

신현실주의를 표방한 이명박 정부를 제외한 세 정부의 대북정책 기조는 기본적으로 신기능주의를 지향한다고 볼 수 있다. 그러나 신기능주의는 정치적 상황에 따라 정책의 일관성을 담보하기 어려운 한계를 지닌다. 과거 남북관계는 김대중-노무현 정부 10년간 민간차원의 교류와 협력을 넘어 정부 당국자 간의 회담이 제도화되는 단계에까지 이르렀다. 신기능주의 대북정책의 성패는 정치군사적 문제의 해결에 있었기에 제1차 북한의 핵실험을 목도한 노무현 정부는 김대중 정부보다 적극적으로 정치적 문제 해결에 나서야만 했다. 2007년 '10.4 선언'의 제3항과 제4항의 합의는 이러한 배경을 의식하고 있었으며, 남북한 간 교류협력을 확대·발전시키기 위한 선행조치였다.[42]

상술한 것처럼 신기능주의적 접근은 정치환경에서 행위자들이 그들의 이익을 추구하기 위해 복합적으로 얽히게 되는 과정을 중시하게 됨으로 인해 기능적 협력과 정치적 협력을 분리할 수 없음이 자명하다. 2008년 금강산 관광객의 사망과 2010년 천안함 침몰과 연평도 포격 사건에 따른 정경연계차원의 5.24 대북제재 조치는 해당 사건들이 남북한 간의 정치적 문제임에도 국제사회와 대북 제재의 결을 함께 한 사례이다. 이에 따라 이명박 정부의 엄격한 상호주의 기조의 대북정책은 일련의 한계를 드러냈고, '한반도 신뢰 프로세스' 구축으로 남북 간 정치군사적 신뢰구축과 사회경제적 교류협력의 상호보완적 발전을 도모하려던 박근혜 정부의 대북정책 역시 5.24 조치 해제의 명분을 찾지 못하면서 막을 내리게 되었다.

이러한 측면에서 2000년대 이후, 남북관계를 한미관계의 종속변수가 아니라 독립변수로 인식하고 대북정책을 추진했던 사례를 참고할 필요가 있다. 북한 역시 이러한 남한의 변화된 정책에 일부 호응하는 태도를 보였고, 상생과 공존의 공감대 하에서 남북 간의 대결구조는 화해와 협력에 따른 기초적인 신뢰관계의 형성으로 나아갔다.[43] 결국 정치적 선결조건이 있는 한 신기능주의는 구현되기 어렵기 때문에 기능주의 사이에서 적절한 절충이 필요하며, 대북정책에 있어서 정경연계 정책보다는 기능망과 정치망을 동시 복합적으로 접근하는 융통성이 필요한 것이다. 그러한 면에서 과거 서독의 동방정책 사례에서처럼 일관성 있고 지속가능한 대북정책으로 상호 신뢰를 회복, 유지하는 것이 남북통합의 주요 과제로 남아 있다고 볼 수 있다.

### 북한 환경: 개혁과 개방

남북통합의 전제조건 중 하나는 북한의 개혁개방에 관한 의지라 볼 수 있다. 북한은 대내적으로 나름의 다양한 경제 개혁 조치를 취해왔고 대외적으로는 비교적 최근까지 비핵화를 화두로 남북정상선언 및 북미 회담에 적극적으로 임하기도 했다. 이러한 모습들은 조건이 성숙되었을 시, 북한 역시 일정 수준의 개방과 경제 재건을 희망할 것임을 상정하고 있는 것이다. 일면 국제사회의 대북제재의 장기화는 북한의 개혁개방의 시계를 앞당기는 것처럼 보이지만, 북한은 자력갱생을 통한 '정면돌파전'(2019.12.28~31 당 중앙위 7기 5차 전원회의)을 채택하면서 혹독한 고난의 길을 모색하는 듯 하다. 분명한 사실은 북한은 팬데믹 국면이 장기화되는 상황과 별개로 고질적인 식량난과 에너지난, 외화난에 직면하고 있으며 계획경제 시스템의 한계로 인하여 장마당을 공식부문으로 편입시키면서 전국에 400여 개로 알려진 종합시장을 공세적으로 관리, 육성하는 조치들을 국가 통제적 관점에서 지속하고 있다는 것이다.

대북제재를 논외로 하더라도 2000년대 이후 무연탄, 농수산물과 같은 1차 산품 수출에 의존했던 북한 경제는 이제 전략 수정이 불가피해졌다. 중국을 대상으로 했던 무연탄의 수출은 한계에 다다랐고 북한의 내수경제를 주도하고 있는 상업·유통 분야 등 급성장한 서비스업 및 음식·숙박 등 전통적 서비스업은 생산성 향상에 의문이 제기되고 있다. 노동당이 전면적으로 나서서 제조업의 정상화를 지시하고 있으나 제조업 전반을 볼 때 여전히 타 산업에 비해서도 성장이 매우 느리다. 이러한 환경에서 김정은 정권 또한 변화된 환경 변화에 조응하는 국가 경제발전 전략을 고민하고 있다. 2016년 김정은 정권은 '국가경제발전 5개년 전략'을 제시하며 2020년까지 제조업 분야 발전의 인프라를 구축하기 위해 매진하였으나 목표에 도달하지 못했고, 경제특구와 개발구 설치를 통한 외자유치 노력, 관광산업의 확충, 다양한 관광상품 개발을 통한 관광수입 확대를 시도하였으나 팬데믹으로 인한 국경 폐쇄조치, 국제사회의 촘촘한 대북 경제제재로 인해 별다른 성과를 거두지 못하였다. 김정은 정권 또한 이러한 경제성장의 난관을 인식하고 있다.[44]

북한은 자국개발을 위해 외국인직접투자(FDI) 등 외부와의 협력이 절실한 상황이며, 남북통합에 있어 북한의 개혁개방은 남북한 간 시장경제를 중심으로 한 새로운 경제체제의 통합을 견인하기 위한 필수 전제가 된다.

## 국제 환경: 협력과 지원

남북통합을 위한 협력적 관점에서 국제적 환경과 분위기 조성은 중요하다. 해당 조건이 무르익는 과정에서 북한의 인식 변화도 요구된다. 북한의 문헌에서 미국을 비롯한 선진국의 경제 원조는 여전히 "착취와 약탈의 수단이자 경제통합의 세계화를 위한 침략적 도구의 하나"로 규정하고 있다.[45] 북한은 과거 동구 사회주의 진영의 민주화 개혁·개방에 대해서도 "제국주의자들이 사회주의를 파괴하기 위해 경제협력과 원조를 미끼로 침투해 들어온 반동적 책동의 결과"라고 규정하며, "외부로부터 온갖 불건전한 사상의 침투를 막기 위해 사상혁명을 힘 있게 벌여 사람들을 주체형의 공산주의 혁명가로 만들어야 한다"고 강조하고 있다. 체제의 변화를 야기할 여지가 있는 외부 개입을 단호히 거부해야 한다는 것이다.[46]

"국제경제기구가 표방하는 규정과 활동목적에는 협력, 원조와 같은 미사려구가 담겨져 있지만 그것은 본질에 있어서 발전도상나라들을 국제경제기구에 얽매어 놓고 경제적 지배와 략탈을 손쉽게 보장하자는 것이다."[47]

그러나 국가 및 기업의 이익을 목적으로 하는 경제협력에 반해 개발원조의 개념으로 쓰이기도 하는 개발협력은 북한의 경제 개선을 위한 첫 단계이기 때문에 북한의 입장에서도 관심을 가질 수밖에 없으며, 국제사회의 대북제재 국면에서는 그 관심도가 커질 수밖에 없다. 경제 개선에 관한 북한의 의지는 최근에 더욱 도드라지고 있다.[48]

"자립경제 건설의 주인은 매개 나라와 민족이지만 다른 나라들과의 련계가 없이는 그것을 성과적으로 실현할 수 없다. 자체로 해결할 수 없는 원료와 자재, 자금과 설비, 기술 등을 대외 경제관계를 통하여 충족시키는 것은 어느 나라에 있어서나 마찬가지이다."[49]

2018년 4월 20일, 노동당 제7기 3차 전원회의에서 김정은 국무위원장은 "우리 당의 병진노선이 위대한 승리로 결속된 것처럼 경제건설에 총력을 집중할 데 대한 새로운 전략적 노선도 반드시 승리할 것"이라고 밝힌 바 있다.[50] 따라서 향후 경제건설에 관한 북한 당국의 관심과 국제사회를 대상으로 한 투자유치는 증대될 것으로 예상된다.

북한이 국제사회와 손을 잡기 위해서는 유엔 안보리에서 채택된 대북제재 결의안의 해제가 필수적이다. 이는 북한의 비핵화 문제의 해결과 연동되어 있으며, 현재 수준에서 남북통합의 선결조건은 상호 이질적 체제의 극복보다도 북한의 비핵화라 해도 과언이 아니다. 북한의 비핵화에 관한 국제사회의 검증과 신뢰구축은 국제사회의 대북 지원, 개발협력, 대북투자로의 선순환으로 이어질 것이며, 이는 남북한 경제공동체 구축에 관한 국제사회의 지지로 연결될 가능성이 크다.

## 합리적 통합모델의 검토

### 기존의 연합제 및 낮은 단계 연방제

남북통합 과정의 제도적인 측면에서 양측은 합의통일을 지향한다는 점을 분명히 해왔다. 경제적 군사적 부문에서 열세에 있는 북한 주도하의 흡수통일이 불가능할 것으로 본다면, 남북통합의 주도적 역할과 공공외교의 적극적인 역할은 남한의 몫으로 남는다. 물론 남한은 줄 곧 무력 통일을 원하지 않으며 흡수통일을 고려하지 않고 있다고 언명한다. 그러나 이러한 언명은 남한이 얘기치 않은 사태로 동서독 모델로 통일되는 시나리오까지도 거부하는 것인가라는 오해를 낳을 수 있다. 남과 북이 흡수통일을 하지 않기로 합의를 하는 것은 어떤 역동적 상황과 구조적 힘에 의해 주어지는 흡수통일의 기회까지 부정하는 것은 아닐 것이다. 따라서 통일문제와 관련 북한은 무력통일을 원하고 남한은 평화통일을 원한다는 식의 이분법적 접근은 분단구조 개선에 아무런 도움이 되지 않는다.[51] 남북통합 논의는 이러한 기존 논의의 틀을 변경함으로부터 출발한다.

2000년 6월, 기능주의보다 훨씬 제도화된 통합의 목표를 달성하고자 하는 신기능주의에 입각한 대북정책의 결실로 남북 정상은 역사적인 만남과 동시에 각 진영이 갖는 통일방안에 공통된 견해가 있다는 점을 분명히 하였다. 양측의 정치 엘리트 간의 만남은 신기능주의에서 추구하는 제도적 통합에 대한 조율과정의 한계와 가능성을 동시에 보여준 사건으로써, 6·15 공동선언문 제2항[52]에 고스란히 담겨있다. 연합-낮은 연방의 공통점 합의는 "남과 북이 상호 체제인정과 평화공존의 경로를 통해 장기적이고 점진적으로 통일을 지향하겠다는 이른바 통일접근 방식에의 합의"로 볼 수 있다.

〈표 4〉 국가연합과 연방국가의 비교

| | 기준 | 국가연합 | 연방국가 |
|---|---|---|---|
| 1 | 주권보유 | 국가연합: X<br>구성국: O | 연방국가: O(상위의 단일주권 창설)<br>구성국: X(주권 소멸) |
| 2 | 국제법인격 | 국가연합: X<br>구성국: O | 연방국가: O<br>구성국: X |
| 3 | 결합근거 | 조약(국제법) | 연방헌법(국내법) |
| 4 | 존속의 안정성 | 한시적, 잠정적, 과도적 결합 | 연구적 또는 반영구적 결합 |
| 5 | 주민의 국적 | 구성국의 개별국적 보유 | 연방국가의 단일국적 보유 |
| 6 | 대내적 통치권(1): 주민 통치권 및 과세권 | 국가연합: X<br>구성국: O | 연방국가: O<br>구성국: O<br>※ 양자간 권한배분문제 발생 |
| | 대내적 통치권(2): 군사권 및 통화발행 | 국가연합: X<br>구성국: O | 연방국가: O<br>구성국: X |
| 7 | 대외적 통치권 | 국가연합: △<br>구성국: O<br>※ 국가연합도 제한적인 외교권 행사 및 군사적인 통일행동 가능 | 연방국가: O<br>구성국: X<br>※ 조약체결의 경우 예외 존재 (미국, 독일 등) |
| 8 | 국제책임 | 국가연합: X<br>구성국: O | 연방국가: O<br>구성국: X |
| 9 | 구성국간 무력충돌 | 전쟁 | 내란 |

자료: 조은석 외. 2001. "남북한 평화공존과 남북한 연합 추진을 위한 법제정비방안 연구"『통일연구원 협동연구총서』01-08(서울: 통일연구원), p. 104.

양측의 연합-낮은 연방제에 관한 절충적 합의는 "누가 누구를 먹거나 먹히지 않는 원칙(1991.1.1 김일성 주석 신년사)과 적화통일이나 흡수통일 없이 함께 공존, 공영하는 원칙(2000.6.5 김대중 귀국 인사말)에 남북정상이 합의하였던 성과로 평가된다.[53] 남한이 제안한 연합제 모델은 통일과도체제로 상정되고 있는 두 번째 단계인 남북연합을 지칭한다. 북한이 제시하는 낮은 단계의 연방제안은 지역정부에 외교권과 국방권 등을 맡기면서 더 많은 권한을 부여하고 있는 한, 그것은 성격상 연합제의 성격을 띠고 있다. 제2항의 합의는 남과 북의 2개의 자치정부가 외교와 국방을 포함 사실상 국가의 모든 권한을 보유하고 있는 현실에 대한 두 정상의 공통된 인식을 반영하고 있다. 따라서 EU를 모델로 하는 가칭 '한반도연합(KU, Korean Union)'을 구성하여 민족공동체의 새로운 평화공존 내지는 교류협력을 다져나가는 것이 남북연합의 제도적 틀이 될 수 있다.[54] 결국 1국가 1체제의 통일은 남북통합의 과정에 따라 완성되는 점진적인 과정이 될 것이며, 양측의 부작용을 최소화하는 선에서 고려되어야 하는 마지막 단계인 것이다.

## 분단국 통합모델: 동서독 사례

통일에 이르기까지 동서독의 통합단계는 5단계로 구분된다. 1단계(1945년~1962년)까지 패전과 분단의 고착화 시기이다. 동시에 서독의 힘의 우위 정책의 추진단계였다. 이 시기 공산권과의 외교중지를 선언하는 서독의 할슈타인 외교원칙이 선언되었고 1961년 베를린 장벽이 구축되었다. 2단계(1963년~1970년)는 서독의 동방정책이 정착되는 시기이다. 사실상 기능주의적 통합 전략의 태동 시기라 볼 수 있다. 통일이 불가능하다는 점을 인식하고 대 동독 화해를 위하여 작은 교류부터 실현한다는 작은 걸음 정책이다. 할슈타인 원칙을 수정하였고, 대동유럽 관계 정상화를 추구했으며 1969년 브란트 수

상이 대 동독 화해를 모색하는 동방정책을 선언한 시기이다. 선 평화 후 통일을 지향하면서 지속적인 양 독일 간 교류협력을 추진하였고 1970년 독소 불가침 조약이 체결되었다. 3단계(1970년~1974년) 동서독 정상회담 개최와 기본조약 및 교류협력관련 협정을 체결한 시기이다. 1970년 3월과 5월, 정상회담 이후 2년여에 걸친 장차관 회담은 70여 회에 달했다. 1972년 일반통행협정과 교통조약 체결, 양독 간의 기본조약 체결, 1973년 유엔 동시 가입 등이 이뤄졌다. 4단계(1974년~1989년)은 교류협력 증진에 따른 양독관계의 성숙기이다. 기본조약 체결 후 다수의 후속조약이 체결되었고 1987년 호네커의 서독 공식 방문이 성사되었다. 마지막 5단계(1989년~1990년)은 동독체제 붕괴와 통일단계이다. 1989년 동유럽 공산주의 붕괴의 여파로 동독의 호네커(Erich Ernst Paul Honecker) 정권와 베를린 장벽이 함께 붕괴되었고, 1990년 3월 동독지역 총선거로 인해 통합조약이 체결된 지 6개월 후인 10월 3일 통일에 이르게 된다.[55]

서독이 추진한 동방정책의 경우 무엇보다 미소 동서진영 간 긴장완화로 대표되는 국제정세 변화라는 외부 충격(shocks)의 요인의 영향이 컸던 것으로 보인다.[56] 남북한 역시 2000년 최초의 정상회담은 동서냉전 종식이라는 국제사회의 흐름 속에 본격적으로 추진되었다. 분단 후 상호 간 '힘'에 기반한 통일정책을 펴다가 서서히 기능주의적 접근으로 변했다는 점에서 남북한과 동서독은 부분적으로 공통점을 지닌다 볼 수 있다. 빌리 브란트의 신동방정책[57]은 기능주의적 접근을 바탕한 통합정책으로서 접근을 통한 변화를 모색하였으며, 독일민주공화국과의 사회·문화 그리고 정치를 배제한 접근을 시도하여 독일민주공화국의 변화를 이끌어내는데 성공하였다. 이러한 접근을 통한 변화의 시도와 독일을 둘러싼 국제적 요인의 작용과 더불어 여러 요인들에 의해서 이루어진 다차원적인 성과물이다. 여러 요인 중의 하나

이었던 브란트의 신동방정책이 무의미 하거나 독일 통일에 있어서의 비중이 적다고 할 수는 없다.[58]

동서독통합과정은 남북통합과정에 세가지 시사점을 제공한다. 첫째, 점진적 합의통일방식의 필요성이다. 신동방정책이 우리에게 주는 시사점은 기본적으로 한반도 통일은 현상유지의 평화질서 창출을 전제로 해야 한다는 것과, 북한을 개혁·개방의 길로 유도하는 정책의 성과는 일정 시간이 소요된다는 것, 마지막으로 신동방정책은 분단관리 정책이자 동시에 통일 이후를 준비하는 목적과도 불가분의 관계에 있다는 점이다. 둘째, 대북·통일정책의 일관성 유지의 중요성이다. 이는 정치권의 초당적, 연속적 협력과 큰 틀에서의 국민적 합의에 관한 것으로 달리 부언할 필요성이 없을 것이다. 셋째, 서독의 신동방정책은 정책적 측면에서도 시사점을 제공하고 있다. 설명하자면 신동방정책이 주변 국제정세의 안정화를 전제로 한 거시적인 정책을 펼쳤다는 것, 분단관리 정책인 동시에 통일 이후를 준비하는 정책이었다는 것이다. 마지막으로 신동방정책은 정치권력의 변동과 상관없이 소련 및 동유럽 그리고 동독을 개방적으로 유도해내려는 지속적인 노력 속에서 이루어졌다. 남북통합과 통일 문제 역시 국제사회와의 공조와 지지가 없이는 불가능하기 때문에 한반도에서의 평화정착과 통합과정이 국제사회에 긍정적인 효과를 제공한다는 것은 공공외교의 영역에서 지속적으로 강조할 필요가 있을 것이다.

## 3단계 남북통합 모델(안)

기능주의적 접근은 결국 통일을 지향하는 통합과정에서 과도기적 남북연합정부를 구성하게 될 것이다. 제시하는 남북연합정부 시나리오에서 통제변수는 세계대전과 같은 큰 충격(Big Shocks) 없이 국제 정세가 유지된다는 것, 젊은 김정은 체제가 지속된다는 것을 가정한다. 그러한 점에서 독립변수가 중요해진다. 북한요인에서 체제 변화 가능성은 대내요인으로 흔히 경제위기, 식량위기, 탈북현상과 같은 사회적 일탈로 예측되며 합의형 통일 뿐 아니라 흡수형 통일의 단초가 되기도 한다.[59] 남한요인으로는 보완적 기능주의로의 대북정책의 일관성이 담보되어야 하고, 국내 정치적 지형을 고려, 아이러니하게도 기존에 대북포용정책을 추진했던 노선이 아닌 비토 세력의 반대를 설득할 수 있는 실용 보수당의 장기집권을 가정해 보았다. 또한 통일편익 등이 포함된 자본주의 평화담론의 확산 캠페인이 함께 선행되어야 한다고 본다. 영향을 미치는 주변국 요인으로 북한체제보장이 담보된, 중미일러의 대북유화정책으로의 선회와 남한의 대북정책에 대한 동조와 한반도 통일에 관한 적극적 지지 등이 남북연합 과에 필요한 독립변수로 보았다.

〈표 5〉 점진적 통합모델: 남북연합(KU) 및 민족통일기구(high authority) 구성

| 1단계(비핵화 진전) | 2단계(전제조건 충족) | 3단계(제도화 실현) |
| --- | --- | --- |
| • 한반도 비핵화 프로세스의 진전 | 북한요인: 개혁과 개방<br>• 장마당 확산↑/ 경제침체↑/ 사회적 일탈↑<br>• 이념·제도적 변화(국제표준화)<br><br>남한요인: 정책의 일관성<br>• 상호보완적 기능주의(자본주의 평화담론 확산)<br>• 남북합의사항의 제도화(국회 비준 등 VETO 동의획득)<br><br>주변국 요인: 협력과 지원<br>• 중·미·일·러의 대북유화정책, 북한체제보장<br>• 남북통일의 적극적 지지 | 1. 공동연락사무소 및 서울평양 상주대표부 설치<br>2. 남북정상회담 정례화 및 상설 협의체 수립<br>3. 남·북·미·중 평화협정 체결<br>4. 과도적 남북연합 수립<br>　－ 남북공존, 민족통일기구(상위정치기구)에 의한 1국가 2체제 남북연합(KU, 화폐통합 등)<br>5. 1국가 1체제 통일<br>　－ 남북 구성원 의견수렴 및 민족통일기구 결정에 따라 연합정부 선호가능성<br><br>* 합의형 통일에서 북한내 과거 사청산 문제는 남아공 모델과 흡사한 사면절차가 예상됨. |

결국 이러한 결과로 남북한 정상 간 회담 및 후속협의체가 정례화 되어 초기 신뢰구축의 단계를 넘어, 점진적으로 민족통일기구에 의한 1국가 2체제인 남북연합정부가 구성될 수 있을 것이며, 국내 여론을 수렴하여 궁극적인 1국가 1체제의 통일국가로 진전될 것이다.

## 결론

지금까지 통합적 관점에서 기능주의와 신기능주의를 표방하였던 우리정부의 대북 접근방식을 고찰하였다. 기존의 대북정책은 기능주의 및 신기능주의적 접근방식으로 두 차례의 정상회담을 이끌어내었고 남북한 간의 반목과 대결의 관계에서 평화공존의 관계라는 새로운 시대를 추동하는 듯 했으나, 노정된 한계 역시 분명하였다. 따라서 본 장은 남북통합모델을 통해 단계적 차원에서의 보완적 기능주의를 제시하였다.

검토한 바와 같이 1단계 한반도 비핵화 프로세스의 진전과 2단계 남북통합의 전제조건으로 제시한 세 가지, 첫째, 남한의 일관성 있는 대북정책, 둘째, 북한의 개혁·개방, 셋째, 국제사회의 협력과 지원은 3단계 최종적 민족통일기구의 제도화를 위한 필수불가결한 과제로 남아 있다. 상위정치기구가 통솔하는 연합정부가 구성되기 위해서는 남북통합의 과정에서 남북한 간 신뢰와 협력 경험이 축적되어야 한다. 남한, 북한, 국제환경 요인 뿐 아니라 북한의 비핵화를 달성하기 위한 성숙된 조건을 마련하기 위해 대북 제재와 더불어 남북한 간, 외교적 차원에서의 대화의 장이 끊임없이 마련되어야 할 것이다. 1998년 정주영 회장이 소떼를 몰고 군사분계선을 넘어갔던 행위(프랑스의 문명비평가 기 소르망(Guy Sorman)이 20세기 마지막 전위예술로 평가했던)가 시발점이 되어 남북경제협력특구 설치 등 상호 신뢰의 기초를 다졌던 것이 남북간 기능주의의 상징적 이벤트였다면 정치적, 제도적 분야의 변화를 추동할 수 있는 복합적인 변수요인을 고려해야 하는 것이 오늘날 남북관계이자 국제사회가 바라보는 한반도의 자화상이다.

한편, 수십 년간 비교적 일관성 있게 추진되어 온 독일의 동방정책은 남한의 대북 기능주의적 접근에 대해 독일과는 사뭇 다른 한반도의 특수한 상황을 들여다 볼 것을 주문한다. 즉, 한국의 기능주의 및 신기능주의의 노정된 한계 탓에 정책 실현과정에 상당한 부분의 인내와 끈기가 필요하다는 것이다. 결국 동방정책은 남북간 적대관계로 인한 분단비용을 줄이고 탈냉전으로부터 신냉전을 건너는 세계사적 격변에도 강고한 사회주의 체제를 고수하는 북한의 실체를 인정할 때 합의형 통일 내지 연합정부 구성이 가능함을 시사하고 있다.

본 장의 전개 범위에서 제외한 지난 문재인 정부의 대북정책은 '평화는 경제다'라는 슬로건으로 대변된다. 이러한 평화경제론 기조는 남북한 평화공존이 이익공동체의 형성을 촉진한다는 믿음으로부터 기인한다. 기능주의적 실천이 대북제재 국면에 가로막혀 답보상태에 있음에도 불구하고 남북한은 4.27 판문점 선언에 따라 2018년 11월 철원의 감시초소(GP)에 대한 부분 철수를 이행했다. 여전히 정전상황임을 고려할 때 여러 안보적인 우려가 뒤따랐으나, 남북한 당국 사이에 군사정치적 분야의 합의와 이행이 이루어진 것은 과거 신기능주의 대북정책의 외연을 확장시킨 사례로 평가된다. 엄존하는 대북제재의 출구전략은 한반도 평화 번영을 소망하는 우리에게 주어진 과제이기도 하다. 한반도 비핵화와 항구적 평화에 대한 논의를 지속하고, 상호 간 지체된 신뢰구축 작업을 재개하며 북한의 개방을 유도하는 것, 그리고 통합 방식에 관한 양측의 공동분모를 찾아내고 일관성 있는 대북정책에 관한 국내외적 지지를 확보하는 것은 남북통합의 시기를 앞당기는 데 주요한 동력으로 기능하게 될 것이다.

# 3장
## 이행기 정의, 라틴아메리카로부터 온 편지[60]

한반도 지역 내에서 벌어지는 남북통합에 대해 우리는 수많은 시나리오를 전제로 정책연구를 수행해왔지만, 여전히 남북관계는 제 해법을 찾기가 녹록지 않다. 오히려 2022년 2월 발생한 러시아-우크라이나 전쟁 상황이나 같은 해 8월 미국 하원의장(Nancy Pelosi)의 전격적인 대만 방문을 계기로 한층 고조되는 미중 갈등과 같이 한반도 주변 여건의 가변성은 남북관계 개선에 호의적이지 않다. 본 장에서는 우리사회가 권위주의 시기를 극복하고 민주주의 체제로 전환되면서 경험한 민주주의 이행기(transitional justice) 사례와 바다 건너 중남미의 사례 비교를 통해 남북통합과정에 주는 시사점을 다루고자 한다. 민주주의 이행기는 쉽게 말하면 '과거사 청산'으로 표현되기도 하지만, 국가폭력 등 구(舊) 체제 구성원들의 불행한 과거를 치유하고 역사적, 제도적, 사회통합적 차원에서 재정립한다는 차원에서 광범위한 신(新) 체제 또는 국가통합의 한 과정으로 이해될 수 있다. 2장에서 살펴본 기능주의와 신기능주의가 담지 못하는 한반도 구성원의 정서적 문제 해결을 위해서도 이행기 정의에 대한 기존 사례들을 살펴볼 필요가 있다. 물론 쉽게는 북한이 사회주의체제이기 때문에 남북통합 내지 통일과정에서 응당 남한의 민주주의 체제로의 이행기적 경험을 따라야 함을 주장할 수 있을 것이다. 일당 독재체제에서의 잘못들에 응보적 관점을 더한 사법적 청산을 주장하는 이들도 많을 것이다. 다만 본 장에서의 다루는 논의 결과는 보다 폭넓은 관점에서 활용될 필요가 있다. 첫째, 남북통합시 주민간 갈등비용을 최소화하는 예방적 차원에서 접근방식이며 둘째, 북한주민들의 필요에 따른 과정이어야 한다는 것이다.

과거사 청산은 세계사적으로 보편적인 현상이 되었다. 전근대사회에서 근대사회로 전환하는 과정에서 야기된 제노사이드(genocide), 식민지, 파시즘 또는 국가폭력으로 인한 상처를 치유하는 데 모든 나라들이 고심하고 있는 것이다. 과거사란 지배 권력이 행한 억압과 폭력, 왜곡하고 은폐시킨 진실들에 관한 것이다. 청산은 잘못된 것들을 교정하고 정화한다는 뜻이다. 과거청산을 위해서는 무엇보다도 과거의 잘못에 대한 사회적, 역사적 확인이 필요하다. 이러한 과정이 진실의 사회적 회복을 위한 것임에도 불구하고 책임있는 자들과 가해자들이 과오를 시인하지 않고 있을 뿐이다. 청산의 작업은 그들이 시인할 수 있도록 은폐된 자료를 찾아내고 또 잘못을 시인할 수 있도록 여론을 모아내는 일이다. 진실화해위원회를 통한 과거청산의 필요성은 기존의 제도나 법으로는 해결하기 어려운 경우에 제기되기도 하고, 또 사회적 합의를 통해 이행기 문제를 해결하고자 하는 경우에 제기된다.[61]

한국에서 진행되었던 그리고 현재까지 지속되고 있는 국가폭력에 대한 과거 청산 작업은 세계사적인 의미를 지니지만 미완의 청산이었다는 평가가 지배적이다. 한나 아렌트(Hannah Arendt)는 인류가 과거를 기억할 능력을 갖고 있으나, 이러한 기억만으로는 결코 과거를 변화시킬 수 없는데, 사과에 따른 용서가 사회의 변화를 가능하게 하는 효과적인 반응이라고 설명한다.[62] 그러나 한국의 사례를 보면, 정부의 사과 및 배·보상, 진실위원회의 발족 등의 조치가 당시 가해자 집단 혹은 개인의 사과를 전적으로 대체하여 피해자의 용서를 끌어낼 수 있는 충분 조건이 아님을 보여준다. 무엇보다 과거사 청산의 필요성에 공감하는 사회 기초적 합의가 전제되어야 함을 알 수 있다.

본 장은 한국의 과거사 청산이 2010년 진실화해위원회 제1기 활동의 종료 이후 2021년 제2기가 출범했음에도 해당기간 대체적으로 국회 소관 상임위 심사 문제 등 후속조치가 지연되고 있는 것에 대해 문제를 제기한다.[63] 집권세력의 성향에 따라 과거사 문제를 바라보는 인식의 편차도 있겠으나, 과거사 청산을 국정과제로 포함시켰던 정권에서도 제약들은 존재했다. 본 장에서 주목하는 주요 장애요인 중 하나는 국가권력을 바라보는 국민정서의 갈등이며, 현재까지도 지속되고 있는 중남미 국가들의 적극적인 과거사 청산과정과 한국의 사례를 비교 분석함으로써, 중남미의 사례가 한국의 사례에 주는 시사점을 도출하고자 한다.

과거사 청산은 해당 국가에 따라 포괄적이며 다차원적인 과정으로 인식된다. 그러므로 비교연구 차원에서 해당 시기를, 제2차 세계대전 종결 이후, 범위는 제노사이드[64]가 발생했던 중남미국가와 한국의 사례로 한정하고 이와 관련된 과거 청산 노력들을 비교분석하고자 한다. 아울러, Laurel E. Fletcher, Harvey M. Weinstein, and Jamie Rowen[65]이 과거사 청산 선정요인으로 제시한 갈등의 본질, 갈등종료, 민족문화, 서구적 법 전통, 분쟁기간, 청산기간, 과거를 해결하기위한 정치적 의지, 국제적 개입, 진실위원회, 사면, 재판의 범주 하에서 제한적이나마 문헌분석을 시도하고자 한다. 보조적으로 한국 진실화해위원회 조사활동과 중남미 현지 연구활동 경험이 있는 전문가[66]와의 심층 인터뷰(In-Depth Interview, IDI)를 부분적으로 인용하고자 한다.

## 선행 연구 검토

　제2차 세계대전 종식 이후 전쟁 가해국과 피해국에서 진실 복원 작업이 진행되었고 군사정권이나 독재정권에서 민주주의 정권으로 이행되는 과정에서 과거를 기억하고 정의를 바로잡으려는 해외사례들은 한국의 과거사 정리의 모호성에 있어 일련의 원칙과 철학을 세우는 데 단초를 제공하고 있다. 과거사 청산과 관련된 국내 연구로는 주로 한국의 진실화해위원회 전후의 성과와 한계를 조망하고 있다. 그러나 해외 사례를 통하여 한국의 과거사 청산을 분석한 연구는 걸음마 단계이다. 현재까지의 해외사례와 국내사례의 과거사 청산과정의 비교를 시도한 연구는 주로 남아공의 진실화해위원회(The TRC and reformative social unification in the South Africa)에 초점이 맞춰져 있으며[67] 독일사례로 분단 한국의 현실을 조망해보고자 연구가 진행된 바 있다.[68] 비교연구가 아닌 사례연구 차원에서는 시에라리온, 중남미, 스페인, 체코와 슬로바키아 등의 연구가 있다.[69]

　중남미 사례연구는 노용석[70]의 연구가 대표적이나 연구자가 인정하는 바와 같이 중남미에서의 과거사 청산작업의 역동성과 지속성의 원동력을 밝혀내기 위한 후속작업이 필요한 상황이다. 본 장은 과거사 청산과정에 있어 중남미 사례와 한국의 사례를 비교분석하여 국내 과거사 청산과정의 과제를 살펴보는 것에서 기존 연구와의 차이점을 지닌다. 시기적으로 진행되어 온 과거 청산의 당위적 주장을 넘어 이를 뒷받침할 만한 이론적이고 체계적인 학술 연구의 필요성이 제기되는 시점이다. 국내 과거사 청산과정 연구과정에서 목도되는 한국적 특성은 다가올 통일한국의 과거사 청산을 연구하는 데 있어 유용한 단초로 활용될 수 있을 것이다.

## 한국의 과거청산: 진실화해위원회의 성과와 한계

한국의 과거사 청산은 주로 분단 전후의 한국 전쟁기 민간인 학살과 독재 정권 당시 광주 민주화 운동에 참여했던 민간인 희생자에 초점을 맞추어 진행되어 왔다. 한국전쟁 시 민간인 학살과 관련해서는 한국전쟁 전 1948년 4월 3일 발생한 봉기 사태로 정전 협정 이후인 1954년 9월 21일까지 제주도에서 발생한 무력충돌과정에서 양민들이 희생당한 4.3 사건과 1951년 1·4 후퇴 과정에서 공비와 내통하였다는 명목으로 청장년 663명이 학살된 거창 사건, 1950년 7월 전쟁 직후 노근리 철교 밑에 있던 양민 4~500명(유족회 증언, 한국 정부는 유족 심사결정 희생자 226명, 유족 2,240명을 공식 인정) 미군에 의해 살해된 노근리 사건이 대표적이며, 독재 정권 시 민간인 피해와 관련해서는 광주민주화 운동 희생자, 의문사 진상규명, 삼청교육대 피해 관련 보상 문제가 대표적이다.

역대 정권 하에서 과거청산을 통한 사회개혁은 세 번의 결정적 시기를 맞이하였던 것으로 평가된다. 그 시기는 첫째, 1948년 반민특위의 설립, 둘째, 1960년 4.19 직후 발생한 사회개혁 운동, 셋째 참여정부 당시의 포괄적 과거청산 시기라고 볼 수 있다. 위 시기 과거청산의 주요 대상은 다소 상이하지만, 한국의 역사에 있어서 과거청산을 통해 민주사회로 나아갈 수 있는 시기였음은 명확하다. 만약 이 시기 체계적으로 과거청산이 진행되었다면 과거사에 대한 현재와 같은 국민적 갈등은 최소화할 수 있었을 것이다. 하지만 이 시기에는 식민지배의 청산과 불법적 국가폭력(민간인 학살), 의문사 및 인권침해와 같은 과거청산의 대상이 이행기 이후에 등장한 정권의 이데올로기적 공격 대상이 되거나 특정 정파의 전유물로 취급되면서, 결과적으로 과거사 청산 작업은 걸음을 멈춰세울 수밖에 없었다. 한국 과거청산에 있어 서의 가장 큰 문제점은 과거청산의 대상인 국가폭력과 보편적 인권침해 부 분이 정치적 담론 혹은 이데올로기적 공격 대상으로 돌변하여 원활한 청산 이 이루어지지 않았다는 것에 있다. 이러한 현상은 비단 한국뿐만 아니라 전 세계 과거청산의 경우에서도 쉽게 발견할 수 있는 지점이지만, 특히 한국 의 경우에는 분단구조와 같은 특수한 구조들이 과거청산의 진행에 걸림돌 이 되는 경우가 많았다.[71] 그럼에도 불구하고 한국의 과거청산 과정은 꾸준 한 노력 끝에 7개의 법률[72]을 근거로 관련 기구를 설치하여 운영되어 왔다.

## 한국의 과거사 청산 일반의 문제점

한국의 과거사 청산과정에서의 문제점은 네 가지로 요약된다. 첫째, 제 도적 측면에서의 문제점이다. 노태우 정부 당시 제정되었던 '광주민주화운 동 관련자 보상 등에 관한 법률'(1990. 8. 6)을 시작으로 역대 정부에서는 상 당수의 과거청산 관련 법률을 제정하여 공포하였다. 하지만 법률의 대부분 은 포괄적 과거청산을 위해 제정된 것이 아니라 개별 사건 혹은 특정지역의 사건에 초점을 맞추어 제정되었다.[73] 둘째, 과거청산 위원회 활동의 문제점이 다. 제정된 각종 과거청산 법률에 근거하여 특별위원회를 포함한 상당수의 기구가 설립되었으나, 해당 기구들은 각종 조직적 한계와 문제점에 봉착할 수밖에 없었다. 셋째, 임시기구의 한정성이다. 활동기간이 한시적으로 정해 진 임시기구의 한계를 가지므로 지속적이고 세부적인 조사를 실시하지 못 했다. 넷째, 책임자 처벌의 한계이다. 피조사자(주요 가해자) 및 피조사기관(국 가기관)의 협조를 강제할 수 있는 권한이 없다. 대부분의 위원회에서 가해자 로 지목된 이들에 대한 조사 및 청문회 등을 실시하지 못하였고, 일부 경우 에서는 국가기구로부터의 자료 협조 요청도 원활히 이루어지지 않았다. 다섯째, 명예회복 및 기념·위령사업의 접근 실패로 꼽을 수 있다. 대부분 위원회의 활동 기한이 극히 제한되어 있었으므로, 일부 사건에 대한 진실규명 이외에 과거청산의 본질적 문제라고 할 수 있는 피해자에 대한 명예회복 및 기념·위령 사업의 접근이 제한적이었다.[74]

## 진실화해위원회의 성과와 한계

앞서 언급한 개별법에 의한 과거 청산 방식이 대한민국 역사의 특수성으로 인하여 과거사 정리에 효율적이 못하다는 비판이 제기되자 과거의 인권침해 문제를 포괄적, 총체적으로 정리하는 방식으로 바뀌게 되었다. 2004년 8월경 대통령의 포괄적 과거사 정리 제안에 따라 대한민국의 권력기관인 국가정보원, 경찰청, 국방부 등이 과거사 진상규명위원회를 자체적으로 설치하여 과거 인권침해 의혹이 제기되고 있던 사건에 대해 조사한 후 결과를 발표하였다. 그리고 국회도 과거사법 제정에 대해 본격적으로 논의를 시작하였고, 마침내 2005년 5월경 '진실·화해를 위한 과거사 정리기본법(이하, '기본법'이라 한다)'을 제정하였다.[75]

2010년 진실화해위원회(이하, '진실위'라 한다)의 활동 종료로, 2000년 의문사 위원회를 시작으로 근 10년간 민간 주도로 국가기구를 창설, 운영해온 진상규명 활동이 대부분 종료되었다.[76] 그 성과는 주요 인권침해사건과 정치적 의혹사건의 진실규명 후 법원의 재심 도출, 한국전쟁 피학살 유족들의 명예회복 조치 등을 꼽을 수 있다. 구체적으로 전쟁 피학살 유족들의 명예회복 내용에는 전쟁기 국민보도연맹원 학살사건, 전국 각지에서 일어난 인민군 점령기 부역혐의자 학살사건, 미군 폭격에 의한 민간인 피해사건, 지리산 일대 토벌 과정에서 민간인 희생사건 등에 대한 진상규명이 포함되었다. 그러나 가해 명령권자 처벌에의 제약, 피해자 보상문제로 인한 갈등 야기,

진실규명이 중도에 중단된 점, 화해작업에 대한 성과가 미비했다는 점, 전반적으로 피해자 명예회복 중심이라는 점 등은 한계로 남았다.[77]

현재 한국전쟁기 민간인학살 공동조사단이라는 민간차원의 희생자 유해 발굴작업이 연 1회, 2월에 1주일 간 진행중에 있다. 2014년 진주에 이어 2015년엔 대전으로 가서 작업을 진행했다. 실제유해발굴이 목적이라기보다 이런 문제를 사회에 알리기 위함이 크다. 2014년 진주에서 30구를 발굴했고, 변호사단체의 지원이나, 학생들의 무료봉사가 큰 힘이 된다. 진실화해위 보고서에는 보도연맹 피해자 22만 명으로 적시되었으나, 신고하지 않는 사람까지 하면 최대 30만 명으로 추산된다.[78]

한편으로 기본법이 갖는 특질로 인해 진실위의 결정에 대한 여러 가지 비판이 존재한다. 기본법이 많은 불확정 개념을 사용함으로써 과도한 논쟁과 갈등을 불러일으켰고, 진실규명 결정이 표결에 의한 상대적 진실로 추락함으로써 진정한 화해와 사회 통합에까지는 이르지 못하였다는 비판이 존재한다. 나아가 확정판결사건의 경우 사법부에 의한 재심제도가 존재함에도 불구하고 행정부에 재심사유의 존부와 재판의 오류 여부에 대한 판단과 결정을 허용함으로써 향후 정치적 상황 변경에 따른 사법권의 독립을 침해할 여지를 제공하였다는 비판도 존재한다.[79]

2008년 대통령 인수위원회에서는, 각종 과거사위원회 정비 방침을 발표하였다. 이어 국방부, 경찰청의 기존 태도 변화로 진실위의 결정 자체를 인정하지 않는 경향이 발생하였다. 국방부는 국민보도연맹 관련, 군경토벌작전의 배경이해 없이 희생자의 억울함만 부각시킨다며 공식 이의를 신청하였다. 일부 법원의 과거 인권침해사건의 재심은 피해자나 유족에게 약간의 위로가 되나, 무고한 이를 간첩으로 만들어 처형하거나 삶을 파괴하는 것에 조력했던 사법부의 총체적 반성은 찾기 어려운 것이 현실이다. 한편 진실위의 근거인 기본법에 명시된 '과거사재단 설립가능' 과 관련한 '과거사통합재단' 설립에 대한 논의는 해당 현안에 보다 적극성을 지녔던 문재인 정부 시기에도 검토 단계(2021.6.30. 행안부 중점관리 대상사업 과거사 재단 설립 및 후속조치)에 머물렀다는 것은 아쉬운 대목이다. 상술한 바와 같이 집권 정당의 성향에 따른 권위주의적 회귀는 이행기 정의의 목적인 예방으로서의 정의(Justice and prevention) 의 실패를 의미한다고 볼 수 있다. 진화위가 제기한 한국전쟁기 미군에 의한 피해에 따른 보상요구는 주권국가의 역할이나, 도리어 외교적 관계를 고려하여 정부차원에서 차단되고 있는 실정이다.[80]

한국의 근현대사를 지나면서 자행되어온 전쟁시 불법적 집단학살 사건이나, 권위주의 통치시기의 각종 사건에 대한 진실규명 차원의 조사활동이 진행되었지만, 위원회의 목적 중의 하나인 과거와의 화해를 통한 역사의 치유가 이루어졌다고는 보기는 어렵다.[81] 이에 진실위는 피해자의 명예회복과 구제를 위한 조치를 국가에 권고하였다.[82] 결과적으로 동아시아 최초의 진실위 설치는 의미가 있으나 이를 통해 과거사 문제가 정리되었다고 보는 견해는 적절하지 않다.[83]

### 일반인과 피해자의 과거사 인식 조사

한국의 과거사 청산이 갖는 가장 중요한 문제 중 하나는 과거사 청산 필요성에 대한 사회 기초적 합의의 부재라고 지적되어 왔다. 여기서 주목할 만한 과거 여론조사 결과가 있다. 제1기 진실위의 활동 종료 4년 후, 박근혜 정부 3년차(2014) 들어 과거사 문제 당사자와 일반국민을 대상으로 한 설문조사 결과[84]이다. 과거사문제에 대한 당시 한국사회의 이해도 및 미래지향적 해결 방향에 대한 세대별 여론을 확인할 수 있으며, 설문조사의 대상은 과거사문제 당사자(대일항쟁기 당시 피해자 관련 단체, 한국전쟁 전후 민간인피학살자 관련 단체, 권위주의 통치시기 의문사 및 인권침해 피해자 관련 단체)와 일반국민으로 나누어 진행되었다.

## 일반인 대상 설문조사

일반인 대상의 설문조사 결과, 과거사 문제(일제강점기 친일 및 강제동원, 한국전쟁기 민간인 학살, 권위주의 정권 때 인권 침해 문제)에 대한 인지도는 국민 열 명 중 여섯 명(60.2%) 수준이었다. 반면, 과거사 문제에 대한 정부의 활동에 대한 인지도는 <그림 2>에서 보듯 상대적으로 낮은 편이다. 세부적으로 보면, 일제강점기 친일 및 강제동원에 대한 정부의 진상규명 및 피해보상 활동에 대한 인지도는 21.9%, 한국전쟁기 민간인 학살에 대한 정부의 진상규명 활동에 대한 인지도는 30.3%, 권위주의 정권 때 인권 침해 문제에 대한 정부의 진상규명 활동에 대한 인지도는 41.8%로 나타났다. 대체로 남자, 30~50대, 서울, 대졸이상, 화이트칼라층에서 상대적으로 인지도가 높은 편이며, 과거의 문제일수록 고연령층의 인지도가 높았다.

반면 최근의 문제일수록 정부 활동에 대한 인지도가 높은 편이나, 과거사 문제에 대한 전반적 인지도에 비해 높지 않은 편이었다. 이것은 1기 진실위의 활동 종료 후에도 권고 이행 사항 등 과거사관련 정부 활동 및 성과에 대한 적절한 홍보가 이루어지지 않았다는 점을 의미한다. 한국전쟁기 민간인 학살에 대한 정부의 진상규명 활동에 대한 필요성은 86.2%, 권위주의 정권 때 인권 침해 문제에 대한 정부의 진상규명 활동에 대한 필요성은 79.9%로 나타나, 정부 활동에 대한 인지도와 평가 대비 매우 높게 나타났다. 대체로 연령이 낮을수록, 학력이 높을수록 필요성이 상대적으로 높게 나타났다.

<그림 2> 정부의 진실화해위원회 활동 인지 여부

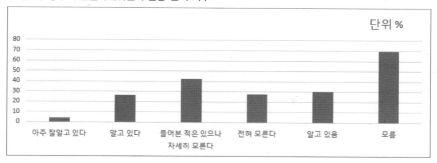

자료) 과거사문제 당사자 및 일반국민 대상 설문조사 결과 보고서(일반인 1,000명, 2014년 10월 19세 이사 성인남녀, 95% 신뢰수준에 ± 3.1%p, ㈜한길리서치센타)

<그림 3> 한국전쟁 전후 민간인 학살 진상규명 조사에 대한 평가

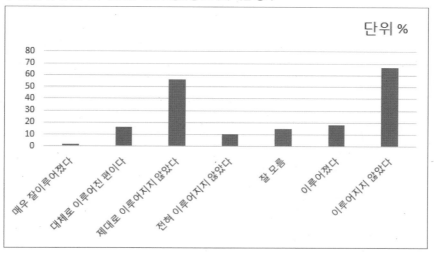

자료) 과거사문제 당사자 및 일반국민 대상 설문조사 결과 보고서(일반인 1,000명, 2014년 10월 19세 이사 성인남녀, 95% 신뢰수준에 ± 3.1%p, ㈜한길리서치센타)

<그림 3>에서 보듯 한국전쟁기 민간인 학살 문제와 권위주의 정권의 인권 침해 문제에 대한 정부의 진상규명 조사가 제대로 이루어지지 않았다는 부정적 평가에 따라, 연령별 정도의 차이에도 불구하고 진상규명이 필요하다는 인식을 드러내고 있다. 비록 7년여 전의 조사결과이긴 하나 저연령층

의 호의적인 여론을 형성하고 이에 근거한 진상규명 활동 및 홍보를 강화할 필요성은 현재에도 유효한 과제로 남아 있다.

〈그림 4〉 과거청산을 위한 정부의 노력 방안

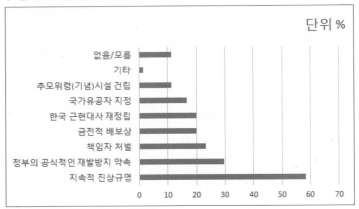

단위 %

- 없음/모름
- 기타
- 추모위령(기념)시설 건립
- 국가유공자 지정
- 한국 근현대사 재정립
- 금전적 배보상
- 책임자 처벌
- 정부의 공식적인 재발방지 약속
- 지속적 진상규명

0  10  20  30  40  50  60  70

자료) 과거사문제 당사자 및 일반국민 대상 설문조사 결과 보고서(일반인 1,000명, 2014년 10월 19세 이사 성인남녀, 95% 신뢰수준에 ± 3.1%p, ㈜한길리서치센타)

한편, 정부의 과거사 청산을 위한 적절한 방법으로는 〈그림 4〉에서 나타나듯 '지속적 진상규명'이 58.3%로 가장 높고, 그 다음은 '정부의 공식사과와 재발방지 약속'(29.7%), '책임자 처벌'(23.3%)순으로 나타났다.

## 한국전쟁 전후 민간인 피학살 피해자 대상 설문조사

과거사 관련 진상규명 및 후속조치 활동에 대한 의견을 보면, 이 조사의 응답자들은 기존의 진상규명 및 후속조치 활동이 불충분하다고 응답한 사람이 다수를 차지한다. 과거사문제 해결을 위한 최우선 과제는, '진상규명을 위한 추가조사 시행', '추모 위령시설 건립', '물질적 배·보상', '정부기관 관련자의 방문과 사과 및 위로', '유해 발굴'의 순으로 본다고 응답했다. 배·보상 문제 해결방안에 관해서는 '통합특별법으로 해결'하자고 응답한 사람이 다수를 차지했다. 추모·위령시설에 관해서는 '전국 단위 시설 건립이 필요하다'고 응답한 사람이 다수를 차지했다. 유해 발굴 문제에 관해서는 '특별법을 제정하고 진실위의 기능을 보완한 특별위원회를 설립하여 발굴'하자고 응답한 사람이 다수를 차지했다.

과거사 문제의 추가 진상조사 방식은 '특별법을 제정하고 진실위의 기능을 보완한 특별위원회를 설립하여 조사'하자고 응답한 사람이 다수를 차지했다. 진상조사와 유해 발굴, 추모·위령시설 건립, 피해자 배·보상 등 후속조치와 관련된 통합특별법은 제정될 필요가 있다고 응답한 사람이 절대 다수를 차지하였다. 과거사연구재단 설립은 응답자 대부분이 찬성하는 것으로 나타났으나, 현재까지 실제 설립으로 이어지지 못하고 있다.

## 피해자의 대항담론 – 한국전쟁 민간인 학살을 중심으로

위에서 언급하였듯 피학살 피해자들은 적극적인 차원의 보상을 원하고 있으나, 적극적으로 행동으로 나서기 힘든 사회구조적 모순점은 이들에게 2차적 가해를 제공하고 있다. 이른 바, '빨갱이(red)' 기피증이 만연해있던 학살직후의 사회적 분위기는 유족들의 억울함을 함부로 말할 수 없는 상태로 몰고 간 것이다.

노용석[85]의 박사학위논문은 당시 사회적 분위기를 피해자 증언을 중심으로 생생하게 묘사하고 있다. 한국전쟁 기 학살 직후 청도 사회의 분위기는 피학살자가 '빨갱이' 였는가 아닌가를 가리기보다는 희생자 전체를 반드시 '빨갱이'로 인식해야만 하는 분위기였다. 이러한 사회적 분위기의 조성은 국가의 강압적 정책으로만 이루어졌던 것은 아니었으며 사회 전반에 팽배해 있던 지역민들의 다양한 담론과 '빨갱이' 기피증 등의 인식이 상호작용한 결과였다고 볼 수 있다. 이로 인해 유족들은 자신들의 억울함을 드러내기 보다는 망각해야 했으며, 이것은 가장 먼저 피학살자의 시신을 처리하는 과정에서부터 구체적으로 드러나게 되었다. 이와 같이 유족회 내에 만연해 있는 '빨갱이' 구분법은 민간인 학살진상 규명운동의 방향을 국가 지배 이데올로기에 맞선 대항담론으로 이끌지 못하게 하는 가장 결정적 요소이기도 하며 보편적 인권 개념으로서 민간인 학살의 본질을 보지 못하게 만드는 가장 큰 요인이기도 하다.[86] 결국 유족회의 외형은 '빨갱이' 담론이 지배하는 국가 지배 이데올로기에 대한 대항담론의 성격을 가질 수 있으나 냉전 체제 하에서 공고화된 유족들의 인식은 이러한 대항 담론의 본질을 받아들일 수 없게 만드는 가장 중요한 요인으로 작용하고 있다.[87]

그러나 유족들이 자신들의 문제를 그대로 방치한 것만은 아니었다. 이들은 지역 별로 유족회를 결성하여 민간인학살의 진상을 규명하고자 했으며 유족자신들과 피학살자의 명예를 회복하고자 하였다. 특히 1999년 '노근리' 사건의 공론화 이후 한국사회에서 유족회는 지배이데올로기에 맞서는 하나의 대항담론으로 인식되기도 하였다. 그러나 실제 유족회는 유족들의 인식으로 볼 때 지배 이데올로기에 대항하는 기구가 아니라 가족주의를 고수하기 위한 조직이었다. 유족들이 이처럼 가족주의를 중요시한 이유는 국가형성과 가족체계의 연관성에 근거하고 있었다. 유족들에게 있어서 국가와 국가권력의 형성은 곧 가족체계의 고립과 파탄이었다. 이러한 과정에서 유족들이 가질 수 있었던 인식은 가족체계를 부활시키는 것이었다. 즉 유족들의 가족주의는 '종족보호' 라는 관념으로만 설명할 수 있는 것은 아니며 국가형성 과정과의 긴밀한 관계 속에서 설명해야 하고 학살 이후 망각했던 자신들의 인식을 찾아가는 과정이라 할 수 있다.[88]

## 중남미 국가들과의 사례비교: 진실화해위원회를 중심으로

과거 청산의 범주는 단순히 폭력 가해자에 대한 처벌 및 피해자 배상이라는 측면을 넘어 인권유린 등에 대한 재발 방지 교육과 더불어 위령사업의 실시, 억압적 통제기구였던 기관의 개혁, 희생자 가족들에 대한 배·보상 문제 등을 포괄적으로 포함한다. 이러한 작업들을 수행하기 위해 보다 명확한 사실관계는 그 지역에 비참한 죽음(tragic death)으로 분류되는 제노사이드가 발생하였는가가 주요 지표가 될 수 있다.[89]

이번 장에서 한국의 과거사청산의 비교국가로 중남미 국가의 사례를 선정한 것은 국가폭력이 자행되었던 배경적 특징과 관련이 있다. 양자 모두 다른 지역보다 훨씬 더 냉전적 연관성을 가지고 있다는 것이다. 냉전은 공식적으로 미소의 분쟁이나 이념으로 설명할 수 있지만, 보다 정확하게는 냉전이 발생했던 해당지역의 문화 혹은 정치적 특성과 연관 시킬 때에만 설명이 가능하다. 특히 중미 지역 냉전의 발흥은 미소의 정치적 간섭과 군사적 행동으로 표면화되어 있다. 보다 세부적으로 들어가면 중미지역에 뿌리 깊게 파고들고 있던 식민구조의 잔상과 극심한 빈부격차가 결합되어 냉전의 구체적 양상이 전개되었다. 대표적으로 엘살바도르 내전(1980~1992)과 과테말라 내전(1960~1996)은 미소의 정치군사적 개입이 몰고 온 영향일 수도 있다. 하지만 근본적으로 중미지역에 산재해 있던 문제들이 소위 냉전과 결합해 발생한 것일 수도 있다. 즉, 중미지역의 과거청산은 내전 기간 중 발생한 학살과 권위주의 통치에 대한 부분을 개선하고자 하는 것이지만, 동시에 뿌리 깊게 자리잡고 있던 해당사회의 구조적 모순을 해결하고자 하는 것이기도 하다. 이것이 중미지역 과거청산의 가장 큰 특징이라 할 수 있다.[90]

## 칠레의 과거청산

칠레는 1973년 아옌데(Salvador Allende) 대통령이 군부 쿠데타로 인해 피살되었고 1974년 6월 피노체트(Augusto Pinochet)의 군사독재정부가 집권 후 16년 간 군정을 실시하였다. 피노체트는 1989년 12월 아일윈(Patricio Aylwin Azocar)에게 패한 후 물러났으며 아일윈은 1990년 진실화해 국가위원회를 대통령령으로 설치하였다. 그리고 2년 뒤, 1991년 2월 1,800여 쪽의 위원회 (레띠끄)보고서를 제출하였다. 전체 3,428건의 실종과 학살, 고문, 납치 등 정치탄압이 공개되었으나 발표 직후 3주간 벌어진 정치테러로 인해 정치분열을 이유로 배포가 금지되는 우여곡절을 겪었다.[91] 후속작업으로 '보상과 화해를 위한 전국재단'을 설립하였고 2004년 제2기 진실위원회를 설립하였다. 제1기와 달리 피해자 사망여부와 상관없이 인권침해 사례들을 조사하였다.[92]

그러나 이러한 작업이 순탄하지만은 않았다. 제1기 진실위원회의 작업 결과에도 불구하고, 그 후 몇 해 동안 칠레에서는 과거 범죄에 대해 공개적으로 혹은 언론을 통해 자유롭게 논의할 분위기가 아니었다. 피노체트가 총군사령관에서 물러나 1998년 초 종신 상원의원이 되었다가, 1998년 후반 런던에서 과거에 저지른 스페인계 시민학살이란 죄목으로 스페인 측의 인도 요청에 대해 논쟁이 벌어지자, 과거 인권침해에 대해 인정하고 특히 실종자와 관련된 과거 사건에 대한 사법부의 활동이 활발해지는 등 칠레 국내 정치 판도가 근본적으로 바뀌었다. 스페인 재판부는 당시 칠레 진실위원회의 보고서에 전적으로 의존하였다.[93] 칠레 위원회는 최종 보고서에 가해자들의 이름을 싣지 않기로 결정했다. 위원회는 신중을 기하기 위해서 또 개별 사건에 대해 충분히 조사할 수 없기 때문이라고 밝혔다. 내막을 아는 사람들만이 대통령이 군 고급 장교들의 진급을 사정할 때 그 명단을 조용히 참고했다고 말한다. 과거 범죄 때문에 해임된 사람은 없었지만 진급에는 영향이 있었다.

칠레에서 추진되었던 과거사 청산의 성과와 한계를 살펴보자. 칠레의 과거사 청산 작업은 여러 가지 의미가 있겠으나 군부의 쿠데타 방지에 초점을 맞추고 있다. 과거사 재조명이 군부의 재집권 예방 차원이라는 의미이다. 그럼에도 불구하고 칠레의 과거사위원회는 상당수의 군정 피해자들의 명예를 회복시켜주었고, 만족할 만한 수준은 아니지만 보상도 이루어졌다.[94] 1997년 현재 4,886명의 칠레인은 정부가 매달 지급하는 수표를 우편으로 받고 있는데 이 배상 연금 제도는 진실과 화해 국가위원회가 배상의 필요성을 국가에 권고하여 얻어낸 성과이다. 칠레에서는 위원회가 미처 마무리하지 못한 사건들을 더 조사하고, 배상 프로그램을 포함한 위원회의 권고 사항들을 실행에 옮기기 위해 위원회의 후속 조직인 '배상과 화해 국가법인'이 설립되었다. 진실위원회의 최종 보고서에 명단이 실린 피해자들은 수혜자로 정식 등록되었으며, 후속 단체가 조사해 피해자라고 판단한 사람들도 추가로 등록되었다. 그러나 국가차원에서 자행된 고문의 경험이 있는 생존자를 배상 프로그램에서 제외하고 특정 피해자에게 제한된 배상 프로그램을 운영했다는 면에서 부당하다는 비판도 존재한다.[95]

## 과테말라의 과거청산

과테말라는 1954년 아르벤스 대통령이 미국과 결탁한 지배세력에 의해 축출된 후 1960년부터 좌익 게릴라 무장단체가 등장하였다. 1996년까지 36년간 내전이 발생하였고 1981년부터 3년까지 루카스 가르시아(Lucas García)에서 리오스 몬트(José Efraín Ríos Montt)로 이어지는 군부집권 기간 동안 대대적 학살과 인권침해가 발생하였다. 과테말라 내전 1960년부터 1996년의 기간 중 극렬했던 시기는 1978년부터 1983년까지이다. 과테말라 내전 초기 15년(1960~1975년)의 대규모 학살은 주로 무장 게릴라가 활동하

던 동부지방에서 농민이나 라디노[96]들을 대상으로 발생하였다. 그러나 1978
년경부터 반란 진압을 목적으로 고원지대 위치한 마야 원주민 공동체를 대
상으로 민간인 학살의 95%가 자행되었다. 과테말라 역사진실규명위원회
(CEH) 최종보고서에 의하면 626개 공동체에서 20만 명 이상의 주민들의 학
살되거나 실종되었다. 가해자의 94%는 정부군이었다. 특히 수많은 마야 원
주민이 희생되었다.[97]

냉전해체라는 국제정세의 변화에 따라 1996년 내전을 종식하는 평화협
정이 체결되었다. 1997년, 과테말라 역사진실규명위원회가 설립되었고 독
일인이 위원장이 되어 1999년 2월, 20만 명 이상의 민간인이 학살되었음
이 밝혀졌다. 책임의 93%가 정부에 있음을 공식화한 최종보고서를 정부
와 반군게릴라 그리고 유엔에 제출하였다. 그러나 가해자들의 실명을 밝히
지 못했고 마야 원주민 등 피해자에 관한 실질적 배상조치는 진행되지 못했
다. 현재까지도 유해발굴기관인 FAFG(Fundación de Antropología Forense de
Guatemala)를 중심으로 마야원주민 학살지를 배경으로 한 유해발굴을 꾸준
히 진행 중에 있다.[98]

이에 대응하는 과테말라 시민사회의 과거청산 활동을 살펴보자. 과테말
라 국민들은 과거청산이 생략된 민주주의 발전은 상상할 수 없다고 생각한
다. 과테말라 사례는 많은 국가들이 과거청산 과정에서 어느 정도의 시간이
경과한 후부터 '기념 및 화해 위령사업'이라 불리는 다소 방어적 입장을 취
하는 것에 비교하면 상당히 원칙적이고 강경한 입장을 고수하는 것이다. 아
르헨티나의 EAAF(Equipo Argentino de Antropologia Forense, 법의학 인류학팀)
는 1991년 과테말라 유해 발굴을 지원하면서 과테말라에도 EAFG(Equipo
de Antropologia Forense de Guatemala, 과테말라 법의학 인류학팀)가 창설되되었
고 상술하였듯이 FAFG라는 재단으로 확대되었다. 2012년 2월 현재 5,810

구의 유해를 발굴 보관하고 있다. ECAP(Equipo de Estudios Comunitarios y Acción Psicosocial, 사회심리행동과 공동체연구 그룹)는 민간인 피학살자 유해발굴이 본격화되던 1990년대 중반에 창설되어 유족들의 사회심리적 치유에 중심역할을 맡고 있다. 가해자 처벌을 위한 단체는 GAM과 FAMDEGUA가 있다.[99] 학살 책임자 처벌을 위한 법적 투쟁은 지금까지 이어지고 있다. 원주민 인권의 신장의 측면에서, 마야 원주민 문제는 CALDH(Centro para la Acción Legal en Derechos Humanos)에서 전담하고 있다. 과테말라 내 보편적 인권을 보호하고 역사에 대한 기념화를 시도하며, 어떤 형식의 인간차별을 부정한다. 원주민을 현실 사회체계 내에 적극적으로 참여시키는 역할도 담당한다. 하지만 원주민들은 대규모 학살 트라우마로 인해 법정 증언 등 적극적인 활동을 꺼려하는 상황이다.[100] 이는 비단 과테말라 원주민들 뿐 아니라 어느 제노사이드를 경험한 피해자들에게서 나타나는 보편적인 현상이다. 제노사이드의 재발을 막기 위해 시민사회단체들은 다문화의 공존을 주장하고 있다. 과테말라의 수많은 시민세력은 과거청산을 매개로 법정투쟁 등 민주주의의 질적인 개선을 요구하며, 시일이 지나도 방어적 입장이 아닌 타 국가에 비해 원칙적이고 강경한 입장을 고수한다는 특징이 있다. 그리고 화해를 위한 대상을 찾기 위해서 처벌이 필요하다고 말한다.[101]

정리하자면, 과거 과테말라 갈등의 본질은 이념적, 인종차별적이었고, 국제흐름과 함께 평화협상으로 종식되었다. 국가문화는 라틴계와 마야원주민의 후손인 토착민으로 구성되어 있으며, 서구법 적용의 취약성은 사법재판이 아닌 사면적 과거청산으로 귀결되어 재차 한계를 드러냈다. 갈등기간은 30년, 그 종식까지 걸린 시간은 12년이며, 정치권의 과거사 청산의 이행의지는 없는 것으로 평가된다.[102] 그러나 국제적 개입과 진실화해위원회와 제반 시민단체의 설립과 활동으로 상대적으로 적극적인 미완의 과거사 청산 작업이 진행 중에 있다.

## 엘살바도르의 과거청산

엘살바도르에서는 1970년대 후반부터 군사정권에 대항하기 위한 무장 투쟁 운동이 확산되면서, 1980년 민족해방전선(Frente Farabundo Martí para la Liberación Nacional: FMLN, 이하 'FMLN'로 지칭)이라는 무장 연합반군단체가 결성되었다. 1980년부터 1992년까지 12년간 내전을 치르는 동안 수많은 민간인이 희생되었다. 중미 지역의 냉전 도미노 현상을 막기 위한 미국의 엘살바도르에 대한 군사원조가 민간인의 피해를 키웠다. 특히, 엘살바도르의 엘모소떼(El Mozote) 학살사건은 중남미 국가 최대의 민간인 초토화 학살이라는 점에서 큰 의미를 가진다. 이는 납치, 감금되어 학살하는 실종자적 견지의 학살과 차이가 있으며, 개인의 희생 뿐 아니라 공동체 인접 지역의 총체적 문화까지 말살시키는 결과를 초래한다. 엘모소떼 학살은 동서냉전 구조가 어떤 형태로 공동체에 악영향을 미쳤는지 보여주는 사례이자 대중미 외교정책이 가져다준 최초, 최악의 사례라고 할 수 있다.[103]

엘살바도르는 중미시장의 풍부한 농업자원과 1979년 니카라과 산디니스따(Sandinista) 혁명 성공의 도미노 현상을 우려한 미국의 적극적 개입으로 미소 냉전의 대리전 양상을 띠게 되었다. 소련 패망 이후, 소련으로부터 군사원조를 받던 FMLN과 미국으로 군사원조를 받던 엘살바도르 정부에 대한 지원과 관심이 축소되었다. 이런 상황에서 FMLN과 엘살바도르 정부의 출구전략으로 평화협정을 체결하여 과거청산을 진행하기로 하였다. 이처럼 엘살바도르는 과테말라의 과거청산과 같이 이행시점이 명확히 존재하지 않는다는 특징이 있다. 특별한 사회정치적 변화나 권력 구조의 이탈이 없는 가운데 발생. 내부요인보다는 냉전종식이라는 외부요인에 의해 시작되었다고 보고

있다.[104]

엘살바도르의 진실위원회는 1992년 7월 출범하였다. 8개월간 20여 명의 조사관이 인권유린 및 학살 관련 폭력을 조사한 결과, 12년간 75,000명의 민간인이 희생되고 40만 명의 난민이 발생하였음이 드러났다. 진실위원회는 폭력사건의 재발방지를 위한 법적, 정치적, 행정적 권고 권한을 부여받았으나 군부와 기득권 층의 방해로, 1993년 대사면법 제정으로 가해차 처벌의 기회가 사라졌다.[105] 엘살바도르 사법구조의 핵심인물이 가해자들이었다. 결국 FMLN과 엘살바도르 정부 간, 깊은 불신을 상쇄할 수 있도록 평화협정에 명확한 이행시점을 명기한 것은 비록 이행기를 통해 구현된 것은 아니지만 이행기의 내외부적 냉전종결이라는 정치적 환경을 조성하고자 했던 의도를 반영했다고 사료된다.[106]

엘살바도르의 과거사 청산은 칠레와 과테말라에 비해 다소 소극적인 측면을 가진다. 먼저 엘살바도르 정부는 최종보고서에 가해자들의 이름을 삭제하기 위해 맹렬한 외교활동을 벌였으나, 엄청난 압력에도 진실위원회는 확실한 증거를 가지고 보고서에 40명 이상의 가해자들을 밝혔는데 주로 엘살바도르 군대의 고위 장성이었다.[107] 이는 되려 사회적 논란을 가중시키는 부작용을 수반하기도 했다. 한편, 세계적으로 뒤늦게 조명받았던 엘모소떼 학살사건과 관련, 희생자 넋을 기리는 것을 포함한 위령과 기념사업은 과테말라 과거사 청산의 상징이 되었다. 유해발굴의 실행은 단순히 죽은 자의 시체를 땅속에서 수습하는 데 의미가 있는 것이 아니라 발굴된 대상들이 향후 어떤 추가적 기념행위를 양산하며 해당사회의 정치문화에 미치는 영향까지 고려한 행위이다. 1992년 12월 모라산 주 알람바라에서 학살 피해자들을 위한 위령행사가 진행되었고, 인권단체의 요구로 1994년 12월 마을 인근에 재매장되었다. 2000년대 이후 엘모소떼 유해발굴은 재개되어 139

구의 유해를 새로 수습하였다.[108] 배상의 측면에서 엘살바도르 진실위원회 보고서 역시 특수기금을 마련해 '법적, 행정적 권한을 가진 독립적인 기관이 기금을 운영하면서 가능한 한 빠른 시일 내 폭력 피해자들에게 적합한 물질적 보상 할 것'을 권고했으나 정부나 국제사회는 이 제안을 반기지 않았고 기금 마련은 물론 더 이상의 논의도 없었다.[109]

이렇듯 엘살바도르의 과거청산은 냉전종식이라는 대외적 요인과 내전종식이라는 대내적 필요에 의해 이행시점이 명확치 않은 상황에서 상호 합의에 의해 진행되었다는 특징을 지닌다. 과거사 청산은 12년 내전을 종식하는 결과를 가져왔지만, 제도나 법령의 개혁이나 피해자에 대한 배보상, 중대 폭력행위자에 대한 사법처리 등이 대거 생략된 형식적 논의에 그치고 말았다. 다만 엘살바도르의 형식적 과거청산 이후 2014년 FMLN 이 대선에서 승리했음에도 사회적 동요가 없음은 주목할 만하다. 결과적으로 사회의 발전과 안정화를 이룰 수 있었기에, 과거청산이 국론을 분열시키고 사실상 가해자 처벌도 어려운 것이 아니냐는 회의론에 힘이 실리는 단면이기도 하다.

## 세 국가의 과거청산 사례 비교

중남미 세 국가는 제2차 세계대전 이후 한국과의 사례에서 군사독재 또는 권위주의 정권의 경험이 있다는 것과 미소 냉전의 역사로 비롯된 이념 또는 인종적 측면에서 대량 학살의 역사를 지니고 있다는 공통점을 지닌다. 또한 모두 진실위원회가 발족되어 가동된 바 있다. 한국 진실위의 진행 과정에서 칠레와의 업무제휴를 비롯한 남미국가에서 적지 않은 사례연구를 수행했던 점도 이러한 점에 기인한다. 따라서 정부 또는 시민사회 영역에서 꾸준히 과거를 잊지 않고 기억하며 현재의 정치로 재해석해가고자 하는 측면에서 중남미 국가에서 진행되어 왔던 과거사 청산의 과정을 주목할 필요가 있다.

〈표 6〉 라틴아메리카 3개국 과거청산의 일반적 개요

| | 재판 | 진실위원회 | 사면 | 배상 | 과거청산 프로세스 |
|---|---|---|---|---|---|
| 칠레 | 군사독재 핵심 가해자에 대한 사법처벌 시도가 있었으나 원활히 진행안됨 | 진실위원회(1,2기: 군사독재 이후 민선정부에서 출발) 후속재단 설립 | 1978년 피노체트 정권이 만든 '사면법'이 아직 유효 | 아일윈에 의해 배상법 통과. 2009년 11월 '인권과 배상을 위한 재단' 설립법률 통과 | 진행형 (정부) |
| 과테말라 | 2000년대 이후 가해자에 대한 사법재판이 계속 증가 | 진실위원회 | 과테말라의회 1996년 12월부터 주요 내전기간 가해자 위한 특별사면법을 제정 | 배상기구가 있으나 거의 활동하지 않음 | 진행형 (시민사회) |
| 엘살바도르 | 소수의 인권침해 가해자만이 국내에서 처벌 | 진실위원회 | 최종보고서 발표 5일 후 의회에서 '사면법' 통과 | 이행되지 않음 | 진행형 (시민사회) |

〈표 7〉 라틴아메리카 3개국 주요 과거사 청산 이행시점

| | 주요 이행시점 | 과거청산의 목적 |
|---|---|---|
| 칠레 | 피노체트정권 → 1990년 민선 아일윈 정부 집권 | 피노체트 정권 당시 행불자 및 인권유린 사태 조사, 재발방지 및 피해자 배보상, 진실화해국가위원회 구성 |
| 과테말라 | 명확한 이행시점 없음(내전을 종식하기 위한 과정) | 내전종식, 34년 내전 기간 동안 정부군과 반군 사이에서 발생한 인권침해 및 학살 사건들을 조사 |
| 엘살바도르 | 명확한 이행시점 없음(내전을 종식하기 위한 과정, 여당인 ARENA의 계속적 집권) | 내전종식, 게릴라(FMLN)의 사회복귀, 1980년부터 1991년까지 12년 내전 기간 동안 발생한 행불자 및 인권 유린 사태 조사 |

〈표 6〉, 〈표 7〉을 보면 먼저 칠레가 정부차원에서 가장 적극적인 과거청산 프로세스를 가동하고 있음을 알 수 있다. 이행기 시점은 피노체트에서 민선정부로 넘어오는 과정으로 명확하며, 출범 이후 아일윈에 의해 재판이나 사면보다는 상대적으로 배·보상 문제에 집중하는 것으로 보인다. 피노체

트의 독재과정에서의 경제발전상은 한국의 박정희 정권 당시의 개발독재 시절과 매우 유사하다.[110] 배상법과 재단설립법이 통과되어 현재까지 진행 중에 있다. 과테말라는 내전을 종식하기 위한 과거청산으로 이행기 시점은 명확치 않다. 1996년 과테말라의회에서 내전기간 가해자를 위한 특별사면법이 제정되었음에도 불구하고 2000년대 이후 가해자에 대한 사법재판이 증가되고 있음은 시민사회 주도임에도 불구하고 과거청산 프로세스가 꾸준히 사회적 주목을 받고 있음을 시사한다. 시민사회 차원에서 34년 내전 기간 동안 정부군과 반군 사이에서 발생한 인권침해 및 학살 사건들을 지속적으로 조사하는 부분도 인상적인 대목이다. 엘살바도르 역시 과테말라와 마찬가지로 내전 종식형 과거 청산에 해당한다. 가해자 사면법이 통과되었음에도 소수이긴 하나 가해자 처벌이 진행되었다. 세 국가 중 가장 취약한 배상 문제를 안고 있으나 과거청산을 계기로 FMLN 12년간 내전기간에 발생한 행방불명자와 인권 유린 사태에 대한 조사가 진행 중에 있다.

특히 과테말라와 엘살바도르 사례는 가해자 처벌이 미흡했음에도 과거청산을 국가의 미래 발전전략으로 기능할 수 있다는 점에서 반목과 대립의 열쇠로 비춰지기도 한다. 또한 시민사회가 주도해서 과거청산을 끌고 갈 수 있다는 점은 과거사가 과거의 일이 아니라 개혁과 민주주의 발전을 위한 가장 강력한 현실 정치 수단일 수 있음을 말해 주고 있다.[111]

## 중남미의 진실위원회 사례가 한국에 주는 시사점

여기서는 앞서 살펴본 문헌연구의 보완적 측면에서 남미 과거사 청산관련 현지 조사와 한국 진실위에서 조사활동을 진행한 바 있는 연구자와의 인터뷰를 통하여 중남미 사례에서 한국의 사정에 맞게 적용할 수 있는 시사점을 도출해 보고자 한다.

## 중남미의 공동체 의식과 침투효과(invasion effect)

라틴아메리카 사례에서 느낄 수 있는 것은 비슷한 시기 미소 냉전의 대리전 양상을 경험한 국가들이 인접해 있고, 인접 국가의 사례가 상호간 영향을 줄 수 있는 이른바 침습 또는 유행(invasion) 효과가 있다는 것이다. 이것은 구체적으로 50년 가까이 미국의 영향권 하에서 축적된 공통의 유산으로, 남미 국가들 간 국가라는 민족주의 개념보다는 광범위하게 공유되고 있는 공동체 의식에서 기인하는 부분이 있는 것으로 보인다.[112]

라틴아메리카 사례에서 느낀 것은 이 지역에서 지속적으로 과거사청산을 하는 힘의 원천은 어디서 나올까 하는 부분이다. 냉전 시기에 라틴아메리카는 미국에 의해 50년 동안 시달린 부분에서 기인하는 집단성일 수 있다. 예를 들면, 라틴아메리카의 초국가적 테러리즘을 들 수 있다. 칠레에서 범죄를 일으키면 콜롬비아, 베네수엘라에 가서 처벌받는 집단 문화가 국가적 개념보다 팽배해 있다. 해결방식도 한나라에서 일어나면 유행처럼 다른 나라에서 따라한다. 비슷한 일들이 너무 많기 때문에...[113]

이러한 측면에서 한국은 아시아에서도 선도적으로 과거사 청산을 실시한 사례로 평가받으나 인접국과의 공조는 요원하고 오히려 인접국이 분단구조 형성에 좋지 않은 영향을 끼쳤기 때문에 침습(invasion) 효과[114]를 기대하기에 어려움이 따르는 것이 현실이다.

## 상징적 과거청산을 통한 현실정치

앞서 살펴본 침습(invasion) 효과는 미·소 냉전 구조의 와해 이후 남미 국가들 간 새로운 정체성 구축을 위한 전략과 상징의 필요성을 절감한 이행기 정치로서의 과거사 청산과 관련이 있다. 이는 필요에 의해 결합된 사회적 문화 또는 정치적 문화로 해석될 수 있다. 그 다음이 과거사 청산의 본질적 측면에 관한 접근이었다. 과거사 청산이 과거가 아닌 현재를 다룬다는 차원에서, 라틴아메리카의 독특한 정치적 특성으로 유행처럼 퍼진 이른바 '뼈를 통한 정치'는 현재 진행형이다. 과거를 통한 현실정치는 현재 일어나고 있는 현상의 연결고리가 과거에 있다는 것을 의미한다는 점에서 한국사회에 시사하는 바가 적지 않다.

남미는 진실위원회가 없었던 곳이 없고 지금까지 계속되고 있다. 칠레 살바도르 아옌데(1908~1973)의 2011년 부검, 저항시인 파블로 네루다(1904~1973)의 2013년 부검, 브라질 고울라르 전직대통령(1919~1976)의 2013년 부검, 2006년 차베스가 시몬 볼리바르(라틴아메리카 독립혁명의 아버지) 유해발굴을 통한 내셔널리즘 강화를 보면, 70년대 일어났던 사건들에 관한 뼈를 통한 정치로 전세계적 이슈가 되었다. 자신들의 정체성을 만들기 위한 노력한 것이다. 엘살바도르 사람들만 게릴라 활동을 한 것이 아니라 멕시코 사람들도 100여 명이 와서 많이 죽었다. 그 유해를 발굴하는 사람들도 있다. 라틴아메리카는 무 자르듯 과거와의 단절을 하는 것이 아니라 끊임없이 건드리면서 현재의 것을 고치고, 부활시킨다. 칠레 사람들의 공적, 사적 기억이 7% 이상 성장세를 보였던 피노체트 이전의 아옌데를 기억한다는 것에 반해 결과적으로 한국의 노무현 정권의 과거 청산 시도는 국민들을 설득하지 못했고 기성세대에게 박정희에 관한 정서가 지속적으로 등장한다는 점에서 대조가 된다.[115]

## 시스템 상의 과거청산과 사회적 합의

규모와 시스템 측면에서 남미의 사례는 한국의 과거사 청산과정이 지속되는 것에 몇가지 의미를 일깨워준다. 즉 제도나 법률의 힘이 크지만 이는 그 결과가 비례하여 수반되는 것만은 아니며, 결국 과거청산의 필요성을 대중이 인지하고 느껴야 한다는 대목이다.

남미에서는 한국처럼 과거청산을 체계적으로 하지는 않았다. 한국은 조사기간 5년간 진실위 직원이 250명(조사관만 200명, 파견직, 별정공채직)이었다. 뿐만 아니라 제주 4.3사건 위원회, 의문사 진상규명 위원회, 친일반민족행위 진상규명위원회 직원만 150명 이상이었다. 라틴아메리카는 커미션 자체가 3~9명 정도의 위원들 중심이었다. 사무처 규모가 50명을 넘기는 곳은 없었다. 남미는 유엔 등 외국 기관들이 많이 들어왔다. 자국 내 부패 때문에 자국민이 위원장을 하는 것은 용인되기 어렵다. 그리고 3~4년 조사기관이 끝나면 사단법인이나 재단으로 이어져 유해발굴이나 추가진상조사, 법적 투쟁 등을 지속적으로 진행한다.[116]

이러한 면에서, 중남미 사례에 비추어 보았을 때 한국사회에서 냉전적 결과물로 탄생한 반공이데올로기의 산물인 '레드'라는 이념 갈등에 주목할 필요가 있다. 실제로는 그것이 갖는 의미 이상으로 우리사회에서 지역 간 세대 간에 어렵지 않은 피아식별의 수단으로 자리잡고 있는 것은 아닌지 돌아볼 필요가 있다. 최근 들어 확산되는 사회 내 혐오 발언들도 이와 무관하지 않다. 어느 사회나 과거청산을 완벽히 수행할 수는 없다.[117] 시간이 지나면 피해자의 인권이나 가해자 처벌보다 과거를 어떻게 기억할 것이냐의 비중이 커질 것이다. 여기에 필연적으로 수반되어야 하는 것이 과거에 대해 사회 구성원들의 기초적인 합의와 분위기 조성이다. 앞서 한국의 과거사 청산사례를 보면 과거청산의 이상적 목표와 실제 피해자들의 구체적 행동이 괴리된 현상을 확인할 수 있다. 당사자가 레드콤플렉스의 피해자였기 때문에 이것을 개선해야 한다고 말하는 게 아니라, 아버지가 '레드'가 아니었다는 것을 증명하기 위해 활동하고 있는 것이다. 과거청산과 관련된 향후 후속활동은 현실적으로 사면과 사법처리라는 결과로 귀결될 가능성이 크다.[118] 이러한 작업이 또 다른 사회적 갈등을 양산시키는 것을 최소화하기 위해 가해자의 범죄적 피해자의 인권침해 현상 이면의 냉전구도로부터 비롯된 본질적 측면을 공론화시키고 재조명할 필요가 있다.

한편으로 과거 청산에 관한 사회적 합의는 이러한 과정에 국제적 지원을 받기 용이한 환경을 제공하며, 유능한 재원들을 청산과정으로 유도하는 순기능적 측면도 있다.

> 미국, 유럽에서는 재단을 통해 남미의 과거청산 지원을 꾸준히 하고 있다. 유럽기업에서 펀딩 형식으로 과거사청산 기관을 지원하는 부분은 한국과 대조적이다. 과테말라의 GAM은 보편적 인권으로 확대 (이주민, 여성, 장애인, 원주민 문제), FAMDEGUA(민간인 학살문제만 다룸)는 민간인 학살문제를 보편적 인권문제로 확대하느냐의 차이 때문에 갈라진 것이나 양 기관 모두 전문성을 겸비하며 지속적 활동을 하고 있다. 과테말라 엘리트들은 변호사를 하거나 시민단체로 간다. 강대국들의 (남미국가 지원에는 풍부한 자원 등) 다른 의도가 있을 가능성도 있으나, 남미는 한국과 달리, 과거사청산으로도 개척할 수 있는 시장이 된다.[119]

## 대안적 과거청산모델

2장과 3장에서의 내용을 바탕으로 우선 2021년 6월, 10년 만에 다시 출범한 2기 진실위의 기능과 권한에 대해 제언하고자 한다. 2기 진실위가 출범하기 전까지의 과정을 보면 개별 과거사 업무들은 행정안전부 과거사관련 업무지원단으로 통합 관리되어왔으나 사실상 행정처리에 국한되어 정책 생산 능력은 기대하기 어려운 실정이었다. 2013년 초 출범하여 2017년 6월 해산한 국민대통합위원회가 조직된 바 있으나, 연구용역이나 관련 행사 개최, 사회적 여론 수렴의 기능에 머물렀다. 현실적으로 보자면, 과거사 청산과 관련하여 재단법 제정과 유해발굴특별법 제정이 시급한 상황이다. 지속적인 조사와 보상이 중요한 과거사 청산임에도 현재 한국사회의 분위기로 전면적 재조사보다 정치적 부담이 덜한 체계적인 유해발굴 시스템 구축이 현실적이라는 평가이다. 새로 출범한 제2기 진실위는 3년간 총 328건의 과거사를 조사대상으로 삼고 있다. 2020년 5월 '기본법' 통과에 따른 결실이긴 하나, 팬데믹 상황 및 1기 대비 신청건수의 증가와 조사관 1인당 업무과중 문제로 진실 규명이 지연되는 상황을 맞이하고 있다. 규명된 진실의 권고 이행 방안도 법률적 주체를 명시하고 명확히 할 필요가 있다. 또한 사망, 상해, 실종 사건까지 조사 범위를 확장했다고는 하나 궁극적으로는 모든 형태의 권력 남용에 대한 조사권한을 보장해야 하고 조사대상이나 조사 시기 역시 위원회가 직권으로 결정할 수 있어야 한다. 위원회의 권한이 포괄적이고 융통적인 조건에서 보다 많은 진실을 밝힐 수 있었던 대표적인 사례가 엘살바도르의 경우이다.[120]

한편, 과거사 재단 설립시 그 외형은 중남미사례에서 보듯 칠레의 국가배상화해재단과 같이 '공익성을 지향하는 특수법인'의 형태가 바람직할 것으로 사료된다. 이 경우 포괄적 사업 추진에 필요한 재정의 안정성과 더불어 국가의 책임 이행과 과거사 정리의 효율성을 동시에 추구할 수 있는 장점이 있다. 현재 한국 사회에서 과거사 재단을 언급할 때 반드시 염두에 두어야 할 것은 과거사 재단의 설립이 과거청산의 종결이 아님을 분명히 할 필요성이 있다는 것과 과거청산 특별법과 같은 입법 활동에 상당한 시간이 소요될 것이라는 것이다. 만약 마땅한 과거청산의 컨트롤 타워가 없을 경우 이를 대신할 수 있는 기관으로서의 위상도 고려해야 한다.[121] 아울러 중남미의 특수법인 사례가 국내 사례에 어떤 식으로 적용될 수 있을지에 대한 학제간 접근과 사례 비교연구, 그리고 면밀한 법률적 검토 작업이 필요할 것이다.

## 남북통합과 북한 사례의 적용

다음으로 남북의 통합과정에서 예상되는 북한에 대한 과거사 청산 적용 가능성을 살펴보자. 분단 이후 38선 이북 지역에서 북한정권에 의해 주민들에게 자행된 범죄[122]에 대한 책임을 묻는 문제는 필연적으로 짚고 넘어가야 하는 문제임에 틀림이 없다. 물론 이와 같은 과정은 북한 내부의 변수로 촉발될 수도 있으나 기본적으로 남한주도의 흡수통일 이후의 사법적 청산의 가능성과 정권 차원의 사면을 전제로 한 합의형 통일의 가능성을 전제로 고려할 수 있을 것이다.[123]

우려되는 부분은 남북통합 과정에서 과거청산시 남한사회 내의 레드컴플렉스와 관련된 갈등 양상이 응보적 차원에서 북한사회에 적용되었을 경우이다. 피해대상의 광범위함과 가해행위의 불가피성 등 청산의 범주를 놓고 보다 중첩적이고 복잡한 형태의 사회적 갈등을 초래할 수 있다는 점이다. 남미사례에 비추어 보면, 상대적으로 지속성을 담보하는 데 상당한 제약이 뒤따랐던 남한의 과거사 청산 경험이 남북통합과정에서 타당성과 정당성을 기반으로 한 설득력 있는 기제로 작동할 수 있을 것인가에 대한 반문도 존재한다. 왜냐 하면 한국의 과거사 정리에 관한 국내 사법부의 반응으로 본다면, 기본적으로 인적정리를 배제하고 있으며, 법률적 처벌은 대부분 기능하기 어렵다고 볼 수 있기 때문이다.

또한 한국은 몇 차례 의미있는 판례에도 불구하고 현재까지 국가적 불법행위라 할지라도 5년이라는 소멸시효를 법률적으로 인정하고 있고 가해자들의 사생활을 법률적으로 보호하고 있다. 한국에서 과거사 정리는 가해자와 희생자 간의 화해보다는 '국민통합'을 전략적으로 추구해왔던 것도 사실이다. 각종의 과거사 정리와 관련된 법률에서 밝히고 있는 목적이 그것을 증명한다. 이는 프로세스의 측면에서 남아공의 진실위가 추구했던 진실말하기(truth-telling)처럼 목적이 명확한 것으로 사료되지 않으며 다소 과도기적 성격을 지닌다. 문제는 과거사의 실체가 드러난다 하더라도 가해자가 드러나지 않기 때문에 가해자와 희생자 간의 화해는 이루어질 수 없고, 단지 가해자를 대신하는 국가가 나서서 희생자들과 화해를 추구한다는 점이다. 화해의 주요한 방식은 명예회복과 경제적 배·보상이었다. 그렇지만 과거사는 과거의 갈등과 현실의 갈등이 서로 접합된 상태이다. 사회적 관계가 변화되지 않는 수준에서 볼 때, 과거의 갈등요인과 현실의 갈등요인은 서로 조응하고 있는 것이다.[124]

현실적으로 북한정권이 존재하는 한 북한헌법에 기초하여 북한 당국이 행사했던 국가폭력에 대한 청산 작업은 요원하다고 볼 수 있다. 북한에 관한 과거사 정리운동을 사회적 관계를 둘러싼 지배세력과 피지배세력 간의 투쟁으로 본다면 인민대중이 광범위하게 국가 과업을 수행해온 북한의 경우 기득권 지배세력의 과거를 구분해 내는 것과 사법적 개념의 형법으로 단죄를 가리는 작업은 녹록지 않을 것이다. 결과적으로 식민지 잔재 뿐 아니라 분단 이후 민간인에 행해진 권력기관의 여죄를 묻는 과정에 한계가 자명했던 남한의 과거청산 프로세스를, 남북통합과정과 북한의 과거사 청산과정에 타산지석으로 삼기 위해서라도 과거 국가폭력을 대상으로 한 진실위의 진상규명 활동과 후속작업에 대한 사회적 공론화와 합의는 긴요하다.

## 결론

지금까지 중남미 국가 사례와 한국 사례의 비교를 통하여 한국의 과거사 청산에 남겨진 과제에 대해 살펴보았다. 단편적으로나마 남한의 사례가 남북통합과정에 적절하고 유용하게 기능할 수 있는가에 대한 함의도 짚어

보았다. 향후 한국형 과거청산 모델은 현실적으로 사회갈등의 봉합 차원에서 가해자 처벌보다 유해발굴 또는 피해당사자 또는 유가족의 배·보상 문제나 위령사업에 초점이 맞춰질 가능성이 높다. 여러 차원의 과거사 청산과 관련한 법적 위원회가 존재하고 있으나, 이렇다 할 과거사청산의 컨트롤타워가 없다는 것은 여러 문제를 야기할 수 있다. 피해자 뿐 아니라 가해행위에 가담했던(가해자로 추정되는) 누군가는 변명하고 소명할 기회가 있어야하는데 이러한 역할은 민간 차원에서 소화하기에 일련의 한계가 따른다.

2005년부터 포괄적 과거청산 기구였던 1기 진실위가 약 5년 간 활동하였으나 사회기초적 합의의 부재 및 일련의 정치적 변화에 의해 석연치 않게 종료되었다. 살펴본 바와 같이 국민통합을 위해 새롭게 출범한 2기 진실위도 수요를 감당하기에는 파견 공무원 임기(1년) 논란 등 효율성에 대한 비판에서 자유롭지 못한 형편이다.[125] 지속적인 진실규명의 요청과 산적한 입법과제에 따라 정부는 장기적 안목에서 한시적 기구가 아닌 별도의 직제상 안정성이 담보된 기구를 설치하여 지속적으로 과거청산과 관련한 노력을 보여줄 필요가 있다고 사료된다.

중남미 국가의 과거사 청산방식은 과거를 과거로 남기는 것이 아니라, 그당시 피해자들의 기억을 끊임없이 재생하고 재조명하여 결과적으로 현재를 만들어 가는 과정임을 분명히 한다. 분단 구조 하의 한국사회에서 진실화해위원회는 그 상징성이 적지 않다. 또한 상징에 머무르지 않고 제도를 통해 과거사와 마주할 수 있는 기회를 제공했다. 그러나 이념적 대립과 사회적 갈등이 초래한 레드 콤플렉스의 벽을 뛰어넘기에는 역부족이었다. 합의된 사회적 코드는 법과 제도를 통해 생산되기보다 담론의 문화에서 생성되는 것이다. 과거청산의 핵심은 레드콤플렉스의 극복에 있다. 진실화해위원회 과거청산의 목적은 국가폭력의 피해자들이 정녕 레드가 아니라는 것을 보다 명백히 증명해야 했던 힘겨운 여정이었다. 이제 피해자들의 시선은 용서보다는 진실을 향하고 있다. 이 괴리들은 우리사회가 탈분단[126]이라는 사회적 목표에 동의할 때 비로소 해결될 수 있을 것이다.

향후 예상되는 남북통합과 통일시대에 마주하게 될 북한지역의 과거사 청산을 대비해서라도 경험적 척도가 될 남한사례에 대한 보완적 과제 이행이 필요하다. 통일은 상호 이익이 관철되는 통합적 견지에서 접근되어야 하나, 그 과정에서 제2, 제3의 사회갈등의 위험성 역시 내포하고 있다. 남한 주도의 통일이 되더라도 일방적 차원의 응보적 혹은 단죄적 방식보다는 북한 주민 스스로 과거사 청산을 준비할 수 있게 지원하는 것이 우리사회가 이미 경험했던 갈등을 최소화하는 방식이 될 것이다. 여러 미완의 과제를 남겨두었음에도 불구하고 중남미 국가들의 내전종식 차원에서의 과거청산과 같이, 남북 분단종식, 평화체제 구축으로서의 과거사 청산과 이를 위한 전략적 활용방안에 관한 논의도 후속 연구에서 다루어지기를 기대한다.

# 4장
## 파고 위의 인도주의 협력, 지속가능성의 모색[127]

　오늘날, 우리사회는 북한과의 관계를 규정함에 있어 국가로서의 '조선민주주의인민공화국'과 통일 지향의 '잠정적 특수관계'로서 '북측'에 적용되는 법률, 다시 말해 국가 간 통용되는 국제법과 민족내부 간 적용되는 남북관계 법령 간 충돌 현상을 여러 분야에서 목도하고 있다. 2년전 30주년을 맞이한 남북한 유엔 동시 가입은 두 체제를 국제법상 개별국가로 바라보는 근거가 되기도 하지만 대한민국 헌법 제3조는 북한을 우리영토로 적시하는 한편 제4조에서는 자유민주적 기본질서에 입각한 통일정책 추진을 명시함으로써 북한에 대한 이중적 지위와 규범적 영역에서의 과도성(過渡性)을 인정하고 있다.

　2009년 OECD DAC(개발협력위원회)에 가입한 한국은 북한을 대상으로 한 개발협력 사업에 있어서도 유사한 딜레마에 직면해있다. 한국은 개발도상국 대상 개발협력을 위해 2010년 『국제개발협력기본법』을 제정하였다. 그러나 우리정부의 대북 지원사업은 ODA 지원 방식을 따르지 않고 있다.

『남북교류협력에 관한 법률』을 준거로 한 『남북협력기금법』에 따라 조성된 재원을 통해 남북간 직접 지원 내지는 국제기구를 통한 간접 지원의 방식을 채택하고 있다. 그마저도 북한 핵실험의 고도화에 따라 국제사회의 대북제재도 엄격화·장기화되면서 대북 인도주의 지원은 일관성을 담보하기 어렵게 되었다.[128] 정치적 상황에 따라 남북 정상 간 합의 또는 교류협력 관계 법령 등에 대북 인도주의 협력에 관한 사항이 명시되어 있더라도 추진력을 잃고 사문화되는 경우가 빈번했음을 부정하기 어렵다.

　더욱이 북한 당국은 2020년 1월, COVID-19 팬데믹 상황에 따라 국경 봉쇄 조치를 단행하였고 2022년 8월 현재, 2년이 넘는 기간 동안 국가비상방역체계(2020.1.30)를 유지하고 있다. 최근에는 COVID-19 감염을 인정(2022.5.12)하면서 최대비상방역체계로의 이행을 선언하였다가[129] 해제(2022.8.13, 조선중앙통신)하기도 하였다. 이로 인한 북한 내수 시장의 침체는 취약계층의 식량 문제를 넘어 경제 전반에 부정적인 영향을 미칠 것이 자명하다. 최근 당중앙위원회 제8기 3차 전원회의에서 당국의 최중대정책 및 우선사업을 취약계층인 어린이 식료품 문제로 언급한 것[130]과 '조·중 우호조약' 60주년에 따른 양정상의 친서내용[131]은 제8차 당대회에서 제시한 '자주', '자력', '자강' 정신으로 대북제재 장기화 국면을 돌파하겠다는 기조에 의구심을 갖게 한다. 또한 UN 산하기구인 WFP(세계식량계획)의 발표에 따르면, 북한은 전체인구 중 40%가 취약계층으로 추정되며[132] 식량, 식수, 전기 사용 등의 자급자족 문제에 대한 열악함은 최근 북한 국가계획위원장 명의로 제출한 지속가능발전목표(SDGs)에 대한 자발적 국가보고서(VNR)를 통해서도 계량화된 수치로 확인되고 있다.[133] 반복되는 기근과 북한주민을 둘러싼 보건 환경의 취약성은 민족적 과업인 통일 이후 남북한 주민 통합과 경제 통합의 추진시 여러 분야에서 얘기치 못한 부작용을 초래할 수 있으므로, 반드시 우선순위로 개선되어야 하는 정책적 과제이기도 하다.

주목할 것은 개발협력 관련 북한 당국과 국제기구 간 전략 협약의 체결[134]과 사회권과 관련한 법제 개선 등의 제도적 여건이 점진적으로 개선되는 추세라는 점이다. 따라서 우리정부는 남북교류의 활성화 준비차원에서 법제협력을 준비할 필요가 있다. 우선적으로 『남북교류협력기금법』과 『북한인권법』 등에 파편화되어 있는 대북 지원 관련 법령의 제·개정을 통해 제도를 현행화함으로써 인도주의협력을 위한 국내적 근거를 마련하는 노력이 요구된다.

유엔 안전보장이사회(이하 '안보리') 결의안 및 미국의 독자 제재 라는 대외적 변수가 엄존하고 COVID-19 팬데믹 상황이 장기화되는 환경하에서도 남북한 인도주의 협력을 위해 우리정부 내 제도적 개선 방안을 고찰하는 것은 호혜적 상호협력의 차원에서 유의미하다. 북한의 광범위한 취약계층에 관한 남북 인도주의 협력은 다음의 세 가지 측면에서 검토되어야 함이 타당하다. 첫째, 남북한 경제공동체의 단계적 실현을 위한 선결과제라는 점, 둘째, 한국은 OECD DAC 회원국으로서 국제사회의 책임있는 공여국의 역할을 부여받고 있으며, 이는 북한에 있어서도 예외가 될 수 없다는 점, 셋째, 국제규범에 따라 인도주의 목적이 정치적 현안을 고려한 재량적 여지에 따라 훼손되지 않고, 일의적으로 지속성을 담보하기 위한 제도적 장치 마련이 시급하다는 점이다.

지속가능한 남북한 인도주의 협력을 위한 제도적 개선 방안을 모색하기 위해 본론에서는 먼저 시기별 정부의 대북 인도주의 지원에 대해 현황·평가·제재수단으로서의 문제를 세분화하여 비판적으로 고찰하고, 팬데믹 상황하 남북협력에 주는 시사점을 살펴보기로 한다. 그리고 국내 제도적 기반 검토를 위해 남북 간 합의 선언문[135] 및 국내 법령, 20대 국회 계류법안으로 구분, 법령별 인도주의 지원에 대한 내용, 방식 등이 명기된 조문에 대한 분석을 통해 제도 정비 및 대안적 법제화 방안을 제시하고자 한다.

## 대북 인도주의 지원에 관한 비판적 고찰

### 한국 정부의 대북 지원 현황

한국정부의 시기별 인도적 지원 현황을 보면, 김대중 정부시기, 2000년부터 본격화되어 노무현 정부 시기까지 활발하게 진행되었다. 민간지원액은 전반적으로 정부차원의 지원 기조에 비례하는 양상으로 확인된다. 시기별 특징적인 면은, 김영삼 정부 시기 북한 내 수해발생으로 대규모 긴급구호차원의 지원이 단행되었으나, 북한의 핵비확산조약(Nuclear Non-Proliferation Treaty: NPT) 탈퇴를 두고 북미간 첨예한 대립구조로 인해 인도적 지원 곡선은 낙차가 클 수밖에 없었다. 이후 김대중 정부 들어 '햇볕정책'의 기조 하에 민간 대북지원이 활성화되었으며, '포용정책'을 통해 화해협력 기조를 이어받은 노무현 정부에서 민간과 정부 차원의 지원은 양질의 성과를 거두게 되었다.

〈그림 5〉 한국정부의 대북 인도적 지원 현황(1995~2019)(단위: 억원)

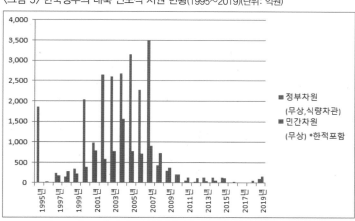

자료: 통일부 홈페이지 자료(19.12월)로부터 구성. https://www.unikorea.go.kr/unikorea/business/statistics(2020.6.9.).

특징적인 것은 〈그림 5〉 연도별 대북 인도적 지원 현황에서 나타나듯 2004년 민간 차원의 대북 지원액이 전년도 대비 두 배 가량 급증한 것이다. 이는 햇볕정책 추진에 따른 소위 '퍼주기' 논란에 대한 대응으로 민관 참여 방식의 '대북지원 정책 협의회' 구성 등 대북 지원의 체계화를 추진한 결과로 해석된다. 정부가 직접 지원하는 형식으로 식량과 비료지원을 주로 집행하지만, 민간단체는 매칭펀드(Matching Fund) 방식으로 기존의 취약계층의 보건 의료·영양 개선에 대한 사업 등을 확대한 것으로 평가된다.[136] 그러나 이명박 정부 시기, 2010년 천안함 사건에 기인한 5.24조치로 대북 지원사업은 위축·중단되었고, 동일 기조는 북한의 연속적인 핵실험 가운데 엄격한 상호주의를 표방한 박근혜 정부 시기, 정부 및 민간 대북지원의 침체로 이어졌다.[137]

통일부 자료에 따르면, 1995년부터 2021년까지 대북 인도적 지원 누계액은 총 3조 3천억 원을 웃도는 것으로 추산된다. 각 분야별로는 1990년대 대부분을 차지했던 일반구호의 비중이 2000년대 들어 30% 수준으로 감소한 반면 1990년대 1% 수준에 머물렀던 보건의료 분야의 지원 비중이 2000년대 이후 60%에 근접하는 수준으로 비약적으로 확대되었다. 정부 지원액은 선택과 집중의 집행방식을 통해 1995년부터 2015년까지 약 11년간, 약 1조 5,000억 원의 누계 액으로 추산되며, 민간은 지원분야별 다양성 측면에서 정부 지원에 대해 비교우위를 나타내고 있다.[138]

## 한국 정부의 대북 지원 평가

한국 정부에 있어서 수원국으로서의 북한이라는 대상은 여타 공여국과는 달리, 통일을 지향하는 잠정적 특수관계라는 성격을 지닌다. 그러나 북핵 문제가 불거진 최근 10여 년 간 북한의 개발협력 사업에 민족담론 중심의 구성주의보다는 현실주의적 시각으로 정치적 현안과 동일선상에 놓고 대응해 왔다. 북한의 군사적 도발 등 강경한 대남·대외노선이 지속되는 국면에서는 대북 개발협력 사업이 정치적 지지를 받기는 어려운 상황이 계속되었다. 북한 당국이 국제사회에 긴급구호를 요청[139]하였던 1995년부터 시작된 남한의 대북 인도적 지원은 2000년 남북정상회담을 계기로 점차 증가하기 시작하여 2007년 노무현 정부 시절 정점을 찍었다. 해당 기간, 대북 긴급구호·일반구호 분야에 다양한 민간단체가 참여했던 것은 고무적인 일이었다.

그러나 국제적 차원 및 우리정부 차원의 대북 경제제재는 사업 추진을 저해하는 요인이 되었던 것으로 평가할 수 있다. 유엔 안보리 제재는 미국 차원에서 주도되었으나 예외조항으로서 인도주의 지원에 대한 제도적 공간을 남겨두고 있는 것에 비해 남북관계의 갈등관계 하, 인도주의 사업의 범주까지 아우르는 강력한 독자 제재를 시행한 바도 있다. 현재 남북한 간의 대북 지원 사업이 침체 기로에 들어선 것은 북미 간 쟁점이 되어왔던 북핵 문제라는 대외적 변수요인도 상존하나, 2010년, '천안함 사건'에 따른 후속조치로 '5·24 대북제재 조치'를 시행하면서 본격화되었음이 주지의 사실이다.[140] 해당 조치의 여파로 북한을 상대로 한 인도주의 협력사업은 상당수준 축소되거나 중단되었다. 취약계층(5세미만 영유아, 임산부 등)을 대상으로 하는 인도주의 지원사업도 예외는 아니었고 국내 NGO·지자체를 중심으로 추진되었던 농업 중심의 남북협력사업 역시 정부 지원금의 집행 보류에 따라 형해화되었다. 북한 핵개발의 고도화는 이런 정책기조를 연장시키는 결과를 초래했다.[141] 한국 정부는 북한의 핵실험(4차, 5차)이 연쇄적으로 일어났던 2016년 당시, 국내 인도적 지원 기관을 대상으로 북한주민접촉의 신청 철회를 요구한 바 있다. 인도주의 협력의 속도조절은 대북제재의 효과성을 담보하면서 국제사회의 공동현안에 대한 전략적 지위를 공고히 하기 위한 수단

중 하나로 평가받기도 하는데, 북유럽 국가 일부를 제외한 유엔 안보리 제재 이행국의 상당수가 유사한 경향을 나타낸 바 있다.

북한 역시 한국정부의 대북지원 및 교류협력 제안을 국내 취약계층의 복지여건 개선이라는 1차 목표를 넘어 체제생존이라는 대외 전략적 견지에서 접근해왔다. 북미간 협상 교착국면에서 대외전략의 추를 남측으로 이동, 남북간 인도적 교류협력사업을 통해 위기 국면을 극복하려 했던 사례 등 역내 남·북·미 역학구도가 대북지원사업에 주요변수로 기능해왔다고 평가된다.[142]

## 제재수단으로서 대북 지원의 문제

유엔 안보리 산하 1718위원회(대북제재위원회)는 각 국가로부터 대북 제재 결의안별로 제재 이행 사항을 수렴하고 추가 제재품목을 선정하는 한편, 각국의 대북 제재 면제 요청을 승인하는 역할도 수행한다. 남북한 간의 인도주의 협력이라 하더라도 유엔의 대북제재 이행과 북미간 비핵화 프로세스라는 두 가지 메커니즘을 통과해야 하는 대외적 환경과 마주하고 있는 것이다.

〈그림 6〉 UN안보리 대북제재 이행보고서 제출국 현황 　　　　　(단위: 국가수)

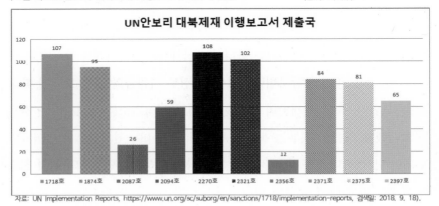

자료: UN Implementation Reports, https://www.un.org/sc/suborg/en/sanctions/1718/implementation-reports, 검색일: 2018. 9. 18).

\* 자료: UN Implementation Reports,[143]

따라서 국내 대북 인도주의 사업의 과제는 정치적 상황과의 거리두기, 즉 독립성의 확보가 될 것이다. 사업의 일관성을 담보하기 어렵다는 것은 남북한 상호간 신뢰의 문제로 비화되기 마련이다. 사업 추진방식에 대한 북한의 수용성에 문제를 야기할 수 있으며, 모니터링에 대한 협조를 득하는 데에도 지장을 초래할 우려가 있다. 한국의 일부 대북지원 단체들은 민간 영역의 인도주의 사업에 정부가 승인의 형태를 통해 직간접적으로 개입해 왔던 과거에 대해 내재된 불만이 있는 것도 사실이다. 2016년 6월, 국내 54개 대북 인도지원 단체들로 구성된 대북협력민간단체협의회는 인도주의를 기초로 한 대북 지원과 북한 주민 접촉을 허용해 줄 것을 정부에 촉구하였다. 그러나 정부는 인도주의 필요성과 원칙을 부인하지 않으면서도 "현재는 국제사회와 함께 대북제재에 집중할 때"라는 원칙을 고수한 바 있다.[144] 한미 양국에 법인을 두고 있는 '유진벨재단'의 경우, 지난 박근혜 정부 시기 북한 내 결핵환자의 사망 증대에 대해 정치적인 사안으로 인해 지원 대상 계층에서 발생하는 직접적인 피해를 예방해야 함을 주장한 바 있다.[145]

2017년 5월 10일, 한반도 번영과 평화를 기치로 출범했던 지난 문재인 정부 또한 국제사회의 대북제재의 엄존하는 현실 속에서 인도주의 협력사업을 모색한 바 있다. 2017년 9월 21일, 남북교류협력추진협의회(이하 '교추협')를 통해 세계식량계획(WFP)과 유니세프를 창구로 800만 달러(약 89억 5600만원)를 북한에 지원하기로 의결하면서 주목을 받았으나 집행시한을 넘겨 재의결이 요구되는 상황이었다. 이에 2018년 9월, 방한한 WFP 평양사무소장은 한국을 WFP의 주요 협력국으로 꼽으며 북한 심각한 가뭄과 폭염, 홍수로 인한 식량난은 인도적 지원 대상이나, 제재와 연계시 취약계층에 대한 지속적인 도움에 장애가 됨을 호소하면서, 한국 정부의 WFP 북한 영양지원사업에 대한 신속한 집행[146]을 요청하였다.[147] 우리정부가 재차 교추협

심의를 진행한 끝에 실제 집행이 이루어진 것은 21개월 가량이 지난 후인 2019년 6월 11일이었다. 한편, 2017년 12월 1일, 농림축산식품부가 제출한 식량원조협약(Food Assistance Convention, FAC)에 대한 가입 동의안이 국회에서 가결되었으나, 부대의견으로 북한을 제외한다는 단서가 붙인 것이 외교통일위원회에서 지적된 바 있다.[148] 북한의 WMD 실험에 따른 국내외 여론과 한미워킹그룹을 통한 동맹국간 의제조율 및 국제사회의 대북제재 상황을 고려해야 했던 정부의 중층적 고민을 읽을 수 있는 사례이다.[149]

### 팬데믹 상황을 고려한 인도주의 협력

지속가능한 한반도를 위한 남북한의 협력의 중요성은 날로 증대되고 있다. 북한에 대한 개발협력적 접근도 궁극적으로는 남북한 경제통합을 위한 북한의 지속가능발전과 호혜적 협력의 차원에서 국민적 공감대 형성이 전제가 되어야 한다. 그러나 국제사회의 대북제재로 인하여 북한 당국이 협약에 준하는 절차를 통해 발효된 '제3차 유엔전략계획' 또한 개괄적인 성과를 거두지 못하고 종료된 채 2022년을 맞이하였다. 해당 계획은 지속가능발전목표(SDGs) 달성을 위한 노력으로 간주되며 북한은 내각기구인 국가계획위원회를 통해 중대과제로 인식하고 대응하는 내용을 담고 있다. 시급한 과제는 인도주의 협력을 통한 북한의 빈곤, 기아 종식을 지원하는 일이다. 국제사회의 대북제재 하에서 추진 가능한 SDGs 협력방안을 모색해야 한다. 대북제재 및 팬데믹 기조 아래서 의료인, 민간단체 관계자 등 인적 왕래가 어렵다면 물적 수단을 통한 교류협력의 활성화 방안을 찾을 필요가 있다.

<표 8> 대북제재 면제 승인사업

| 도 | 지원사업 | 지원주체 |
|---|---|---|
| 황해북도 | 보건, 영양, 식량안보 등 다분야 | 조선의그리스도인벗들, TGF 등 |
| 황해남도 | 영양 | PUI(프랑스) |
| 함경북도 | 보건 및 장애인 지원 | 국경없는의사회, 핸디캡인터내셔널 |

자료: 남화순, UN 대북제재 현황과 면제신청, 〈북한 보건의료, 개발협력 전망과 과제〉 자료집 3 남북교류협력지원협회, 한국국제보건의료재단, 2020.5.22. 37쪽.

한편, 국제사회의 UN 대북제재 가이드라인(18.8.6) 설정 이후 각국의 기관별 대북지원 관련 제재면제 승인 건수는 2020년 5월 현재 총 58건에 달한다. 고무적인 것은 면제 승인 소요기간이 2019년 대비 28% 가량 단축되었다는 점이다. 면제 신청 지원분야를 보면, 이 가운데 보건의료, WASH(식수위생), 영양 분야 면제 승인 비율은 무려 77%에 달한다. 북한의 지속가능 발전을 달성하기 위한 분야별 협력은 미흡한 상황이나 SDG 1, 2, 3 관련 북한의 수요를 기반으로 한 협력의 시급성은 확인되고 있는 셈이다. 승인 건수로 보면, 일반구호 1건, WASH·식량 1건, 장애인지원 2건, 기타 3건(상주사무소 차량, 모니터링 장비 지원 등), 식량안보 4건, 영양 9건, WASH 9건 그리고 보건사업을 위한 신청이 23건이다. UN 대북제재 면제 승인시 신청채널은 정부를 통한 면제신청이 보편적이나, 미국의 NGO들은 예외적으로 국제기구의 가이드라인에 따라 직접 신청을 통해 면제를 획득하고 있다. 주목할 만한 것은 회원국가 승인 비율(58%)로 가장 높다는 것인데 미국(32%), 스위스(10%), 프랑스(23%), 캐나다(7%), 아일랜드(10%), 이탈리아(6%), 독일(6%), 한국(3%) 순이다. 주요 지원지역은 평안남도(8%), 양강도(8%) 황해도(남 17%, 북 24%)도, 함경북도(12%) 강원도(8%) 등 주로 재난피해지역이 해당한다. 2018년 황해도는 산사태 및 홍수 피해를, 평안남도와 강원도는 태풍 '솔릭(Soulik)'의 피해를 입은 바 있다.[150]

우리 사회는 남북관계의 특수성에 기인하여 지속성을 담보하기 어려운 환경하에서 임시적이고 전략적인, 때로는 정치적 관계에 따라 남북교류협력을 추진해 왔음이 주지의 사실이다. 이는 북한도 예외는 아닐 것이다. 지금까지의 교류 행태로는 인구집단의 건강 향상 등 북한의 수요를 고려한 양질의 변화를 유도하기 어려운 실정이다. 장기적인 안목으로 국제사회(평양 상주 기관, 북한 수교 국가 등)와의 공조 및 역할 분담이 바람직할 것이다. 특히 기아 문제와 관련, 북한 내 취약계층에 대한 지원 시 현대 보건학적 원칙에 맞는 지원, 교류협력으로 발전될 필요가 있다.[151]

또한 남북 교류협력을 추진 시, 빈곤, 기아의 종식이라는 SDGs의 기본 현안은 물론, 생물다양성 등 전지구적 환경 변수가 미치는 영향까지 고려할 필요가 있다. 이제는 생태계 보존 및 기후변화로 인한 재난재해, 감염병의 대유행에 기인한 북한 내 빈곤의 답습과 기아의 재현은 지원이 아닌 공생을 위한 협력의 차원에서 남북이 직면한 공동의 도전과제로 수용되어야 한다. 특히 2020년 들어 UN 대북제재 면제 승인(2020.5.7 기준)된 총 10건 중 40%가 INGO 중심의 COVID-19 관련 지원 물품이라는 점은 현재와 미래의 팬데믹 환경하에서 한반도 생명·안전 공동체 구축을 위한 남북 보건의료협력의 중요성을 시사한다. 과거 인도주의 현안 등 남북교류협력이 일시적이나마 지속될 때 일상의 평화와 남북 상호간 신뢰를 도모할 수 있었다. 특히 남북 보건의료 협력의 경우 이미 상호 협의를 통해 사업을 추진했던 사례들과 전통을 갖고 있다.[152]

2018년 9월 19일 남북정상 간 발표한 평양공동선언의 제2조 4항에서 '남북은 전염성 질병의 유입 및 확산 방지를 위한 긴급조치를 비롯하여 방역 및 보건·의료 분야의 협력 강화'에 합의한 바 있다. 지속가능한 한반도 구현을 위해 북한의 취약계층의 기아와 빈곤 문제 개선을 위한 남북한 간의 작은 협업이 긴요한 시점이다. 각 국가마다 팬데믹을 대처하는 상황은 차이를 보이지만 각종 변이 바이러스의 등장으로 일상의 완전한 회복에는 여전히 물음표가 따른다. 무엇보다 우리의 감염병 팬데믹 통제 경험과 과거 남북 보건의료협력 사례를 기반으로 한 지속가능한 교류협력에 대한 관심과 행동이 긴요한 시점이다. '더 나은 한반도'가 아닌 '생명공동체로서의 한반도'라는 명제 앞에서 남북교류협력은 선택이 아닌 상생을 위한 생존전략의 문제이기 때문이다.

## 남북한 인도주의 협력에 관한 제도적 기반 검토

### 인도주의 일반의 국제법·국내법 검토

특정국가에 대한 국제사회의 제재조치는 그보다 앞서 형성된 공동의 인도적 규범과 종종 충돌하기도 한다. 국제사회는 인도적 위기시 개인의 권리와 보호에 관하여 인권법과 국제인도법, 난민법이라는 인도주의 국제법 및 행동기준을 관습법의 형태로 준수하려는 노력을 기울여왔다. 북한주민의 인도적 상황은 전쟁이나, 국외 난민의 경우가 아니므로 1948년 세계인권선언에서 규정된 개인의 시민, 정치, 경제 사회 및 문화적 권리 보호를 위해 합의된 인권법 준수의 견지에서 인도주의 준수 의무가 있는 국제사회로부터 개입과 협력을 요구받게 된다. 인도주의 관련 국제법에 조응하는 국내법은 해외긴급구호, 국제개발협력 관계법이 있으나 국가간 관계가 성립하지 않는 북한에 일의적으로 적용시 법리상 한계의 일탈 우려가 있다.

〈표 9〉 국내외 인도주의 관계 법령

| 구분 | 인도주의 법령 |
|---|---|
| 국제법 | • 자연재해 및 기타 긴급 상황에서의 지원 결의(인도주의 분야 최초 공식문건)<br>　– 1971년 UN 총회에서 결의(결의안 2816호) |
| | • 자연재해 및 유사 긴급상황의 희생자들에 대한 인도적 지원 결의<br>　– 1988년 UN총회 결의 제 43/131호가 채택, 1990년 제45/100호로 보완 후,<br>　　재채택 |
| | • 국제 재해 구호 및 초기 복구 지원의 국내적 촉진 및 규제 지침<br>　– 1991년 12월 19일 제78회 UN 총회에서 결의(결의안 46/182호) |
| | • 국제연합 인도적 응급 지원의 조정 강화<br>　– 1991년 12월 19일 제78회 UN 총회에서 결의(결의안 46/182호) |
| | • 국제연합요원 및 관련요원의 안전에 관한 협약 및 선택의정서<br>　– 1994년 12월 9일 열린 국제연합 총회에서 결의안 49/59호로 채택 및 발효,<br>　　한국에서는 1999년 1월 15일 발효(조약 제1481호) |
| | • 식량원조규약<br>　– 1995년의 식량원조규약에 대한 재협상을 진행하여 1999년 4월에 완료되었<br>　　으며, 1999년 식량원조 규약(최종)이 동년 7월에 발효 |
| | • 재난 경감 및 구호를 위한 통신자원 제공에 관한 탐페레 협약<br>　– 1998년 6월 핀란드 탐페레(Tampere)에서 열린 긴급 통신에 관한 정부 간<br>　　회의에서 75개국 대표들에 의해 만장일치로 채택, 2005년 1월 8일 발효 |
| | • 재난 구호 시 국제적십자 및 적신월사 활동 및 비정부기관을 위한 행동강령<br>　– 1994년 8개의 세계 최대 재난대응기관들이 모여 합의함 |
| | • 협력 원칙: 이행약정서<br>　– 2006년 7월 12–13일 열린 UN과 UN 외 인도적 기관 간 대화의 결과물(세<br>　　계인도주의회의(Global Humanitarian Platform, GHP)) |
| | • 2005–2015년 효고 행동계획: 국가 및 공동체의 재난에 대한 회복력 강화<br>　– 2005년 1월 일본 고베시 효고현에서 열린 재난 감소를 위한 세계정상회의<br>　　(World Conference on Disaster Reduction)의 결과물 |
| 국내법 | • 해외 긴급 구호에 관한 법률(2007년 제정)<br>　[현 법률 제11690호, 2013.3.23. 타법개정]<br>• 국제개발협력 기본법(2010년 제정)<br>　[현 법률제11889호, 2013.7.16. 일부개정] |

* 자료: 국제 적십자사·적신월사 연맹(IFRC), 법제처 국가법령정보센터에서 발췌.

　　다만, 국제규범에도 불구하고 작금의 대북제재는 주요 공여국 및 국제기구들의 인도주의 지원·집행을 정책적으로 망설이게 하거나, 행정적으로 지연시키는 '인도주의 정체' 현상을 초래하고 있다. 이는 대북제재의 해제 전까지 인도주의 지원의 1차 대상인 북한 내 취약계층의 보건 환경이 개선되기 어려움을 의미한다. 동시에, 지속가능한 대북 인도주의 협력에 관한 제도적 환경의 중요성을 부각시키는 요인이 된다. 유엔 가입국 간의 상호 신뢰 형성에 있어, 국제사회가 구축해온 인도주의 규범에 따라 대북 인도주의 협력, 나아가 개발협력 정책을 일관되게 추진하는 것은 제재이행으로 형성되는 상호 신뢰에 견주어볼 때 보다 시급성을 요하는 과제라 볼 수 있다.

## 합의서·선언문 검토

### 남북한 기본합의서(1991)

남북한 기본합의서는 제5차 남북 고위급 회담('91.12.13)에서 채택된 이후 제6차 회담('92.2.18)에서 합의서 문건을 정식으로 교환함으로써 효력을 발생시켰다. 다만, 남북기본합의서의 법적성격에 관하여 헌법재판소는 "나라와 나라사이의 관계가 아닌 통일을 지향하는 과정에서 형성되는 잠정적인 특수 관계론에 입각하여 남북당국의 성의 있는 이행을 상호 약속하는 일종의 공동성명 또는 신사협정에 불과하다"[153]고 밝히고 있다. 해당 합의서는 7·4 남북공동성명에서 제시된 조국통일 3대 원칙의 재확인과 함께 교류협력의 분야별 실천 의지를 담고 있다. 눈여겨 볼 것은 남북기본합의서 제3장 남북교류협력의 제18조이다.

#### 제3장 남북교류협력

제18조 남과 북은 흩어진 가족·친척들의 자유로운 서신거래와 왕래와 상봉 및 방문을 실시하고 자유의사에 의한 재결합을 실현하며, 기타 인도적으로 해결할 문제에 대한 대책을 강구한다.

또한 이산가족들의 자유의사에 따른 재결합이라는 당시로서는 파격적인 조문과 더불어 '기타 인도적으로 해결할 문제'라는 문구가 남북한 고위급 합의서에 명시됨으로써 남북 간 인도주의 협력에 대한 공간을 적극 열어두고 있다.

## 남북한 정상 공동선언문(2000·2007·2018)

분단 이후 남북한 정상은 총 5차례 만나 4차례에 걸쳐 공동선언문을 발표하였다. 양 진영 모두 국회·최고인민위원회의 비준을 받아 조약에 준하는 효력을 발생시킨 것은 아니지만, 양 정상이 합의한 선언문에 직접 서명함으로써 발효되었고, 각 조항별 후속이행을 위한 조치 중 2003년 4대 남북경협합의서의 경우 남측의 국회 체결 동의안 통과, 북측의 최고인민위원회 비준을 필하여 조약 형식으로 법적 구속력을 부여한 바 있다.

〈표 10〉 남북 정상 공동선언 내 인도주의 협력 조문

| 1차(2000.6.15. 평양) | 2차(2007.10.4. 평양) | 3차(2018.4.27. 판문점) | 5차(2018.9.19. 평양) |
|---|---|---|---|
| (3항) 남과 북은 올해 8·15에 즈음하여 흩어진 가족, 친척 방문단을 교환하며, 비전향 장기수 문제를 해결하는 등 인도적 문제를 조속히 풀어 나가기로 하였다. (4항) 남과 북은 경제협력을 통하여 민족경제를 균형적으로 발전시키고, 사회·문화·체육·보건·환경 등 제반분야의 협력과 교류를 활성화하여 서로의 신뢰를 다져나가기로 하였다. | (7항) 남과 북은 인도주의 협력사업을 적극 추진해 나가기로 하였다. | 1조(5항) 남과 북은 민족 분단으로 발생된 인도적 문제를 시급히 해결하기 위하여 노력하며, 남북적십자회담을 개최하여 이산가족·친척 상봉을 비롯한 제반 문제들을 협의 해결해 나가기로 하였다. | (2항) 남과 북은 상호호혜와 공리공영의 교류협력 ③ 남과 북은 자연 생태계의 보호 및 복원을 위한 남북환경 협력을 적극추진하기로 하였으며, 우선적으로 현재 진행중인 산림분야협력의 실천적 성과를 위해 노력하기로 하였다. ④ 남과 북은 전염성 질병의 유입 및 확산 방지를 위한 긴급조치를 비롯한 방역 및 보건·의료 분야의 협력을 강화하기로 하였다. 3.남과 북은 이산가족문제를 근본적으로 해결하기 위한 인도적 협력을 더욱 강화해나가기로 하였다. |

남북 정상간 합의 내용과 관련하여 주목해야 하는 것은 인도주의 협력에 대한 문구가 점차 구체적으로 등장하고 있다는 점이다. 정상 간의 첫 정상회담이었던 2000년 6·15 정상회담 선언문의 제3항에는 "인도적 문제를 조속히 풀어가자"고 명시되어있으며 제4항에서는 보건, 환경 분야 교류의 활성화를 명시하고 있다. 2007년 10·4 정상회담 선언문은 제7항에서 남북한 간의 인도주의 협력 사업 추진에 대한 적극적인 의지가 강조되기 시작하였다. 2018년 4·27 판문점 정상 선언문에는 제1조 5항에서 "민족 분단으로 발생된 인도적 문제를 시급히 해결하기 위하여 노력하며, 남북 적십자회담을 개최하여 이산가족·친척상봉을 비롯한 제반 문제들을 협의 해결해 나가자"고 하면서 인도주의 협력을 시급성을 요하는 사안으로 상호 인식하고 있다. 이어 2018년 9.19 평양 공동선언에서는 제2조 3항에서 환경, 산림분야에의 협력이 구체적으로 명시되었고, 4항에서 "전염성 질병의 유입 및 확산 방지를 위한 긴급조치를 비롯한 방역 및 보건·의료 분야의 협력"까지 세부적으로 다루면서 제3조에서 "이산가족 문제 해결을 위한 인도적 협력" 또한 명시하고 있다.


## 현행 법률 검토

### 『남북관계발전에 관한 법률』(2005)

2005년 12월 29일 『남북관계발전에 관한 법률』의 제정 배경은, 남북교류 증대에 따른 정부에 대한 역할·기대가 증대되었음에도 불구하고 『남북교류협력에 관한 법률』만으로는 제도적 지원에 한계가 존재한다는 인식에서 비롯되었다. 특히, 2000년 6·15 정상 공동선언 이후 관련 합의서를 통해 교류협력 사업에 대한 후속조치가 이행되었는데, 2005년 7월 12일 남북경제협력협의사무소 개설 시 우리 공무원의 북한 주재 및 남북회담 대표의 임명 등에 대한 법적 근거의 미비는 제도적 여건 마련을 재촉하는 계기가 되었다.[154] 해당 법안은 남북 간 체결되는 합의서 뿐만 아니라 남북관계 전반에 대한 사항을 규율하는 기본법의 지위를 지니는 것으로 평가된다.

『남북관계발전기본법』 제9조 제1항은 '정부는 한반도 분단으로 인한 인도적 문제해결과 인권개선을 위하여 노력한다' 고 명시되어 있다. 이는 분단 상황 하에서도 인권법 및 국제인도법에 저촉되는 여러 문제들에 대해 국내 법적 근거를 갖추고 있어야 하는 정부의 입장을 반영한 것으로 사료된다. 또한 ① 인권개선을 언급하였지만 책임주체를 특정하지 않았고 ②인권대상이 북한주민에 국한되지 않고 북한이탈주민, 전쟁 실향민 등을 포괄한다는 점, 마지막으로 ③북한의 인권 문제에 대해 신장된 대중적 인식이 고려되고 있다는 점에서 법조문상의 보편성을 추구하는 것으로 평가된다.

현재까지 남북관계발전 기본계획은 총 세차례 5년 단위로 수립되었으며, 주요사항 중 하나로 인도주의 지원을 포함하고 있다. 우선 『제1차 남북관계발전 기본계획(2008~2012)』상에는 남북관계 발전을 위해 화해협력의 제도화를 목표로 설정하면서 인도적 현안에 대한 실질적인 해결을 명시하고 있다.[155] 『제2차 남북관계발전 기본계획(2013~2017)』안보 및 균형적 협력이 강조되고 있는데 주요 추진과제인 한반도신뢰프로세스 중 인도적 문제의 실질적 해결을 두 번째로 우선순위로 다루고 있다.[156] 마지막으로 『제3차 남북관계발전 기본계획(2018~2022)』은, 7대 중점 추진과제 중 하나로 인도적 문제의 해결을 적시하고 있다.[157] 이와 같이 한국정부는 북한 및 남북한 간 인도주의 문제 해결을 남북한 발전을 위한 주요 과제로 인식하고 있음을 알 수 있다.

## 『남북교류협력에 관한 법률』(1990)

1988년 노태우 정부의 등장과 함께 공산권 국가를 대상으로 추진된 북방정책은 『민족자존과 평화번영을 위한 특별선언(7·7선언)』을 공표를 계기로 남북한 간의 교류협력을 관장하는 법률 제정의 필요성을 증대시켰다. 이후 1990년 7월 14일, 『남북교류협력에 관한 법률안』이 본회의에서 통과되었다.[158] 정부는 통치행위의 영역이었던 남북교류협력을 법률의 원칙과 절차에 따라 추진할 수 있는 근거로 동 법을 평가하고 있다.

해당 법령은 제2조(정의) 4항에서 협력사업의 범주에 보건의료를 포함하면서, 제3조(다른 법률과의 관계)에서 '남한과 북한의 왕래·접촉·교역·협력사업…등 상호 교류와 협력을 목적으로 하는 행위시 다른 법률에 우선하여 동 법을 적용한다'고 명시하고 있다. 교류협력이라는 법취지상 인도주의 관계 문구는 직접 명기되어 있지는 않다. 그러나 제4조에 따라 설치된 교추협에서 인도주의 사업에 대한 남북협력기금심의를 다루고 있고 통일부 고시로서 『인도적 대북지원사업 및 협력사업 처리에 관한 규정』(2008.6.12) 제1조(목적)에서 동법과 남북협력기금법에 따른 인도적 대북지원사업 및 그를 위한 협력사업에 대한 기금사용에 대한 근거법으로 명시하고 있으므로 인도주의 지원을 포괄적으로 관장하는 법령으로 봄이 타당하다.

## 『남북협력기금법』 및 『시행령』(1990)

『남북협력기금법』은 『남북교류협력에 관한 법률』에 따른 남북 상호 교류와 협력에 대한 지원을 목적으로 남북협력기금 설치와 운용·관리에 대한 필요 사항을 법률로 정하고 있다. 해당 법령은 1990년 8월 1일 제정 이후 2010년 11월 19일까지 12차례 개정되었다. 1990년 12월 31일 제정된 『시행령』은 2018년 6월 5일까지 10차례 개정되었고 1991년 3월 27일 제정된 시행규칙은 2010년 9월 27일까지 통일부령으로 5차례 개정되었다.

　해당 법령 및 시행령, 그리고 시행규칙 상에서 '인도적 지원'이란 표현은 명기되지 않았으나, 2008년 10월 10일, 일부 개정된 시행령(대통령령 제21079호)의 제8조(기금의 지원 등의 요건)의 3항 "가. 생사·주소확인, 서신교환, 상봉 등 이산가족교류에 소요되는 비용의 지원을 위하여 필요한 경우", "나. 북한주민에 대하여 인도적 목적으로 시행하는 일반구호, 긴급구호, 개발지원 등에 소요되는 비용의 지원 또는 융자를 위하여 필요한 경우"를 통해 '인도적 목적'에 관한 내용을 추가적으로 명시하였다. 이산가족교류에 관한 비용 뿐 아니라 북한주민에 대한 인도적 목적의 구조, 개발지원에 대해 소요되는 비용의 지원을 명확히 함으로써 남북협력기금의 용처를 확장하고 있다. 다만, '다. 북한의 비핵화를 위한 사업에 소요되는 비용의 지원을 위하여 필요한 경우'를 병기하면서 남북관계의 변화된 환경도 함께 반영하고 있다.

　남북협력기금 사업이 대북 인도적 지원 사업에 집중되는 것에서 나아가 남북관계 개선 시 기금의 용도 전환에 관한 본 법령에 관한 개정의 필요성도 제기된 바 있다. 불명확한 집행사례, 사후관리 미흡 등 기금사용의 투명성에 관한 문제가 개선되지 않는다면 대북 지원 사업에 관한 부정적 시각이 대북 정책 전반으로 확대될 소지도 있다. 반면, 향후 북한의 비핵화가 진전되고 남북경제 공동체가 형성될 경우, 개발협력에 소요되는 자금이 증대될 것을 대비한 중장기적 관점에서의 ODA기금의 신설 및 전담집행기구 설립을 위한 남북협력기금법 개정의 필요성도 제기되고 있다.[159] 이미 타법의 개정을 통하여 동일한 효과를 거두려는 국회 차원의 시도들을 주목할 필요가 있다.[160]

## 『북한인권법』 및 『시행령』(2016)

『북한인권법』을 2016년 3월 3일, 제정되었고, 시행령은 6개월 후인 9월 2일, 공포되었는데 국회내에서 논의가 시작된지 약 11년이 지난 시점이었다. 본 법률은 "자유권 및 생존권을 추구하여 북한 주민의 인권 보호 및 증진에 기여함"을 목적으로 하고 있다. 각 조항을 보면, "북한인권증진 기본계획 및 집행계획을 수립"(제6조)하며, "북한인권에 대한 기록센터(제13조) 및 재단(제10조)을 운영"하는 한편 "남북인권대화를 추진"(제7조)하는 것과 함께 "북한인권 증진을 위한 국제적 협력을 추진"(제9조)에 대한 내용을 다루고 있다.

특히 제6조(북한인권증진 기본계획 및 집행계획) 2항 "남북인권대화와 인도적 지원 등 북한주민의 인권 보호 및 증진을 위한 방안"과 제10조(북한인권재단의 설립) 1항에 "남북인권대화와 인도적 지원 등 북한인권증진과 관련된 연구와 정책개발 및 북한주민의 인권 보호 및 증진을 위한 방안"과 이를 현실화하기 위한 재단 설립의 취지가 확인되나, 직접적인 대북지원보다는 북한의 인권증진을 위한 실태조사 및 기록, 국제적 협력 활동 등 법현실을 고려한 활동 보장이 법제정의 취지에 실질적으로 부합한다고 볼 수 있다. 그러나 동법령이 북한 인권에 대한 증거수집이나 기록보존에 머무를 것이 아니라 실효성을 갖춘 법령으로 기능해야 한다는 지적도 상존함을 참고할 필요가 있다.[161]

한편, 해당 법령은 북한 당국의 의지와 협조 없이 입법 취지를 구현하기 어렵다는 근본적인 한계를 지니며 법의 제정과정 및 존치, 그리고 인권재단의 운영 자체는 북한 당국으로부터 상당한 비난에 직면하는 등 북한주민의 인권 증진이라는 법취지는 법현실과의 간극을 좁혀나가야 하는 과제를 안고 있다. 따라서 법의 실효성 보장을 위해 향후 남북한 간 정세변화를 비롯하여 법개정 등에 필요한 다양한 정책적 요구가 검토되어야 한다. 예를 들면, 동 법령과 기존 인도적 지원 관계 법령 혹은 신규 제정법과 법지위의 문제 등은 지속적으로 검토될 필요가 있으며, 일부개정 등을 통하여 법 집행의 효율성을 담보하는 노력이 요구된다.

## 제도적 기반 검토 결과

법령별 인도적 지원에 관한 내용·방식을 검토한 바, 남북한 인도주의 협력을 독립적이고 지속적으로 추진·집행하기 위해서는 관련 법령의 개정이 필요하다. 먼저 남북한 간 정상선언문에 등장하는 인도주의 협력에 관한 실효성을 보장하기 위해 합의의 국회 비준동의 추진과 더불어 관계 법령의 일부 개정을 통해 신사협정 상의 지위를 국내 법제 체계로 수용함이 바람직하다.[162]

특히 『남북교류협력에 관한 법률』 조문상 '협력사업'내 '보건의료'에 한정되어 있는 인도적 성격을 '인도주의 협력사업'으로 확장·명시하고 『남북협력기급법』제8조(기금용도) 2항 문화·학술·체육 분야에 '인도주의 협력'을 추가·병기할 필요가 있다. 이를 통해 남북관계 전반의 기본법인 『남북관계 발전에 관한 법』에 명시된 인도적 문제의 해결과 대통령령인 『남북협력기급법시행령』상 명시된 인도적 목적을 위한 기금집행 사이의 준거법으로 기능을 충실히 수행하도록 유도하는 것이 타당하다고 사료된다. 향후 북한개발협력의 가시화를 대비하여 『남북협력기금법시행령』상 개발지원금관계 조문은 『국제개발협력기본법』의 개정 추진을 고려, ODA기금의 신설 및 전담집행 기구 설립 등 개발협력 메커니즘을 남북관계에 적용하는 문제에 대해 국회·부처간 면밀한 검토 및 법제협력이 선행될 필요가 있다.

〈표11〉 국내법·시행령 내 인도주의 협력 조문

| 남북교류협력법 | 남북관계발전법 | 남북협력기금법시행령 | 북한인권법 |
|---|---|---|---|
| 제2조(정의) 4. '협력사업'이란 남한과 북한의 주민(법인·단체를 포함한다)이 공동으로 하는 문화, 관광, 보건의료, 체육, 학술, 경제 등에 관한 모든 활동을 말한다. | 제9조(인도적문제 해결) ① 정부는 한반도 분단으로 인한 인도적 문제해결과 인권개선을 위하여 노력한다. ②정부는 이산가족의 생사·주소확인, 서신교환 및 상봉을 활성화하고 장기적으로 자유로운 왕래와 접촉이 가능하도록 시책을 수립·시행한다. | 제8조(기금의 지원 등의 요건) 3. 가. 생사·주소확인, 서신교환, 상봉 등 이산가족교류에 소요되는 비용의 지원을 위하여 필요한 경우 나. 북한주민에 대하여 인도적 목적으로 시행하는 일반구호, 긴급구호, 개발지원 등에 소요되는 비용의 지원 또는 융자를 위하여 필요한 경우 | 제6조(북한인권증진기본계획 및 집행계획) ① 2.남북인권대화와 인도적 지원 등 북한주민의 인권보호 및 증진을 위한 방안 제10조(북한인권재단의 설립) ①정부는…남북인권대화와 인도적 지원 등 북한인권증진과 관련된 연구와 정책개발 등을 수행하기 위하여 북한인권재단(이하 "재단"이라 한다)을 설립한다. |

또한 수원국인 북한 당국의 폐기 주장에 직면하고 있는 『북한인권법』상의 인도적 지원에 대한 조문은 법집행의 실효성 측면에서 일부개정을 통해 삭제하고 인권 보호와 증진을 중심으로 한 목적에 집중하면서 기타 남북한 인도주의 협력 법제와의 혼선을 최소화함이 타당하다.

## 인도주의 협력을 위한 법제화 필요성과 합리적 개선 방안

### 對수단과 이라크 제재의 교훈

대북 인도주의 협력 사업 중단과 지연에 관한 문제는 대북 제재를 충실히 수행하는 국가들 사이의 공통된 현안으로 자리매김하고 있다. 미국의 피터슨국제경영연구소(PIIE)는 북한에 대해 부과되는 다자간 및 양자 간 제재 조치의 파급 효과가 인도주의적 원조 프로젝트를 크게 저해 할 수 있다는 우려를 상기시킨 바 있다.[163] 대북제재를 주도하고 있는 미국에서조차 제재 조치의 목표는 북한 주민들에게 더 큰 고통을 주지 않는 것에 있음을 강조하고 있으며 실천적 문제가 따르긴 하나, 최근의 모든 대북 제재 조치 내에 인도주의적 지원을 허용하는 예외 사항을 두고 있다.

국제사회는 이미 제재가 제재 적용국의 취약계층에게 고통을 전가할 수 있음을 확인한 경험이 있다. 대표적인 예로, 수단과 이라크 사례를 들 수 있다. 수단의 경우, 2003년 서부 다르푸르(Darfur)에서 정부의 실정에 대항한 반군과 주민들의 반정부 시위로 약 48만 명이 희생되었는데[164], 이는 르완다 학살에 비견되는 세계 최악의 인도적 위기로 꼽히고 있다. 여기에 미국 주도의 경제 제재는 취약 계층의 고통을 증가시켰고, 이에 따른 개선책으로 1997년, 2006년에 부과한 무역·금융거래 금지 및 자산동결 등 대 수단 경제 제재가 2017년 10월, 20년만에 해제되었다. 북한, 이란, 시리아와 함께 미 국무부의 테러지원국 명단에만 올라 있었으나[165] 2020년 12월 14일 공식 해제하였다.

다른 예로는 미국이 과거 테러지원국으로 지정했던 이라크의 사례를 들 수 있다. 유엔 안보리의 대이라크 제재는 '지난 수십 년 간 일어난 최악의 인도주의적 재앙'을 초래한 것으로 평가된 바 있다.[166] 석유 수출로 인해 생활 필수품의 70%를 수입해서 쓰는 이라크 주민들은 석유 금수 조치로 인하여 사회 전반이 파괴되는 고통을 경험하였다. 특히 의약품 공급의 부족에 시달렸고 무역에 관한 제약이 가해져 주민들의 만성적인 영양실조 및 질병으로 사망하는 사례가 증가했다. 국제인권단체 등으로부터 비인도적 조치라는 비판에 직면한 유엔은 1996년 석유 금수조치를 일부 완화하였다. 그러나 물품 구입에 한해 품목마다 안보리 제재위원회의 승인을 받아야 하는 것에 대한 비판이 여전하자, 2001년 5월 미국과 영국은 군수품을 제외한 모든 물자의 수입을 전면적으로 허용하는 이라크 제재 완화 결의안을 유엔 안보리에 제출하였다. 2002년 5월, 유엔 안보리는 식량과 의약품 등 인도적인 물품의 이라크 반입을 자유화하는 대이라크 제재조치 개정안을 통과시켰다. 이후 이라크의 대량살상무기 보유를 이유로 미국은 2003년 3월 이라크를 침공했다. 후세인 정권이 붕괴된 이후 대이라크 경제제재는 교역·금융·경제 분야의 제재 해제, 석유수입금을 이라크 개발기금(Development Fund for Iraq)으로 운용한다는 내용의 유엔 안보리 결의안 1483호('03.5.22)에 의해 완전히 해제되었다.[167]

## 인도주의적 면제 메커니즘의 개선 노력

이와 같은 제재의 부정적 선례로 인하여 국제사회는 제재가 대상국 일반 주민들에게 전가하는 부정적인 영향을 최소화하기 위해 노력해왔다. 첫째, 포괄적 제재(comprehensive sanction) 방식은 대상 국가의 경제 시스템 전반에 지장을 초래하여 광범위한 피해를 야기하므로 특정 단체·개인·지역·분야에 한정하여 선별적인 제재를 적용하는 표적 제재(targeted sanction) 방식을 채택하는 것이다. 둘째, 제재가 대상국 주민들에게 어느 정도의 피해를 발생시키는지에 대해 모니터링 등을 통해 평가하는 것이다. 셋째, 인도주의적 면제의 부여이다. 1994년 이후 유엔 안보리의 모든 제재는 개별적 제재 - 유엔 안보리가 유엔 헌장 제41조에 근거하여 "특정국가나 국가집단이 다른 국가의 정책 변화를 강제하기 위하여 부과하는 조치"- 를 제외하고 대부분 표적 제재 방식을 채택 중에 있다. 제재 본연의 목표 달성과 제재의 역효과를 최소화하기 위한 측면에서 의미있는 진화로 평가된다. 그러나 일반 주민들의 생활에 필요한 주요 분야에 영향을 미치는 표적 제재는 여전히 포괄적 제재의 위력을 발휘하고 있으며 유엔 안보리 및 개별 국가들의 표적 제재가

이중으로 적용되는 경우, 포괄적 제재 조치의 역효과의 피해는 일반주민들이 감내하게 된다.[168]

인도주의적 면제 메커니즘에 대한 개선 방안으로, 인도주의 사안에 관한 상시적 면제(standing exemption) 부여와 인도주의적 면제의 조건에 대한 정보 접근성 제고 등 지원 주체들의 이해를 증진시키는 행정조치를 통해 효율성을 담보할 필요가 있다. 2018년 8월 6일, 유엔 대북제재위원회(1718위원회, 15개 이사국)가 '대북 인도주의 지원 면제 가이드라인'을 전원 동의로 채택한 것은 인도주의 면제 메커니즘의 기능을 제도적으로 지원하기 위한 계기를 마련한 것으로 평가할 수 있다.[169]

해당 가이드라인은 대북제재 결의안에 부과된 조치들로 하여금 북한 주민들이 인도주의적 역효과를 초래하거나 국제기구 및 국제 NGO들의 구호·원조 활동이 제한하는 것의 금지 등의 취지를 거듭 확인하고 있다. 또한 면제 신청서 상의 적절한 내용 구성 및 신청방식 - 품목 상세 설명, 접촉자 명단, 물품 조달 경로를 비롯한 10가지 세부항목 등 - 을 명시하는 등 국제기구 및 국제 NGO의 대북 지원 물품 전달에 관한 지침서 역할을 수행하고 있다.[170] 동 가이드라인을 준수하여 제재 면제 신청시, 제재위원회의 심사를 거쳐 종전 대비 신속한 물자 전달이 가능하며 가이드라인 적용 후 2020년 1월까지 국내외 38개 단체가 제재 면제 승인을 득했다.[171] 그러나 대북 인도주의 지원의 신속성이 도모되기 위해서는 절차적 난관을 해소해야 한다. 먼저 지원주체의 면제 신청은 유엔 회원국가에서 접수 후 신청하는 절차가 있기에 국가별 내부 검토를 우선적으로 득해야 한다. 따라서 해당 가이드라인은 제도적 면제 절차 신설이 인도적 지원의 실천적 이행으로 연결되어야 하는 과제를 지닌다고 평가된다.[172] 또한 유엔 회원국가 외의 개별 단체의 면제 신청 조건으로 대북 지원에 대한 과거 이력을 요하므로 대북 인도주의 지원을 처음 진행하는 단체에 대한 진입장벽이 해소되어야 할 것으로 사료된다. 따라서 남북 인도주의 협력에 대한 법제화 추진시 헌법 및 개별법과의 관계, 법효력의 독립성, 필요시 유엔제재면제 추진에 따른 국내적 내부 검토 절차의 간소화 등에 대한 입법적 검토가 면밀히 다루어져야 할 것이다.

### 국내 입법 환경의 제약

상술한 바와 같이 대북제재 하 지속가능한 남북한 인도주의 협력을 위해서는 인도주의 협력을 중심으로 한 독립 법안 검토가 현실적 대안이 될 수 있다. 다만, 법 제정을 위해서는 국회 입법과정에 상존하는 제약 사항을 극복하기 위한 노력이 필요하다. 인도주의 협력 외에도 체제와 이념이 상이한 대상을 상대함에 있어 다양한 분야에서 첨예한 이념적 논쟁이 발생해 온 바, 특히 입법과정에서 '국민적 합의에 기반한 정책'을 실행하는 것은 인내를 요하는 지난한 과정이 될 가능성이 높다. 대북 및 통일정책에 대한 양극화 현상의 심화 요인은 국민적 합의 부재보다는 입법취지의 공론화 및 숙의과정을 뒷받침하기 위한 제도화 절차 마련에 소홀했기 때문으로 판단된다.[173]

문제는 남북관계 관련 입법안 중 국회에서 2년 이상의 장기간 논쟁을 거치는 사례가 상당수 존재한다는 점이다. 대표적 예로 『북한인권법』의 경우에는 제17대 국회에서 입법 제안 후 제19대 국회가 들어선 후 통과되었다. 임지은·배종윤(2018)[174]의 연구에 따르면, 남북관계 입법안 중 일부는 장기간이 소요된 후 가결되나, 다수 법안은 초기 입법안과 비교시 큰 수정 없이 가결된다는 점을 발견하였다. 그리고 법안 처리과정의 장기화시, 격한 논쟁으로 인해 합의가 요원할 것으로 예상되지만, 일방의 정치세력의 입장 선회로 인해 합의형태로 입법이 종결되는 일부 경향도 확인되고 있다. 다시 말해 입법주체의 정치적 유불리가 남북관계에 영향을 끼치는 대내외적 환경 변수에 비해 기존의 입장의 포기·수정에 보다 큰 기여를 하게 되어, 논쟁적 입법안 또한 합의 및 가결이 가능해진다는 것이다. 이와 같은 경향은 보수·진보 진영 모두에게서 유사하게 확인되며 남북한 간의 합의내용에 대한 의안처리 뿐 아니라, 북한을 적용대상으로 한 입법안 처리 사례에서도 유사하게 나타나고 있다.[175]

〈표 12〉 장기 계류된 남북관계 입법안(16대~19대 국회, 외교통일위원회)

| 의안명 | 제안자 | 최초 제안일 | 의결일 | 의결 결과 | 소요일 |
|---|---|---|---|---|---|
| 북한인권법 | 의원 | 2005. 06. 27 | 2016. 03. 02 | 대안 가결 | 3898 |
| 군사정전에 관한 협정 체결 이후 납북피해자의 보상 및 지원에 관한 법률 일부개정법률안 | 의원 | 2013. 03. 15 | 2015. 11. 30 | 수정 가결 | 991 |
| 남북관계발전기본법안 | 의원 | 2003. 04. 28 | 2005. 12. 08 | 대안 가결 | 956 |
| 남북사이의 상사분쟁해결절차/청산결제/투자보장/소득에 대한 이중과세방지 합의서체결동의안 | 정부 | 2001. 06. 21 | 2003. 06. 30 | 원안 가결 | 760 |
| 남북협력기금법 일부개정법률안 | 의원 | 2007. 05. 01 | 2009. 04. 30 | 수정 가결 | 731 |
| 겨레말큰사전 남북공동편찬사업회법안 | 의원 | 2007. 04. 02 | 2007. 04. 02 | 수정 가결 | 403 |

자료: 임지은·배종윤, 「한국의 대북정책 및 남북한 합의의 국회 입법화 요인에 대한 연구」, 『입법과 정책』 제10권 제2호. 2018, 39쪽.

따라서 이례적인 경우(제21대 국회)가 아닌 통상적으로 특정 정당·진영이 국회 의석수의 5분의 3을 차지하지 못하는 상황에서 국내 입법환경은 인도주의 협력을 포함한 북한 관련 입법과정에서 중대한 제약사항이 된다. 윤소하 의원 외 29명에 의해 발의된 『태풍 라이언록에 따른 북한 홍수피해 주민에 대한 인도적 쌀 지원 촉구 결의안』('16.10.25)이 국회 외교통상위원회에서 홍수피해 지원의 적절한 시기를 경과했다는 사유로 무기력하게 폐기('17.2.14)

되었던 사례가 이를 방증한다고 볼 수 있다.[176] 윤종필 의원이 대표 발의한 『남북 보건의료의 교류협력 증진에 관한 법률안』('16.11.28) 역시 지난 20대 국회에서 폐기되었으나, 이미 17대 국회에서부터 회기 만료 등의 사유로 가결되지 못했던 유사 법안들의 계보를 따르고 있다. 따라서 대북 인도주의 개발협력 입법안 추진 시 이와 같은 제약사항을 극복하기 위해서는 첫째, 북한 취약계층 지원 및 여건 개선을 통한 통일비용 절감 등 실익적 측면의 계량화·수치화와 이를 통한 여론 조성, 둘째, 대북 제재 국면을 감안 인도주의 규범을 준수 중인 공여국 및 국제기구를 대상으로 한 광범위한 국제사회의 지지 확보 등의 노력이 수반되어야 할 것이다.

## 제20대 국회 발의법안 검토

### 『남북한 간의 인도지원과 개발협력에 관한 법률안』(2016.12.15)

대북협력민간단체협의회이 제안한 『남북한 간의 인도지원과 개발협력에 관한 법률안』(이하 '개발협력법안')은 이인영 의원을 통해 국회에 발의되었다. 해당 법안은 법안명에 '개발협력'을 명시함으로써 개발도상국에 대한 일회성 긴급구호 형태의 지원이 아닌 북한주민의 삶의 질 개선을 위한 모든 분야의 교류협력을 포괄하고 있다. 경색된 남북관계를 복원하고 통일 기반법으로서의 기능을 강조하며 정치상황과 무관하게 인도적 지원이 가능한 제도적 근거를 만드는 것이 법률안의 기본 목적이다.[177] 또한 북한 인권법에 관한 상보적 역할 수행도 자임하고 있다.[178]

주요 내용을 보면, 제2조(정의)에서 긴급구호에서 개발협력까지의 인도·협력 사업의 정의를 통해 사업 범주를 명확히 하고 있으며, 제3조(기본원칙)에서 국제사회의 인도주의 규범을 준수할 것을 명시하고 있다. 제4조(정부의 책무)에서는 중앙행정부 및 지방자치단체의 민간단체에 관한 지원을, 제5조 (지방자치단체와 민간단체의 책무)에서는 국제적 인도주의 지원 기준에 부합하는 투명성과 공정성 준수에 관한 내용을 담고 있다. 또한 제7조(인도·협력사업 민관협력위원회)와 제9조(민간단체 활동에 대한 특례)를 통해 민관협력위원회를 통일부 산하에 신설, 사업의 심의·의결 권한 제한에 관한 권한을 명시함으로써 민간 차원의 인도적 지원과 개발협력 사업의 자율성을 법적으로 보장하고 있다. 이 부문은 법안의 상징적인 조항이라 볼 수 있다. 이어서 제10조(남북인도협력추진단 설립과 운영)에서 인도적 지원 사업을 개발협력 차원으로 발전할 수 있도록 돕기 위하여 전문성을 가진 사람들에 의한 연구·정책 개발 등의 수행을 위해 '남북인도협력추진단'을 설립할 것을 의무사항으로 강조하고 있다. 기타 법률과의 관계에서는 제6조(다른 법률과의 관계)에서 인도·협력 사업에 관하여는 다른 법률에 우선하여 이 법을 적용하되 이 법에 규정이 있는 경우를 제외하고는 『남북관계 발전에 관한 법률』과 『남북교류협력에 관한 법률』 등 관련 법률에 따른다며 기존 관계 법령과의 관계성을 규정하고 있다.[179]

본 법안은 첫째, 국제사회의 대북제재에 따라 일관성을 유지하지 못했던 인도주의 개발협력 사업을 안정적으로 추진에 입법취지가 있다는 점, 둘째, 인도주의 관계 법제가 산재되어 있는 작금의 입법 형편에서 대북 지원 사업 자체를 위해 발의된 최초의 법안이라는 점에서 의의를 지닌다. 제21대 국회에서 재발의 시, 외교통일위원회에서 이미 권고된 바와 같이 기존 법률 및 직제별 조직과의 기능 상충 여부, 지원 사업의 안정성 그리고 모니터링을 통한 사업 관리의 투명성·객관성 확보 등에 대한 종합적인 검토 후 입법 여부를 판단할 것으로 예상된다.[180] 법안 가결시 지원 주체들에게 즉각적인 효력이 발생한다는 점에서 현실 적합성이 증대될 것으로 예상된다.

## 『북한주민에 대한 인도적 지원 등에 관한 특별법안』(2017.9.21)

『북한주민에 대한 인도적 지원 등에 관한 특별법안』은 박주민 의원 외 여야 의원 14명이 공동 발의한 특별법안이다. 동 법안은 제정 이유에서 북한의 제6차 핵실험으로 인하여 대북 인도적 지원이 중단된 상태에서 북한 주민의 기본적인 생존권 보장이 필요함을 밝히며, 정치적 상황과 무관하게 인도적 지원이 진행되어야 함을 강조하고 있다.[181]

특별법안의 주요 내용은 다음과 같다. 제1장(총칙)의 제1조(목적)에서 북한 주민에 대한 식량과 의약품 등 물품과 농업 및 보건의료 기술 지원 등에 관해 필요한 사항을 규정해 북한 주민의 기본적 생존권 보장을 위한 인도적 지원을 하도록 하는 것이 목적임을 명시하고 있다. 이를 위해 제2장(인도적 지원을 위한 기본계획의 수립) 제5조(인도적 지원 기본계획 등)에서 통일부 장관은 5년마다 북한 주민의 생존권 보장과 인도적 지원을 위한 기본계획을 수립·시행하고 연도별 인도적 지원 사업을 위한 집행계획을 수립하도록 했다. 또한 제3장(북한주민인도적지원협의회 설치 등) 제7조(북한주민인도적지원협의회)에서 인도적 지원에 관한 사항을 협의·조정하고 중요 사항을 심의·의결하기 위해 통일부에 '북한 주민 인도적 지원협의회'를 설치하며 제8조(실무위원회)에서 협의회에 상정할 안건을 미리 검토하기 위해 실무위원회 설치를 의무화했다. 이와 함께 제4장(인도적 지원사업) 제12조(인도적 지원사업의 실태조사)에서는 민관 합동 현장 조사단을 구성해 대북 인도적 지원사업의 실태를 정기적으로 조사하며 제13조(인도적 지원사업의 중단)에서는 만일 인도적 지원물품이 군사적 용도로 전용되는 등의 경우 인도적 지원사업을 중단해야 한다고 규정하고 있다. 제4조(다른 법률과의 관계)에서는 다른 법률에 특별한 규정이 있는 경우를 제외하고는 이 법을 우선하여 적용함을 명확히 하고 있다.[182]

본 법안은 앞에서 검토한 '개발협력법안'과의 비교에서 일련의 차이점을 지닌다. 먼저 인도적 지원에 국한된 특별법안이라는 점에서 긴급구호·개발협력을 아우르는 '개발협력법안' 대비 인도주의 본연의 목적성이 뚜렷하므로 법 취지가 정치적 해석으로 훼손될 여지가 낮다. 또한 '개발협력법안'은 지원사업의 제한사항에 대한 포괄적 규정, 민간단체의 자율성 강조와 함께 해당 권한을 민관협력위원회에 위임하고 있는 데 비해, 본 법안은 인도적지원협의회의 심의, 협의 대상으로 정부·지방자치단체를 명시하는 한편, 북한의 군사적 용도로 지원물자가 전용될 시, 사업 중단을 적시하고 있다는 점에서 법률 상 차이가 존재한다.

### 『국제개발협력기본법 일부개정 법률안』(2018.9.21.)

한국의 국제개발협력 정책은 2009년, OECD DAC 회원으로 가입하기까지 양적·질적 성장을 거듭하였고 그 결과, 『국제개발협력기본법』('10.1.25)이 제정되었다. 법령의 제정으로 인해 국제개발협력 정책은 이전 대비 체계성을 띠게 되었으나 법 제정이 추동한 국회의 역할과 기능 제고라는 면에서 이를 위한 구체적 절차나 원칙 등에 대한 제도적 기반의 미비는 한계로 지적되고 있다.[183]

2018년 세 차례의 남북정상회담 및 최초의 북미정상회담을 계기로 북한에 대한 국제사회의 제재 완화 가능성에 이목이 쏠리면서 북한에 대한 ODA 지원 필요성이 대두된 바 있다. 이에 따라 김병욱 의원 등 13인은 2018년 9월 21일 『국제개발협력기본법 일부 개정법률안』을 발의하였다. '현행법상 ODA의 대상이 되는 개발도상국은 OECD DAC가 지정하는 국가이지만 북한은 영토규정과 『남북교류협력에 관한 법률』 제12조 '남한과 북한 간의 거래는 국가 간의 거래가 아닌 민족내부 거래로 본다' 에 따른 남북한 거래의 원칙으로 인하여 ODA 지원이 현실적으로 어렵다'는 것이 법률안의 제안사유이다. 개정안은 ODA사업에 있어서는 문제가 되는 『남북교류협력에 관한 법률』 제12조의 적용을 배제함으로써 북한을 ODA 대상 국가로 인정하고 현행 법률에 따라 ODA 지원 대상에 포함시킬 수 있도록 하는 방안을 담고 있다.[184]

그러나 ODA 사업과정에서 「남북교류협력에 관한 법률」 제12조 조항의 배제는 다양한 문제를 야기할 수 있다. 첫째, 기존 인도주의 지원을 명시한 남북관계 법령의 사문화 우려가 발생할 수 있다. 둘째, 대북 사업 주관부처인 통일부에서 ODA 사업을 관장하는 외교부로 주관부처 변경 검토시 현행 『남북교류협력에 관한 법률』 규정상 통일부 장관의 사전 승인을 요하는 방북 및 북한 주민접촉, 물품의 반출·반입은(제11조, 제12조), 관계 부처 간 업무 중복 등의 비효율성을 방지하기 위한 조치가 요구된다. 셋째, 공여국에서 수원국으로의 국가간 자원 이전 형태를 띠는 ODA는 남측 민화협(민족화해협력범국민협의회) 및 북측 민화협(민족화해협회) 등 민족 내부 성격의 기존 협의 창구 등을 ODA 지원 채널로 활용 가능한지에 대한 사전 검토가 필요하다.[185] 넷째, 한국의 북한에 대한 지원을 국가 간 협력으로 간주 시, 기존 관행의 변경에 대해 북한 및 이해당사국, 가입한 국제기구 등 국제사회의 동의를 득할 필요가 있다. 다섯째, 민족 간 협력이 국가 차원의 거래로 다양한 분야에서 확산(spillover)시, 기존의 통일논의 과정에 혼선을 야기하거나, 2체제가 아닌 2국가 중심의 분단 고착화 논쟁에 대한 세심한 고려와 숙의과정이 전제되어야 할 것이다.

한국의 빈곤 퇴치 및 경제 발전 경험 즉, 개발협력사에서 수원국 이력의 공여국이 갖는 독특하고 소중한 지위는 향후 남북 화해협력의 기조가 분야별로 제도적으로 안착되고 북한 개발협력이 활성화되는 과정에서 예상되는 시행착오를 줄이는 역할을 수행하게 될 전망이다. 그간 국내의 대북지원 사업이 온정적·시혜적 접근방식으로 인해 지원의 효과성·지속성·투명성이라는 측면에서 난항을 겪었다는 일각의 지적을 고려한다면, 국제개발협력 메커니즘의 잣대로 사업의 외형과 내실을 평가하는 방식도 일면 참고가 될 것으로 기대된다.[186]

### 법제화 모색: 단계적 『인도주의 협력 특별법』 제정안

검토한 바와 같이 제20대 국회에서 발의된 법령의 활용시 노정된 한계가 따를 것으로 사료된다. 특히 김병욱 의원이 대표 발의한 『국제개발협력 기본법 일부개정 법률안』의 경우, 이미 외교통상위원회에서 권고한 바와 같이 조문으로 명시되어 있는 남북한 인도주의 법령 및 교류협력 법령의 무력화 또는 주무 부처간 기능 중복의 문제, ODA방식에 대해 북한 및 국제사회(유엔 및 OECD DAC 등의 공여그룹)의 동의를 득하는 과정 등이 중층적 장애 요소가 될 수 있다. 그러나 신현윤(2008)[187]의 지적처럼 남북경제 공동체 형성과 관련 개발협력 자금의 수요 증대를 예상한다면, 법제도적 기초 위에 ODA와 연계하여 국제사회의 다자 금융 협력을 구축하는 방안 등을 다각적으로 검토할 필요가 있다.

최근 정치적 사안과 인도주의 협력 간의 엄격한 분리 주장이 국제사회 내에서 점차 힘을 얻고 있음을 고려한다면, 행정규칙의 정부고시 차원으로 인도주의 사업에 대한 처리 규정을 존치하기보다 지속가능한 대북 인도주의 지원 및 개발협력과 관련한 별도법안 제정으로 의도한 입법효과를 기대할 수 있을 것이다. 입법 형식으로는 법의 효력이 특정사항(대북지원), 특정인(북한주민), 특정지역(북한전역)에 국한되어 적용되는 특별법 입법을 고려할 수 있다. 남북관계 일반 법률과의 지위 설정은 일반법에 우선한다는 특별법 원칙의 적용으로 인해 구별의 실익이 없다고 볼 수 있으나, 특별법 제정시 기존 일반법의 무력화 문제 및 기타 인도주의 관련 발의법안의 선별적 구제 활용 문제 등 제반사항에 대한 사전검토의 필요성은 상당하다.

〈표 13〉 법제화 추진 단계

| 단계 | 입법 취지 | 유관 발의안(20대 국회) | 협력사업 정의 | 검토 사항 | 비고 |
|---|---|---|---|---|---|
| 단기적 ↓ 장기적 | 정치적 상황과 무관한 인도적 지원의 추진·집행 | 『북한주민에 대한 인도적 지원 등에 관한 특별법안』(2017) | 인도적 지원에 국한 | 협력사업의 범주 확장 | 특별법 |
| | | 『남북한 간의 인도지원과 개발협력에 관한 법률안』(2016) | 긴급구호에서 개발협력까지 포함 | 남북법제협력위원회의 설치·운영 *특별법 전환 | 일반법 |

종합해 보면 〈표 13〉과 같이 법제 추진 단계를 구분할 수 있다. 첫째, 단기적으로 『북한주민에 대한 인도적 지원 등에 관한 특별법안』(2017.9.21)이 제21대 국회에서 재 발의되어 일부 개정의 형태로 통과되는 것이 국제사회의 규범에도 부합하며, 법을 입안하는 정치권의 부담도 경감시킬 수 있다. 다만, 제3조 3항의 분배의 투명성 확보 및 군사적 용도의 전용방지를 위한 세부 시행규칙을 마련할 필요가 있다.[188] 또한 인도적 지원의 범주를 명시한 제10조(인도적 지원사업의 내용)에는 '식량 지원 사업, 농업생산을 위한 비료, 비닐, 농자재 등 농업 지원 사업, 축산업 관련 시설 설치, 자재 지원 등 축산업 지원 사업, 의료시설, 의료기구, 의약품 등 의료 지원 사업, 『재해 구호법』제4조제1항에 규정된 내용의 긴급구호활동 사업'으로 제한되어 있으므로 그 범주를 협력사업의 취지에 맞게 교육, 인력양성 등의 개발협력 분야까지 다양화시킬 필요가 있다. 마지막으로 국내법임에도 현존하는 국제질서를 감안, 세부 조문은 최근 유엔 대북제재 결의안(특히 제1874호, 2270호, 2375호, 2397호)에

별도로 명문화된 인도주의사업의 승인범위(무상원조 허용, 취약계층 등 대상, 구호 활동 목적 등) 등을 참고하여 유엔의 제재면제 이전 절차로서 국내적 검토의 효력을 증대시킬 필요도 있다. 아울러 유엔의 대북제재 인도주의적 면제 가이드라인에 조응하는 법제로서 대북제재 면제신청 절차를 대행중인 통일부 산하 남북교류협지원협회의의 역할을 명시하여 법기능의 모호성을 최소화하는 방안도 함께 검토됨이 바람직하다.

둘째, 장기적 관점에서의 북한주민의 지속가능한 삶의 증진을 도모하려면, 대북제재의 완화추세에 따라 '개발협력법안'의 특별법 형태의 추진도 적극 검토되어야 한다. 북한 당국은 이미 개발협력의 필요성을 인식, 2004년 9월, 인도적지원을 취지로 하는 유엔 합동호소절차를 거부하며 국제사회에 개발협력으로 지원 형식의 전환을 요청한 바 있다.[189] 해당 발의안은 제20대 국회 외교통상위원회에서 여야 의원들의 원론적인 지지를 받은 바 있다. "북한 주민에 대한 인도적 지원은 정치, 종교, 이념을 떠나 인간의 생존권 확보라는 인류 보편적 가치와 동포애 차원에서 조건 없이 지속적으로 이루어져야 할 사안"에 대한 제정안의 취지에 공감했기 때문이다.[190] 다만 법률안 상에는 지속가능한 남북간 개발협력 사업에 대해 제도적으로 조응하는 북한 법제 신설 등을 협의·지원하는 기구로서 남북법제협력위원회의 운영 등 협력사업의 범위를 세부적으로 명시할 필요가 있다. 또한 법안 추진시 북한을 대상으로 한 기존의 사례와 같이 정치적 유불리에 따른 입법 접근은 지양하되 국제사회의 지지 획득을 위한 국가적 차원의 노력이 병행되어야 할 것이다.

# 결론

본 장은 지속가능한 남북한 인도주의 협력에 관한 고민에서 출발하였다. 먼저 우리정부의 대북 인도적 지원에 대한 현황, 평가, 제재수단으로서의 인도적 지원의 문제 및 팬데믹 상황에서의 남북 협력방향을 검토하였다. 국제사회의 인도주의 규범 준수의 모범국가로서 기능하기 위한 국내 제도적 기반 검토시, 대북 인도적 지원을 위한 국내법의 모토인 남북한 간 기본합의서 및 정상 공동선언문 그리고 현행 법률로는 『남북교류협력에 관한 법률』, 『남북관계발전에 관한 법률』, 『남북협력기금법』 및 『시행령』, 『북한인권법』을 살펴보았고 각 법령내 인도주의 협력에 관한 내용과 평가를 진행하였다.

아울러 국내 입법 환경의 제약으로 국회 외교통상위원회에 장기간 계류·폐기를 반복하는 남북관계 입법 환경의 현실을 지적하는 한편, 대북 인도주의 협력에 관한 제20대 국회 발의안의 입법취지 및 내용을 검토하였다. 기존 ODA 법안의 일부 개정안인 『국제개발협력기본법 일부개정법률안』의 법현실적 여건을 살피고, 인도주의 협력을 위한 법제화를 위해 기존 발의법안을 단계적으로 활용하는 방안을 제시하였다.

지속가능한 남북한 인도주의 협력을 위한 국내 법제 현황을 검토한 결과, 첫째, 기존 법령의 활용 및 정비 방안 마련과 둘째, 별도 법제화를 추진하는 과정에서 단계적으로 인도주의 협력 특별법 제정 검토가 요구된다. 후자의 경우, 개발협력 내용을 포괄하는 일부·전부 개정에 대한 추진·검토를 제안하였다. 이와 같은 배경에서 한국 정부는 국내 법제 현실에 관한 개선작업과 함께 대북 인도주의적 면제 가이드라인 준수와 면제기간을 단축하기 위한 집행기구 설치 등을 국제사회에 지속적으로 촉구해야 한다. 이는 단순히 북한 내 취약계층의 처우 개선에 그치는 것이 아니라 통일비용과 관련, 한반도 경제공동체를 지향하는 남북한 간의 잠정적 특수관계에 있어서도 이로운 일이다. 2006년 북한의 1차 핵실험 이후, 국제사회는 힘의 질서에 기초하여 대북 인도주의 협력을 제재의 수단으로 활용하는 경향들이 보편화되고 있다. 과거 수원국에서 공여국으로 성장한 한국이 국제 인도주의 규범을 준수하는 모범국가로서 남북한 인도주의 협력간 일관성과 지속성을 담보하게 된다면, 북한 인도주의 협력의 대외적 환경 개선을 주도하는 연대주의(solidarism) 촉진자로 기능할 수 있을 것이다.

## 〈참고문헌〉

### 국내문헌

고유환, 「남북한 통일전략과 통일방안의 접점: 연합제와 낮은 단계의 연방제」, 『북한 조사연구』 5(1), 2001.

국회사무처, 외교통일위원회 회의록(제349회-외교통일 제2차(2017년 2월 14일)).

_____, 외교통일위원회 회의록(제354회-외교통일 제6차(2017년 11월 27일)).

_____, 외교통일위원회 회의록(제364회-외교통일 제5차(2018년 11월 12일)).

김계동, 『남북한 체제통합론』, 명인문화사, 2006.

김계홍, 「「남북관계 발전에 관한 법률」에 따른 남북합의서의 발효절차에 관한 사례연 구 및 개선방안에 관한 고찰」, 『법제』, 법제처, 2008.

김근식, 「대북포용정책과 기능주의: 이상과 현실」, 『북한연구학회보』 15(1), 2011.

_____, 「3차 핵실험과 북한의 대외전략 변화: 대북정책의 고민과 과제」, 『입법과 정 책』 제5권 제1호, 2013.

김문성, 「초국가적 제도주의에 근거한 박근혜정부의 대북정책의 새로운 접근법-신기 능주의와 신제도주의적 정책에 대한 비교평가를 바탕으로」, 『GRI연구논총』 15(2), 2013.

김용우·박경귀, 「기능주의의 관점에서 본 남북경제공동체의 건설가능성」, 『한국정책 과학학회보』 4(3), 2000.

김진호, 「1969-74년 시기의 독일연방공화국의 독일정책(Deutschlandpolitik)과 CSCE」, 『평화연구』 17(1), 2009.

김영명, 「현대자본주의 민주화론의 반동성」, 『김일성종합대학학보:력사법학』 54(2), 김일성종합대학출판사, 2008.

김혜선, 「제국주의적 경제기구의 침략적, 략탈적성격」, 『경제연구』 제4권, 2011.

김철호, 「김일성-김정일주의에 의하여 밝혀진 지역의 자주화에 관한사상」, 『김일성 종합대학학보: 철학경제학』. 60(1). 평양: 김일성종합대학출판사, 2014.

김동춘, 「지연된 진실규명, 더욱 지연된 후속작업:진실화해위원회 활동의 완수를 위 한 과제들」, 『역사비평』 100, 2012.

김영수, 「해외사례를 통해서 본 한국의 과거사 정리」, 『제노사이드 연구』 제6호, 부경 역사연구소, 2009.

노용석, 『라틴아메리카의 과거청산과 민주주의』, 산지니, 2014.

_____, 「민간인 학살을 통해 본 지역민의 국가 인식과 국가 권력의 형성-경상북도 청도 지역의 사례를 중심으로」, 영남 대학교 대학원 박사학위논문, 2005.

도경옥, 「대북제재와 인도주의적 면제」, 온라인시리즈 2018-37, 통일연구원, 2018.

문경연, 「국제개발협력의 북한개발협력 시사점」, 『남북교류협력지원협회 남북경협 뉴스레터』 33호, 2015.

문정인·이동윤, 「남북한 통일의 유형별 시나리오」, 『남북한 정치갈등과 통일』, 오름, 2002.

박강우, 「북한형법의 변화와 통일 후 불법청산방안」, 『형사정책연구』 제26권 제1호 통권 제101호, 2015년 봄.

박형중, 「대북지원에 대한 한국정부의 시각과 향후 전망」, 『북한의 인도적 상황과 국제협력』, 우리민족서로돕기운동, 에버트 프리드리히 재단 외 공동주최 국제학술회의 (2009년 11월 24일), 2009.

송철종·문경연·한기호 외, 「북한의 복지분야 지속가능발전목표(SDGs) 달성을 위한 남북한 교류협력 방안 연구」, 『연구보고서 2020-31』, 한국보건사회연구원, 2020.

신현윤, 「남북 경제협력 활성화를 위한 법제 정비 방안」, 『저스티스』 제106호, 2008.

심지연, 『남북한 통일방안의 전개와 수렴』, 돌베개, 2001.

안병직, 『세계의 과거사 청산』, 푸른역사, 2005.

양길현, 「다시 보는 연합제-낮은 단계의 연합제」, 『북한연구학회보』 11(2), 2007.

엄찬호, 「과거사 청산과 역사의 치유」, 『인문과학연구』 제33집, 2012.

영남대학교 산학협력단, 「과거사문제의 미래지향적 치유·화해방안에 관한 연구」, 『국민대통합위원회 연구용역 사업보고서』, 2014.

유웅조, 「국제개발협력기본법 제7조~13조(국제개발협력정책 추진체계)의 입법영향 분석」, 『국회입법조사처 입법영향분석 보고서』 제4호, 2015.

이규창, 「북한에서의 국제법의 국내법적 지위 및 효력에 관한 소고-조약을 중심으로」, 『경희법학』, 제42권 제2호, 2007.

이승현, 「국제사회의 대북제재: 현황과 과제」, 『국회입법조사처(NARS) 현안보고서』 제224호, 2013.

임을출, 「2000~10년 한국의 인도적 대북지원의 현황과 평가」, 『KDI 북한경제리뷰』 2월 호, 2011.

임지은·배종윤, 「한국의 대북정책 및 남북한 합의의 국회 입법화 요인에 대한 연구」, 『입법과 정책』 제10권 제2호, 2018.

이종석, 『분단시대의 통일학』, 한울 아카데미, 1998.

이재승, 「이행기의 정의」, 『법과사회』 제22호 상반기, 2002.

조  민, 「남북경제공동체 형성의 이론적 틀: 평화경제론」, 『통일연구원 학술회의 총 서』 06-01, 57-100, 2006.

조은석 외, 「남북한 평화공존과 남북한 연합 추진을 위한 법제정비방안 연구」, 『통일 연구원 협동연구총서』 01-08, 1-341, 2001.

전재성, 「대 북포용정책의 이론적 고찰」, 『참여정부 출범 4주년 기념 심포지엄 자료 집』, 통일연구원 주최(2007년 2월 27일), 2007.

_____, 「한반도 평화체제와 한반도 민주평화」, 『서울대학교 통일연구소 심포지엄 자 료집(2007년 10월 10일)』, 2007.

정승윤, 「'진실·화해를 위한 과거사정리 기본법'상 인권침해사건에서 나타난 주요 법 적 쟁점」, 『법학논총』 31권 3호, 전남대학교 법학연구소, 2011.

정영철, 「김정일 시대의 대남인식과 대남정책」, 『현대정치연구』 5(2), 2012.

정채연, 「다원주의적 사법을 통한 이행기 정의와 초국가적 인권의 실현」, 『고려법학』 제65호, 고려대학교 법학연구원, 2012.

천자현, 「국제정치에서 공식적 사과의 이론과 실제」, 『국제정치논총』 제54집 3호, 한 국국제정치학회, 2014.

최완규, 「지속가능한 대북정책을 위한 국회의 역할」, 『입법과 정책』 제5권 제1호, 2013.

최진우, 「지역통합의 국제정치이론」, 우철구·박건영 편, 『현대 국제관계이론과 한 국』, 사회평론, 2004.

통일부, 『제1차 남북관계 발전 기본계획』, 통일부, 2007.

_____,『제2차 남북관계 발전 기본계획』, 통일부, 2013.

_____,『제3차 남북관계 발전 기본계획 2020년도 시행계획』, 통일부, 2020.

프리실라 B. 헤이너.,『국가폭력과 세계의 진실위원회』, 주혜경 역, 역사비평사, 2008.

한기호,『북한개발협력의 제도적 개선에 관한 연구』, 연세대학교 일반대학원 박사학위논문, 2019.

_____,『북한 개발협력의 제도적 개선에 관한 연구』, 연세대학교 일반대학원 박사학위논문, 2019.

_____,「지속가능한 남북한 인도주의 협력을 위한 제도적 연구」,『법제연구』제58호, 2020.

_____,「북한 개발협력에 관한 연구경향과 대안이론 검토-법사회학 이론을 중심으로-」,『입법학연구』제17집 제2호, 2020.

허상수,「과거청산의 위기와 과거사정리 관련 위원회의 미래지향적 가치」,『민주법학』통권 제39호, 2009.

현대경제연구원,「대북 인도적 지원 현황과 과제」,『현안과 과제』18-05, 2018.

홍성필,「UN을 중심으로 본 북한인권 개선」,『법학연구』제26권 제1호, 2016.

홍용표,「6·15 남북공동선언 재조명: 이론적 배경과 의미」,『KINU 정책연구시리즈』2005-03, 1-32, 2005.


## 외국문헌

A.J.R. Groom, Paul Taylor.,*Functionalism: Theory and Practice in International Relations*. London: University of London Press, 1975.

Bennett, Scott D., "Rivalry Termination Model", *American Journal of Political Science* 25(3), 1-15, 1997.

David Pion-Berlin, "To Prosecute or to Pardon? Human Rights Decisions in the Latin American Southern Cone", *Human Rights Quarterly* 15, 1994.

Haas, Ernst B., *The Uniting of Europe: Political, Social and Economic Forces, 1950-1957*, Stanford: Stanford University Press, 1959.

Jack Snyder and Leslie Vinjamuri., "Trials and Errors: Principle and Pragmatism in Strategies of International Justice", *International Security*, Vol. 28, No. 3, 2003.

Jenniper Lind, *The Perils of Apology*.

Kent Boydston., Humanitarian Exemptions to North Korea Sanctions, PIIE(2016.3.31), 2016.

Laurel E. Fletcher, Harvey M. Weinstein, and Jamie Rowen., "Context, Timing and the Dynamics of Transitional Justice: A Historical Perspective" *Human Rights Quarterly* 31, 2009.

Mitrany, David., *A Working Peace System*. Chicago: Quadrangle Books, 1966.

Raphael Lemkin., *American Scholar*, Volume 15, no. 2, 1946.

Rosamond, Ben., *Theories of European Integration*, Basingstoke: Macmillan, 2000.

Thompson, Alex., "Strategic Rivalry", *International Studies Quarterly* 54 (1), 2006.

UN Doc. E/CN.4/Sub.2/2000/33.

UN Security Council Committee established pursuant to resolution 1718, 6 August 2018, 2006.

UNDHA report, DPR Korea – Floods Situation Report No.2, 28 Aug 1995.

UNOCHA, DHA-GENEVA 95/0390, DHA-GENEVA 95/0392, https://reliefweb.int/report/democratic-peoples-republic-korea/dpr-korea-floods-situation-report-no2.

## 기타

의안정보시스템 홈페이지, 법제처 국가법령정보센터

노용석, 인터뷰 당시 한양대학교 비교역사문화연구소 교수(현 국립부경대학교 국제지역학부 교수, 전 한국진실화해위원회 유해발굴팀장)(2015년 5월 8일, 한양대학교)

『오마이뉴스』, "창고에 유골 보관, 과테말라도 그렇게는 안한다", 2014년 6월 19일자

『프레시안』, "과거청산, 남미는 뛰는데 한국은 '뒷걸음'", 2008년 8월 11일자

『한겨레신문』, "과거청산, 가장 강력한 현실정치", 2014년 6월 8일자

# 미주

1   3부 2장은 한기호, 「남북한 체제통합을 위한 기능주의 대북정책의 재고찰」, 『통일연구』 제23권 1호, 2019의 일부내용을 수정·보완한 것임을 밝힘.

2   기존의 많은 연구들이 남북 간 합의통일을 지향함에도 불구하고 우리사회가 구축해 온 민주주의 형식의 통일국가 수립과 북한을 변화가 필요한 개혁개방의 대상으로 간주하는 두 가지 관점은 한국사회에서 소비되는 통일의 기본 전제라 할 수 있다.

3   김용우·박경귀, 「기능주의의 관점에서 본 남북경제공동체의 건설가능성」, 『한국정책과학학회보』 4(3), 2000.

4   김근식, 「대북포용정책과 기능주의: 이상과 현실」, 『북한연구학회보』 15(1), 2011.

5   홍용표, 정책연구시리즈, 2005.6, 1-1 통일연구원, 2005, 13쪽.

6   조 민, 「남북경제공동체 형성의 이론적 틀: 평화경제론」, 『통일연구원 학술회의 총서』 06-01, 57-100, 2006.

7   럼멜(Rudolph J. Rummel)과 러셋(Bruce Russett) 역시 이러한 가설을 경험적으로 입증한 바 있다. 문정인, 이동윤, 「남북한 통일의 유형별 시나리오」, 『남북한 정치갈등과 통일』, 오름, 2002. 135쪽.

8   조민, 「남북경제공동체 형성의 이론적 틀: 평화경제론」, 『남북경제공동체 형성전략, 통일연구원 학술회의 총서』 06-01, 통일연구원, 2006, 57-59쪽.

9   문정인·이동윤, 「남북한 통일의 유형별 시나리오」, 『남북한 정치갈등과 통일』, 오름, 2002.

10  김계동, 『남북한 체제통합론』, 명인문화사, 2006, 22-33쪽.

11  Ben Rosamond., *Theories of European Integration*, Basingstoke: Macmillan, 2000.

12  Deutsch, K. W., Burrell, S. A., Kann, R. A., Lee, M., Lichterman, M., Lindgren, R. E., Loewenheim F. L., and Van Wagenen, R, W., *Political Community and the North American Area: International Oganization in the Light of Historical Experience* (Princeton University Press, 1957).

13  Haas, Ernst B., *Uniting of Europe; political, social, and economic forces, 1950-1957*. Stanford, Calif., Stanford University Press, 1968.

14  Hodges, M, 'Introduction' in M. Hodges, (ed.), *European integration*(Harmond sworth: Penguin, 1972).

15  Harrison, R. J., Europe in Question, *Theories of Regional International Integration*(London: George Allen and Unwin, 1974).

16  Wallace, W., 'Introduction: The Dynamics of European Integration', in W. Wallace (ed.), *The Dynamics of European Integration*(London: Pinter/RIIA, 1990).

17  Ben Rosamond., *Theories of European Integration*. Basingstoke: Macmillan, 2000, pp.1~18.

18  김계동, 『남북한 체제통합론』, 명인문화사, 2006, 26쪽.

19  김계동, 『남북한 체제통합론』, 명인문화사, 2006, 21쪽.

20  이종석, 『분단시대의 통일학』, 한울 아카데미, 1998, 15-17쪽.

21 김계동, 『남북한 체제통합론』, 명인문화사, 2006, 22쪽.

22 김근식은 신자유주의의 맥락에서 기능주의적 접근은 대북정책의 본령이라고까지 역설한 바 있다. 기능주의에 입각한 대북포용정책은 탈냉전 이후 한반도 평화 유지에 필수불가결한 방향이며, 더 많은 접촉과 더 많은 교류 더 많은 협력을 통해 한반도 긴장을 완화시키고 돌발적으로 발생하는 긴장고조마저도 완화시킬 수 있는 것은 그나마 기능주의적 접근으로서의 대북포용정책이라고 주장한다. 김근식, 「대북포용정책과 기능주의: 이상과 현실」, 『북한연구학회보』 15권 1호, 2011, 39-57쪽.

23 홍용표, 「6·15 남북공동선언 재조명:이론적 배경과 의미」, 『KINU 정책연구시리즈』 2005-03, 통일연구원, 2005, 3-4쪽.

24 Ben Rosamond., *Theories of European Integration*. Basingstoke: Macmillan, 2000, pp.31~38.

25 김근식, 「대북포용정책과 기능주의: 이상과 현실」, 『북한연구학회보』 15(1), 2011, 41쪽.

26 평화시스템 연구에 관하여는 David Mitrany., *A Working Peace System*, Chicago: Quadrangle Books, 1966; A.J.R. Groom and Paul Taylor., *Functionalism: Theory and Practice in International Relations*, London: University of London Press, 1975를 참조.

27 홍용표, 「6·15 남북공동선언 재조명: 이론적 배경과 의미」, 『KINU 정책연구시리즈』 2005-03, 1-32, 2005, 5쪽.

28 홍용표, 「6·15 남북공동선언 재조명: 이론적 배경과 의미」, 『KINU 정책연구시리즈』 2005-03, 1-32, 2005, 6-7쪽.

29 Ernest B. Haas, *The Uniting of Europe: Political, Social and Economic Forces, 1950-1957*, Stanford: Stanford University Press, 1959

30 김계동, 『남북한 체제통합론』, 명인문화사, 2006, 33-37쪽.

31 홍용표, 「6·15 남북공동선언 재조명: 이론적 배경과 의미」, 『KINU 정책연구시리즈』 2005-03, 1-32, 2005, 8쪽.

32 실제로 유럽 통합과정에서도 1965년 프랑스의 드골 대통령 재임 당시 '공석의 위기'로 표현된 국가주의적 도전이 제기되어 통합과정에 큰 장애가 초래되었다. 공석의 위기'란 당시 유럽경제공동체(EEC)의 집행위원장이던 할슈타인에 의해 시도된 유럽의회의 기능과 권한 강화 시도를 무산시키기 위해 EEC의 모든 각료이사회에서 프랑스가 자국의 대표단을 철수시킨 사건을 일컫는다. 이 사건은 유럽통합에 대한 신기능주의의 설명과 예측에 심각한 회의를 제기하는 근거를 제공하게 되었다. 최진우, 「지역통합의 국제정치이론」, 우철구·박건영 편, 『현대 국제관계이론과 한국』, 사회평론, 2004, 265-66쪽.

33 김근식, 「대북포용정책과 기능주의:이상과 현실」, 『북한연구학회보』 15(1), 2011, 42쪽.

34 첫째, 제1항과 제2항에서는 통일문제를 언급하였는바 결국 이는 한반도 긴장완화와 평화정착의 기틀을 마련한 것이라 할 수 있다. 둘째, 제3항과 제4항에서는 비정치적 분야인 인도적 문제의 해결과 경제·사회·문화 교류 활성화에 합의하였다. 셋째, 제5항에서는 앞의 합의사항 이행을 위한 남북 당국간 대화에 약속함으로써 정상회담 이전 민간에 의존해왔던 남북 교류·협력을 남북한 정부가 주도하기로 하였다. 정상회담 이후까지 남북한은 장관급 회담을 중심으로 다양한 후속회담을 진행하였다.

김대중 정부는 후속대화에서도 경제협력, 경의선 연결, 이산가족 상봉 등 교류·협력과 군사적 긴장완화를 통한 평화정착을 함께 진행시키고자 하였다. 이 과정에서 장관급 회담은, 비록 개최와 연기를 반복했지만, 6·15 공동선언 이행을 위한 대화 통로로서 자리매김 되었다. 장관급 회담을 통해 남북간의 중요 사안들이 큰 틀에서 조정되었을 뿐만 아니라 구체적인 사업도 협의되었다. 또한 장관급 회담의 지속적 개최는 남북대화의 연속성 확보 및 정례화에도 기여했다. 홍용표, 「6·15 남북공동선언 재조명:이론적 배경과 의미」, 『KINU 정책연구시리즈』 2005-03, 1-32, 2005, 12쪽.

35 한국 정부의 통일방안 전개과정에 대해서는 심지연, 『남북한 통일방안의 전개와 수렴』, 돌베개, 2001.

36 전재성, 「한반도 평화체제와 한반도 민주평화」, 서울대 통일연구소 심포지엄 발표논문(2007년 10월 10일), 2007, 109쪽.

37 김근식, 「대북포용정책과 기능주의: 이상과 현실」, 『북한연구학회보』 15(1), 2011, 48쪽.

38 김근식, 「대북포용정책과 기능주의: 이상과 현실」, 『북한연구학회보』 15(1), 2011, 49-50쪽.

39 신기능주의에 입각한 대북정책은 몇 가지 한계를 지닌다. 첫째, 신기능주의는 다원주의적 정치체제, 고도의 경제발전, 이념적 동질성 등을 국가간 협력 및 통합의 배경조건으로 들고 있다. 그러나 북한이 유일지배체제 하에 있고, 경제는 후진적이며 남북간의 이념적 차이가 크다는 점을 고려할 때, 신기능주의적 접근은 제한적일 수밖에 없다. 둘째, 신기능주의는 경제·사회 분야와 정치·군사 분야의 교류·협력을 병행하는 것이지만 경우에 따라 북한은 남한과의 군사 대화에 매우 소극적인 태도를 보인 바 있다. 셋째, 유럽에서 신기능주의가 국가주의의 도전에 의해 위기를 맞이하였듯이, 한반도에서도 현존하는 한미동맹 등에 입각한 국가주의는 핵문제를 둘러싼 북한과 미국의 대립국면에 남북관계가 상당한 영향을 받는 것처럼 한반도에는 신기능주의의 '확산효과'를 막는 장애 요인이 산재해 있는 것이 현실이다. 홍용표, 「6·15 남북공동선언 재조명:이론적 배경과 의미」, 『KINU 정책연구시리즈』 2005-03, 1-32, 2005, 12-13쪽.

40 전재성, 「대북포용정책의 이론적 고찰」, 『통일연구원 주최 참여정부 출범 4주년 기념 심포지엄 자료집(2007년 2월 27일)』, 2007, 20-21쪽.

41 홍용표, 「6·15 남북공동선언 재조명: 이론적 배경과 의미」, 『KINU 정책연구시리즈』 2005-03, 1-32, 2005, 6-7쪽 참조.

42 3항 '남과 북은 군사적 적대관계를 종식시키고 한반도에서 긴장완화와 평화를 보장하기 위해 긴밀히 협력하기로 하였다.'로 시작하며, 4항은 '남과 북은 현 정전체제를 종식시키고 항구적인 평화체제를 구축해 나가야 한다는데 인식을 같이하고 직접 관련된 3자 또는 4자 정상들이 한반도지역에서 만나 종전을 선언하는 문제를 추진하기 위해 협력해 나가기로 하였다.'로 시작된다.

43 정영철, 「김정일 시대의 대남인식과 대남정책」, 『현대정치연구』 5(2), 2012, 214-215쪽.

44 주간한국, 「북한의 경제환경 변화와 기업 운영체계」 2019년 5월 20일.

45 김영명, 「현대자본주의 민주화론의 반동성」, 『김일성종합대학학보: 력사법학』 제54권 제2호, 김일성종합대학출판사, 2008, 88쪽.

46 통일부 북한정보포털. http://nkinfo.unikorea.go.kr.

47 김혜선, 「제국주의적 경제기구의 침략적, 략탈적성격」, 『경제연구』 제4호, 2011, 59쪽.

48 한기호, 「북한개발협력의 제도적 개선에 관한 연구」, 연세대학교 대학원 박사학위 논문, 129-130쪽.

49 김철호, 「김일성-김정일주의에 의하여 밝혀진 지역의 자주화에 관한사상」, 『김일성 종합대학학보: 철학경제학』 제60권 제1호, 김일성종합대학출판사, 2014, 9쪽.

50 『연합뉴스』, "北, '핵·경제 병진→경제건설 집중' 노선전환…개혁개방 탄력", 2018 년 4월 21일.

51 양길현, 「다시 보는 연합제-낮은 단계의 연합제」, 『북한연구학회보』 11권 2호, 2007, 175~181쪽.

52 2항 '남과 북은 나라의 통일을 위한 남측의 연합 제안과 북측의 낮은 단계의 연방제 안이 서로 공통성이 있다고 인정하고 앞으로 이 방향에서 통일을 지향시켜 나가기 로 하였다.'

53 고유환, 「남북한 통일전략과 통일방안의 접점: 연합제와 낮은 단계의 연방제」, 『북 한조사연구』 제5권 1호, 2001, 104쪽.

54 양길현, 「다시 보는 연합제-낮은 단계의 연합제」, 『북한연구학회보』 11(2), 2007, 192쪽.

55 김계동, 『남북한 체제통합론』, 명인문화사, 2006, 220-221쪽 재인용.

56 동방정책의 원조였던 CDU(독일기독교민주당)는 동방정책의 변경에 있어 미국의 정책과 국제상황의 변화를 신축적으로 수용하는데 많은 내부적 갈등을 겪기도 했 으나 기존 정책을 고수하기에는 역부족이었다. 신동방정책은 서독의 서방화와 유 럽통합정책을 견고히 하는데 도움이 되었고 CDU도 이에 일조하게 된다. 키징거 수 상은 브란트 외무장관과 동방정책의 속도에 있어서 마찰을 빚기도 했으나, 큰 방향 은 일관성있게 추진되었다. 김진호, 「1969-74년 시기의 독일연방공화국의 독일정책 (Deutschlandpolitik)과 CSCE」, 『평화연구』 17, 2009, 284-286쪽.

57 1949년 서독에서 아데나워가 총리로 집권(1949-1963)하면서 서방화와 경제재건 등 서독 내부에 중점을 둔 동방정책을 실시하였으나, 서독의 우월성을 주장하고 동 독을 고립시키고자 한 전략으로 평가받고 있다.

58 조장현, 「기능주의적 접근 방식과 통일과정에 관한 연구: 독일과 한국 사례비교」, 고 려대학교 대학원 석사학위논문.

59 문정인·이동윤, 「남북한 통일의 유형별 시나리오」, 『남북한 정치갈등과 통일』, 오 름, 2002, 156쪽.

60 3부 3장은 Han Ki-ho, "Achievements and Limitations of Truth and Reconciliation Committee, Republic of Korea: With a Case Study of Latin America" Journal of Peace and Unification 6-1(2016)의 일부 내용을 수정·보완한 것임을 밝힘.

61 프리실라 B. 헤이너., 『국가폭력과 세계의 진실위원회』, 역사비평사, 2008, 9~11쪽.

62 천자현, 「국제정치에서 공식적 사과의 이론과 실제」, 『한국국제정치학회 국제정치 논총』 제54집 3호, 2014 참조.

63 『아시아경제』, "文정부 국정과제 '과거사재단 설립' 좌초 위기…국회서 발목" 2019년 2월 19일자.

64 제노사이드와 같은 중대한 인권침해 문제를 해결하기 위해 어떠한 사업 모델이 적 합한지에 대한 물음은 해당 사안이 문화, 사회, 정치의 복잡한 맥락 속에 깊이 관련

되어 있을 때, 더욱 쉽게 답하기 어려운 문제가 된다. 정채연, 「다원주의적 사법을 통한 이행기 정의와 초국가적 인권의 실현」, 『고려법학』 제65호, 고려대학교 법학연구원(2012년 6월), 140쪽.

65 Laurel E. Fletcher, Harvey M. Weinstein, and Jamie Rowen. "Context, Timing and the Dynamics of Transitional Justice: A Historical Perspective" Human Rights Quarterly 31(2009), 전체 국가별 사례를 도식화하여 비교하는 데에는 시간과 물리적 제약이 따르므로, 남미와 한국의 TRC 사례를 비교검토하는 데 참고용으로 활용하고자 한다.

66 노용석 교수(현 국립부경대학교 국제지역학부, 前 한국진실화해위원회 유해발굴팀장), 이하 '한국 진실화해위원회에서 조사활동을 진행한 바 있는 연구자'로 칭하기로 한다.

67 주요 연구로는 김광수, 「남아프리카공화국의 국가건설: 진실과화해위원회가 역사청산, 국민화합 그리고 민주화과정에 기여한 역할을 중심으로」, 『한국아프리카학회집』 제11호, 2002; 김영수, 남아공 진실과화해위원회의 인권침해 보·배상정책, 올바른 과거청산을 위한 범국민위원회, 기억을 둘러싼 투쟁 - 과거청산운동의 이론, 역사, 현실, 2005; 이남희, 「과거청산에서 진실과 화해 - 남아공의 사례」, 『역사와 기억』, 서울대 인문학연구원, 2003을 참조.

68 최근 발행된 독일과 국내 사례 비교 연구로는 주한 독일대사관 외, 「독일 사례로 본 한국의 과거청산」, 2013 과거청산 포럼, 대한민국 국회, 2013를 참조.

69 국가별 내용이 정리된 연구로는 진실, 화해를 위한 과거사정리위원회, 「해외 진실화해위원회 보고서 자료집.2」 2008이 있으며, 체코, 슬로바키아 관련 연구로는 김신규, 「체코와 슬로바키아의 과거청산 비교 연구」, 『아태연구』 제17권 제2호, 2010를 참고하면 된다. 해외 학자가 바라본 세계 각국의 진실화해위원회와 관련된 연구는 유엔 인권고등판무관 출신의 Priscilla B. Hayner가 저술한 『국가폭력과 세계의 진실위원회UNSPEAKABLE TRUTH』, 역사비평사, 2008를 참조.

70 과거사 청산관련 중남미 전역의 최근 현장연구 결과는 노용석, 『라틴아메리카의 과거청산과 민주주의』, 산지니, 2014를 참조.

71 영남대학교 산학협력단, 「과거사문제의 미래지향적 치유·화해방안에 관한 연구」, 『국민대통합위원회 연구용역 사업보고서』, 2014, 16~17쪽 참조.

72 「광주민주화운동관련자보상등에 관한 법률(1990)」, 「5·18민주화운동등에 관한 특별법(1995)」, 「헌정질서파괴범죄의 공소시효등에 관한 특례법(1995)」, 「거창사건등 관련자의 명예회복에 관한 특별조치법(1996)」, 「제주4·3사건진상규명 및 희생자예회복에 관한 특별법(2000)」, 「민주화운동관련자명예회복 및 보상에 관한 법률(2000)」, 「의문사진상규명에 관한 법률(2000)」.

73 5·18특별법이나 헌정질서파괴범처벌법은 시효문제를 법적으로 해결한 점, 특별재심을 도입한 점, 집단살해에 대해서 공소시효를 배제하는 규정을 둔 점은 주목받을 만하다. 그와 병행하여 광주보상법도 어느 정도 실질적인 보상을 가능하게 하였다. 광주문제는 80년대 이후 역사에서 가장 뜨거운 쟁점이었기에 다른 사건에 비하여 비교적 좋은 결실을 맺었다. 그래서 많은 국가범죄의 피해자들이 광주문제에 대한 구제책에 상응하는 수준의 해결방안을 기대하게 하였다. 그러나 제주4·3법이나 거창법은 주로 명예회복에 치우쳐 있고, 진상조사에도 적극적이지 못한 부실한 법

이라 평가된다. 한편 의문사법은 특히 군사정권 이후 민주화운동과 관련하여 비밀리에 살해되거나 사망한 희생자들의 피해배상과 관련자의 처벌가능성을 예정하고 있다. 이 법은 진상조사에 역점을 두고 있음에도 불구하고 조사에 불응하는 자에 대해서는 과태료부과 이외에는 별 대안이 없어 소기의 성과를 거두기 어려운 법률이라고 평가된다. 그리고 민주화운동법은 특정시기의 민주화운동만을 명예회복의 대상으로 삼고 있다는 점, 피해자에게 스스로 민주화운동과의 관련성을 입증하라고 한 점에서는 매우 불만스럽게 여겨진다. 이 문제는 결국 관련위원회의 실무가들이 관련성을 적극적으로 발견해내는 노력을 통해서만 치유될 수 있을 것이다. 이재승, 「이행기의 정의」, 『법과사회』 제22호 상반기, 2002, 49쪽.

74  이재승, 「이행기의 정의」, 『법과사회』 제22호 상반기, 2002, 12쪽 참조.

75  기본법은 제1장 총칙, 제2장 위원회의 구성과 운영, 제3장 위원회의 업무와 권한, 제4장 화해를 위한 국가와 위원회의 조치, 제5장 보칙, 제6장 벌칙, 부칙 등 부칙을 제외하고 6장, 47조로 구성되어 있다. 기본법은 제1장 제2조에서 조사대상을 첫째 일제 강점기 전후 항일독립운동과 주권과 국력을 신장시킨 해외동포사, 둘째 한국전쟁 전후의 시기에 민간인 집단희생사건, 셋째 해방 이후 권위주의 통치시까지 발생된 인권침해사건 등으로 규정함으로써 해방 후부터 민주화 전까지 시기에 발생된 인권침해를 포괄적 총체적으로 조사한 후 결정하는 방식을 채택하고 있다. 정승윤, 「진실·화해를 위한 과거사정리 기본법'상 인권침해사건에서 나타난 주요 법적 쟁점」, 『법학논총』 31권 3호, 전남대학교 법학연구소, 2011, 676쪽.

76  2006년 4월경 첫 조사개시를 결정하면서 본격적으로 조사활동을 시작하였다. 진실화해위원회는 2010년 6월 30일 조사업무를 완료하였고, 그간의 조사결과 등을 담은 종합보고서를 작성하여 국회 등에 보고한 후 2010년 12월 31일 활동을 종료하였다. 정승윤, 「진실·화해를 위한 과거사정리 기본법'상 인권침해사건에서 나타난 주요 법적 쟁점」, 『법학논총』 31권 3호, 전남대학교 법학연구소, 2014, 676쪽.

77  김동춘, 「지연된 진실규명, 더욱 지연된 후속작업:진실화해위원회 활동의 완수를 위한 과제들」, 『역사비평』 100, 2012, 201쪽 참조.

78  한국 진실화해위원회에서 조사활동을 진행한 바 있는 연구자(2015년 5월 8일)

79  즉, 사건이 조작되었다는 취지의 진실규명 결정 중에는 새롭게 현출된 증거에 의해서가 아니라 무죄추정의 원칙에 의해서 이루어진 사례가 있는데, 증거의 부족은 과거 재판 결과에 대한 의심을 불러일으키는 진실규명의 출발점일 뿐 과거 재판 결과에 대한 오판의 입증이 아니어서 진실규명의 종착점이 될 수 없기 때문에 향후 새로운 증거의 현출에 따라 다시 결론이 발생할 가능성이 있다는 견해도 존재한다. 정승윤, 「진실·화해를 위한 과거사정리 기본법'상 인권침해사건에서 나타난 주요 법적 쟁점」, 『법학논총』 31권 3호, 전남대학교 법학연구소, 2011, 697쪽.

80  김동춘, 「지연된 진실규명, 더욱 지연된 후속작업:진실화해위원회 활동의 완수를 위한 과제들」, 『역사비평』 100, 2012, 202-204쪽 참조.

81  이에 관해 허상수는 과거사정리 관련 위원회가 진실규명 결정을 미제상태로 방치하는 것과 관련, 국가기관에서 정식으로 접수한 사건을 기간 만료를 이유로 내버려둔다는 것은 평등의 원칙, 신뢰보호의 원칙에 반하는 것으로 헌법재판소의 위헌사항에 해당한다고 주장한다. 허상수, 「과거청산의 위기와 과거사정리 관련 위원회의 미래지향적 가치」, 『민주법학』 통권 제39호, 2009, 145~146쪽 참조.

82 주로 집단희생이나 인권침해를 당한 피해자들이 비록 재심 등을 통하여 무죄 판결을 받을지라도 가혹행위 등으로 인한 후유증이 계속 남아 있을 가능성이 있으므로 의료·상담치료 등을 지원할 필요가 있다는 것이다는 것을 골자로 한다. 엄찬호, 「과거사 청산과 역사의 치유」, 『인문과학연구』 제33집, 2012, 284~285쪽.

83 정승윤, 「진실·화해를 위한 과거사정리 기본법」상 인권침해사건에서 나타난 주요 법적 쟁점」, 『법학논총』 31권 3호, 전남대학교 법학연구소, 2011, 697쪽.

84 영남대학교 산학협력단, 「과거사문제의 미래지향적 치유·화해방안에 관한 연구」, 『국민대통합위원회 연구용역 사업보고서』, 2014, 25~35쪽 참조.

85 노용석, 「민간인 학살을 통해 본 지역민의 국가 인식과 국가 권력의 형성-경상북도 청도 지역의 사례를 중심으로」, 영남 대학교 대학원 박사학위논문, 2005.

86 그럼에도 불구하고 국가폭력으로 인한 인권 침해의 철저한 조사, 관련자들의 진실 말하기와 기억하기의 중요성은 여전히 유효하다.

87 "빨갱이라 하면, 빨갱이 인줄 알았지 무슨 말이 필요하나, 반항도 못했어. 지금은 세상이 좀 바뀌었다고 하지만, 또 언제 그렇게 될 줄 아나?(이창순 1932년생), 이제 또 그런 일이 생기기야 하겠냐마, 그래도 모르지, 또 어떻게 될지. 실제 이런 생각 때문에 유족회를 안하는 사람들이 많아요. 나이 좀 먹은 사람은 이야기한다고, 내일 또 어떻게 될지 모르니 설치지 말라고(이성식 1932년생)" 노용석, 「민간인 학살을 통해 본 지역민의 국가 인식과 국가 권력의 형성-경상북도 청도 지역의 사례를 중심으로」, 영남 대학교 대학원 박사학위논문, 2005, 219~223쪽 부분인용.

88 노용석, 「민간인 학살을 통해 본 지역민의 국가 인식과 국가 권력의 형성-경상북도 청도 지역의 사례를 중심으로」, 영남대학교 대학원 박사학위논문, 224~225쪽 부분인용.

89 1946년 유대인 학자 Raphael Lemkin 은 제노사이드(Genocide)에 대해 해당 국가나 그들의 문화를 파괴하는 의미의 시도를 denationalization 로 지칭해왔으나 생물학적 파괴를 의미하지 않으므로 독일의 히틀러가 여러번 공언한 Germanization 의 개념에 빗대어 고대 그리스 단어 genos(인종, 가문)와 라틴어 접미사 CIDE(살인)의 형성이 대량학살을 의미하기에 적절하다고 정리한 바 있다. Raphael Lemkin, American Scholar, Volume 15, no. 2 (April 1946), pp.227-230 참조.

90 『오마이뉴스』, "창고에 유골 보관, 과테말라도 그렇게는 안 한다", 2014년 6월 19일자.

91 피노체트의 군사정권은 반공이라는 구실로 극렬히 몰아붙인 결과, 쿠데타가 일어난 첫해 1,200명에 이르는 국민이 죽거나 실종되었고 수천 명이 감금되거나 고문당했다. 프리실라 B. 헤이너, 『국가폭력과 세계의 진실위원회』, 역사비평사, 2008, 83쪽.

92 노용석, 『라틴아메리카의 과거청산과 민주주의』, 산지니, 2014, 28-30쪽 부분 인용.

93 프리실라 B. 헤이너, 『국가폭력과 세계의 진실위원회』, 역사비평사, 2008, 87쪽.

94 칠레의 인권단체들은 군정 당시 인권을 유린한 가해자 처벌과 보상 그리고 가해자들로부터 사과를 받아낸 후 화해와 용서를 논할 수 있을 거라고 주장하고 있다. 『프레시안』, "과거청산, 남미는 뛰는데 한국은 '뒷걸음'", 2008년 8월 11일자.

95 프리실라 B. 헤이너, 『국가폭력과 세계의 진실위원회』, 역사비평사, 2008, 301~302쪽 부분 인용.

96 라디노는 중앙아메리카에서 스페인 혈통을 이어받고 유럽화된 사람들을 의미하나, 20세기 이후 원주민의 관습을 따르지 않는 자를 지칭하는 의미로 통용된다. 외형상

인디언과 유사하나 혈통 뿐 아니라 스페인어와 문화를 공유하며 지역공동체를 구축하기도 한다.

97 노용석, 『라틴아메리카의 과거청산과 민주주의』, 산지니, 2014, 129-130쪽 부분인용.

98 노용석, 『라틴아메리카의 과거청산과 민주주의』, 산지니, 2014, 31-32쪽 참조.

99 GAM는 전국적으로 발생한 민간인 대량학살과 제노사이드, 인권침해 관련 증언을 데이터베이스화하는데 주력했다. FAMDEGUA 은 실종자를 찾고 유족을 지원하는 데 집중하였다.

100 노용석, 『라틴아메리카의 과거청산과 민주주의』, 산지니, 2014, 163쪽.

101 노용석, 『라틴아메리카의 과거청산과 민주주의』, 산지니, 2014, 166쪽.

102 Laurel E. Fletcher, Harvey M. Weinstein, and Jamie Rowen. "Context, Timing and the Dynamics of Transitional Justice: A Historical Perspective" Human Rights Quarterly 31 (2009), p188 에서 인용. 특히 정치권의 과거사 청산 이행의 지 없음은 평화협정 체결 당시 게릴라 부대 해체 및 군 병력의 1/3 감소 조건은 지켜졌으나 이외 진실위원회 권고사항은 제대로 이행되지 않았던 것에서 짐작할 수 있다. CEH의 다양한 권고에도 과테말라의회는 1996년 12월부터 주요 내전기간 가해자들을 위한 특별사면법을 제정하였다. 2011년 11월 실시된 대통령 선거에는 과거 민간인 학살의 주역으로 거론되는 장성출신 오토 뻬레스가 대통령에 당선되어, 국민 72.8%가 가해자 처벌을 원하는 조사결과와는 상반된 결과를 보여주고 있다.

103 노용석, 『라틴아메리카의 과거청산과 민주주의』, 산지니, 2014, 112-113쪽 부분 인용.

104 노용석, 『라틴아메리카의 과거청산과 민주주의』, 산지니, 2014, 62-64쪽 부분 인용.

105 진실위원회의 보고서가 출간된 지 닷새 후 전면적인 사면법이 통과되어 가해자들을 법정 기소할 수 없게 되자 보고서에 대한 국민의 관심을 현저히 낮아졌다. 프리실라 B. 헤이너, 『국가폭력과 세계의 진실위원회』, 역사비평사, 2008, 91쪽.

106 노용석, 『라틴아메리카의 과거청산과 민주주의』, 산지니, 2014, 112-113쪽 부분 인용.

107 보고서에 그들이 어떻게 암살을 계획하고 실행했으며, 민간인 대량 학살을 자행하고, 사법부의 조사를 방해했는지 개개인의 이름을 밝혀 개입부분을 소상히 기술했다. 그러나 명단 공개는 지파 갈등 등 수많은 형평성 문제에 관한 논란을 야기했다. 프리실라 B. 헤이너, 『국가폭력과 세계의 진실위원회』, 역사비평사, 2008, 208~216쪽 부분 인용.

108 노용석, 『라틴아메리카의 과거청산과 민주주의』, 산지니, 2014, 114-115쪽.

109 프리실라 B. 헤이너, 『국가폭력과 세계의 진실위원회』, 역사비평사, 2008, 310쪽.

110 당시 피노체트 체제를 긍정적으로 바라본 국민들과 정치세력이 상당수 있었고 서로 상이한 기억을 지난 적대자들끼리의 화해를 모색하는 차원에서 피노체트의 처벌은 새로운 미완의 과제를 시작하는 출발점이었다고 보는 견해도 존재한다. 안병직, 『세계의 과거사 청산』, 푸른역사, 2005, 252쪽.

111 『한겨레신문』, "과거청산, 가장 강력한 현실정치", 2014년 6월 8일자.

112 침습이란 용어는 의학적으로 질병이 급속이 퍼진다는 개념으로도 쓰인다. 이러한 침습 효과는 자본주의 중추부인 미국과 관련, 라틴 아메리카 국가들이 처한 저발전 상태와 경제적 상황으로 공유되어 왔던 공동체 의식으로도 설명될 수 있을 것이다. 남미의 사회과학자들은 남미 경제가 미국에 종속, 수탈당한다는 종속이론을 주장하며 이에 대한 탈피를 주장한 바 있다.

113 한국 진실화해위원회에서 조사활동을 진행한 바 있는 연구자(2015년 5월 8일)

114 남미국가에서 가장 눈에 띄는 특징 중 하나가 invasion effect 일 것이다. 쉽게 말해 주변국과의 연쇄작용 현상이다. David Pion-Berlin은 남미사례 연구에 있어서 국가폭력의 유산, 힘의 균형, 집권자의 의지, 반대세력, 전략적 계산(선거와 같은), 파급효과(인근 국가 사례의 영향 등)로 변수를 구분한다. 이에 따라, 기소나 사면의 측면에서 남미국가들이 어떠한 결정을 내렸는지에 관한 정량적 연구가 가능하다. David Pion-Berlin, 1994. "To Prosecute or to Pardon? Human Rights Decisions in the Latin American Southern Cone." Human Rights Quarterly 15, pp.105-130.

115 한국 진실화해위원회에서 조사활동을 진행한 바 있는 연구자(2015년 5월 8일).

116 한국 진실화해위원회에서 조사활동을 진행한 바 있는 연구자

117 과거청산을 두고 벌이는 국가 간 갈등의 경우에는 집단 내 반발내력에 완강한 경우, 내부요인을 고려하지 않은 사과는 역효과가 될 수 있다는 주장도 존재한다. Jenniper Lind, The Perils of Apology, 한국과 일본의 경우가 그러하다. 국가 내 과거청산의 경우 과거의 만행을 인정하는 것이 개인의 차원에서 끝나지 않는 행위라는 점도 가해차의 반성 혹은 사과를 어렵게 하는 요인일 것이다.

118 현실주의 학자 Jack Snyder는 국제인권감시기구와 국제사면위원회가 광범위한 잔혹행위를 막는데 기여했다고 역설하면서 사법처리 방식은 보다 실용적이고 현실적 방식으로 접근하지 못한다면 성공할 가능성이 낮다고 주장한다. 이에 반해 사면은 신뢰할 수 있는 방식으로 제대로 이뤄진다면 권력남용을 억제하는데 보다 더 효과적이라고 말한다. 저자는 타당성의 논리, 결과의 논리, 감정의 논리가 국제사법재판소, 국내재판, 진실위원회, 사면, 묵인 등의 방식에 어떻게 사용되는지 비교하며 결과의 논리에 기반한 정책이 잔혹행위 재발방지에 효과가 있다고 주장한다. 한국의 경우 결과의 논리 측면에서 행위주체들의 행태가 정치적 현실과 분단 환경의 실질적인 영향을 받았던 사례로 판단된다. 타당성의 논리, 결과의 논리, 감정의 논리에 관하여는 Jack Snyder and Leslie Vinjamuri, "Trials and Errors: Principle and Pragmatism in Strategies of International Justice", International Security, Vol. 28, No. 3, 2003, pp 8-18 참조.

119 한국 진실화해위원회에서 조사활동을 진행한 바 있는 연구자(2015년 5월 8일).

120 노용석, 『라틴아메리카의 과거청산과 민주주의』, 산지니, 2014, 71쪽.

121 영남대학교 산학협력단, 「과거사문제의 미래지향적 치유·화해방안에 관한 연구」, 국민대통합위원회 연구용역 사업보고서, 2014, 198쪽 참조.

122 박강우는 북한정권의 불법청산 대상으로 기본적 인권에 대한 침해행위, 공개처형, 강제수용, 거주이전의 자유제한, 성분정책에 의한 차별, 기타 정치적·시민적 권리제한, 탈북기도자에 대한 탄압 및 가혹행위로 지적하고 있다. 박강우, 「북한형법의 변화와 통일 후 불법청산방안」, 『형사정책연구』 제26권 제1호 통권 제101호(2015년 봄), 189-195쪽 참조.

123 북한체제에 있어 행동과 의사결정의 준칙으로서의 법의 지배는 확인되지 않는다. 법원의 독립성과 법에 의거한 재판활동의 수행은 결국 북한의 사법기관도 다른 국가기관과 마찬가지로 당의 노선과 정책을 충실히 따라야 한다는 것을 표현한 것에 지나지 않는다. 북한의 헌법이 비록 시민의 기본권을 규정하고 있기는 하지만 국가

나 당의 권리침해에 대한 적절한 보호장치가 없다. 현대 민주주의의 기본원칙인 국민주원, 권력분립 또는 법치국가주의는 경시되고 절대권력자인 수령의 지시나 당의 명령은 헌법에 절대적으로 우선한다. 결국 북한의 헌법은 실제적으로 독재권력과의 관계만 기술함으로써 오직 국가권력을 지닌 당에게만 유리한 일종의 장식용 헌법에 해당된다.

124 김영수, 「해외사례를 통해서 본 한국의 과거사 정리」, 『제노사이드 연구』 제6호, 부경역사연구소, 2009, 48쪽.
125 『노컷뉴스』, "1년마다 바뀌는 조사관⋯진실화해위 진실규명 의지 있나" 2022년 2월 2일자.
126 탈분단을 최초로 개념화해서 사용한 문헌은 다음을 참조하면 된다. 조한혜정, 『탈분단 시대를 열며』, 도서출판 삼인, 2000.
127 3부 4장은 한기호, 「지속가능한 남북한 인도주의 협력을 위한 제도적 연구」, 『법제연구』 제58호, 2020 및 한기호, 「북한 내 취약계층의 SDGs 달성을 위한 남북교류협력방안 모색」, 『통일연구』 제26권 1호, 2022의 일부 내용을 토대로 작성하였음을 밝힘.
128 이는 국제적 국내적 수준에서 인도주의 가치에 기반한 국제사회의 개발협력 규범이 북한 지원 현장에서 선별적으로 적용되고 있음을 의미한다. 한기호, 「북한 개발협력에 관한 연구경향과 대안이론 검토-법사회학 이론을 중심으로-」, 『입법학연구』 제17집 제2호, 2020, 262쪽.
129 조선중앙통신, "조선로동당 중앙위원회 제8기 제8차 정치국회의 진행", 2022년 5월 11일 보도.
130 『노동신문』, "당중앙위원회 제8기 제3차 전원회의에서 제시된 과업을 깊이 새기자" 2021년 6월 23일자.
131 시진핑 주석이 친서에서 언급한 '두 나라 인민에게 더 큰 행복을 마련해줄 용의가 있다'는 대목은 코로나19 상황에 따른 대규모 대북 지원 행보를 예상하게 한다. 조선중앙통신 2021년 7월 11일자.
132 아그라왈(Praveen Agrawal) UN세계식량계획 평양사무소장은 북한의 식량 사정에 대해 "최근 몇 해 동안 상황이 나아지고 있지만, 지금도 1천 3십만 명이 영양결핍으로 고통받고 있고, 아동 5명 중 1명이 발육 장애를 겪고 있다"고 주장한다. WFP의 영양지원사업의 지원 대상은 아동과 임산부 등 6백5십만 명에 달한다고 밝혔다. KBS, ""北주민 40% 영양부족" UN세계식량계획 평양사무소장 방한" 2018년 9월 14일.
133 Democratic People's Republic of Korea Voluntary National Review on the Implementation of the 2030Agenda for the Sustainable Development(June 2021)
134 2016년 9월 체결된 UN과 북한 간 제3차 전략계획(2017-2021)은 2017년 1월 발효되었다.
135 남북한 간 합의가 민족 간 거래이며 신사협정이므로 강제성은 없으나, 관련 법령 제정의 배경과 모법 역할을 수행하므로 제도적 기반을 검토할 때 함께 다루어져야 한다.
136 임을출, 「2000~10년 한국의 인도적 대북지원의 현황과 평가」, 『KDI 북한경제리뷰』 2월호, 2011, 15쪽.

137 현대경제연구원, 「대북 인도적 지원 현황과 과제」, 『현안과 과제』 18-05, 2018, 2쪽.

138 현대경제연구원. 전게서(주, 5). 2쪽.

139 기존 연구는 북한이 국제사회에 보낸 첫 구호요청에 관한 뚜렷한 출처를 밝히지 않고 있으나, 당시 정황은 다음과 같다. 북한이 1995년 8월 23일 유엔 인도지원국 (UNDHA)에 제출한 보고서 상에 "7월 26일부터 8월 9일까지 계속적으로 내린 평균 583mm의 호우로 북한 11개 시도 1백45개 군에서 5백20만 명이 피해를 보았다"고 밝힘(UNDHA report, DPR Korea - Floods Situation Report No.2, 28 Aug 1995)에 따라 UN인도지원국은 평안도, 강원도 지역의 수해 피해자에 대한 구제 활동을 시작하였다. UNOCHA, DHA-GENEVA 95/0390, DHA-GENEVA 95/0392, https://reliefweb.int/report/democratic-peoples-republic-korea/dpr-korea-floods-situation-report-no2..

140 5.24 조치의 내용에는 첫째, 우리 국민의 방북 불허, 둘째, 개성공단 사업을 제외한 남북교역 중단, 셋째, 신규투자 및 현재 진행 중인 사업의 투자 확대 금지, 넷째, 대북지원사업의 원칙적 보류, 다섯째, 북한선박의 우리 해역 운항 전면 불허 등 인도적 지원 사업을 포함하는 광범위한 제재 조치가 포함되어 있다. 한국 정부는 '5.24 조치'에 따른 각 조치를 남북교류협력법 및 남북해운합의서(2004년 12월 국회 동의)에 근거한 것으로 설명하고 있다. 방북 불허조치는 남북교류협력법 제9조를 근거로 하고 있으며, 교역 중단, 협력사업 금지, 지원 보류조치는 남북교류협력법 제13조, 제14조, 제17조를 근거로 하고 있음. 이승현, 「국제사회의 대북제재: 현황과 과제」, 『국회입법조사처(NARS) 현안보고서』 제224호, 2013. 26쪽.

141 다만 최근 5.24조치 10주년 계기 브리핑에서 통일부는 특별한 계기시마다 5.24 조치 유연화 및 예외조치가 취해져왔던 만큼 상당부분 실효성을 상실하여 교류협력에 장애가 되지 않는다는 입장을 밝힌 바 있다. MBC, "정부 5.24 조치 이미 실효성 상실… 교류협력 장애 안돼" 2020.5.20.

142 김근식, 「3차 핵실험과 북한의 대외전략 변화: 대북정책의 고민과 과제」, 『입법과 정책』 제5권 제1호, 2013, 192쪽.

143 UN 홈페이지, https://www.un.org/sc/suborg/en/sanctions/1718/implementation-reports.

144 『한겨레신문』, "대북제재 국면에 한미 온도차" 2016년 7월 20일.

145 유진벨재단의 인세반 회장은 "최근 황해남도의 모든 다제내성 결핵 환자를 치료하는 시범사업 관련 양해각서를 북한 보건성과 체결하였으나, 정부의 제도적·물질적 지원없이는 차질 없는 사업 수행이 불가피하다"고 주장하며, 북한으로 약품 외에 병원 유지에 필요한 물자반출이 어려운 현실의 아쉬움을 토로하며 정부방침의 예외공간 마련을 촉구한 바 있다. 『기독신문』, "대북제재, 인도적 지원에는 예외 둬야" 2018년 1월 17일.

146 2017년 9월 정부는 남북교류협력추진협의회를 열어 4백5십만 달러 지원안을 의결했지만 1년째 집행하지 않고 있다. 이는 정경분리 정책에 관한 동맹 국가들의 암묵적 반대 및 대북지원에 관한 국내여론의 이른바 '퍼주기' 비난 등의 학습효과에 기인하는 것으로 볼 수 있다.

147 KBS, ""北주민 40% 영양부족" UN세계식량계획 평양사무소장 방한", 2018년 9월 14일.

148 국회사무처, 외교통일위원회 회의록(제354회-외교통일 제6차(2017년 11월 27일)). 29쪽.

149 유엔 안보리가 2018년 8월 6일 대북 인도적 지원 가이드라인을 채택하자, 통일부는 "800만 달러를 적절한 시점에 지원하겠다"고 밝혔다. 이에 미 국무부는 "성급한 제재 완화는 북한의 비핵화란 목표를 이루는 데 차질을 빚게 할 것"이라는 입장으로 속도조절을 주문한 바 있다. 『중앙일보』, "美, 한국 800만 달러 대북지원 제동···"비핵화 차질"", 2018년 8월 20일.

150 남화순, 「UN 대북제재 현황과 면제신청」, 『북한 보건의료, 개발협력 전망과 과제 자료집3』, 남북교류협력지원협회, 한국국제보건의료재단, 2020, 33-37쪽.

151 이요한, 「북한 보건문제에 대한 국제사회의 접근, 그리고 북한의 생각」, 『북한 보건의료, 개발협력 전망과 과제』 자료집4, 남북교류협력지원협회, 한국국제보건의료재단(2020.5.29), 21쪽.

152 이승현·김주경, 「감염병 대응 남북한 보건협력」, 『코로나19 대응 종합보고서』, 국회입법조사처, 2020.

153 김계홍, 「『남북관계 발전에 관한 법률』에 따른 남북합의서의 발효절차에 관한 사례연구 및 개선방안에 관한 고찰」, 『법제』, 법제처, 2008, 55쪽.

154 과거와는 다른 남북관계의 변화에 관한 입법적 근거 마련은 남북 간 합의서를 우리 법체계에 수용하여 법적인 실효성을 부여하기 위함이었다. 김계홍, 전게서(주, 18), 59쪽.

155 통일부, 『제1차 남북관계 발전 기본계획』, 통일부, 2007, 11쪽.

156 통일부, 『제2차 남북관계 발전 기본계획』, 통일부, 2013, 6쪽.

157 통일부, 『제3차 남북관계 발전 기본계획 2020년도 시행계획』, 통일부, 2020, 37쪽. 제3차 남북관계발전 기본계획은 북한인권에 대한 비중의 감소, 통일보다는 평화가 강조되는 등의 변화가 있었으나, 인도적 지원 사안에 한해서는 일관성을 유지하는 것으로 보인다.

158 법조인들은 동 법에 대해 몇 가지 개선사항을 권고한 바 있다. 첫째, 남북교류협력 기본법으로의 위상정립의 필요성, 둘째, 부적절한 준용규정의 개선, 셋째, 포괄적 위임입법의 정비, 넷째, 지원·촉진법 성격의 강화, 다섯째, 정책조정체계의 단일화 등이 해당한다. 이와 함께 『남북관계발전에 관한 법률』과 충돌되는 지점의 검토, 북한내 상응하는 법령·조문과의 검토를 위한 남북법률위원회 구성의 필요성 등이 제기된 바 있다. 신현윤, 「남북 경제협력 활성화를 위한 법제 정비 방안」, 『저스티스』 제106호, 2008, 154-155쪽.

159 신현윤, 전게서(주, 23), 157쪽.

160 김병욱 의원 등 13인은 국제개발협력기본법 일부개정법률안(2018921)을 통해 ODA 사업 상 북한을 민족 내부의 거래로 규정하는 남북교류협력에 관한 법률의 적용을 배제해야 함을 대안으로 제시하고 있다. 의안정보시스템 홈페이지, http://likms.assembly.go.kr/bill/billDetail.do?billId=PRC_J1J8IOF9T2Z1Y0H9K0O7H3Q0X0J7Y1.

161 첫째, 북한인권 책임자 처벌의 근거와 방법마련, 둘째, 유엔 현장 기반 조직을 포함한 북한인권과 인도지원 개선을 위한 국제사회와의 인적·물적·기술적 협력의 근거, 셋째, 북한인권과 인도지원 개선을 위한 국제·지역·국가별 기관들과의 협력의 내용

및 근거, 넷째, 북한인권과 인도지원개선을 위한 국제·지역·국내 시민단체와의 협력과 지원에 대한 근거로서 기능하도록 해야 한다는 것이다. 홍성필, 「UN을 중심으로 본 북한인권 개선」, 『법학연구』 제26권 제1호, 2016, 22-23쪽.

162 2018년 9.19 평양공동선언 및 남북군사분야 합의서는『남북관계발전법』제21조 제1항에 근거하여 국무회의 심의 의결과 대통령 재가로 비준절차를 마쳤으나 2018년 4월 27일 판문점 선언은 동법 동조 제3항 국민에게 중대 재정적 부담을 지우는 남북합의서는 국회의 체결, 비준에 대한 동의권을 득해야 한다는 조항에 따라 절차를 남겨두고 있는 상황이다. 다만 이와 관련 헌법 제60조 1항에서 조약의 대상을 국가로 규정하고 있음을 근거로 국회비준 동의 요건 자체가 불성립한다는 주장과 함께 북한의 법적 지위에 대한 특례적 규정(국제법상 국가에 준하는)이 필요하다는 지적도 참고할 필요가 있다.

163 Kent Boydston, 2016. Humanitarian Exemptions to North Korea Sanctions, PIIE. 2016.3.31. PIIE 홈페이지, https://piie.com/blogs/north-korea-witness-transformation/humanitarian-exemptions-north-korea-sanctions.

164 2003. 7월 이후 수단 서부 다르푸르 지역에서 아랍계 민병대의 흑인 원주민을 대상으로 한 인종 청소로 인해 최소 20여만 명의 사망자 및 300여만 명의 난민이 발생하였다. 주 수단 한국대사관 홈페이지, http://overseas.mofa.go.kr/sd-ko/brd/m_10252/view.do?seq=1309829&srchFr=&srchTo=&srchWord=&srchTp=&multi_itm_seq=0&itm_seq_1=0&itm_seq_2=0&company_cd=&company_nm=&page=37.

165 박현도, 2018 "아프리카 국가이자 中東국가인 수단" 월간조선 11월호(2018.10.17.), http://monthly.chosun.com/client/news/viw.asp?ctcd=D&nNewsNumb=201811100046.

154 UN Doc. E/CN.4/Sub.2/2000/33, para. 63.

167 한국무역협회 홈페이지, http://www.kita.net/bin/service/download. jsp?nIndex=105097.

168 도경옥, "대북제재와 인도주의적 면제." 통일연구원 온라인시리즈 2018-37, 2018, 2쪽.

169 당시 유엔 안보리가 대북 인도주의적 지원을 활성화하기 위해 미국이 제출한 '대북제재 면제 가이드라인'(Guidelines for Obtaining Exemptions to Deliver Humanitarian Assistance to the Democratic People's Republic of Korea)을 승인한 것은 2018년 6월 12일 북미 정상회담과 비핵화 프로세스에 따른 상호 교환 조치로도 해석된 바 있다. 중앙일보, "UN, 인도적 대북지원 가이드라인 처음 내놔". 2018년 8월 7일.

170 UN Security Council Committee established pursuant to resolution 1718 (2006), 6 August 2018, pp.1-2.

171 이중 국내단체로는 우리민족서로돕기운동과 어린이의약품지원본부가 각각 '개풍 양묘장 현대화사업'과 '만경대어린이종합병원 등에 대한 의료기자재원료의약품 지원'에 대한 제재면제 승인(2019.12.2.)을 받았다. 국내단체들이 1718위원회에 제재면제 신청을 하려면 먼저 남북교류협력지원협회에 자료를 제출해야 한다. 협회는 통일부와, 통일부는 외교부와 협의하는 절차를 거치면서 많은 수정·보완을 거쳐 정식화되면 그 뒤에는 외교부를 통해 유엔대표부로 전달된다. 여기까지만 해도 아직 충분히 매뉴얼화된 절차가 마련되어 있지 않아 건별로 겪게 되는 상황이 다르다.

핵심적으로 제재면제 승인을 받고자하는 물자의 HS코드와 각 수량 등을 정리하는 일이 중요한데, 그러면 먼저 매우 구체적인 사업계획서가 수립되어야 한다. 『통일신문』, "제재면제 승인 계기로 남북협력 물꼬트길 바래" 2020년 1월 25일.

172 VOA, "WFP "대북제재로 인도적 지원에 큰 차질…송금, 선박 수송 제한"" 2018년 8월 14일.

173 최완규, 「지속가능한 대북정책을 위한 국회의 역할」, 『입법과 정책』 제5권 제1호, 2013, 10쪽.

174 임지은·배종윤, 「한국의 대북정책 및 남북한 합의의 국회 입법화 요인에 대한 연구」, 『입법과 정책』 제10권 제2호, 2018.

175 임지은·배종윤, 전게서(주, 38), 55-56쪽.

176 국회사무처, 전게서(주 16), 5쪽.

177 의안정보시스템 홈페이지, http://likms.assembly.go.kr/bill/billDetail.do?billId=PRC_X1B6B1D2Q1Z5W1O6F1Q5N3E8H1A0Z0.

178 대표 발의자인 이인영 의원은 "북한인권은 국제적 인권 증진 차원에서 꼭 다루어야 할 중요한 문제이기도 하지만 남북관계에 있어서 매우 예민한 사안"이라며 "현재 북한인권법에 근거한 인도적 지원의 한계를 보완하고 인도적 지원의 실효성을 높이기 위한 법적·제도적 근거가 될 것"이라 밝힌 바 있다. 『한겨레신문』, "'민간 차원 지원·협력사업 자율성 법적 보장' 뼈대" 2016년 12월 8일.

179 의안정보시스템 홈페이지, http://likms.assembly.go.kr/bill/billDetail.do?billId=PRC_X1B6B1D2Q1Z5W1O6F1Q5N3E8H1A0Z0.

180 북한 주민에 대한 인도지원과 개발협력을 통해 북한 주민의 생존권의 위기를 극복하여 북한 주민의 삶의 질을 개선하는 등의 내용으로 북한 주민에 대한 인도적 지원은 정치, 종교, 이념을 떠나 인간의 생존권 확보라는 인류 보편적 가치와 동포애 차원에서 조건 없이 지속적으로 이루어져야 할 사안이라는 점에서 제정안의 취지는 바람직하다고 판단하고 있다. 국회사무처, 외교통일위원회 회의록(제349회-외교통일 제2차(2017년 2월 14일)), 12쪽.

181 의안정보시스템 홈페이지, http://likms.assembly.go.kr/bill/billDetail.do?billId=PRC_U1Y7S0O9V2X1B1Y5S4K7R5V1I2L8K6.

182 의안정보시스템 홈페이지, http://likms.assembly.go.kr/bill/billDetail.do?billId=PRC_U1Y7S0O9V2X1B1Y5S4K7R5V1I2L8K6.

183 국제개발협력기본법 의 추진체계와 관련한 입법 및 정책적 과제로는 첫째, 국제개발협력기본법 을 제정하여 한국 국제개발협력정책의 통합성이 제고되었으나, 주관기관의 이원화문제와 사업영역과 관련한 법적규정의 불명확성 등은 극복해야 할 과제를 꼽을 수 있다. 둘째, 국제개발협력기본법 의 제정으로 이전에 비해 국회의 역할과 기능이 제고되었음. 그러나 이를 위한 구체적인 절차나 원칙 등에 대한 법제도적 기반이 마련되어 있지 않은 점은 한계로 판단된다. 유웅조, 「국제개발협력기본법 제7조~13조(국제개발협력정책 추진체계)의 입법영향분석」, 『국회입법조사처 입법영향분석 보고서』 제4호, 2015, 5쪽. 44쪽.

184 의안정보시스템 홈페이지, http://likms.assembly.go.kr/bill/billDetail.do?billId=PRC_J1J8I0F9T2Z1Y0H9K0O7H3Q0X0J7Y1.

185 둘째, 셋째 내용에 관하여는 최근 국회 외교통상위원회 정기회의에서도 법률안의

문제점으로 지적된 바 있다. 국회사무처, "외교통일위원회 회의록(제364회-외교통일 제5차)".(2018년 11월 12일). 13쪽.

186 문경연, 「국제개발협력의 북한개발협력 시사점」, 『남북교류협력지원협회 남북경협 뉴스레터』 33호, 2015.

187 신현윤, 전게서(주, 23), 157쪽, 164-165쪽.

188 이와 유사한 입법추진 사항으로 '20.5.19 입법예고된 남북교류협력법에 관한 법률 일부개정법률(안) 상 제24조 2항①을 통해 남북교류협력의 제한·금지 요건을 ① (남북교류협력에 대한)북한의 부당한 부담 전가·제한 ②남한 주민의 신변안전 위험 ③국제평화 안전유지 공조 ④남북합의위반 등 네 가지로 명확화하고 있다. 통일부 홈페이지, https://www.unikorea.go.kr/unikorea/news/notice/?boardId=bbs_0000000000000001&mode=view&searchCondition=all&searchKeyword=&cntId=55020&category=&pageIdx=.

189 또한 2006년부터 유엔의 인도적 지원 대신 개발협력만을 수용하겠다는 공식입장을 전달했으나 인도주의 지원과 개발협력는 개념적 경계가 모호한 탓에 북한의 취지는 지속가능성이나 인프라 구축의 영역까지 확대되는 공여사업에 방점을 두고 있는 것 정도로 풀이된다. 박형중, 「대북지원에 대한 한국정부의 시각과 향후 전망」, 『북한의 인도적 상황과 국제협력』, 우리민족서로돕기운동, 에버트 프리드리히 재단 외 공동주최 국제학술회의(2009년 11월 24일), 2009, 370쪽.

190 다만 이는 인도적 지원에 한정된 지지이며 동 법안은 긴급 구호 차원을 넘어 지속가능발전을 위한 개발협력의 수준까지 고려하고 있는 법안이다. 현 대북제재 하에서 국회를 통과하더라도 사업 추진시 반출물자 등에 관한 유엔 안보리 대북제재 결의 및 미국 대북 제재법령의 실효범위에 대한 추가 검토가 요구된다.

# 나가며

## 경계 그리고 그 너머

한국 전쟁의 포성이 멈춘 지 70년이 흘렀다. 우리는 여전히 해방 직전에 그어진 북위 38도선, 1953년 7월 정전협정과 함께 설정된 군사분계선(Military Demarcation Line, MDL)과 비무장지대(Demilitarized Zones, DMZ) 그리고 사실상의 남북해상 군사분계선인 북방한계선(Northern Limit Line, NLL)이라는 각종 경계선 이남에서 살아간다. 분단은 이 경계에 기생하며 갖가지 분단의 힘을 발산한다. 이 실존적인 힘은 남과 북 혹은 우리사회 내 갈등을 정당화하고 평화를 가로막으며 70여 년간 분쟁을 지속시켜왔다. 최근 5년간 국민들은 세 차례 남북정상회담으로부터 남북공동연락사무소 폭파에 이르기까지 롤러코스터와 같은 남북관계를 생생히 지켜보았다. 과정보다 결과가 중시되는 남북관계사에서 지난 시간은 한반도 평화를 향한 모험적 여정이자 테스트베드(test bed)의 시기로 회자될 수 있을까?

2021년 9월 23일 당시 문재인 전 대통령은 유엔 총회 연설을 빌어 종전선언의 필요성을 역설했다. 2018년, 2020년에 이어 임기 중 세 번째 종전선언 제안이었다. 3박 5일간의 방미일정을 마치고 마련한 귀국길 기자간담회에서는 평화협정과 항구적 평화체제 구축으로 가는 입구로서 종전선언의 지위를 상기시키고, 그 시기와 효과에 대해 전략적 검토가 필요함을 강조하였다. 일각에선 현실적이지 않은 제안에 집착한다는 비판적 여론이 일었다. 그러나 이에 대해 김여정 북한 노동당 중앙위 부부장이 이튿날 9월 24일과 25일 연달아 조선중앙통신 담화를 통해 남측의 태도변화를 전제로 종전선언 및 정상회담, 공동연락사무소의 재설치 등의 추진가능성을 언급하면서 경색되었던 한반도 정세가 새로운 국면을 맞이할 수 있지 않을까 하는 기대감이 있었다. 적어도 2022년 3월 24일 북한이 화성포-17형을 쏘아올리기 전까지는 말이다.

전망컨데, 미래의 어느 시점에 남·북·미 또는 남·북·미·중이 종전선언의 필요성에 공감대를 형성하고 정치적 선언으로 이어진다면 그 다음은 한반도 비핵화 문제의 진전과 더불어 평화협정 체결이 협상의 의제가 될 것이다. 경우에 따라서는 종전선언이 생략된 채로 소위 그랜드 바겐(grand bargain) 차원에서 바로 평화협정 논의에 착수하게 될 지도 모른다. 따라서 분단국가가 지향하는 평화체제 구축과 평화가 주는 효능감에 대해 국민적 공감대를 형성하는 일은 긴요한 과제로 남는다.

평화는 단순히 보면 분쟁이 제거된 상태이다. 그러나 미국의 제40대 대통령 Ronald Reagan 이 남긴 "평화는 분쟁이 없는 상태가 아니라 분쟁을 평화로운 방법으로 다루는 능력을 의미한다"(1982년 5월. 모교 유레카식 졸업식)는 '평화론'처럼 평화로 가는 길은 간단치 않다. 역대 한국정부 역시 실용적 평화, 과정적 평화기조 하에서 한반도 분쟁상황을 군사적 옵션을 앞세우기보다 평화적·외교적·정치적 해법에 방점을 두고 평화체제 구축을 추진해

왔다. 더욱이 정전 중인 분단국가의 경우, 분단과 통일, 분쟁과 평화라는 중층적 구조와 맞닥뜨리게 되므로 평화의 개념을 완료형으로 사용할 경우 통일의 목표가 흐려지거나 배제됨에 대한 논쟁이 따를 수 있다. 따라서 평화구축 과정에 분단국의 특수한 상황을 고려한 여러 제반논의들을 담아내는 것이 사회통합의 견지에서 중요하다.

우리에게 시급한 과제는 통일보다 평화공존이라는 현실적 접근, 즉 신한반도체제 구축을 위한 한반도 평화와 남북의 경제공동체적 공존이 본질(Essence)을 바라보는 실존적 평화담론의 요체이다. 2022년 5월 북한의 비핵화와 평화체제 구축을 93번째 국정과제에 담은 윤석열 정부가 닻을 올렸다. 신정부 출범을 계기로 지난 정부의 한반도 평화프로세스 5년 간의 경험에 비추어 종전선언을 넘어 평화협정의 선결과제와 순기능에 대해 적의히 점검해볼 필요가 있다.

첫째, 평화협정 체결을 위한 선결과제이다. 북핵문제의 해결 및 항구적 평화체제 구축은 1993년 1차 북핵 위기 이후 우리정부의 우선순위 과제로 남아있다. 해당 과제 수행을 위해서는 위해 북한의 핵 보유 명분을 -경제적 보상, 상호 군축 등 역내 안보환경의 형질변화를 통해- 약화시킬 필요가 있다. 한반도의 경우, 유사시 남북한에 자동군사개입이 가능한 '그레잇파워'인 미중과 국제사회의 한반도 종전선언 및 평화협정에 관한 강한 지지가 필수이다. 그러나 미·중 간 경제·군사적 이해관계가 전면적으로 충돌하는 아·태지역 내 갈등구조 하에서 한반도 평화가 이들의 사활적 이익(vital interest)에 부합한다고 보기 어렵다. 따라서 한국전쟁의 당사국인 양국이 전쟁상황을 매듭짓는 과정에 적극 개입하도록 설득논리를 개발하고 '미들파워'국가들의 공조를 끌어내는 한편, 긴 호흡의 전략적 공공외교를 통해 미·중(러)의 관여적 중재를 유도하고, 북한의 위협인식의 조정을 꾀하는 노력이 필요하다.

4~5년 단위로 대선을 치르고 새 정책기조를 맞이하는 한미의 정치적 형편을 고려하면, 과거 예멘의 사례처럼 신속한 평화협정의 체결이 가시적인 대안이 될 수 있다. 다만, 평화협정 자체가 평화를 보장해주는 '만능의 보검'은 아닐 것이다. 해당 사례는 협정의 유지 및 실행기반이 취약했던 실패사례임을 반면교사로 삼아 기존합의에 대한 존중과 실천을 통한 협정의 지속가능성을 담보할 필요가 있다.

둘째, 평화협정 체결이 수반할 순기능이다. 평화협정 체결로 상호 군축 등 정치적 불신요인이 걷히고 평화공존기 남북간 경제·교류협력의 지속성이 제도화·활성화된다면 과거 남북간 10년 이상 추진되었던 금강산, 개성공단의 사례처럼 분야별 경제협력을 통해 일자리 창출, 인프라 구축 등 한반도 경제지형의 확장을 도모하고 평화공존의 시기를 구가(謳歌)할 수 있을 것이다. ① 우리기업에게는 내수시장 확장의 기회를 제공하고 나아가 6자회담 당사국이 참여하는 다자협력사업은 동북아 안보리스크 감소에 기여할 것이다. ② 분단 이후 남과 북이 체득한 일정 수준의 산업화 경험을 활용, 국제금융기관의 프로젝트 파이낸싱과 같은 사회간접자본(SOC)사업 추진을 통해 북한내 지역별 불균형을 해소하고 주민 기본권(건강권, 식량권 등) 증진과 삶의 질 개선에 기여할 수 있다. 이는 북한이 중시하는 국가개발계획(NDGs)과 지속가능발전목표(SDGs)를 연계한 분야별 지표달성 전략에도 부합한다. ③ 남북간 호혜적 협력사업을 발굴, 남한의 자본·기술의 참여 뿐 아니라 유럽국가 및 국제개발금융기관 등 다양한 자본주체와 북한과의 파트너십을 유도하는 것도 신한반도 체제 구축에 유익이 될 것이다. ④ 유네스코 유산 공동등재를 비롯한 분야별 사회문화교류는 남북간 이질감 해소에 기여하는 한편, 북한당국에게도 체제이완의 불안요인이 아니라 인민대중으로부터의 신뢰증진과 지지로 귀결될 수 있다.

다만 평화적 기치로 달성된 신한반도체제가 남북한 제도, 경제, 사회적 통합까지 수렴한다 하더라도 남아공 사례와 같이 각종 양극화 문제는 국가적 과제로 남게 될 것이다. 굳이 지배층과 피지배층 관계로 치환하지 않더라도 동서독 간 '2등 시민' 갈등과 같이 남북 주민간 경제적 지위를 둘러싼 갈등이 촉발될 가능성(단기간 통합일수록)이 농후하다. 따라서 남북주민간 경제적 질서의 경계는 일정기간 유지하면서 경제공동체 형성은 소프트랜딩을 지향하는 것이 바람직할 것이다.

한편, 남북관계 및 국제정세의 변화와 함께 국내의 통일기반을 성숙시키려면 예컨대 다음과 같은 물음 -우리는 무엇을 위하여 통일을 추구하는가? 남북, 상이한 두 체제의 평화공존은 국가관계를 고착화하거나 제도적 통합(임시헌법 등)을 저해할 우려는 없는가? 남북주민들은 통일에 대한 자기 효능감이 있는가? 평화협정 체결은 남북주민의 평화와 인권, 경제발전에 어떻게 기여할 수 있는가? 남북상생을 위한 신한반도 체제(평화협력공동체·경제협력공동체)가 구축되면 물리적, 화학적 통일이 필요한가?- 에 대해 정책적 숙고와 대중적 공론화 과정이 필요하다. 표면적으로 통일이 분단의 제도적 종식임에는 이론의 여지가 없으나, 혹여 또 다른 민족 분쟁의 씨앗이 된다면 평화체제의 구축은 통일과 거리두기를 시도할 수밖에 없기 때문이다. 2021년 6월, 4년간 6천여 명의 시민들이 참여하여 고안해낸 통일국민협약안('21.6.26 채택)에는 16개의 한반도 미래상이 담겨있다. 이를 대내외 환경변화에 맞게 지속 수정·보완하면서 윤석열 정부의 국정과제 중 하나인 평화체제 구축과 탄력적으로 연계하려는 노력을 통해 분단시민 스스로의 평화 효능감을 높여갈 수 있을 것이다.

마지막으로 천체물리학자였던 칼 세이건(Carl Edward Sagan)의 책 <COSMOS, 코스모스>의 한 구절을 인용해 본다. "멀리 떨어져서 보면 지구는 특별해 보이지 않습니다. 하지만 우리 인류에게는 다릅니다. 저 점을 다시 생각해보십시오. 저 점이 우리가 있는 이곳입니다. 저곳이 우리 집이자 우리 자신입니다."

그는 우주에서 바라본 먼지같이 작은 점 지구를 회상하며 그 점에 살고 있는 우리네 세상이 그토록 작다는 것을 깨달을 때 인류는 겸손해질 수 있다고 말한다. 작은 점 속의 또 다른 점 한반도, 이곳에 사람들이 철책을 따라 그어놓은 250km 길이의 선이 있다. 분단이 초래한 물리적 경계는 마음의 장벽을 세웠고 남과 북이 서로 반목하고 외면하는 사이 DMZ의 숲은 푸르러만 간다. 분단의 아이러니다. 경계가 어떻게 한반도를 살아가는 우리의 일상을 지배하게 되었는지 평화와 공존의 관점에서 차분히 들여다볼 일이다.

저자 **한기호** 韓基鎬

연세대학교에서 북한 개발협력의 제도적 개선에 관한 이론 연구로 통일학 박사학위를 받았다. 남북관계의 현장과 이론의 조화를 중시하며, 통일부 서기관 재임시 남북 최초의 공동연락협의기구인 개성 남북공동연락사무소의 운영과장으로 근무했다. 국립외교원 제7회 학술논문상 최우수상을 수상했으며, 유네스코 지속가능발전교육(ESD) 한국위원회 위원을 역임했다. 現 (사)북한연구학회 대외협력이사이며 아주대학교 아주통일연구소 연구실장으로 재직 중이다.

주요 연구 및 저서로는 Achievements and Limitations of Truth and Reconciliation Committee, Republic of Korea: With a Case Study of Latin America, *Journal of Peace and Unification* 6-1(2016), 「숙적관계(rivalry) 이론의 남북한 분쟁관계 적용 가능성 검토」, 『통일연구』 제20권 2호(2016), 「남북한 체제통합을 위한 기능주의 대북정책의 재고찰」, 『통일연구』 제23권 1호(2019), 「지속가능한 남북한 인도주의 협력을 위한 제도적 연구」, 『법제연구』 제58호(2020), 「북한 개발협력에 관한 연구경향과 대안이론 검토」, 『입법학연구』 117-2(2020), 「한미동맹이 남북한 라이벌리(rivalry) 관계에 미치는 영향 연구」, 『한국사회과학연구』 39-2(2020), 「북한 내 취약계층의 SDGs 달성을 위한 남북교류협력방안 모색」, 『통일연구』 제26권 1호(2022), The Perpetuated Hostility in the Inter-Korean Rivalry, *KOREA OBSERVER*, 49-2(공저, 2018), 『북한의 복지 분야 지속가능발전목표(SDGs) 달성을 위한 남북한 교류협력 방안 연구』, 한국보건사회연구원(공저, 2020) 등이 있다.

hankiho@ajou.ac.kr